라틴 아메리카의 역사

카를로스 푸엔테스
서성철 옮김

까치

El Espejo Enterrado

by Carlos Fuentes

역자 **서성철**(徐聖哲)
한국외국어대학교 스페인어과 졸업
국립 멕시코 자치대학교 철문학부 문학박사(중남미 문학 전공)
한국외국어대학교 강사로 재직중
저서 : 『라틴 아메리카의 문학과 사회』(공저), 『라틴 아메리카의 역사와 사상』(공저)
역서 : 『사랑과 다른 악마』, 『초콜릿』 등

라틴 아메리카의 역사

저자 / 카를로스 푸엔테스
역자 / 서성철
발행처 / 까치글방
발행인 / 박후영
주소 / 서울시 용산구 서빙고로 67, 파크타워 103동 1003호
전화 / 02 · 735 · 8998, 736 · 7768
팩시밀리 / 02 · 723 · 4591
홈페이지 / www.kachibooks.co.kr
전자우편 / kachibooks@gmail.com
등록번호 / 1-528
등록일 / 1977. 8. 5
초판 1쇄 발행일 / 1997. 8. 25
10쇄 발행일 / 2019. 8. 12

값 / 뒤표지에 쓰여 있음

ISBN 89-7291-172-0 03900

실비아에게

감사의 글

무엇보다도 나의 딸 세실리아 푸엔테스에게 감사의 마음을 표하고자 한다. 그녀는 런던, 뉴욕, 그리고 멕시코 시티에 산재한 수많은 자료들의 작업을 제때에, 그리고 정력적으로 처리해주었다. 그리고 나의 오랜 지기이자 대리인인 칼 브란트에게도 감사의 뜻을 전하고 싶다. 또한 나는 텔레비전 시리즈물 "묻혀진 거울(The Buried Mirror)"의 수많은 관계자들, 그 중에서 워싱턴에 있는 역사 조언자인 페기 리스, 런던의 총 제작부장인 마이클 질, 연출을 맡았던 크리스토퍼 롤링과 피터 뉴잉턴, 마드리드의 헤수스 데 폴랑코, 후안 루이스 세브리안, 에우헤니오 갈돈과 미겔 사트루스테기, 런던의 말론 질 프로덕션의 애니 도즈와 아네트 고든, 그리고 이 시리즈물에 미학적이고 구조적 균형감을 가져다준 데에 대해서 매샤추세츠 캠브리지의 촬영 기사 테리 홉킨스와 런던의 휴 뉴샘에게 마지막으로 적지 않은 감사를 드리고 싶다. 시카고 퍼블릭 미디어 사의 찰스 벤튼, 워싱턴 디스커버리 채널의 사장인 루스 오트, 그리고 런던의 BBC 방송의 알란 옌톱뿐만 아니라, 워싱턴의 스미소니안 협회의 로버트 애덤스, 마크 패쳐, 그리고 알리시아 곤살레스로부터 귀중한 도움을 받았다. 끝으로 나는 휴톤 미플린 출판사의 존 스털링, 베시 러너, 리즈 뒤발, 게스트 페리, 카렌 홀츠맨, 애미 코헨-로즈, 리자 색스, 에리카 맨수리언, 데니스 풀브룩, 그리고 앨릭스 콜로우, 르네 카타미의 도움에도 고마움을 전하고 싶다.

차례

서론

1492년 10월 12일, 크리스토퍼 콜럼버스는 서반구의 한 조그마한 섬에 상륙했다. 이 항해자의 위업은 다음과 같은 사실, 즉 지구는 분명 평평하다는 당시의 믿음과 지구는 둥글다는 가설 중 가설의 승리였다. 콜럼버스는 지구는 둥글기 때문에, 서쪽으로 계속 항해를 하면 동양에 도달하리라는 과학적 가설에 주사위를 던졌다. 그러나 그는 지리적인 면에서 실수를 저지르고 말았다. 그는 아시아에 도착했다고 믿은 것이다. 그의 본래 목적은 그 전설의 나라 지판구(일본)와 카타이(중국)에 갈 수 있는 가장 가까운 길, 즉 아프리카 대륙의 연안을 남하하여 최남단 희망봉을 돌아서 인도양 동쪽으로 항진해서 향료의 섬들 나라에 도착할 수 있는, 당시의 유럽인들이 알고 있었던 방법 이외의 새로운 루트의 발견에 있었다.

동양으로 가는 길에 매료된 서양인은 그가 최초도 최후도 아니었다. 콜럼버스는 그가 인도 제국이라고 명명한 이들 섬에 신세계 최초의 유럽 식민지를 건설했다. 그는 그곳에 최초의 교회를 세웠고, 그 교회에서 처음으로 기독교 미사를 거행했다. 그러나 이 항해자는 그가 꿈꾸어왔던 아시아의 막대한 부가 이 땅에 없다는 것을 알아차렸다. 그러자 그는 이 풍부한 숲에서 진주와 황금을 발견했다고 꾸며대지 않으면 안 되었고, 이런 보고를 스페인 왕실에 보내게 되었던 것이다. 한편, 콜럼버스의 후원자였던 이사벨 여왕은 상상력의 열정에 들떠 있었던 이 제노바 출신의 뱃사람에게 자금(신뢰를 포함해서)을 대준 것이 어쩌면 실패로 끝났다고 생각했을지도 모른다.

그러나 콜럼버스는 황금 이상으로, 유럽 세계에 되찾은 황금시대(Golden Age)의 비전——이곳은 자연의 인간들이 행복한 시간을 구가하는 유토피아의 땅이라는 환상——을 가져다주었다. 그는 지상의 낙원과 그곳에 살고 있는 선한 원주민을 발견했다. 그렇다면 그는 왜 자기의 발견을 즉각 부정하고, "아주 온순한 데다가 악을 모르며, 다른 사람들을 죽이거나 포로로 잡지도 않고, 무기도 지니지 않은" 사람들로 묘사한 사람들을 공격하고, 사냥하고, 노예로 삼았으며, 심지어 그들을 쇠사슬로 묶어서 스페인에 보내지 않으면 안 되었던가?

확실히, 콜럼버스는 최초로 황금시대에 발을 디뎠다. 그러나 머지않아 이 지상의 낙원은 바로 콜럼버스 자신의 행위로 인해서 파괴되었으며, 이전의 선한 원주민들은 "명령을 내려 일을 시키고, 밭에 씨를 뿌리고, 필요하다면 여러 가지 일을 시키기에 적당한" 인간들로 비쳐지게 되었다. 이후로 아메리카 대륙은 꿈과 현실 사이에서, 우리가 희망하는 좋은 사회와 실제로 살고 있는 불완전한 사회와의 분리 속에서 존재해왔다. 그렇지만 이 아메리카 대륙에 살고 있는 우리들은 유토피아의 개념에 여전히 매달려 있다. 왜냐하면 우리들 자신은 처음부터 유토피아에 의해서 세워졌고 행복한 사회의 기억은 바로 우리들 아메리카의 기원 속에, 또 우리들 희망의 실현으로서 최후에 도달할 목적지에 놓여 있기 때문이다.

콜럼버스로부터 500년이 경과한 지금, 우리들은 그의 항해 ── 그것은 의심할 바 없이 인류 역사상 가장 위대한 사건 중의 하나로, 근대와 전세계의 지리적 통합을 예고했던 전기(轉機)였다 ── 500주년을 기념하게끔 요구받고 있다. 그러나 남북 아메리카 대륙에서 살고 있는 스페인어권의 대다수 주민은 과연 그것을 정말로 축복해야만 하는지 묻지 않을 수 없다.

20세기가 저무는 지금, 라틴 아메리카 제국에서 일어나고 있는 것들을 한번 얼핏 보더라도 거기에 대해서 부정적으로 답할 수밖에 없을 것이다. 카라카스이든 멕시코 시티이든 리마건 리우 데 자네이루이든 간에, 이 "아메리카 발견" 500주년을 맞이하는 사람들은 심각한 위기상황 ── 인플레이션, 실업, 대외채무의 부담, 빈곤의 증대와 문맹률의 증가, 구매력과 생활수준의 급격한 하락, 좌절감, 실망, 잃어버린 비전, 사회불안의 폭발로 위협받는 허약한 민주주의 ── 에 처해 있다.

그러나 이런 모든 정치적, 경제적 문제가 산적해 있음에도 불구하고, 내가 생각하기에 우리들에게는 아직 축복할 만한 것이 있다. 라틴 아메리카 전지역을 휩쓸고 있는 현재의 위기는 와르르 소리를 내며 무너져내린 각국의 정치 및 경제 시스템이 얼마나 허약한지를 실증해서 보여주었다. 그러나 그것은 또한 우리들이 제2차 세계대전 후의 경제적 호황과 정치적 열광에 넘쳤던 지난 수십 년 동안 인식하지 못했던 것을 드러내주었다. 그것은 불운 속에서도 여전히 꿋꿋하게 서 있었던 우리들의 문화유산 —— 최상의 기쁨으로, 최대의 엄숙성으로, 그리고 최대의 위험 속에서 창조할 수 있었던 —— 이었다. 그것은 바로 과거 500년간, 인디오와 흑인과 유럽인의 자손으로서 우리들이 신세계에서 세울 수 있었던 문화였던 것이다.

우리를 빈곤 속으로 빠뜨렸던 위기는 또한 우리들의 풍부한 문화를 우리들 손에 쥐어주었고, 광활한 라틴 아메리카 —— 리오그란데 강에서 혼곶까지 —— 사람들로 하여금 이 문화유산의 어느 한 부분이라도 이어받지 않은 사람은 없다는 것을 인식시켜주었다. 그것은 치첸 잇사나 마추피추의 유적으로부터 현대 회화나 건축에 인디오가 끼친 영향에까지 미친다. 그리고 식민지시대의 바로크 예술로부터 현대의 호르헤 루이스 보르헤스나 가브리엘 가르시아 마르케스의 문학까지, 라틴 아메리카에 남아 있는 유럽 —— 이베리아나 이베리아 반도에 전해진 지중해의 로마, 그리스, 아라비아나 유대 —— 의 다양한 영향으로부터 그들만의 독특한 고통을 경험했던 아프리카 흑인의 출현까지, 알타미라의 벽화에서 로스 앤젤레스의 낙서까지, 그리고 베링 해협을 건너온 최초의 이주자로부터 어젯밤 멕시코-미국 국경을 넘어간 불법 노동자에 이르기까지 두루 걸쳐 있다.

세계 어느 곳에서도 이것만큼 풍부하고 오랫동안 지속된 문화는 찾아볼 수 없다. 그 문화 속에서 스페인계 아메리카인은 자신과 이 대륙에 살고 있는 형제자매의 모습을 하나로 확인할 수 있다. 그리하여 이와 같은 문화에 견줄 만한 경제적, 정치적 정체성을 확립할 수 없었던 것이 현저하게 드러나는 것이다. 그와 같은 현상이 걸핏하면 우리의 문화적 현실과는 동떨어진 개발 모델을 추구했고, 또 그것을 채용했기 때문이라는 설명에 나는 동의할 수 없다. 그렇기는 하지만 문화의 가치의 재발견은, 제대로 노력만 기울인다면, 우리에게 필요한 문화, 경제, 정치의 종합적 비전을 제시해줄지도 모른다. 아마도 이것이 다가오는 세기에 우리들이 추구해야만 할 사명일 것이다.

따라서 이 책의 목적은 스페인계 세계의 경제와 정치의 불일치와 분열에 대해서 알리고, 그것을 넘어설 수 있는 문화의 지속성을 탐구하는 것에 있다. 이 주제는 복잡하고도 이론의 여지가 많기 때문에, 나는 그런 논의에는 가급적 공평한 태도를 취하고자 한다. 그러나 나는 커다란 열정의 자세로 거기에 임하고자 한다.

왜냐하면 이 주제는 멕시코라는 라틴 아메리카의 한 나라에서 스페인어로 글을 쓰는 한 인간으로서, 작가로서, 시민으로서 나 자신과 깊은 관련을 맺고 있기 때문이다. 스페인계 아메리카의 찢겨진 영혼의 밤을 안내해줄 빛을 찾고 있던 나는 멕시코 베라크루스 주의 엘 타힌에 있는 토토나카족의 고대 유적 가까이에서 그것을 찾았다. 베라크루스는 우리 집안의 고향으로서, 그 주의 수도는 변화를 받아들이는 항구인 동시에 오랫동안 멕시코의 정체성을 키워왔던 중심지였다. 스페인이나 프랑스, 북아메리카의 정복자들은 이곳을 통해서 멕시코로 들어왔다. 그러나 멕시코 최고(最古)의 문명 —— 고대 올메카족은 3,500년 전부터 이 항만도시의 남쪽에서 살았고, 북쪽으로는 토토나카족이 1,500년 전부터 살고 있었다 —— 또한 이곳에 뿌리를 두고 있다.

이런 선주민의 종교의식 장소를 에워싸고 있는 무덤으로부터 묻혀진 거울이 발견되었다. 이 거울은 분명히 사자(死者)를 지하세계로 데리고 갈 때 쓰였을 것이다. 뿌옇고 연마된 이 오목거울은 어둠 속에서 순간 번쩍이는 빛을 품고 있다. 그러나 거울을 묻는 것은 아메리카 대륙의 인디오만이 가지고 있던 풍습은 아니었다. 카탈란계 멕시코 시인인 라몬 시라우는 고대 아메리카 인디오의 풍습과 유사한 고대 지중해의 전통을 발견하고, 그것을 노래한 책에 「묻혀진 거울(*L' Espil soterrat*)」이라는 제목을 붙였다. 그리하여 아메리카에서 지중해를 비추고, 역으로 지중해에서 아메리카를 비추는 거울은 바로 이 책에서 일관되게 나타나는 의미이고 리듬인 것이다.

아메리카 대륙의 그 이름이 "번갯불"을 의미하는 경이의 유적인 엘 타힌의 피라미드에서는 자색을 띤 검은 황철의 거울들이 발견되었다. 한 변이 35미터인 기반 위에 세워진 높이 25미터의 벽감(壁龕)의 피라미드에는 365개의 네모난 창이 있다. 그것은 물론 1년의 날짜 수를 상징한다. 엘 타힌은 돌로 만들어진 시간의 거울이었다.

대서양 저쪽에는 세르반테스가 창조한 거울의 기사가 돈 키호테의 광기를 고치고자 그와 싸운다. 이 늙은 돈키호테는 그가 읽은 것 모두를 비쳐주고, 또 불쌍하고 미친 늙은이가 그것들을 진실이라고 생각하는 거울을 마음 속에 가지고 있다.

거기서 그렇게 멀지 않은 마드리드의 프라도 미술관에는 벨라스케스가 그린 그림이 한 장 걸려 있다. 그 그림에는 마치 거울의 상을 만들기라도 하는 것처럼, 화가 자신이 실제로 붓을 들고 우리가 보고 있는 그림을 그리고 있는 모습이 묘사되어 있다. 그러나 그의 캔버스의 깊숙한 곳에는 또 하나의 거울이, 이 예술작품을 정말로 보고 있는 사람들, 다시 말해서 너와 나를 비쳐주고 있다.

아마도 벨라스케스의 거울은 스페인땅에서 톨테카족의 밤의 신인 테스카틀리포카의 연기 나는 거울 —— 그가 평화와 창조의 신 켓살코아틀(일명 깃털 달린 뱀)을 방문하면서 선물로 가지고 왔던 —— 을 반사하고 있을지도 모른다. 이 선한 켓살코아틀은 거울 속의 자기 모습을 보고는 인간과 똑같다고 생각하여 공포에 떨며 쓰러진다. 즉 거울이 그의 신성성을 빼앗아버렸던 것이다.

켓살코아틀은 인간이면서 신인 자기의 본성을 거울의 집 —— 톨테카족이 세운 테오티우아칸 피라미드의 원형신전 안에 있는 —— 에서 발견할 수 있을 것인가? 아니면 진실의 거울을 들여다볼 때, 허식은 비웃음거리가 되고 인간사회의 기만은 폭로된다고 하는 고야의 "카프리초스(Los caprichos)" 그림 속의 저 잔인한 사회의 거울에서 볼 수 있을 것인가? 네가 멋쟁이 신사라고 생각하느냐? 잘 봐! 넌 원숭이에 지나지 않아.

거울은 현실, 태양, 지구, 그리고 지구상의 구석구석까지 그 표면과 심연을 상징하며, 또 거기에 살고 있는 모든 사람들을 상징한다. 아메리카 대륙 각지의 은밀한 곳에 파묻힌 거울들은 오늘날 축제 때 보이는 페루 고원지대의 그 소박한 사람들이나 카니발을 벌이는 멕시코 인디오들의 몸에도 걸려 있다. 팔과 다리에 가위를 늘어뜨리고, 수많은 거울 조각이 파묻혀진 머리 장식을 쓰고서 춤출 때, 그들은 세계를 비추고 있으며, 거기에 반사되는 자기들의 정체성을 회복하게 되는 것이다. 이 거울은 그들이 유럽인들과 교환한 황금보다도 더욱 귀중한 것이었다.

그들이 옳지 않았던가? 거울은 현실의 반영임과 동시에 상상력의 투영이지 않은가?

제1부

성모와 황소

제1장 태양과 그림자

아메리카는 스페인이라는 나라를 통해서 처음으로 지중해 전통의 커다란 세례를 받았다. 왜냐하면 스페인은 기독교적일 뿐만 아니라 아랍적, 유대적이었고 그리스, 카르타고, 로마, 그리고 집시적인 요소도 가지고 있었기 때문이다. 현재의 멕시코나 과테말라, 에쿠아도르, 페루, 볼리비아에서는 인디오 전통이 강하고 아르헨티나나 칠레에서는 유럽의 전통이 우세하다. 카리브 해의 여러 나라, 그리고 베네수엘라, 콜롬비아는 멕시코나 파라과이에 비해서 아프리카 흑인의 전통이 더욱 농후하다고 할 수 있다. 그러나 이런 요소들에도 불구하고 스페인이라는 나라는 우리들 모두를 포용하고 있으며 어떤 면에서 "공통의 장소"라고 할 수 있다. 조국 또는 어머니 아버지의 땅(La Madre Patria)인 스페인은 때때로 우리들을 억누르고 질식시킬 것만 같은 친숙한 존재로서 우리에게 세례의 선물 —— 지중해 세계의 유산, 스페인어, 가톨릭교, 전제 정치의 전통 —— 로 준 요람을 뒤흔들기도 했지만, 민주주의의 전통 —— 프랑스나 앵글로-아메리카의 모델에서 유래된 것이 아닌, 순전히 우리들 자신의 것으로 간주될 수 있는 —— 을 세울 수 있는 가능성을 한편으로 보여준, 마치 남녀 양성을 겸비한 어머니와 아버지가 하나로 된 존재이다.

발견자나 정복자의 배를 타고 신세계에 왔던 스페인은 적어도 지금 우리가 가지고 있는 우리 존재의 절반을 부여해주었다. 사정이 그렇다면, 우리들 스페인계 아메리카인과 스페인과의 과거에 대한 논쟁이 격렬했고, 또 앞으로도 이러리라고 생각하는 것은 너무나도 당연할 것이다. 왜냐하면 스페인과 우리들과의 논쟁은 바로 우리들 자신과의 논쟁이기 때

← "투우"(부분), 에우헤니오 루카스 비야밀 작.

문이다. 시인 예이츠가 말했던 것처럼, 타자와의 논쟁에서 정치라는 것이 탄생한다면 시는 자기와의 논쟁으로부터 나온다. 그러나 시라는 것은 언제나 아름다운 운율만을 가지고 만들어지는 것은 아니다. 그것은 때로는 가혹할 만큼 극적이고 자기비판적이며, 심지어 부정적인 서정주의로 가득 차, 마치 고야의 동판화에서 보이는 것처럼 암울하기도 하고 부뉴엘의 영상에서 보이는 것처럼 냉혹하게도 가슴을 치는 그런 것이다. 스페인과 스페인 문화나 전통에 대한 긍정과 부정은 스페인계 아메리카의 정치와 삶과 관련하여 벌어진 다양한 논쟁에 영향을 미쳤다. 스페인을 더없이 깨끗한 성모로 보는 사람들이 있는가 하면, 더러운 창녀로 인식하는 사람도 있다. 우리와 스페인과의 관계가 우리들 자신과의 관계와 유사하다는 것을 인식하는 데에는 시간이 필요했다. 그것은 스페인 자신의 관계가 똑같은 모순성을 띠고 있다는 사실에서 비롯된다. 그 관계는 어떤 때에는 애매모호하고, 때로는 가면을 쓰고서 나타나며, 때로는 철저히 배타적이며, 또 마니교에서 보이듯이 절대적인 선과 악의 이분법적 모순을 가지고 나타난다. 투우장의 태양과 그림자처럼, 우리들이 스페인에 대해서 취해왔던 행동과 똑같이 스페인 역시 우리들에 대해서 한편으로는 사랑하면서도 또 한편으로는 증오하는 것처럼 보이는 태도를 취해왔던 것이다. 그런데 이런 스페인의 태도를 정열이라는 말로 부를 수는 없을까?

스페인과 스페인계 아메리카와의 관계를 특징지울 수 있는 여러 개의 정신적 외상이 존재했었다. 첫번째로 꼽을 수 있는 것은 신세계의 정복이라는 사건이다. 그것은 스페인계 아메리카가 생을 부여받는 그 순간부터 알게 되는 공포의 기원이다. 우리들은 우리들 자신이 강간되는 것을 두 눈으로 바라보는 관찰자이고, 한편으로는 우리들의 잉태를 구성하는 모순된 잔인함과 부드러움을 동시에 느끼는 증인들이다. 스페인계 아메리카인은 이런 잉태의 순간에 대한 첨예한 인식 없이는 결코 이해될 수 없다. 익명의 어머니로부터 태어난 자식들로서 우리들 역시 이름은 빼앗겼지만 우리들 아버지의 이름들은 분명히 자각하고 있다. 일련의 거대한 진통을 통해서 스페인과 신세계는 하나로 연결된다. 출산은 우리들을 탄생시키기 위해서 죽어야만 했던 어머니(죽어간 것은 다름 아닌 고대 인디오 문명의 찬란함이었다)에 대한 모든 사실들을 알게 되면서 이루어진다.

우리의 마음 속에는 수많은 스페인의 상이 자리잡고 있다. 그것은 “검은 전설"——종교재판소, 배타성, 반종교개혁이라는——의 스페인, 즉 스페인과 스페인적인 것에 대한 반발 속에서 프로테스탄티즘과 근대성의 결합에 의해서 촉진되었던 국가상과 뒤에 영국의 여행자나 프랑스의 낭만주의자들이 묘사했던 스페인, 즉 투우, 플라멩코, "카르멘"에서 보이는 스페인의 상이다. 마지막으로 남북 아메리카 대륙에 살고 있는 스페인 식민지 자손들의 눈에 비친 어머니로서의 스페인, 즉 멕시코의 화가인 디에고 리베라의 벽화에 묘사된 것과 같은, 잔혹한 정복자의 얼굴과 경건한 선교사의 두 얼굴을 가진 나라의 상이 있다.

나라를 유형별로 나눌 때의 문제점은, 물론 거기에 얼마의 진실이 있을지는 모르지만, 너무나도 되풀이하여 언급하는 바람에 실체가 바래버렸다는 데에 있다. 본문은 명쾌하고 소란스럽게 거기에 존재하지만, 지금 그 문맥은 사라지고 말았다. 그 문맥을 부활시키려고 하면 예상치 못한 결과나 위험을 초래할 수도 있다. 우리들은 그저 똑같은 이미지만을 찍어내고 있는가? 이런 위험은 국가나 한 문화에 속해 있는 구성원으로서의 우리들을 자신과 외국인에게 드러내 보여줄 때, 그리고 문화적 불관용이나 잔혹성과 같은 문화의 상(像), 또 이런 행위들이 은폐하고 있는 것의 깊은 의미를 밝힐 때만이 피할 수 있다. 이런 현실들은 도대체 어디서 오는가? 이런 현실들은 왜 실재적이고 영속적인가?

스페인이라는 나라를 두고 볼 때 나는 두 가지 불변하는 원칙을 발견하게 된다. 첫번째로 이 나라에는 일반적인 통념에도 불구하고 그것과 반대되는 요소가 있다는 것이다. 예를 들어서 바이론이나 비제에서 보여지는 낭만적이고 현란한 모습의 스페인 안에는 엘 그레코나 벨라스케스의 음울하고 심각한 표정을 짓고 있는 귀족의 초상이 공존한다. 또 후자에는 고야나 부뉴엘이 묘사한, 어떠한 타협이나 정의도 거부하는 극단적인 인물도 있다. 스페인 문화의 제2의 불변의 원칙은 스페인인들의 예술적인 감성에서 명확하게 드러나듯이, 주변에 있는 것, 왜곡된 것, 배제된 것을 다른 그 무엇보다도 예술적 실재로 통합시킴으로써 눈에 보이지 않는 것을 현재화(顯在化)시키는 능력에 있다.

이와 같이 서로 대립적인 요소가 스페인에서 리드미컬하게 반복되고 풍요롭게 나타나는 것은 스페인이 지닌 기본적인 현실에 기인한다. 러시아를 제외한 유럽의 그 어떤 나라도 스페인만큼 수많은 민족의 침략을 겪고, 또 그렇게도 많은 이주와 정주의 경험을 가지지는 못했던 것이다.

스페인의 투우장

이베리아 반도의 지도를 보면 마치 팽팽히 당겨진 황소 가죽과 같다. 그 위로 수많은 인간들이 남겨놓은 좁은 길들이 종횡으로 놓여 있고, 거기서 우리들 스페인계 아메리카인들은 그 주인공들의 목소리와 얼굴들을 어렴풋이 감지할 수 있다. 지도가 주는 메시지는 명백하다. 즉 스페인의 정체성은 다면적이라는 것이다. 스페인의 얼굴은 이베리아인, 켈트인, 그리스인, 페니키아인, 카르타고인, 로마인, 그리고 고트인, 아랍인, 유대인과 같은 수많은 사람들에 의해서 형상을 갖추었다.

스페인의 정체성은 유사 이전인 2만5000년에서 3만 년경, 알타미라나 북소(Buxo), 그리고 북부 아스투리아스의 칸타브리아 지방의 티토부스티요 동굴 속에서 고동치기 시작했다. 미겔 데 우나무노는 그것을 '스페인의 늑골'이라고 이름붙였다. 오늘날, 그 벽화는 자코메티의 조각품처럼 놀랄 만큼 현대적이다. 수천 년 전에 최초의 스페인인들이 추위와 맹수들을 피해서 그 동굴의 입구 근처로 몰려들었다. 그들은 광대한 공간을 확보하고 이 지하의 대성당에서 의식을 행하고 있었다. 그것은 속죄의 의식이었을까? 통과의례의 행위였을까? 아니면 자연을 손아귀에 넣고자 했던 것인가?

이런 목적은 차치하고라도 이 최초의 스페인인들이 이곳에 남겼던 그림들은 인류 최초의 성상(聖像)이라고 할 수 있는 것으로, 그 그림들은 아직도 우리들을 경탄시킨다. 그것들 중에는 놀랍게도 인간의 손바닥 서명도 있고, 동물의 힘과 번식력을 표현하는 강력한 이미지도 있다. 이 스페인 최초의 인간의 손이 창조의 빈 공간 벽에 새겨진 하나의 대담한 서명이라면, 동물의 그림은 점차 고대 지중해 세계의 숭배의 기반으로 바뀌어 황소를 힘과 생명의 상징으로 변용시켰다. 물론 우리들이 동굴에서 보게 되는 것은 들소의 모습이다. 수만 년의 세월이 흘렀음에도 불구하고 지금까지 이 동물의 모습은 우리를 사로잡는 황토색과 윤곽이 뚜렷하게 드러나는 흑색선을 유지하고 있다. 물론 그곳에 들소만 그려져 있는 것은 아니다. 우리들은 거기서 말, 멧돼지, 사슴도 발견할 수 있다.

알타미라에서는 두 개의 흥미로운 사실이 나의 시선을 끈다. 하나는 들소가 그려져 있는 천장이 전기 구석기시대의 그 어둠 속에서 밀폐되어 있었다는 것이고, 또 하나는 이 동굴이 1879년이 되어서야 동굴 근처에서 놀고 있었던 마리아 데 산투올라라는 다섯 살 먹은 소녀에 의해서 발견되었다는 사실이다. 알타미라의 영원한 어둠 속에서 떠오른 것은 바로 지금까지 이 나라를 지배하고 있는 스페인의 황소이다. 이 황소의 그림은 기원전 4세기에서 기원전 3세기로 거슬러올라가는, 이베리아의 오수나(Osuna) 지방 동굴에 누워 있는 황소 그림으로부터 브랑쿠시의 서명이 있었을 법한 찬란하기 그지없는 켈트인의 기산도(Guisando) 수호신의 석상까지, 그리고 현재 스페인의 모든 길 연변에서 볼 수 있는 오즈번 브랜디를 선전하는 검은 황소의 간판 그림에까지 널리 퍼져 있다. 그러나 이 스페인 황소를 현대적으로 가장 잘 재현해준 것은 아마도 파블로 피카소의 "게르니카(Guernica)"에서 보이는 인간이 초래한 어두움을 주재하는 비극적인 황소의 머리일 것이다.

그러나 「오즈의 왕국(*Wonderful Wizard of Oz*)」의 도로시나 「이상한 나라의 앨리스(*Alice's Adventure in Wonderland*)」의 앨리스와 같은 소녀 마리아 데 산투올라는 신화상의 존재였던 이 "발라소테의 야수"——오늘날 마드리드 국립박물관의 장엄한 홀에서 우리들을 뚫어지게 쳐다보고 있는——를 실제로 보았을 것이다. 인간의 머리를 한 발라소테의 야수는 스페인의 황소숭배문화를 지중해 연안이라는 보다 큰 문화권으로 직접 연결시킨다. 왜냐하면 투우 발상지라고 알려져 있는 크레타 섬에서 인간과 황소는 하나로 간주되는 존재, 즉 인간이면서 황소이고, 또 황소이면서 인간인 미노타우로스였기 때문이다. 아마도 그뒤에 황소의 심볼로부터 파생된 모든 것은 결국에 가서는 황소의 힘과 다산성을 소유하고 인간의 지성과 상상력을 겸비한 저 근원적인 황소로의 변신에 대한 인간의 열망을 보여주고 있는 것이다.

지중해 사람들에게 황소라는 동물은 놀이의 동료로서 친숙한 존재이다. 황소 위로 뛰어올라가거나 황소의 등을 타고 가는 장면이 묘사되어 있는 크레타 섬의 한 벽화에서 보이듯이, 그들은 황소의 등 위에 올라서서 균형을 잡고 가는 놀이를 즐겼다. 제우스가 황소로 모습을 바꾸어 에우로파를 유괴한 것에서 알 수 있듯이 황소는 잔인한 폭력의 상징이었다. 이 심볼이 하늘의 성좌인 웅우좌(雄牛座)가 될 때 강간의 상징은 우주 창조의 신화로 승화되었다. 그리고 에우로파가 황소의 정열적인 구애에 반해서 그를 받아들였을 때 이것은 단순한 사랑의 이야기로 바뀌었다.

푸엔테 비에스고 동굴에 남아 있는 손자국.

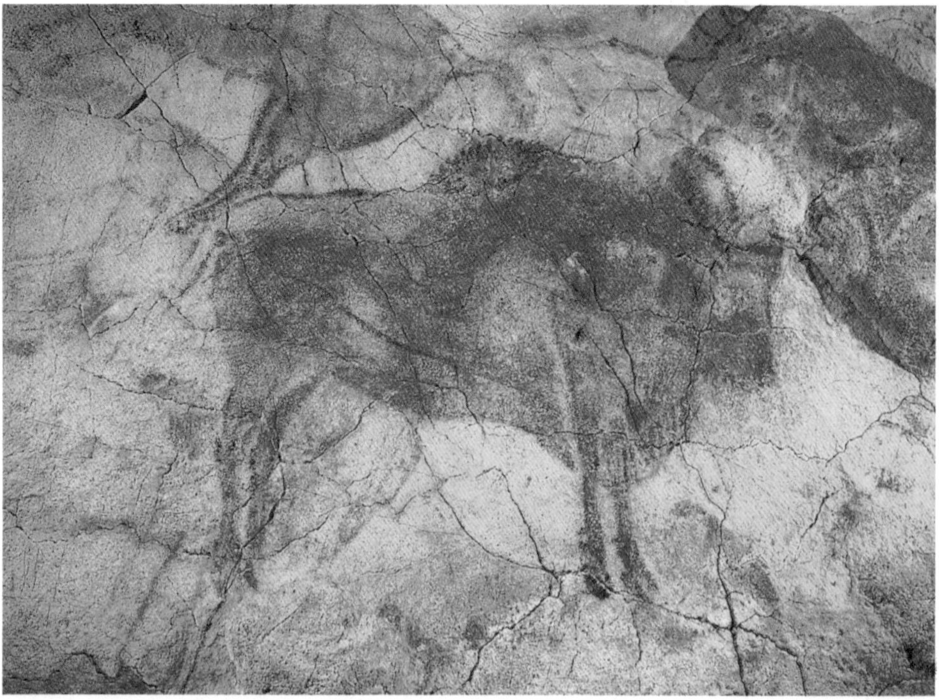

알타미라 동굴의 들소 그림.

기산도의 황소 수호신.

오즈번 브랜디의 광고판.

최초의 투우사(matador)는 미노타우로스를 퇴치한 아테네 주민의 영웅인 테세우스였다. 그와 동시대인인 헤라클레스는 그리스 황소의 신화를 스페인으로 가져갔다. 테세우스처럼 헤라클레스도 뜨거운 불길로 크레타의 황소를 퇴치했다. 그러나 그는 스페인 여행 도중, 세 개의 몸을 가진 거인 게리온으로부터 붉은 황소를 훔쳐서 그리스로 데리고 왔다. 그 황소를 가져오기 위해서 헤라클레스는 아프리카와 스페인 남부 사이의 해협을 건너야만 했는데, 여기에 연유해서 이 수로를 '헤라클레스의 기둥'이라고 부르는 것이다. 그러나 이 이름은 단순히 지명만을 의미하는 것은 아니다. 그것은 인류의 가장 오래된 의식 중의 하나로서, 성스러운 동물의 제의적 죽음을 통한 통합과 분열을 상징한다. 헤라클레스는 그의 고결한 인품을 보여주듯이 그가 이전에 스페인에서 후대를 받은 것에 대한 답례로 몇 마리의 소를 스페인에 되돌려 보냈다. 그후 크리사오르 왕은 매년 헤라클레스에게 바치는 황소의 희생제의를 스페인에서 확립시켰다.

헤라클레스는 저 머나먼 고대로부터 시작해서 스페인으로 무수히 건너왔던 이주자들의 상징, 바로 그것이었다. 그들 모두는 스페인뿐만 아니라 신세계에서 스페인 후예들의 육체와 정신을 형성했다. 최초의 이베리아인은 지금으로부터 3,000년 그 이전에 이 반도에 왔으며 반도 곳곳에 그들의 족적을 남겼다. 그들은 또한 소들을 몰면서 우리들 모두를 스페인 최초의 위대한 공동의 장소(lugar común)인 투우장으로 이끄는 길을 지키며, 그들의 독자적인 황소의 이미지를 남겼다. "공동의 장소"라는 것은

"게르니카"(부분), 파블로 피카소 작, 1937년.

문자 그대로 사람들이 만나서, 서로를 알아보고, 타자와의 체험을 공유하는 장소이다. 그런데 투우장에서 서로 만나서 무엇을 인식한다는 말인가? 그것은 다름 아니라 그들이 민중이라는 것을 인식하는 것이다. 가난한 사람이든 시골 사람이든 가혹하고도 머나먼 벽지에 고립되어 있는 사람들이든 할 것 없이, 그들 모두는 매주 행해지는 의식, 즉 이단적인 성향의 기독교적 미사라고도 말할 수 있는 이 일요일 오후에 벌어지는 희생제의를 위해서 투우장에 모인다. 이 두 의식은 희생이라는 공통의 의미를 가지고 있지만 그 시간은 서로 다르다. 하루중, 미사는 아침에 행해지고 투우는 저녁에 행해진다. 미사는 천장에서 빛나는 태양 밑에서 이루어지는 투우이고, 투우는 석양 가운데서 행해지는 빛과 그림자의 미사이다.

투우장(Plaza de toros)에서 사람들은 우선 자신을 만난다. 동시에 그들은 자연의 상징인 황소 —— 쏜살같이 가운데로 뛰어들어와 흠칫 놀란 듯이 위협적인 표정으로 잠깐 멈춘 뒤, 전방으로 맹렬히 돌진해서 투우사를 위협하거나, 아니면 거꾸로 위협을 당하면서 낮과 밤처럼 또는 삶과 죽음처럼 경기장을 둘로 나누는 빛과 그림자의 경계선을 넘어 들어오는 황소 —— 를 본다. 황소는 그의 적대자인 인간, 즉 반짝거리는 의상을 입은 투우사와 싸우기 위해서 돌진한다.

투우사는 도대체 누구인가? 그 역시 민중을 대변한다. 투우는 헤라클레스와 테세우스의 시대부터 존재했지만, 현재와 같은 형식을 갖추게 된 것은 18세기 중반쯤이었다. 그 이후로 투우는 단순히 영웅과 귀족이 즐기던 스포츠가 아니라 인기 높은 하나의 직업으로 바뀌었다. 고야가 살았던 시대는 귀족의 영화가 쇠퇴하던 시기로, 그 당시 상류계급은 서민들을 흉내내고, 마치 투우사나 여배우같이 변장하기를 즐겼다. 이것이 엔터테인먼트라는 직업을 가진 사람들에게 지금의 탤런트에 비교될 만한 상징적인 힘을 주었다. 스페인의 투우사는 여러 면에서 현대의 엘비스 프레슬리, 프랭크 시나트라에 필적할 정도로 대중들의 우상이었다. 이런 가수들과 똑같이 투우사는 민중의 승리를 대변했다.

그러나 투우가 에로틱한 이벤트를 제공한다는 사실 또한 우리들은 잊어서는 안 된다. 한 남성이 저렇게도 도발적인 성적 포즈를 취할 수 있는 장소가 투우장말고 또 어디에 있단 말인가? 번쩍이는 의상으로 보란 듯이 사람의 눈을 끄는 저 뻔뻔스러움, 하반신을 꽉 죄는 바지, 거기에 불룩 튀어나온 모습, 뒤로 쭉 뺀 궁둥이, 옷 속에 조여져 있는 남성의 심볼, 어떻

"투우", 에우헤니오 루카스 비야밀 작(고야에게 바치는), 1890-1900년경.

게 해서든지 사람을 유혹하고자 하는 저 나르시스적인 발의 움직임, 피와 흥분에의 갈망——투우는 이런 터무니없는 오만과 성적 노출을 용인한다. 투우의 기원은 오래 되었고 아직도 신비스럽다. 마을의 젊은이들은 투우를 배웠는데, 그것은 주로 야음(夜陰)을 틈타서 행해졌다. 아마도 벌거벗은 채 조심스럽게 하천을 건너거나 혹은 가시밭에서 몸을 찢기면서, 남의 허락 없이 부잣집 목장에 들어가 칠흑같이 어두운 밤에 법을 어기면서 살그머니 투우연습을 했을 것이다. 전통적으로 젊은 투우사(torerillos)는 어쨌든 이런 종류의 싸움을 시도해보았다. 황소의 모습이 보이지 않는 어두움 속에서 그는 황소의 체형을 상상하여 그려보았고, 저돌적인 야수의 뜨거운 체온을 느끼며 황소에 가까이 다가가 접근전을 펴야만 했다. 이렇게 해서 이 초심자는 그의 적인 황소의 체형과 움직임, 그리고 그 변덕스러운 몸짓까지 구별하는 법을 배웠던 것이다.

젊은 투우사는 마을의 왕자, 다시 말해서 죽음의 위험에 노출된, 황소를 죽이지 않으면 자신이 죽어야만 하는 운명에 처해진 그런 왕자였다. 투우는 죽음을 향해서 열려진 일련의 엄격한 규칙에 따른다. 황소는 신화 속

투우사, 세비야의 투우장에서, 1989년.

의 미노타우로스처럼 모든 천부의 재능을 구비한 태어날 때부터 완전무장한 존재였으리라고 추측된다. 어떤 종류의 동물과 대적해야만 하는지를 아는 것은 전적으로 투우사의 몫이다. 그 투우사가 황소와 싸우는 목적은 자연적인 행위를 하나의 의식으로, 하나의 제의로, 그리고 자연의 힘을 굴복시키는 것으로 바꾸는 것이었다. 무엇보다도 투우사는 황소의 뿔이 얼마나 큰지를 재어보아야 하고, 황소가 어느 방향으로 돌진할지를 예상해야 하며, 그런 뒤에 재빨리 그 뿔 앞에서 날쌔게 몸을 돌려야 한다. 이것은 투우의 기본핵심인 "카르가르 라 수에르테(cargar la suerte)"라는 페인트 모션을 통해서 이루어진다. 간단히 말해서 투우는 망토(capa)를 이용한 기술로 황소가 본능을 발휘하지 않도록 한 뒤에 그 황소를 제어하는 것이다. 망토와 발과 몸의 동작을 통해서 투우사는 황소를 움직이게 한 뒤, 투우사가 정한 결투지점으로 황소를 이끈다. 발을 앞으로 이동시키고 궁둥이를 뒤로 빼고는 투우사는 망토로 황소를 유인한다. 이제 황소와 투우사는 함께 움직이고 이윽고 완벽한 "파세(pase)"——몸을 획 돌려서 황소의 공격을 피하는 것——자세를 취한다. 하나의 조각상과도 같은 경이의 순간, 황소와 투우사는 맨몸으로 만나 서로 힘과 아름다움, 그리고 위험의 본질을 보여주면서 부동의 이미지와 동적인 이미지를 동시에 보여준다. 미노스의 미궁에서처럼 인간과 황소가 하나가 되는 신화적 순간이 다시 한번 재현되는 것이다.

투우사는 인간과 자연의 관계 속에 놓여 있는 비극적 주인공으로서 자연을 굴복시켜 인간의 맹렬한 생존을 불러일으키는 하나의 제식을 연출하는 배우이다. 인간이 자연을 착취하고 있다는 사실은 부정할 수 없다. 왜냐하면 자연은 바로 인간의 생존을 위한 조건 그 자체이기 때문이다. 알타미라 동굴에 여러 동물들의 모습을 남겼던 남녀들도 이런 사실을 이미 잘 알고 있었다.

스페인은 자연과의 관계에서 청교도적 위선의 가면을 걷어내고 우리들 존재의 기원과 생존을 위한 자연에의 도전에 관한 기억을 용기와 예술, 더 나아가 속죄의 의식으로까지 변용시켰다. 투우가 벌어지는 기간은 부활제의 일요일로 세비야의 마에스트란사(La Maestranza) 대투우장에서 시작된다. 투우사의 그룹(cuadrilla)이 마카레나의 성모를 기리는 행진곡 "파소 도블레(paso doble)"에 맞추어 등장하면, 투우, 플라멩코, 성모 마리아 숭배, 그리고 그녀가 보호하는 아들 투우사를 일순하는 원은 완결된다.

이 특별한 오후의 투우사가 누가 되었든 간에 항상 우리에게 떠오르는 얼굴은 전설적인 투우사인 페드로 로메로이다. 고야가 그린 초상화는 로메로의 기품 있는 자태를 잘 보여주고 있다. 견고한 턱, 꽉 다문 조그마한 입, 우뚝 솟은 콧날, 눈썹, 넓은 이마, 관자놀이의 희끗희끗한 머리털. 그러나 다른 어떤 것보다 우리의 주의를 끄는 것은 재기와 정감으로 가득 찬 그의 눈이다. 길고 섬세하지만 강하게 보이는 손, 짙은 핑크색 벨벳의 망토를 걸치고, 짙은 감청색 웃도리에 회색 조끼, 그리고 너무나도 선명한 흰색의 리넨 셔츠가 뚜렷하게 보인다. 전체적으로 볼 때 이 회화는 누구라도 느끼고 두려워했을, 대단히 엄숙한 인상과 화가 자신도 질투했을 남성미를 보여준다.

고야가 페드로 로메로의 초상화를 그린 것은 이 투우사가 40세가 되었을 때였다. 로메로는 론다의 경기장에서 근대 투우를 시작했다. 그는 생애를 통틀어 5,585마리의 용맹한 황소를 죽였으며, 자신은 한 점의 상처도 몸에 남기지 않은 채 80세에 죽었다.

투우장에서 한 방울의 피도 흘리지 않았던 이 완벽한 투우사인 페드로 로메로의 한없이 깨끗한 시체에 스페인의 순결한 어머니들 중 그 누구도 고통의 눈물을 흘리지 않았다는 사실을 언급해야만 할 것이다. 그러나 십

"투우사 페드로 로메로", 프란시스코 데 고야 작, 1795-98년경.

자가에 못 박혀 손, 이마, 다리, 무릎, 옆구리에 난 상처로 고통받으며 죽어간 예수 그리스도는 이 어머니들의 슬픔을 받을 만 했다. 스페인은 그에 대해서 한없는 연민의 정을 보여주었다.

어머니의 상

원초적인 스페인의 어머니 상(像)들은 마드리드 고고학 박물관의 한

바사의 귀부인.

엘체의 귀부인.

곳에 서로 인접하여 있다. '바사의 귀부인' 상은 1971년이 되어서야 그라나다에서 가까운 한 묘에서 발굴되었다. 마치 옥좌처럼 보이는 한 의자에 앉아, 어머니의 권위를 상징하는 반지들을 손에 낀 채, 한 손에 비둘기를 잡고 있는 그녀는 천상의 드레스를 입고는 선조나 후손들의 무덤 곁을 지키며 사람들의 탄생과 죽음을 영원히 주재하고 있다. 장례의 여신이라고 생각되지만, 2,400년 동안 땅 속에 묻혀 있었다는 사실은 그녀가 대지의 여신이라는 칭호를 받기에 부족함이 없다.

그러나 이 어머니 상 옆에는 언제나 요부가 함께 서 있다. 바로 "엘체의 귀부인" 상이다. 제작 연도에 대해서는 여러 가지 설이 있지만 ── 아마도 기원전 5세기에서 기원전 2세기 사이의 어느 때인가 만들어졌을 것이다 ── 누구라도 인정하듯이 그녀의 모습은 육체적인 면에서, 또는 상징적인 면에서 사람들의 마음을 혼란스럽게 한다. 스페인의 지오콘다라고 부를 수 있는 이 조각은 고대 이베리아를 대표하는 예술작품으로 우리에게 다가오지만, 그녀의 얼굴에 나타나는 대칭성, 사실성, 균형감각, 윤곽의 세밀성은 분명히 그리스의 영향을 받은 것으로 보인다. 만약 그녀가 고대 그리스의 여신이라고 한다면, 그녀는 또한 고귀한 이방인의 상이기도 하다. 이 그리스적 균형은 그녀가 몸에 걸친 화려하기 그지없는 동양적 장식 ── 머리 장식, 귀걸이, 목걸이 ── 에 의해서 깨진다. 아마도 스페인에서 최초로 만티야 ── 스페인 여성들이 머리에 썼던 커다란 베일 ── 를 썼으리라 믿게 하는 이 여성은 일종의 원시적인 헤드폰을 낀 것처럼 커다란 두 개의 원반으로 귀를 가리고 있어 오직 그녀만이 홀로 이해하는 어떤 장소의 음악을 듣고 있는 듯하다. 그곳은 천상인가, 이 세상인가? 아니면 지옥인가? 엘체의 귀부인은 하찮은 도덕적 판단에 귀를 막고 있는 것처럼 보인다. 성적으로 문란한 처녀, 관능적인 정부, 여사제, 어느 누구라도 그녀로부터 이 중의 한 모습을 그려볼 수 있다.

그러나 우리를 가장 혼란스럽게 하는 모습은 그녀의 두 눈이 약간 가운데로 몰려 있다는 것이다. 그것은 바로 그녀가 에로티즘의 비밀을 가지고 있다는 표시이다. 이 사팔뜨기 여성은 바실리스크(basilisk, 그리스 및 로마 전설에 나오는 괴물로, 한 번 쏘아봄으로써 사람을 죽였다는 전설적 동물/역주)의 눈으로 우리를 쏘아보고 있다. 무시무시한 요부인 엘체의 귀부인은 그녀의 사시(斜視) 눈과 이방인의 치장으로 고대 그리스적 순결성을 무너뜨림으로써 지구상의 모든 여신은 부드러우면서도 강인하고, 어머니이면서 애인이고, 처녀이면서 요부라는 두 얼굴을 가진 신비스런 존재라는 기본적 진실을 다시 생각해보게끔 한다. 모든 여신들은 아스테카 신전의 무시무시하고 불가사의한 여신들처럼 똑같이 다산을 상징하는 순결하지 못한 상이다. 대모신 코아틀리쿠에는 극도로 잔인한 고통 속에서 한 무리의 신들을 출산한다. 그리고 고대 멕시코의 비너스 여신이라고 할 수 있는 틀라솔테오틀 여신 또한 순결과 불순의 두 모습을 상징한다. 즉 그녀는 대지를 청결하게 만들기 위해서 쓰레기들을 먹어치우는 것이다.

그렇게도 오랫동안 그리고 그렇게도 강력한 힘을 가지고 스페인과 스페인계 아메리카인의 삶을 지배해왔던 이 처녀 상은 유럽이나 신세계의 고대 어머니 상과 결코 동떨어진 존재가 아니다. 그러나 이 숭배받는 처녀 상은 스페인의 부활절 대행사기간 동안 ── 그리고 스페인계 아메리카에서는 이교와의 접촉으로 다시 태어난 결합을 통해서 ── 원초적인 대지의 여신들과 직접적으로 연관되어 혼란스럽고 불가사의한 어머니의 상을 지닌다.

세상의 창조주인 신과 그리고 우리들 인간으로 인해서 고통받고 그 구원을 위해서 죽어간 그의 아들 예수 그리스도에 의해서 기독교는 그때까지 스페인이 지니고 있었던 이미지를 더욱더 풍부하게 만들었다. 그러나 이들과 함께 자식을 낳고 보호하는 성모 마리아도 등장했다. 어머니와 자식은 자비와 신비에 의해서 결합된다. 물론 최고의 신비는 처녀 수태이다. 그리스도는 처녀로부터 태어나고, 그 결과 신앙의 대상이 된다. 초기 기독교의 저술가 테르툴리아누스는 이 신앙에 대해서 "부조리하니까 진실한 것이다"라고 말했다. 이것은 다시 말해서 설사 이해하지 못한다고 하더라도 그것을 믿어야만 한다는 것을 의미한다.

이와 같은 스페인 정신의 종교적이고 성적인 모든 변화는 성모 마리아와 그 자식인 그리스도와의 결합 속에서 정열과 자비의 극에 도달하게 된다. 이것이 스페인에서 벌어지는 모든 행사 중에서 가장 매력적이고 사람의 마음을 들뜨게 하는, 관능적이고 신비스러운 세비야의 부활절 행사의 중심을 이루고 있다. 목요일 밤부터 영광의 토요일 아침에 걸쳐서 50개가 넘는 성모 마리아 상의 행렬이 꼬리를 물고 세비야 시를 돈다. 도시의 각 구역에서는 각계각층의 시민들이 하나가 되어 자기들이 만든 성모 마리아 상을 자랑스럽게 여기며, 그리스도와 그 어머니를 위해서 속죄를 구하며 행진한다. 각각의 참회자는 자기들의 형제애를 보여주는 성복(盛服)을 하고 십자가를 걸머지고, 대형 초를 손에 들고 있다.

염색사, 양초 제조업자, 직물공, 금사(金絲) 상인의 조합은 1년 내내, 그리고 대대로 내려오면서 로시오의 성모, 레예스의 귀부인, 마카레나의 성모, 트리아나의 성모와 같은 성스러운 창부들의 가운과 망토, 두루마기와 두건, 소매 없는 망토와 긴 옷을 만든다. 그리고 셔츠만 입은 남자들은 성모 마리아 상이 놓여진 가마, 즉 그리스도의 어머니의 어좌(御座)를 어깨에 메고는 맨발로 성모의 치마 밑에 숨어서, 그 부풀어오른 치마 속의 신성한 기운 속에 보호받으며 세비야 거리를 걷는다.

물론 모든 사람의 관심을 끄는 중심 인물은 성모 마리아이다. 금색 베일에 싸인, 달처럼 하얀 그녀의 볼은 커다란 눈물 자국으로 검게 얼룩져 있다. 머리에는 칼날처럼 예리한 태양의 빛과 같은 관을 쓰고, 가슴에는 마른 장미들을 안고, 어깨부터 발까지 걸친 커다란 삼각형의 망토에는 상아 세공, 보석, 그리고 뱀처럼 원을 이룬 꽃 모양의 금속 메달이 장식되어 있다.

철학자 오르테가 이 가세트가 "현란한 색의 향연"이라고 불렀던 이 축제는 무엇을 의미하는가? 그것은 세비야가 그의 독특한 일대 장관을 벌이

성모 마리아 상의 행렬.

며 자신을 그의 관객으로 바꾸기 위한 집단적 자기 도취의 의식인가? 아니면 그 축제는 안달루시아가 반복된 침략 —— 그리스인, 로마인, 아랍인에 의한 —— 의 문화가 가져다준 충격을 흡수하여 이 모든 문화들을 종교적 관능과 신성한 이교 신앙의 도가니에서 용해하는 단순한 수단인가?

그러나 이 의식은 또한 하나의 유희라고 할 수 있다. 그것말고는 가는 곳마다 터져나오는 성모 예찬의 외침, "구아파, 구아파(guapa, 아름다운)"를 도저히 이해할 수 없을 것이다. 이 종교적 장관에 대한 유희적 의미는 다음과 같은 집시의 노래에서 가장 완벽하게 표현된다.

아기 예수가 없어졌다네.
어머니가 자식을 찾고 있지.
강변에서 그를 발견했다네.
아이는 집시들과 놀고 있다네.

플라멩코.

목소리의 강

스페인인들의 두번째 공동의 장소는 플라멩코의 무대이다. 그곳은 스페인의 요부, 움직이는 여신 카르멘이 그녀의 춤 솜씨를 한껏 보여줄 수 있는 거의 성스럽다고 불릴 수 있는 공간이다.

이 무대 위에서 남성 가수나 기타리스트가 기타 줄을 요란하게 튕기면서 무대를 준비하고, 분위기를 돋우고 장단에 맞추어 노래하는 동안, 여성들은 앉아서 손뼉으로 박자를 맞춘다. 빗자루처럼 호리호리한 묘령의 아가씨 아니면 뚱뚱하고 정열적인 중년 여성이 손뼉과 구두 뒤축으로 바닥을 두드리면서 플라멩코 무대에 활기를 불어넣는다. 그러나 그 여성들은 대부분 미모의 무희들(bailadoras)이다. 그들은 장신에, 갈색의 얼굴을 한 성숙한 여성으로서 때때로 헝클어진 머리를 하고 있지만, 보통은 머리를 뒤로 빗어올린 뒤 거기에 스페인 풍의 독특한 빗, '페이네타(peineta)'를 장식하고 있다. 그녀의 몸을 장식하는 것들로는 주름 장식, 공단, 비단, 레이스, 섬세한 코르셋, 기발한 속옷, 스타킹, 숄, 리본 매듭, 카네이션, 그리고 장식빗이 있다. 옷이야 결코 벗지 않겠지만, 춤추는 동안 머리카락은 휘감기고 풀어헤쳐져 마치 메두사의 머리처럼 난무할 것이다. 시인 라이너 마리아 릴케는 론다에서 플라멩코 춤을 보고는 그녀의 팔들은 마치 "놀란 뱀 같다"고 썼다.

이 무희들의 기원은 오래 전으로 거슬러 올라간다. 폼페이의 벽화에서도 그 춤추는 모습을 발견할 수 있다. 카디스의 무희들은 로마 제국에서 열광적인 인기를 끌었다. 로마의 풍자 시인 마르티알리스는 무희들의 "숙달된 몸 동작"에 대해서 쓰고 있고, 또 다른 시인이었던 유베날리스는 "박수 갈채에 불타오르고, 궁둥이를 흔들어 지면을 가라앉힌다"라고 묘사했다. 바이런은 이 무희들을 "검은 눈동자를 가진 천상의 처녀들"로 보았다. 그러나 또 다른 영국인, 격정적이라기보다는 도덕적인 19세기의 한 여행자는, 이 스페인의 무용을 가르켜서 품위는 없지만 춤추는 여자 자신은 아무도 유린할 수 없을 만큼 정절하다고 썼다. 페데리코 가르시아 로르카는 늘 그래왔던 것처럼 안달루시아의 무희에 대해서 마지막 한마디를 준비하고 있었다. 그는 춤추는 집시 여자들을 가르켜 반은 브론즈이고, 반은 꿈이라고 말했다. 또한 그는 이 무희들을 달의 마법에 완전히 사로잡힌 사람들로 보았다.

확실히 그랬다. 플라멩코 춤은 집시의 민요(cante) '칸테 혼도(cante jondo, 깊은 노래), 다시 한번 가르시아 로르카의 정의를 따르면 "목소리의 강"을 떠도는 위성 바로 그것이다. 즉 이 춤은 노래의 주위를 선회하는 달이고, 노래는 칸테 혼도라는 태양계의 중심이고 목소리의 강이다. 태양으로서 이 노래는 고대의, 격세유전하는 자력을 갖춘 태양계의 총(叢)과 직접적으로 관련이 있다. 노래는 혼합의 형태로서, 즉 아랍의 기도의 노래로부터 최신의 열대 지방의 룸바 음악까지 500가지 이상의 여러 종류의 음악을 만들어서 우리들의 절절한 충동이 표현될 수 있게끔 해준다. 즉 사랑, 질투, 복수, 향수, 절망, 신, 죽음, 어머니와 같은 인간의 극한적이고 내면적인 상황을 노래한다. 이 칸테 혼도에서는 인간의 비극적 운명이 모든 것을 지배하며, 언어는 이 비극적 순환 속에서 일상의 형식을 잃기 시작해서 사실상 노래의 강이라는 표현할 수 없는 깊은 감정을 분출하는 언어의 샘으로 바뀐다. 플라멩코는 즉흥적인 형식을 가진 이 노래를 어떤 때는 거의 절규에 가까운 외침으로, 즉 언어 속에서가 아니라 언어를 초월한 말로서는 충분하지 않은 것으로 변용시켜버린다. 왜냐하면 플라멩코에서 노래하는 것은 영혼으로, 그것은 우리들의 가장 어둡고 억제할 수 없는 감정을 표출하기 때문이다.

플라멩코와 칸테 혼도의 중심에는 에로틱한 사건이 있다. 그리고 그것의 가장 중심에는 물론 여성인 요부가 등장한다. 그녀는 요란스러운 집시의 주름 장식으로 성장을 하고, 숄에 하이힐을 신고는 리본들 사이를 떠다니는 듯이, 주름의 물결 속에 빠진 듯이 도취해서 춤을 추고 있다. 이 플라멩코 무희는 스페인과 스페인계 아메리카에 특유한 두 개의 또 다른 상반된 성질, 즉 부활절 세비야의 거리를 걷는 성모 마리아 상이 보여주는 것과 똑같은 성스러움에 대한 갈망과 또 거기에 덧붙여진 성의 분류(分流)를 보여준다. 그것은 신앙에 의해서 억압된 관능이지만 한편으로는 꿈으로 승화된 관능이다. 여기 세비야의 행렬에서도, 칸테 혼도는 종교적인 맥락 속에서 다시 등장하게 된다. 길모퉁이의 남자나 발코니의 한 여자가 성모를 향해서 친숙하고도 애정스럽게 사에타(saeta, 성주간의 행렬을 향해서 노래하는 종교적인 짧은 노래/역주) 노래를 부르면 지나가던 행렬은 멈춰선다. 그러면 성모는 시선을 돌려서 그들에게 힘을 주고 그들을 보호해준다. 이 모든 힘은 그녀가 가진 사랑으로부터 온다. 그녀는 어느 누구에게나 친근한 존재이다. 그녀는 일년 내내 세비야에서 산다. 그녀는 마카레나의 성모나 투우사의 수호신으로서 모든 자식들의 죽음과 운명을 슬퍼한다.

이리하여 스페인이나 스페인계 아메리카인에게 공통적으로 친숙한 이 텍스트는 최후에 가서는 관능적인 결합, 에로틱한 상상력, 자연과 정신과의 다감한 관계라는 맥락의 차원으로 드러나고 있으며, 드디어 그 위로 소위 "역사"라는 것이 스페인이나 스페인계 아메리카에서 진행되는 것이다.

"성녀 루시아", 프란시스코 데 수르바란 작, 1625-30년경.

제2장 스페인의 정복

스페인의 운명은 지중해와는 뗄 수 없는 밀접한 관계를 맺고 있다. 어떤 면에서 이 바다는 스페인에서 시작해서 스페인에서 끝난다고 할 수 있다. 바다는 대서양에서 시작하여 안달루시아를 통해서 지중해로 들어간다. 그러나 콜럼버스 이전에는 대서양에서 지중해로 항해해서 들어온 사람은 아무도 없었다. 수세기에 걸쳐서 스페인은 지중해를 **빠져나가는** 유일한 관문이었다. 그러나 **마레 노스트룸(Mare Nostrum)** 저 너머에는 무엇이 있었던가? 대서양으로부터 로마 사람들이 불렀던 "우리들의 바다"로 들어가려면 오로지 헤라클레스의 기둥을 통해서만 가능했다. 수에즈 운하가 세워지기 이전까지는 이 바다를 빠져나갈 수 있는 방법은 달리 없었다. 오늘날 이 출입구는 711년, 아프리카로부터 스페인을 침공했던 베르베르족 수장을 기념해서 지브롤터 해협이라고 불려진다. 지금의 지브롤터라는 이름은 바위와 안전보장정책, 그 중에서도 교역과 해상운송을 위해서 개방된 지중해를 유지하고자 했던 영국의 정책과 밀접하게 관련되어 있다. 수많은 영국의 정책이 그랬던 것처럼 이 정책 또한 시대착오적인 것이었다. 그러나 지브롤터는 수세기를 내려오면서 유럽, 아시아, 아프리카가 서로 만나는 지점이었고, 또 그들의 문명이 상호간에 풍요로워진 지리적인 중심지였다는 사실을 상기시킨다. 철학, 문학, 정치, 교역, 전쟁, 예술 등 유럽, 아시아, 아프리카에 공통적으로 나타나는 문명의 어떠한 면도 마레 노스트룸의 해변이 각인시켜 놓은 형식 없이는 이해될 수 없을 것이다. 지중해인들은 겁을 먹기는 했지만, 남쪽으로 진출해서 아프리카의 해안일대를 개척할 수 있었다. 그러나 서쪽을 향해서는 오로지 공포와 신비감만을 가지고 있었다. 즉, 그곳은 "우리들의 바다"가 아닌 '**신비의 바다**'였으며, '**무지의 바다(Mare Ignotum)**'였다.

이런 상황으로 인해서 스페인은 실제로 지중해를 빠져나갈 수 없는, 출구 없는 막다른 골목과 같은 것으로 생각되었다. 즉 서쪽을 향해서 스페인까지 갔다가 거기에서 되돌아오는 것만이 가능했던 것이다. 스페인 너머 저편에는 아무것도 없었다. 이베리아 반도에서 가장 서쪽에 있는 지점이 피니스테레 곶(Cabo Finisterre), 즉 이 세계가 끝나는 곳이라는 의미를 가진 이름으로 명명된 것은 참으로 적절한 것이었다. 스페인 문화는 가장 상위 레벨에서 이런 목적과 그의 지리적 위치로 인해서 중심에서 벗어난 것으로 결정되었다. 즉, 스페인에 도착하는 것은 거기에 바로 머무는 것을 뜻했었다. 왜냐하면 스페인의 뒤로는 그들이 출발했던 동쪽으로 다시 귀환하는 선택말고는 아무것도 없었기 때문이었다.

이런 두 가지 움직임은 스페인의 문화에 두 가지 형식을 부여했다. 그것은 첫번째로 바다에 등을 돌린 뿌리 깊은 농경문화, 바로 이베로인들의 문화였다. 엘 에브로(El Ebro) 강, 즉 이베리아인의 강은 바로 그들의 주거지였다. 이베르(iber)는 한편 '강'을 의미하는데, 조이스식으로 말장난을 하자면 스페인의 기원은 이베르-강인 것이다. 이베리아인들은 기원전 2000년, 남쪽으로부터 반도에 도착했다. 기원전 900년경에는 북쪽에서 도래한 켈트족과 만났고, 그들과 섞이면서 오늘날까지도 생생하게 살아있는 스페인의 심원한 농업문명의 핵심을 이루는 켈트-이베리아 문화를 창조했다. 그것은 목자(牧者)와 촌락의 문화, 농부와 종족 본능의 문화, 고기와 치즈, 그리고 빵으로 영양분을 취하는 문화였다. 카탈루냐에서 안달루시아 지역을 포함한 지중해 해변은 마치 띠처럼 외국인 이주자들에 의해서 교역의 시장 및 항구들로 바뀜에 따라서 점점 더 고립되어 갔다. 이렇게 확실히 정치보다는 상업적인 것에 더 치중했던 지중해적 요소의 스페인의 출현은 기원전 1000년경 페니키아인들에 의해서 주도되었다. 그들의 "타르시슈의 배"는 스페인 제2의 문화, 즉 밖의 세계로 눈을 돌리는 항해문화의 위대한 신화를 만들었다. 그것은 헤라클레스의 문화이자 투우의 문화였고, 유대의 예언자 에스겔이 성서에서 언급한 타르시슈 왕의 "품위있는 상인"들에 의해서 주도된 교역과 교류의 문화였다. 그러나 타르시슈의 존재 자체는 또한 세상의 종말, 재앙의 공포, 텅빈 암흑, 허무를 보여주고 있다. 거기에서는 오로지 다음과 같은 절규만이 울려퍼졌다. "울어라, 타르시슈의 배들아……이제 너희들의 힘은 다했도다." 스페인은 태어나자마자 이런 비명과 함께 성서 속으로 들어간다. 그것은 최종적으로 볼 때 다시 한번 중심을 벗어난 곳으로 가게되는 문화로서, 마치 요나가 "예수의 현시"를 버리고 타르시슈 왕에게로 도망치는 것처럼 어느 누구도 도망갈 수 없는 장소, 즉 출구 없는 막다른 길의 문화였다.

스페인과 관련된 이 성서의 요나 이야기에는 하나의 일그러진 상징이 보인다. 즉 거기에는 산악지방과 농경지 그리고 부족 중심의 생활이 주를 이루는 스페인 내륙부에 은둔하고자 하는 것과 동시에 그곳에서 탈출해서 바다나 범선에 시선을 돌리고, 태양이 지는 헤라클레스의 기둥 저 너머의 세계에 도전하고자 하는 욕망이 함께 공존하는 것이다. 외국세력에 의해서 침략당하고 정복당한 스페인의 역사는 훗날 스페인 바로 그 자신에 의해서 신세계에서 되풀이되었다. 신세계의 타자 —— 카리브 해의 아라구아족, 멕시코의 아스테카족, 페루의 케추아족 —— 의 도전에 대한 스페인의 대응은 이미 스페인 자신이 정복상태에 있었던 그 수세기에 걸친 경험을 통해서 준비되었다.

페니키아인이나 뒤에 온 그리스인은 연안부에 상업거점을 만들어 카디스와 말라카 항구 주변에서 그들의 한정된 영향력을 발휘했고, 나아가 고대 켈트-이베리아 문화로부터 벗어나면서 그것에 대한 반대급부로 포도, 올리브, 해산물, 곡물, 화폐의 유통, 도시의 생활과 같은 새로운 지중해문명을 확립시킬 수 있었다. 이런 의미에서 볼 때 그들의 정복은 바람직한 정복이었다. 페니키아인이나 그리스인이 해안가에 세웠던 그 번영일로에 있었던 상업의 중심지와 가장 대비가 되었던 것은 실은 내륙부에서의 도시의 미발달이었다.

포위된 도시

지중해가 거대한 전쟁의 무대로 등장하여 두 개의 강력한 도시국가였던 카르타고와 로마가 각자의 패권을 겨루웠던(그것은 아프리카와 유럽, 육지와 바다, 코끼리와 범선의 싸움이었다) 때, 이 두 민족이 스페인을 정복하고자 기도했던 것은 단순히 상업적인 동기에서만은 아니었다. 그리스가 스페인을 떠난 뒤, 카르타고와 로마는 스페인 정복을 목적으로 스페인과 동맹관계를 수립했다. 무엇보다도 그 당시 가장 강력했던 이 두 세력은 서로 공격의 거점을 마련하기 위해서 스페인에 출현, 이 나라를 하나의 기지로 만들어버렸다. 로마에 마지막 일격을 가하기 위해서 카르타고의 총사령관이었던 젊은 한니발은 스페인을 하나의 발판으로 삼아서 프랑스 남부를 지나 알프스 산맥을 넘어서 이탈리아에 이르는 역사적 원정을 시작했다. 그는 트라시메노 호수 전투에서 로마군을 격파했다. 그러나 보급물자를 제대로 받지 못한 한니발은 군대를 스페인의 기지로 되돌릴 수밖에 없었다. 이 사건은 바로 스페인을 정복하지 못하면 카르타고는 결코 정복할 수 없다는 로마인의 불안감을 확인시켜주었다. 이렇게 해서 기이하게도 한니발이 이탈리아에서 승리한 것이 역으로 로마를 스페인의 내부로까지 끌어들이는 이유가 되었던 것이다. 로마와 함께, 스페인의 문명을 보다 영속적으로 형성시켜주었던 요소들도 도래했다. 언어, 법률, 철학, 세계사관, 교류와 같은 것, 즉 로마에 의한 장기간에 걸친 스페인 지배와 영구히 연관된 이런 모든 요소들은 이 도시국가의 기본적 현실에 그 근거를 두고 있다.

711년의 이슬람교도에 의한 침략 전, 그리고 1492년 이후의 스페인 자국에 의한 아메리카-인디오 세계의 정복 이전까지 로마는 스페인 정복이라는 주제를 놓고 볼 때 오랜 기간에 걸쳐서 최고의 경험이 되었다. 그것은 정말로 특이한 경험이었다. 왜냐하면 아메리카에서 스페인이 원주민의 문명을 교묘한 방법으로 짓밟고, 그 문명의 싹을 잘라버리고, 좋은 것과 나쁜 것 가릴 것 없이 모든 것을 파괴하고 한 문화의 고유한 형태를 다른 것으로 과격하게 대체했다면, 종주국 로마가 그의 식민지 스페인에 주었던 경험은 전혀 딴판이었기 때문이었다. 로마는 스페인에 유기적이고 영속적인 정부와 공공기관을 수립했다. 한편으로 로마는 스페인에 존재하지 않았던, 아니면 존재했더라도 대단히 미약했던 통일의 개념과 보다 광범위한 국민의 충성 개념을 불어넣었다. 그리고 도시의 생활을 통해서 그것들을 보급시켰다. 이런 과정에 발맞추어 문화, 제도, 심리, 그리고 삶에의 대응과(마찬가지로 아메리카에 있었던 그들 후손의 삶에도) 어떤 형식이 부여된 수많은 전통이 스페인에 세워졌다.

그리하여 민족적인 정형성을 뛰어넘는 수많은 의미심장한 경험들이 로마가 이베리아 반도를 지배했던 때부터 스페인과 스페인계 아메리카의 전통을 창조했던 것이다. 이런 전통의 형식을 분명히 드러내주는 것은 그 어떤 것보다도 타자, 즉 너와 내가 아닌 그와 그녀와의 접촉이었다. 이 타자와의 만남에 관해서, 즉 독창적인 이베리아 영역에서의 만남에 관해서 말하고 있는 외국인의 모든 기록들은, 특히 트로구스의 「필리포스 역사

(*Historiae Philippicae*)」에 언급된 말을 빌리면, 스페인인은 "강하고, 수수하며 또 근면하다(dura omnibus et stricta abstinentia)"라고 이구동성으로 지적하고 있다. 확실히 스페인인이 강인한 국민임에는 틀림없다. 그러나 한편으로 보면 스페인인은 극단적으로 개인주의적이다. 이와 같은 사실은 로마인들이 기원전 200년 이 반도를 침략했을 때에 곧바로 알아차렸던 사실이었다. 즉 이베리아 군대는 의심의 여지없이 용감했지만 결국에 가서는 무력하다는 사실을 로마인은 알아차렸던 것이다. 왜냐하면 그들 각자는 전쟁에서 자신을 위해서 싸웠을 뿐, 보다 커다란 부대에 통합되어 현장에 없는 사령관이나 추상적인 규칙에 복종하는 것을 혐오했기 때문이었다. 좋은 의미로든 나쁜 의미로든 간에 스페인이라는 나라를 특징지웠던 이런 지역중심주의를 로마인들은 재빨리 간파해버렸던 것이다. 스트라보는 그것을 "지방색의 긍지"라고 부르면서, 이베리아인들은 외국의 위협에 맞서 서로 단결해서 그들을 물리칠 수는 없으리라고 결론지었다.

반면, 이베리아인들은 그들의 지방, 마을, 그리고 대대로 물려받은 토지에 대해서 깊은 애착심을 느꼈다. 여기에서 두 개의 중요한 사실이 드러난다. 첫번째로 이베리아인은 공격작전을 펴는 데에는 형편없는 사람들이었다. 공격을 하려면 통일된 지휘명령이 필요한데, 이베리아인은 그것을 도저히 할 수 없었던 것이다. 반면 로마의 군사조직은 거기에 대해서는 탁월한 실력을 발휘했다. 그러나 그것을 상쇄하는 또 하나의 사실이 있었는데, 그것은 이베리아인이 자신들을 방어하는 데 있어서만은 아주 특출한 능력을 발휘하는 민족이라는 것이었다. 그들은 소규모 그룹으로 분산된 산발적인 공격으로 침략자들을 대단히 괴롭혔다. 로마의 사령관들은 주력부대를 괴멸시켜 승리를 선언하는 것이 아니라 한 마을을 이기면 또 다른 마을과 끊임없이 싸워야 했고, 각각의 마을은 지구전과 완강한 저항으로 로마군과 맞섰던 것이다.

이런 싸움은 동시에 또 다른 전통을 만들어냈다. 수비에 대한 자신들의 탁월한 힘을 발견한 스페인인들은 침략자들처럼 눈에 보이는 전선을 형성하기를 거부하고 대신해서 게릴라 전법(la guerilla)을 이용한 전쟁을 고안해냈다. 소규모 부대로 주로 야간을 이용하여 불시에 공격을 하고 어스름한 산중의 언덕 마을로 숨어들어 낮에는 눈에 띄지 않고 밤에만 활동하는 야간군대를 형성하여 분산과 역반격을 하는 문자 그대로 게릴라 전법을 통해서 로마군이 전개했던, 소위 "게로타(guerrota)"라고 불리는 대규모 침략전쟁에 대항해서 국지적이고도 소규모적인 전쟁을 벌였던 것이다.

요약해서 말하면 스페인인의 전쟁은 지방주의, 게릴라 전쟁, 개인주의라는 특징을 가지고 있었다. 플루타르코는 스페인의 전쟁지휘관은 '연대자(solidarios)'라고 불리는 충실한 심복부하들을 주위에 두고 있었으며, 그들은 자기들의 사령관이 죽으면 그들도 생명을 바쳐 싸운 후 뒤따라 죽었다고 썼다. 그러나 스페인인들이 상호간의 연합을 거부하고 오로지 그들의 토지와 지도자에게만 충성심을 발휘한다는 사실을 간파한 로마인들은 스페인인들이 훗날 아스테카나 잉카 제국을 괴멸시키기 위해서 썼던 것과 유사한 방법, 즉 우수한 무기를 동원하고 고도의 정보작전을 통해서 그들을 패배시킬 수 있었다. 멕시코인들이 자신들이 사는 촌이나 우두머리에 바치는 충성을 제외하고는, 그들끼리 광범위한 동맹 없이 그저 모자이크처럼 뿔뿔이 흩어진 지역중심주의에 입각해 있다는 사실을 알아챈 코르테스 역시 로마가 이베리아인들을 쳐부순 것과 똑같은 방법으로 아스테카족을 정복할 수 있었다.

이베리아인이 받은 전쟁의 댓가는 엄청났다. 그리고 이 전쟁을 통해서 스페인은 신의라는 또 하나의 국민성을 분명히 보여주었다. 스페인인들이 이상할 만큼 신의를 찬미하는 것은 토지나 수장을 향한 충성심에 그 뿌리를 두고 있다. 로마에 대항한 전쟁에서 그 주무대는 누만시아였고, 그 전쟁을 이끈 수장의 이름은 비리아토였다.

누만시아는 로마의 침입자들에 맞서 6년 동안이나 완강히 싸웠다. 로마의 입장에서 보면 스페인은 일종의 베트남과 다를 바가 없었다. 전과가 없는 이 전쟁을 통해서 로마군의 사기는 저하되었고, 로마 시민들은 수많은 젊은 병사들이 징집되어 그들을 계속 집어 삼켰던 이 전쟁을 계속해야 하는지에 격렬히 반대했다. 그러자 원로원은 더 이상의 군대를 파병시키지 않기로 결의했다. 스키피오 군인 가문의 일원으로서 그 중에서도 가장 젊었던 스키피오 푸블리우스 코르넬리우스는 이 자부심 강하고 개인주의적이며 게릴라전사였던 누만시아 사람들을 물리치도록 지휘권을 넘겨받았다. 그러나 그는 새로운 병력을 보충받지 못했으며, 오로지 스페인에 남아 있는 군대로 그들을 공격하라는 명령을 받았다. 스키피오는 이 전쟁에 자기의 모든 명성을 걸었다. 그는 아시아나 아프리카 군주들로부터 자금과 병력, 그리고 개인 근위대를 지원받았다. 누미디아 왕이었던 유구르타도 그 원군 중의 일원으로서 12마리의 코끼리를 이끌고 누만시아 전투에 참가했다. 그는 후에, 이번에는 자기가 북아프리카를 로마로부터 해방시키기 위해서 무기를 들고 일어났다. 그는 누만시아에서의 싸움에서 몇몇 게릴라 전법을 배웠던 것으로 보이며, 뒤에 이것들을 로마에 대해서 자신이 일으켰던 반란에 응용했다. 스키피오는 전쟁터에 혼자만 간 것은 물론 아니었다. 이 원정에는 많은 사람들이 참가했다. 그 중에는 저명한 친구들이었던 대역사가 폴리비우스, 시인인 루칠리우스, 다수의 기록사가들, 그리고 젊은 정치가들이 있었는데, 스키피오는 자기 군단과 함께 그들을 데리고 가서 전쟁의 기록을 남기고자 했던 것이다.

누만시아에 도착하자마자 스키피오는 매춘부, 유약한 인간들, 뚜쟁이, 점술사들을 주둔군으로부터 모조리 없애고는 동으로 만든 냄비와 접시를 제외한 모든 여분의 장비들을 팔도록 했으며, 삶은 고기를 제외하고는 다른 음식은 먹지 못하도록 명령을 내렸다. 스키피오는 건초더미 위에서 잤으며 병사들이 침대에서 자거나 마사지사를 두는 것을 금지시켰다. 시인 루칠리우스는 스키피오가 군단 안에 있었던 2만 개의 나이프와 탈모도구를 빼앗았고, 또 군인들에게 강도 높은 행군과 엄한 훈련을 시켰으며, 마지막으로 기원전 134년, 여름과 가을 동안 참호를 파고 장벽을 세우도록 명령했다고 기록하고 있다. 그들은 누만시아 도시를 빙 두르는 9킬로미터가 넘는 성벽을 쌓았는데, 그 반경은 전체 도시의 두 배나 되었다. 즉 이 도시는 높이가 3미터, 폭이 2.5미터나 되는 성벽, 그리고 각각 30미터나 되는 높은 탑들과 새롭게 편성된 5만 명의 병사들에 의해서 포위되어 있었다. 누만시아는 거울의 이미지처럼 그 자신이 엄청나게 불어난 그 숫자에 당황하지 않을 수 없었다. 스키피오는 공격을 명하지 않았다. 그는 6,000명이 채 넘지 않는 누만시아 군대가 그들을 공격하기를 기다리거나 아니면 그 안에서 굶어죽든가 내버려 두는 전술을 썼다.

이 라틴족의 위대한 장군은 이전의 로마군의 무능을 탄식하는 의미에서 언제나 흑모의 긴 망토를 착용했으며, 아침에는 깃발을, 밤에는 불의 신호를 응시하고 있었다. 스키피오가 거느린 군대는 규율이 잘 잡혔으며 병사들 또한 그처럼 흑색의 군복을 입고 있었다. 로마는 누만시아 사람들로 하여금 처음에는 소가죽을, 뒤에는 인육 —— 죽은 자, 병든 자, 그리고 최후에는 쇠약한 자의 —— 을 먹게 할 정도로 밀어붙였지만, 누만시아는 결코 항복하지 않았다. 아피아노스는 그의 「이베리아전쟁(*Iberian Wars*)」에서 "기원전 133년, 주민들의 대다수는 자살했고 나머지 사람들은……투항했다. 더러운 육체에서는 썩은 냄새가 풍겼고, 손톱은 길게 자라 있었으며, 풀어헤친 머리카락에 혐오감을 주는 복장을 한 그들의 모습은 괴이하고 무시무시했다. 그들의 비참한 상태는 동정심을 불러일으키기도 했지만 그들의 노한 얼굴과 표정, 고통과 피로로 일그러진 모습은 공포감을 주었다"라고 쓰고 있다.

누만시아 공방은 유대인의 마사다 공방과 때때로 비교되기는 하지만 여러 점에서 같지는 않다. 그것은 스페인이라는 독창적인 틀에서 생겨난 수많은 전통에 속하는 하나의 상징이었다. 그것은 스페인의 독창적인 면모를 보여줄 뿐만 아니라 스페인의 역사와 문화에 나타난 사건들, 그리고 아메리카의 스페인계 세계에서 겪은 잇따른 경험을 통해서 독자적인 방법으로 응축되고 승화되었다.

이런 신의를 한 몸에 받은 사람은 수장, 특히 군사지휘관인 카우디요(caudillo)였는데, 이 말은 뒤에 지도자(jefe)를 의미하는 아랍어에서 차용된 말이었다. 신의나 개인주의, 게릴라전, 지방과 지도자에게 충성을 바치는 전통은 바로 비리아토에게 집약된다. 그는 로마의 집정관이었던 갈바의 몰락으로 역사의 무대 전면에 등장했다. 갈바가 스페인을 통치하다가 떠들썩한 부패로 인해서 몰락하자, 누만시아의 게릴라 세력은 기원전 147년에 숨을 돌릴 수 있었다. 비리아토는 게릴라의 장기전에 대비해서 위장전술을 폈다. 도망전술로 로마군을 끌어들인 뒤 기습공격으로 그들을 쳐부수었으며, 그만이 알고 있는 깊은 산중으로 도망가 로마군의 사기를 저하시켰다. 그러나 이런 작전을 수행하면서 비리아토의 전력 또한 손실을 입었기 때문에 그는 8년 후에 로마에 강화를 요구했고, 명예로운 조건으로 그것을 획득할 수 있었다. 로마는 비리아토를 친구로 선언했지만 뒤에 그의 밀사 세 명을 매수하여 마음을 놓은 이 이베리아의 지도자를 암살하게 했다. 비리아토를 거꾸로 쓰러뜨릴 수 있었던 것은 오로지 반역 말고는 없었던 것이다. 화장에 의해서 불살라진 비리아토는 스페인이나 스페인계 아메리카의 역사에서 수없이 반복될 하나의 상징으로 변했다. 그는 역사가 유스티누스에 의해서 "스페인 민족 중에서 가장 훌륭한 군인"으로 묘사되었으며, 소박하고 인간적인 정이 두터우며 언제나 병사들과 함께 자리하는 그만의 인품을 갖춘 인물이었다.

비리아토가 죽고 누만시아가 함락되자 이베리아 반도는 쉽게 로마화되었다. "누만시아"와 "비리아토"라는 이름은 끝없이 지속되어야 할 전통심을 불러일으킨다. 그러나 로마는 스페인의 이런 심원한 전통을 건드리지 않고 그들의 비범한 책략을 보여주었다. 즉 수없이 많은 스페인의 문화의 빈 구석을 다른 방법으로 채우기로 했던 것이다. 로마는 내륙에 아우구스타 에미리타(메리다), 이스팔리아(세비야), 코르두바(코르도바), 톨레툼(톨레도), 카에사르아우구스타(사라고사), 살라만티카(살라망카)와 같은 대도시들을 건설했다. 그리고는 이 도시들을 훌륭한 도로망으로 연결시켰다. 이런 식으로 로마는 바다에 면한 개방적 도시들과 고립된 산간지방의 마을들을 하나로 연결시켰다. 이렇게 해서 로마는 스페인을 실제적으로 통일시키는 데 필요한 최초의 견고한 기반을 만들었던 것이다. 스페인이 통일되고 하나의 독립된 나라로 바뀔 수 있었던 것은 1492년이 되어서야 비로소 이루어질 수 있었다. 그러는 동안 켈트-이베리아 정신의 효모는 로마의 법, 언어, 철학이라는 오븐에 의해서 부풀려질 수 있었던 것이다.

로마 지배하의 스페인

로마화의 외부 흔적은 스페인 전역에서 만날 수 있다. 메리다의 원형극장은 기원전 18년에, 알칸타라의 다리는 기원전 105년에 완성되었고, 세고비아의 유명한 수로는 1세기에 세워진 건축물이다. 내부의 흔적으로는 우선 언어를 들 수 있다. 그 언어는 간결하고 때로는 웅변적이고 경구적이었으며, 키케로의 문장에서 보이듯이 수사적이고, 시저의 통첩문처럼 사무적이고, 카툴루스의 연애시에서처럼 내밀하고, 베르길리우스의 시처럼 서사적인 언어였다. 그러나 로마 지배하의 스페인은 곧 독자적인 문인들을 산출하기 시작했다. 그들 중에는 교육가인 퀸틸리아누스와 카디스의 무희들을 관능적으로 묘사한 경구작가 마르티알루스, 서사시인인 루카누스, 그리고 무엇보다도 중요한 인물로서 코르도바 출신의 스토아 학파 철학자인 세네카가 있었다. 그는 루카누스의 삼촌이었고, 네로 황제의 선생이기도 했다.

스토아 학파는 그리스 로마 고전시대의 비극의 종언과 신성성의 상실에 대한 응답으로부터 나왔다. 인간은 숙명이라는 비극적인 대물림으로부터, 그리고 변덕스런 신에 대한 예속으로부터 벗어나 만물의 척도로 바뀐다. 그러나 인간은 또 한 가지 사실, 즉 자유는 인간의 고독과 불가분의 관계를 가진다는 것을 발견하게 된다. 진정한 인간이 되기 위해서 각자는 자신에 대한 인식, 자신의 힘 아울러 그 한계에 대한 명확한 인식을 가져야만 했다. 또 인간은 영구히 변화하는, 다시 말해서 끝없이 생성하는 자연의 일부라는 사실을 이해해야만 했다. 인간은 이런 변화 속에서 통일을 만날 수가 있을까? 어떤 경우에 있어서도 인간은 정열에 속박된 존재라는 것을 알아야만 했으며, 또한 그것을 억제하는 것을 배워야만 했다. 마지막으로 죽음이 그들을 기다리는 것을 인지하여, 부끄럽지 않은 죽음을 맞이하기 위한 대응과 자세와 스타일을 갖출 필요가 있었다.

세네카는 인간 주위의 모든 것이 무너져내리는 고난의 시기에는 인간 자신의 내적인 삶말고는 신뢰할 수 있는 힘의 원천은 없다고 설명했다. 그리고 그 내면성은 스토아 철학의 모든 정신적 가치, 즉 자유와 정열, 자연과 죽음을 비극적으로 고통 받는 숙명으로서가 아니라 의식적으로 받아들여야만 하는 현실로서 통합시키지 않으면 안 된다고 말했다. 세네카는 공격적인 세계에 대처하는 방법으로서 "네 자신의 마음 이외의 그 어떤 것에도 현혹되지 말라"고 조언했다.

세네카의 철학이 스페인에 끼친 영향은 강력하고 영속적이었다. 지금까지도 안달루시아 지방에서 "세네카"라는 말은 지혜를 의미하는데, 그 지혜는 바로 인생은 행복하지 않다는 것을 이해하는 것이다. 행복한 세계에서는 철학자가 무슨 필요가 있다는 말인가? 죽음에 대해서 세네카 자신은 금욕적으로 대처했다. 즉, 네로의 총애로부터 멀어지자 그는 황제의 노여움을 예측하면서 자살을 했던 것이다. 그러나 그는 지금까지도 스페인 정신의 핵심을 이루는 영원한 철학을 남겼다. 무절제를 억제하고, 전쟁과 발견, 정복, 폭력, 죽음이라는 대모험 끝에는 언제나 자기 자신으로 다시 돌아가라는 것이 그의 가르침이었다. 성인과 화가, 시인과 전사의 나라 스페인은 스토아 철학이 말하는 이 진실을 끊임없이 반복했다. 그 가운데서 두드러지게 나타나는 것은 세르반테스의 「돈 키호테(*Don Quijote*)」로서 이 작품의 주인공은 귀향해서 예전의 자기 자신으로 돌아가서 죽음을 맞는, 최후에 가서는 그의 광기 어린 모험을 진정시키는 한 인간으로 묘사되는 것이다.

아마도 스페인의 스토아 철학에서 가장 흥미있는 측면은 자기를 앎으로서 자신의 정열, 본래의 존재 예컨대 자기의 운명까지도 제어할 수 있는 한 개체로서의 인간의 모습일 것이다. 이베리아 스페인의 극단적인 개인주의, 게릴라 지도자에게 부여된 과도한 힘, 포위된 도시 안에서의 광기 어린 희생, 그리고 집단을 조직하는 능력의 결여 등의 이 모든 것은 바로 로마의 스토아 철학에 의해서 수정되는 것이다.

이베리아의 개인주의와 로마의 스토아 철학은 이달고(hidalgo)라는 스페인의 본질적 인물, 문자 그대로는 "어떤 것의 아들(hijo de algo)", 다시 말해서 승계하는 자로서 신의가 두터운 남자, 자기의 말을 실천하는 남자, 고귀한 내면과 외관을 지닌 남자를 탄생시켰다. 엘 그레코는 그가 그린 "가슴에 손을 얹은 기사"에서 이런 궁극적인 이상을 지닌 인물상을 보여주었고, 세르반테스 역시 그의 문학작품「돈 키호테」에서 나오는 '초록색 망토를 착용한 기사'의 인물을 통해서 똑같은 상을 재현해주었다.

개인주의와 금욕주의의 융합은 스페인의 로마법 수용에 깊은 영향을 미쳤다. 스페인 세계에서는 로마법을 기원으로 규약에 의거한 법, 다시 말해서 성문법의 명확한 전통이 서게 되었는데, 이것은 또한 스페인을 통해서 스페인계 아메리카의 기본적인 전통 중의 하나가 되었다. 로마에서의 법이라는 것이 '12개의 계율(Ley de las Doce Tablas)' 이전의 법에서 보이는 것처럼 순전히 관례나 구전으로 전해져 내려오는 것이 아니고 쓰여 있다고 하는 사실은 타인들에게 개인적인 권력이나 전횡(專橫)을 부과하기 위해서 어느 누구라도 법을 무시해서는 안 되며, 모든 사람들이 그 법을 준수해야만 하는 것을 의미했다. 성문법의 준수는 정통성을 주장하는 근거로서 스페인인의 삶에 뼈대가 되는 중요한 사실이었다. 그리고 신세계와 관련지어보면 발견과 정복에 관한 기록, 그리고 보다 더 중요한 인디아스법(Leyes de Indias)과 같은 보호법을 통해서 스페인의 원정에 믿음과 권위를 주었으며, 정복이라는 단순한 사실을 넘어 사실상 아메리카 대륙에서 스페인 국왕을 정당화시키는 사태를 초래 했다. 독립을 성취한 스페인계 아메리카에서도 1장의 토지문서 역시, 설사 낡고 찢어져 있었더라도, 성문헌법(그것이 준수되었든 그렇지 않든 간에)과 마찬가지로 똑같은 중요성을 가지고 있었다. 그것을 가지고 농부는 빼앗긴 농지에 대한 권리를 주장할 수 있었던 것이다. 이런 모든 전통의 원천은 로마법이었다.

그리고 로마법은 스페인의 또 다른 전통 —— 국가는 발전과 정의를 향

메리다의 로마 극장.

세고비아의 로마 수로교(水路橋).

"가슴에 손을 얹은 기사", 엘 그레코 작, 1578-83년경.

한 공통의 참여자라는, 언어와 법을 통해서 형성된 개념 —— 의 원천이 되었다. 극장, 수로교, 도로, 다리 등과 같은 이 모든 것들은 로마가 국가로서의 호혜적 권위를 통해서 진보와 경제발전을 촉진하는 결정을 보여준 외적 표시였다. 국세조사, 세제, 정치, 행정에서 로마는 정말로 기막힌 솜씨를 발휘하여 로마 제국이 가진 문명화된 삶의 장점과 의무를 전부 국가와 결합시켰고, 한편에서는 현지의 문화와 스페인의 전통을 존중했다. 이런 유연성 있는 환경 안에서 이베리아 반도는 로마의 이런 선물을 받아들여서 흩어진 지역을 하나로 연결시키는 국가를 구성했고, 경제를 발전시켰으며, 스페인이 세계사에 참가할 수 있는 의식을 가지도록 해주었고, 동시에 그 국민들에게 지방으로서의 긍지, 그리고 전통을 존중하는 것을 용이하게 해주었다.

이런 모든 것은 또한 위험에 대한 인식을 수반했다. 즉 발전과 정의를 대변하는 국가는 다스림을 받는 사람들보다 우월하거나, 또는 이들의 지배영역으로부터 벗어나 있다고 국민들이 보거나, 그렇게 비쳐지는 국가로 바뀌게 되었다. 이런 의미에서 스페인은 초기부터 하나의 불변하는 원칙을 만들어냈다. 우리들은 그것을 불의에 대한 시적인 드라마와 반란을 일으킬 수 있는 권리라고 부를 수 있다. 17세기의 로페 데 베가가 쓴 유명한 「푸엔테오베후나(*Fuenteovejuna*)」라는 희곡은 정치권력과 시민의 대립을 외현적(外顯的)으로 잘 극화시킨 작품이었다. 이 작품은 불의에 대한 한 도시의 집단반란을 묘사하고 있다. 이 도시에서는 전주민이 하나로 결속되어 있다. 봉건주의의 기사단장을 살해한 범인이 누구냐고 심문받자 마을사람들은 하나같이 "우리들 푸엔테오베후나 마을사람 전원이 했소"라고 답한다. 로마 정치와 스토아 철학의 융합과 발전을 통해서 스페인의 개인주의와 반란은 마침내 집단적인 행동수단을 발견하게 되는데, 스페인 황금시대의 로페 데 베가나 칼데론의 연극은 이 점을 잘 보여준다.

로마의 스페인 통치에 나타난 특질은 절대적 전제정치를 결코 강요하지 않았다는 것과 변화, 개방성, 혼합, 순환성을 자극하는 것이었다고 사람들은 말했다. 수도를 통해서 하천유역으로부터 건조한 고지까지 물을 끌어들였던 것처럼 법과 언어는 공동체 의식을 키워주었다. 이탈리아와 스페인의 통합을 강화시키고자 했던 초기의 시도들은 실패했지만, 1세기경의 이베로-로마인은 로마 제국적 생활에 완전히 합류했다. 따라서 3인의 로마 황제 —— 트라야누스, 하드리아누스, 테오도시우스 —— 가 스페인에서 태어났다는 것은 그리 놀랄 만한 일이 못 된다.

도시나 도로를 통한 직인, 마부, 상인, 관리, 병사, 이주자의 끊임없는 이동은 결국 로마화의 전과정을 국민적 수준에서 완성시켰다. 누구라도 라틴어를 현지의 사정에 맞게끔 점점 더 사용하게 되었고, 새로운 언어를 만들었으며, 그것을 발음에 맞춰 변화시키고 라틴어를 속화시키고 심지어 군사화시켰다. 라틴어는 3개의 로망스어 —— 성직자의 언어(sermo clericalis), 군인의 언어(sermo militaris), 그리고 서민의 언어(sermo vulgaris) —— 로 분화되었다.

이 말들의 혼합이 급속히 진전되어 스페인을 포함한 스페인계 아메리카와 미국에서 3억 명 이상이 스페인어를 사용하게 되었다.

왕관과 십자가

로마법과 언어, 그리고 철학의 지혜는 스페인에 남았지만, 로마 제국은 쇠퇴하고 멸망했다. 그리고 그렇게도 여러 번 상처받은 스페인의 풍경 속으로 두 개의 신흥세력이 모습을 곧 드러냈다. 1세기에 최초로 기독교도가 동방으로부터 들어왔다. 그리고 나서 북쪽으로부터 밀려온 게르만족의 침략은 쇠퇴하는 로마 제국의 힘을 질식시킨 뒤 서고트족 —— 그들의 이름은 기독교적이지만 행동은 야만인이었다 —— 의 지배로 끝을 맺게 되었다.

물론 스페인이 스페인 안에서 로마 제국이 붕괴되는 원인으로 작용하지는 않았다. 이베리아 반도는 로마의 곡창이었으며, 아마도 로마 제국이 지닌 전영토 중에서 가장 풍요로운 지방이었다. 스페인은 충분히 로마화되었고 또한 로마에 충성적이었기 때문에 로마 제국은 순전히 상징적인 이유에서 단 하나의 군대만 스페인에 주둔시킬 정도였다. 로마 제국하의 스페인은 누만시아에서 자결의 길을 택했던 예전의 이베로-스페인과는 너무나도 달랐다. 그러나 1,000년간이나 고대세계를 지배했던 로마의 질서가 사라졌다는 것은 더 이상 로마의 문장(紋章)을 지닐 수 없는 스페인을 자위가 불가능한 힘의 공백지대로 만들어버렸다. 이 공백을 메꾼 것이 바로 야만인들과 기독교인들이었다.

5세기 로마 제국은 붕괴의 일보직전에 있었기 때문에 설사 전병력을

서고트족의 왕관.

동원했었더라도 스페인에 물밀듯이 들어오고 있었던 이민족 —— 수에비족, 아란족, 반달족 등 갈리아나 게르마니아로부터 유럽의 태양이 비치는 곳을 향해서 남하했던 민족들 —— 들로부터 스페인을 지켜낼 수가 없었다. 야만인들은 스페인의 여러 도시들을 포위하고 함락시켰으며, 이어서 서로간에 싸움을 벌였다. 아란족은 수에비족에게 패배했고, 수에비족은 다시 또 다른 침략자였던 고트족의 지원을 받아서 반달족을 공격하여 그

"성녀 아가타", 프란시스코 데 수르바란 작, 1630-33년경. →

들을 쳐부수었다. 그후, 고트족과 수에비족 사이에는 대립이 일어났다. 스페인을 탈환하기 위해서 로마의 군대가 파견되었을 때 사태는 복잡하게 되었다. 고트족은 로마와 강화를 맺었으며, 서로마 제국 최후의 황제인 로물루스 아우구스툴루스가 스페인에서 도망하면서 서고트족은 스페인의 패자(霸者)가 되었다.

그들이 썼던 왕관은 화려하기 그지없는 야만족의 그것으로서, 마치 "엘체의 귀부인" 상에 보이는 머리 장식의 남성판이었다. 그러나 이 왕관은 선거를 통해서 선출되고 또 분쟁이 끊이지 않았던 서고트족 왕들의 머리에 엄숙하게 씌워지지 않았다. 전사 출신의 귀족들로서 사치스런 보석과 묵직한 왕관에만 마음을 쏟았던 그들은 정치문제, 종교문제로 끝없이 싸우고 있었다. 서고트족은 그리스도는 삼위일체의 신에 낄 수 없으므로 성부의 아들이 아닌 단순한 예언자에 불과하다고 완강하게 주장했던 이단 아리우스파를 신봉했다. 그들은 또한 정치문제로도 끝없이 싸우고 있었으며 피비린내 나는 전쟁을 통해서 왕위계승문제를 해결하고 있었다.

기독교인들이 스페인에 최초로 도래한 사실은 아직도 신비와 전설로 둘러싸여 있다. 초기 스페인의 성인들은 아프리카에서 온 사람들이었다. 기독교의 복음을 바르셀로나에 전한 성 펠릭스나 카탈루냐 항구에서 설교했던 성 쿠가트가 바로 그런 사람들이었다. 순교자 중에는 여성들도 다수 있었다. 스페인 기독교 이단의 시조였던 프리스실리아노라는 여성은, 육체는 악마의 창조물로서 세속적인 쾌락과 자유롭고 육체적인 사랑을 통해서 다 써버려야 한다는 교리를 가르쳤고, 또 남녀가 함께 한 자리에 모여 성서를 읽는 모임을 만들어 장려시켰다. 그녀의 이런 활동은 성공적이었다. 많은 여성들이 그녀의 이단설을 받아들였다. 그러나 또 다른 여성들은 남성들의 무리한 요구를 따르는 것을 거절하고 순교로서 위안을 찾았다. 이렇게 순교한 스페인 여성의 초상화는 현재 남아있지 않기 때문에 우리들은 그들의 모습을 17세기 프란시스코 데 수르바란이 그린 회화로부터 그럭저럭 상상해볼 수 있다. 거기에서 우리들은 아름답게 차려입은 고뇌의 상징을 과시하는 듯한 젊은 여성들의 모습을 볼 수 있다. 전설에 의하면 시라쿠사에서 순교한 성녀 루시아는 그녀로부터 구혼을 거부당한 남성으로부터 기독교도로 고발당하여 로마 병사의 창에 목이 찔려서 죽었다고 한다. 자신의 두 눈이 놓여진 쟁반을 들고 있는 성녀의 모습이 그림 속에 보인다. 같은 시칠리아 섬 출신의 성녀 아가타도 그림에서 보이듯이 자신의 유방이 담긴 쟁반을 들고 있다. 그녀 역시 거절당한 구혼자로부터 기독교도로 고발당하여 로마인들에 의해서 유방이 도려졌다고 한다. 성녀 아가타는 종(鐘)의 주조자, 그리고 빵집의 수호성인이 되었다. 이런 것들은 바로 변신(metamorfosis)의 힘을 말하고 있다. 스페인에서 가장 유명한 순교자로서 13세의 소녀였던 성녀 에우랄리아는 로마의 심문관들을 거부함으로써 결국 그들에 의해서 고문당하고 화형에 처해졌다. 그녀가 "하나님은 전능하시다"라고 절규하고 죽자 그녀의 입에서 하얀 비둘기가 나와서 날라갔고 갑자기 그녀의 시체 위로 눈이 내리기 시작했다고 한다.

사실이든 전설이든 간에 이 이야기들은 기독교 신앙이 어렴풋하게 시작해서 4세기 프리스실리아노가 나타날 때까지 스페인의 많은 지역에서 광범위하게 퍼졌고 견고한 뿌리를 내렸다는 것을 말해준다. 그리고 스페인의 가톨릭 신앙은 처음부터 성적인 불안감으로 각인되어 있다는 사실을 보여준다. 여성들은 구혼자들로부터 도망쳤고 결혼을 거부하고 그리스도를 신랑으로 맞았으며, 기독교야말로 그들이 유일하게 선택할 수 있는 에로티즘이라고 강조하면서 육체를 희생하는 길을 택했다.

그러나 스페인에서의 가톨릭의 영향은 이런 이야기말고도 정치적인 중요성이 포함된 그 어떤 것이 있다. 정치에의 열정과 순교에의 불만 사이에서 스페인의 가톨릭 교회는 외형적 질서에 따를 것을 강요하려고 했었다. 왕위계승싸움에서 정치적 의무를 포기한 서고트 왕들은 공공의 일상사를 교회의 수중에 맡겼는데, 이것이 바로 가톨릭 교회가 정치적인 문제에 끊임없이 간섭하게 되는, 스페인과 스페인계 아메리카 세계의 커다란 전통을 만들게 되는 것이다. 그러나 기독교 순교자들과 왕들이 피비린내 나는 싸움을 벌였던 그 시대에 스페인 문명의 구원자라고 예찬되었던 인물, 즉 중세 최초의 철학자이자 최초의 진정한 스페인인이라고 할 수 있는 인물이 출현했다. 각각의 설(說)들은 나름대로 진실을 말하고 있기는 하지만, 이론의 여지가 없었던 한 가지 사실은 세비야의 대주교 이시도로가 로마 제국의 멸망으로부터 이슬람교도에 의한 이베리아 반도의 침략 사이의 기간중 가장 중요했던 스페인인이었다는 점이다.

세비야의 성인

"오! 스페인이여! 서양에서 인도 사이에 펼쳐져 있는 모든 나라 중에서 가장 아름다운 너는 분명히 열국의 여왕이다. 그 증거로 너를 통해서 동양과 서양은 빛을 받는다"라고 이시도로는 썼다. 이 스페인의 사명, 즉 다양한 민족을 받아들이고 지식을 유포하는 것은 몇 세기에 걸쳐서 시험을 당했는데, 어떤 때는 정말로 성공적이었고 어떤 때는 무시무시한 거짓으로 나타났다. 그러나 성 이시도로가 말한 것처럼 이 지구상에서 가장 빛나는 장소라는 스페인의 영광은 후에 스페인 제국을 세우는 데에 이용되었다. 그 기회가 오자 스페인은 로마 이래 세계 최대의 대국이 되었다. 성 이시도로는 스페인 제국의 창시자 중의 한 사람이었다.

그는 가족이 쫓기는 망명의 와중에 태어났다. 카르타헤나의 가톨릭 교도였던 그의 가족은 아리우스파의 박해를 피해서 세비야로 이주했다. 거기서 이시도로는 어린 나이에 양친을 잃었다. 그의 어머니는 많은 스페인인 —— 유대인, 아랍인 또는 기독교도, 자유주의파와 공화파 —— 이 훗날 몇 세기를 두고서 반복해서 언급했던 유명한 글귀를 하나 남겨놓았다. "추방에서 나는 하나님을 알았네. 타향에서 죽지만, 여기 하나님의 진리를 받은 이 땅에 묻힐 것이네."

이시도로가 성장했던 시기는 스페인의 주화에 처음으로 자신의 얼굴을 새겼던 고트족 최초의 군주 레오비힐도 왕과 그의 자식 에르메네힐도와 레카레도와의 사이에 일어났던 격렬한 종교분쟁의 와중에서였다. 이 분쟁은 결국 에르메네힐도가 이단인 아리우스파의 교리를 포기함으로써 일단 종결되었다. 그런데 그는 우연히도 세비야의 대주교이자 이시도로의 형이었던 레안드로 앞에서 이런 결정을 내렸다. 그러나 레오비힐도 왕은 세비야로 병사를 출동시켜 자식인 에르메네힐도를 체포한 뒤 그를 감옥에 보냈다. 이 에르메네힐도 자신은 가톨릭 신앙을 간직한 채 옥사했다. 한편 레안드로 대주교 역시 부모와 똑같이 다른 지방으로 추방당했다. 그러나 연로한 레오비힐도 왕은 임종을 맞게 되자 그가 저지른 행위를 후회하면서 레안드로를 불러들여 자신을 용서해줄 것을 청했다. 고트족 왕위의 계승자 레카레도는 가톨릭으로 개종했다. 598년 사제가 된 이시도로는 톨레도 종교회의에서 국민 통일의 기반으로서 국왕이 가톨릭을 재확인하는 광경을 목격했다.

그러나 국교를 천명하는 것만으로는 아직 불충분했다. 이시도로는 그의 주위에 가톨릭에 정식으로 입문했던 사람들은 있지만, 교회를 조직화할 수 있는 언어체계와 법률이 스페인에 없다는 것을 간파했다. 그는 또한 왕의 권력도 제멋대로인 데다가 남용되고 체계도 없으며 불법적이라는 상황을 주시했다. 다시 한번 법과 언어는 공공의 일상사에서 빠져 있었다. 이런 상황에서 종교와 세속정치의 양 부문에서 법과 언어를 다시 원상으로 복구하는 것이 이 젊은 사제인 이시도로의 지적 사명이 되었다. 모두가 그에게 등을 돌렸다. 로마 문화도 이제는 사라지고 없었다. 스페인 역사가인 마르셀리노 메넨데스 이 펠라요의 말을 빌리면, 이시도로는 빈사상태의 낡은 사회와 유치하고 야만적인 새로운 사회의 사이에 있었던 것이다. 그는 이 야만인들을 교육시킬 계획을 세웠다. 그는 「어원론(*Origen de las etimologías*)」이라는 저서를 통해서 언어에 대한 국민의 의식을 회복시키는 한편, 로마법의 재편성을 통해 스페인에 지속적인 법적 공동체의 인식을 부여했다. 그는 문화와 정치의 불모지에 놓여 있었던 한 성직자로서 이제는 사라질 위험에 처해 있는 문화 전체를 구하려고 했다. 다시 한번 그는 고립상태 속에서 유아독존적 마비상태에 빠진 스페인을 이제 막 발흥하고 있던 중세의 세계 —— 거기서는 켈트인과 메로빙거 왕조의 사제들이 떠돌아다니면서 설교하고 교회를 조직하고 있었다 —— 로 몰아가려고 했다.

그는 우선 나라의 기강을 바로잡고자 하였다. 형 레안드로가 세비야의 대주교직에 올랐을 때, 이시도로는 대수도원장으로 임명되어 교회에 검약의 전통과 엄격한 규율을 부과했다. 사이비 사제가 횡행하고 사이비 은자가 제멋대로 날뛰던 사회에 맞서서 이시도로는 완벽한 이상을 지닌 수도원을 세웠다. 그 수도원의 규율의 초점은 청빈에 맞추어졌는데 그것은 다름 아닌 "마음에 근심거리를 만들지 말고 영혼이 교만하지 않도록 하는 것"이었다. 마지막 기도가 끝나면, 수도사들은 매일 서로의 죄를 용서하고 평안 속에서 서로 포옹하고는 찬송가를 부르면서 공동 기숙사 —— 수도원장은 사람들 한가운데에 끼여 잠을 잤다 —— 를 향해서 발걸음을 옮겼다.

형이 죽자, 이시도로는 43세의 나이에 세비야의 대주교직을 인계받았다. 이제 그는 교회와 국가가 맺은 새로운 협정을 위해서 공개적인 활약을 펼칠 계기를 맞았다. 그는 왕정이 문란한 동안 엄격한 규율을 통해서 교회의 기반을 확고히 했다. 그는 고트와 비잔틴의 법률에 나타난 혼란을 모두 제거하고, 명쾌하고 논리적이며 체계적인 로마법 절차에 대한 인식을 불어넣어 로마법을 지속시키고자 했다. 그리고 그는 이런 모든 개혁을 중세 말까지 유럽의 정치를 지배하고 있었던 커다란 문제, 즉 교회와 국가와의 관계에 적용시켰다. 로마 제국의 관료제도가 사라진 뒤 스페인의 주교들이 국가의 진정한 행정담당자가 되자, 이시도로는 이제 정치적으로 유리한 입장에 서게 되었다. 무질서와 고트 왕들의 무능함이 이런 상황을 만들었던 것이다. 그는 교회와 국가의 결합을 공포했다. 그러나 그는 균형감각을 지닌 인물이었으므로 교회와 국가의 어느 한 쪽을 다른 쪽보다 우위에 놓지는 않았다. 다시 말해서 정신적인 문제에 있어서는 국가가 교회에 종속되고, 세속적인 문제에 있어서는 교회가 국가에 종속되어져야만 한다고 생각했던 것이다. 그렇지만 필요한 경우에는 어느 한 쪽이 다른 한 쪽의 영역에 끼여들 수가 있었다. 결코 힘의 공백상태가 존재해서는 안 되었다. 그렇지만 이시도로가 살았던 당시의 스페인에서는 주교들이 이미 차지하고 있던 막중한 권력으로 인해서 선거를 통한 고트족의 군주제를 왕국의 합법성을 받쳐주는 기본법의 하나로서 옹호하는 것은 기만이었다. 이시도로는 이 제도가 얼마나 유해한가를 너무나도 잘 알고 있었으며, 또한 주교를 임명하는 전권이 주교 자신의 손에 주어지는 그의 성공적인 개혁이 실제로 교회에 얼마나 많은 이익을 가져다주게 될지 모르고 있던 것은 아니었다. 이렇게 해서 국왕은 교회의 문제에 관해서는 전혀 관여할 수 없었다.

스페인 문화는 몰락과 소멸과 같은 위태로운 재앙으로부터 여러 번 구해졌다. 세비야의 대주교 이시도로는 그런 야만스런 황무지로부터 스페인의 로마 문화를 구해냈고, 스페인을 기독교화했으며, 또 스페인을 유럽화시켰다. 그러나 로마와 고트 문화의 융합에 기반을 두면서 새로운 스페인의 통일을 모색한 그의 이상은 무참히 깨어졌다. 계속된 권력의 남용과 왕족간의 내분 및 끊임없는 당파간의 정쟁으로 고트족이 지배하는 스페인이 하나의 통일된 목표 아래에서 효과적으로 국가를 운영하기란 도저히 불가능했다.

고트족 전사 출신의 귀족계급은 그 속성상 중앙에의 귀속의식이 희박한 사람들이었다. 서고트족이 지배한 2세기 사이에 물경 30명의 왕이 즉 위하여 자신만의 독립영지를 가지기 시작했다. 끊임없이 일어났던 모반과 대살육으로 인해서 교회는 결정적인 권한을 획득할 수 있게 됨으로써, 스페인과 스페인계 아메리카 정치에는 또 하나의 불변의 요소, 즉 세속적인 사건에 대한 교회의 지속적인 개입이 생겨나게 되었다. 서고트 왕국의 주교들은 지방 행정부의 장(長) 역할을 하면서 스페인에 국가와 교회와의 강력하고도 지속적인 융합을 촉진시켰다. 그런데 이런 결합은 시민의 권리를 희생시키면서 획득된 것은 아니었을까? 사실상 교회는 왕위계승의 질서를 확립시키거나 고트족 왕들에 의해서 저질러진 무자비한 행위 —— 예를 들면 이시도로 대주교의 시대에 시세부토 왕에 의한 유대인 박해 —— 를 막는 데에는 한계를 드러냈다. 다시 말해서 교회는 자신의 조직을 정비하고 나라를 다스리는 법을 배우는 사이에 이 야만인 왕들이 지속적으로 저질렀던 잔학행위를 억제하는 데에는 무능했던 것이다.

636년 3월 죽음이 임박해지자 이시도로는 자기가 머물렀던 수도원에서 세비야의 성 비센테 교회로 자리를 옮긴 뒤 쇠약한 몸이었지만 대중이 보는 앞에서 참회의식을 거행했다. 그는 죄인의 자루를 걸치고는 자신의 머리 위로 재를 뿌리게 했다. 한 번만이라도 그를 보려고 수많은 군중들이 몰려들었다. 그는 자기가 지은 죄는 바닷가에 널린 모래알보다도 많다고 공개적으로 고백하고는, 그곳에 있는 모든 사람들을 향해서 용서를 구했다. 그는 또 그들을 향해서 자기는 죄를 범하기도 했지만 일도 했다고 말했다. 4월 4일, 이시도로는 세상을 떴다. 그가 죽은 지 1세기도 채 안 되어 그가 염원했던 기독교에 기반한 강력하고도 명쾌한 법치국가 스페인은 최대의 위기에 직면했다. 헤라클레스의 해협 저 건너편에 새로운 세력이 스페인을 위협하고 있었던 것이다. 이 새로운 도래자들은 이 오래된 지중해의 수로에 지브롤터라고 하는 새로운 이름을 주게 될 것이다.

ISAIAS

제3장 스페인의 국토회복운동

유럽뿐만 아니라 근동과 북부 아프리카를 포함해서 지중해 전역을 지배했던 로마 제국의 각 거점들은 야만족들의 침입과 이슬람 세력이 확대됨에 따라서 차례차례로 함락되었다. 그러나 다양한 게르만족들이 로마에 총본산을 둔 기독교를 수용하면서 로마 제국의 정통성을 계속 유지했었던 반면 이슬람교도에게 그와 비슷한 동화는 그리 용이한 것은 아니었다. 종교적이고 정치적인 확장의 절정기에 있던 이슬람은 예언자 마호메트가 죽은 지 8년 후에 이집트를 정복하고, 이어서 튀니지를 침공했으며, 698년에는 북아프리카에 위치한 옛 로마 제국의 수도 카르타고로부터 비잔틴 제국의 사람들을 몰아내기 시작했다. 정확히 말해서 마호메트가 그의 신앙을 전파하기 시작했던 해로부터 1세기가 지난 711년 이슬람 세력은 유럽의 남부 해안가에 도달하여 고트족이 세운 스페인을 침공했다.

같은 해, 세우타의 총독이었던 돈 훌리안 백작은 서고트족의 로드리고 왕에 대해서 반란을 일으켰다. 그는 7,000명에서 1만7,000명에 이르는 북아프리카의 베르베르족 군대를 지휘하고 있었던 타릭에게 도움을 청했다. 로드리고 왕은 훌리안 백작의 군대가 단순한 용병으로 구성된 군대일 것이라고 그리 대수롭지 않게 생각했다. 서고트족 사이에서 떠돌던 소문에 의하면, 훌리안 백작은 어느 날 톨레도에 면한 타호 강에서 목욕을 하고 있던 딸을 능욕한 로드리고 왕에 대해서 복수한다는 것이었다. 그러나 사실을 말하자면, 이슬람교도의 침공이 성공할 수 있었던 것은 고트족의 왕국들이 얼마나 허약한지를 보여주는 최후의 증거였다. 타릭의 군대는 모로코를 출항하여 지브롤터, 다시 말해서 이 베르베르 침입자를

← "영광의 문"(부분), 산티아고 데 콤포스텔라 대성당.

기리는 뜻에서 명명된 제벨-알-타릭(Jebel-al-Tarik)에 상륙했다. 황금으로 만들어진 왕관에 짓눌린 채 무거운 망토와 고풍스런 보석을 몸에 걸치고, 두 마리의 흰색 노새가 끄는 상아로 된 4륜마차를 탄 서고트족 최후의 왕 로드리고는 이 타호 강가에서 벌어진 "8일간의 피비린내 나는 전투"가 끝난 뒤 더 이상 구아달레테에서 무어족을 막아낼 수 없었다. 이 구아달레테를 통과한 무어족은 북쪽을 향해서 톨레도 시와 피레네 산맥까지 급속히 진격해 나갔다. 이제 고트족의 스페인은 그 종말을 고했다.

그후 이슬람 세력은 거의 800년간이나 이베리아 반도에 머무르게 된다. 전쟁 초기에 이슬람교도는 분열된 기독교 왕국들로부터 별다른 저항을 받지 않았다. 그러나 확장일로에 있던 이슬람 세력은 732년, 푸아티에에서 샤를 마르텔이 이끄는 군대에 의해서 저지당했으며, 이로 인해서 나머지 유럽 세계는 이슬람교도의 손아귀로부터 벗어날 수 있었다. 그러나 전해오는 이야기에 의하면 무어족은 스페인 내에서는 718년 아스투리아스 출신의 게릴라의 우두머리였던 펠라요가 이끈 코바동가 전투에서 처음으로 격퇴되었다고 한다.

기독교 군대의 잔당은 바로 아스투리아스 지방의 안개 짙은 산중에서 살아남아 수세기에 걸쳐서 이슬람 세력을 남쪽으로 밀어내기 시작했다. 711년에서 1492년까지 700년이 넘는 기간 동안 기독교도와 이슬람교도는 어느 누구의 국경선이라고 말할 수 없는 경계를 마주하고, 때로는 싸우면서, 때로는 인종간에 서로 섞이면서 문화, 피와 정열, 지혜와 언어를 교환했다.

때때로 기독교 군대는 카스티야 왕국의 최전선에서 남하했었고, 무어족이 강력한 국가로 조직될 때에는 다시 북쪽으로 퇴각하기도 했다. 그러나 무어족 왕국이 소왕국들로 분열되어 흔들리자, 기독교도들은 다시 한번 남쪽을 향해서 진격하여 톨레도를 탈환했고, 1212년 라스 나바스 데 톨로사 전투에서 결정적인 승리를 거둘 수 있었다. 이때를 기점으로 해서 기독교도의 승리의 화살은 오로지 남쪽, 즉 그라나다에 있던 고립된 무어족 최후의 아랍 왕국을 향해서 겨냥되었다.

아랍인은 결국에 가서 패배하고 추방되었지만 8세기에 걸친 그들의 존재는 다른 서구 유럽에는 없는 인위적인 문화체험을 스페인에 가져다주었다. 불안정한 전선과 마찬가지로 인종과 충성심의 구분도 희미해져갔다. 기독교도와 이슬람교도와의 구별은 이제 그리 명확하지 않게 되었다.

'모사라베스(mozárabes)'는 이슬람 문화를 수용한 기독교도를 일컫는 말이다. 한편 '무데하레스(mudéjares)'는 기독교도 밑에서 살아가고 있던 무어인이고, '물라디에스(muladíes)'는 이슬람교로 개종한 기독교도였다. '토르나디소스(tornadizos, 경멸적인 말로서 '변절자'라는 말과 상통함)'는 기독교로 개종한 무어인을 지칭하는 말이었다. 마지막으로 '에나시아도스(enaciados)'는 이 두 종교의 경계선상에 있던 자들을 가리키는 용어로 무어인이나 기독교인들에 의해서 스파이의 의미로 사용되었다. 두 언어를 모두 구사할 수 있는 그들의 능력은 첩자행위의 훌륭한 무기로서 각광을 받았다. 오늘날까지도 전체 스페인 단어의 4분의 1이상이 아랍어에 그 어원을 두고 있다. 투우장에서조차 아랍어가 사용된다. 투우사를 향해서 외치는 스페인어 '올레(olé)'는 아랍어 '왈라(wallah)'에서 전이된 것이다.

아랍 속의 스페인

무어족은 궁극적으로 기동력이 풍부한 부족민병생활을 재빨리 청산하고 지주계급으로 바뀌었으며, 이어서 스페인의 도시로 이주하면서 문명생활 속으로 들어갔다. 다시 말해서 일단 군사와 농업의 기반이 마련되자 이슬람 세력은 도시를 거점으로 그들의 군사상, 농업상, 그리고 상업상의 이권을 보다 잘 관리할 수 있었다. 도시들 —— 코르도바, 세비야, 그리고 그라나다 —— 은 화폐경제의 급속한 발전, 생산의 상업적 가치, 관료제의 이점, 서비스 부문의 발달을 기반으로 건설되었다. 이슬람 지배하의 코르도바는 711년에서 1010년까지 스페인을 통치했던 최고의 이슬람 도시로서 사람들의 기억 속에 영원히 남을 것이다.

후기 우마이야 왕조의 아브드 알 라흐만 1세, 2세, 3세는 스페인에서 이슬람의 지배를 확고히 할 지역으로 코르도바를 선택했다. 예외가 있기는 했지만, 그것은 개방성과 배척이 아닌 포용을 원칙으로 한 지배였다. 코르도바는 이슬람 문화를 북유럽으로 보내는 도로의 구실을 했으며, 한편으로는 잃어버린 지중해의 과거 관계를 새롭게 맺을 수 있는 수레의 역할도 했다. 그리스 철학과 고전문학은 칼리프가 통치했던 스페인의 코르도바로부터 피레네 산맥을 넘어 고트족의 유럽을 향해서 다시 거꾸로 올라가기 시작했다. 아랍인이 바그다드를 수도로 하고 있던 칼리프 시대에는 이미 그리스의 고전은 아랍어로 번역되었다. 톨레도의 '번역자 학교'

는 번역물을 새롭게 서구 전역으로 퍼뜨렸다. 과학, 의학, 천문학은 남부 이슬람교 국가에서 북부 기독교 국가들로 전해졌고, 힌두스탄 동화집도 같은 길을 걸었다.

이슬람의 지배하에 있던 스페인은 영의 개념, 대수학을 발명했으며, 아라비아 숫자가 로마 숫자를 대체했다. 종이가 유럽에 소개되었고 면화, 쌀, 사탕수수 및 야자나무도 들어왔다. 코르도바는 그리스 철학이나 로마법, 비잔틴과 페르시아의 예술을 흡수했을 뿐만 아니라 유대교나 기독교의 신학, 그리고 이슬람교도와 함께 "성전의 민족"으로 간주된 신자들까지도 존중하도록 했다. 박멸이나 강제적인 개종은 우상숭배자나 이교도에게만 해당되었다. 원칙적으로 "성전의 민족"은 전쟁터에서 무자비하게 싸울 때에도 별도의 윤리적, 지적 처우를 받았다. 코르도바의 패권시대에는 문화의 다원주의는 일신교의 개념과 모순을 일으키지 않는다는 생각이 우세했다. 지중해 세계의 3대 유일신교, 즉 모세와 예수 그리스도, 그리고 마호메트의 종교가, 때로는 성공적이었지만 일반적으로 서로 대립적인, 그 오래된 상호관계를 시작했던 곳은 스페인 남부의 새로운 지역, 이슬람교도로부터 알-안달루스라고 불린 지금의 안달루시아였다.

코르도바의 대모스크(이슬람교 사원)는 이와 같은 문화다원주의의 아름다움을 가장 잘 구현하고 있다. 당시 1,200개였던 기둥은 지금은 80개만이 남아 있지만, 이 석조 기둥에는 스페인을 거쳐간 지중해의 모든 문명 —— 그리스, 카르타고, 로마, 비잔틴 —— 의 양식들이 살아 있다. 이 사원은 중심 없는 무한의 환영 속을 걷고 있다는 착각을 우리에게 심어준다. 그곳에서 우리는 창조라는 미완의 과업을 계속하기 위해서 서로에 의존하면서 서로를 찾고 있는 신과 인간의 모습을 상상할 수 있다. 코르도바에 있는 이 사원의 미궁 속에서 석조 기둥의 숲은 수백만 개의 거울이 겹쳐 보이는 것처럼 천변만화하고 있다. 이것은 물리적인 시각효과지만, 상상력의 눈을 통해서도 볼 수 있는 상이다. 실제로 이 세계에서 가장 경이적이고 자극적인 이 건축물에서 모든 것은 한 번 더 상상되어질 수 있다.

이와 같은 이슬람의 미와 호화로움의 극치는 조세, 전리품, 기독교 국가의 지배, 그리고 유대인과 기독교도들에게 강제로 부과된 공물로 이루어진 것으로, 세계 각국과의 교역을 통한 아랍인의 번영에 의해서 지탱되었다. 동양으로부터는 서적과 보석, 무용가와 악사들이, 북아프리카로부터는 노예, 황금, 곡식이 들어왔으며, 심지어 당시의 이슬람 세계와 비교해볼 때 경제적으로 열등했던 유럽으로부터는 배를 건조하기 위한 목재나 무기 —— 이교도와 무기를 교역해서는 안 된다는 교황의 칙령이 있었음에도 불구하고 —— 가 들어왔다. 서구 세계가 이슬람 세계에 무기를 판매하고 곧바로 그것을 후회한 것은 이미 오랜 역사를 가진 이야기이다.

코르도바의 후기 우마이야 왕조에 속한 위대한 세 명의 왕들은 서서히 이슬람의 스페인을 동방의 압바스 왕조의 세력으로부터 해방시켰고, 이어 아브드 알 라흐만 3세가 코르도바를 하나의 독립된 칼리프로서 바그다드로부터 분리시켰다. 실제로 이 왕국은 하나의 독립된 안달루시아로 바뀌어 국내의 모든 정치적인 힘과 종교적인 권력을 결집시켰다. 북아프리카의 반란 부족과 이베리아 반도의 아랍인들을 억압한 아브드 알 라흐만 3세는 알-안달루스 왕국에 황금시대를 가져다주었다. 그러나 이런 영화는 끊이지 않고 벌어진 기독교도와의 전쟁으로 인하여 위협받고 있었다. 1085년 아랍의 지배를 받던 톨레도가 기독교도의 수중에 떨어지자, 코르도바 왕국은 북아프리카의 광신적인 알모라비데족에게 도움을 청하지 않으면 안 되었다. 마침내 이 부족이 지브롤터 해협을 건너왔을 때 코르도바를 에워싼 영광은 사라지고 말았다.

아브드 알 라흐만 3세는 코르도바를 떠나면서 기억에 남을 만한 것을 남겨놓았다. 그것은 다름 아닌 그의 부인을 기리기 위해서 세운 메디나 아사하라 대궁전이었다. 4,300개의 기둥 위에 세워진 이 궁전에서는 1만 3,750명의 하인들과 3,500명의 시동(侍童), 노예, 내시가 시중을 들었다. 연못 속의 물고기들에게 줄 음식으로 매일 1,200개나 되는 커다란 빵이 소비되었다. 그렇지만 이런 모든 영화의 덧없음을 깨달았던 아브드 알 라흐만은 외국의 사절들을 접견할 때에는 누더기옷을 입고 온몸을 모래로 덮고 나왔던 것이다. 그는 고령으로 죽었지만, 임종 때에는 이렇게 탄식을 했다. "내 생애를 통틀어 행복했던 날은 오직 14일뿐이다."

1010년에서 1248년까지 세비야가 스페인의 이슬람 문화의 새로운 중심지가 되었다. 알모아데 왕조는 1세기에 걸쳐서 이 도시에서 그 예술과 지식의 영광을 한껏 누렸다. 알카사르 대궁전이 히랄다의 첨탑과 함께 세워졌다. 후에 고딕 양식의 건축물의 특징 중의 하나가 되는 십자형의 아치는 유럽에 소개되었고 영송음악(詠誦音樂), 서정시도 이 시기에 유럽에 전해졌다.

코르도바의 대모스크의 내부.

또한 이 시대는 중세 스페인의 뛰어난 두 사상가가 살았던 시기였다. 그들 중의 한 사람인 유대인 마이모니데스는 의사로서 아랍어로 활동한 저술가였으며, 헬레니즘 세계의 철학과 유대교의 철학을 절충하여 탈무드를 총괄하고 완성시킨 인물이었다. 또 다른 한 사람인 아랍인이었던 아베로에스는 아리스토텔레스를 유럽에 다시 소개한 철학자로서 대담하게도 종교적으로 계시된 진실과 과학적으로 검증된 진실이라는 "이중 진리"를 고찰해보고자 했다. 이 종교와 과학의 분리는 근대사상이 지닌 특징 중의 하나가 되었다.

1212년 라스 나바스 데 톨로사의 전투에서 패배하고, 1248년에 카스티야의 페르난도 3세(성 페르난도)의 공격에 세비야가 함락된 후 스페인의 아랍세력이 쇠퇴하기 시작했을 때, 이슬람의 마지막 유산을 지키기 위해서 살아남아 있던 곳은 제3의 도시, 바로 그라나다였다. 그라나다는 아랍인 최후의 왕국으로서 황혼시대인 1248년에서 1492년까지 존속했다.

오늘날 이 도시를 방문하는 사람은 예전의 이곳에는 계곡과 강, 그리고

메디나 아사하라 대궁전.

시에라 네바다 산맥 이외에는 아무것도 없었다는 것을 염두에 두어야만 한다. 사막을 방랑했던 부족들은 이곳에서 그들의 휴식처를 발견했고, 그 뒤 이 세계의 어느 곳과도 비교할 수 없는 아름다운 정원을 만들었다. 그것은 "여기에, 빛나는 횃불의 이 땅에 궁전을 세워라. 그리고 알함브라(alhambra, 아랍어로 "빨간 요새"라는 의미)라고 불러라"라는 신의 목소리를 듣고 지은 것처럼 보인다.

아마도 사막의 목마름을 안 민족만이 물과 나무 그늘로 어우러진 이 대단한 오아시스를 만들 수 있었을 것이다. 끝없이 이어지는 문과 탑, 방과 정원은 알함브라 궁전에 은둔감과 안락함의 두 느낌을 준다. 손을 뻗으면 금새 만져질 것만 같은 지상의 모든 열락(悅樂)이 그곳에 머물고 있는 것처럼 보인다. 일련의 벽들 —— 정의의 벽, 포도주의 벽 —— 에 둘러싸여 갇힌 여자의 탑이나 충성의 탑, 코마레스의 탑이나 알카사바의 탑들로부터 감시되는 알함브라 궁전은 기품으로 가득 찬 내실들이 줄지어 있는 하나의 미궁으로서 그곳에서는 그림자조차도 황금빛으로 채색되어 있다.

멕수아르 대청(大廳)의 아라비아식 타일 패턴, 바하의 푸가(Fuga)처럼 경이로운 정형성, 조화 및 놀라움, 두 자매의 침실의 우아한 벽 치장의 호화로움에서 느끼는 은밀한 기분, 외국인 대사의 홀에 새겨진 조각의 모습. 어느 누구라도 도망가고 싶은 생각이 들지 않는, 감미로운 밀봉의 감옥 —— 여기에는 규방과 후궁들의 방이 있었다 —— 에 유폐되어 있다고 느끼다가, 돌연 궁전의 정원들을 내려다보는 망루, 바로 그 전망탑의 발코니 아치에 쓰인 시 한 편에서 이 알함브라 궁전의 진수를 읽어낼 수 있다. "보름달이 여기 머물렀도다."

요약해서 말하면 이런 섬세한 장식 세공과 벽 치장, 벌집처럼 보이는 금색 패널, 청색 타일 및 믿을 수 없는 전경을 꾸민 목적은 오로지 단 하나, 물을 지키는 것, 손바닥으로 목을 축일 물 한 모금을 뜨는 것, 삶을 지켜주는 개방적이고 부드러운 방어의 벽에 둘러싸여 있다는 것임을 알게 된다. 그 어떤 것과도 견줄 수 없는 알함브라의 정원은 마치 물의 신전처럼 보인다. 아라얀 나무의 섬세한 기둥들은 원모양으로 빙 둘러져 있는 정원의 12마리의 사자처럼 수호 역할을 하고 있다. 그러나 낮은 물론 심지어 밤에도 알함브라의 중심, 즉 연못, 분수, 배수로를 정말로 보호하는 것은 시시각각 움직이는 시간과 자연의 모든 것 —— 빛, 그림자, 공기, 대지, 태양, 달 —— 의 끊임없는 융합과 공존이라는 것을 사람들은 곧 이해하게 된다.

알함브라 궁전의 정원에서 속삭이는 것은 물만이 아니다. 인간의 육체를 상(像)으로 표현하는 것을 혐오하는 코란의 가르침에 따라서 알함브라 궁전은 글자들로 이루어진 건축물이 되었다. 그 본체는 하나의 문학작품으로 덮이어 글자가 새겨진 벽은 궁전의 이야기를 말하고, 궁전의 시를 읊는다. 그것은 일종의 천상의 기호들로, 거기에서 신의 목소리가 흘러나와 예술, 깨달음, 사랑의 열락을 체험하게 된다. 멕시코의 비평가 프란시스코 데 이카사가 그의 시에서 이 도시를 기술하면서 마치 익명의 금언처럼 이렇게 표현했던 것도 무리는 아니다. "그라나다에서 장님이 되는 것만큼 더 큰 형벌은 없다."

국토회복운동

감각적으로 화려하고 지적으로 자주적인 이 문명이 남부 스페인에서

알함브라 궁전.

알함브라 궁전의 정교한 조각의 석조 기둥과 벽.

꽃을 피우는 동안, 전쟁이라는 냉엄한 현실과 전투적인 신앙에 직면한 북부에서는 그와 같은 기쁨을 맛볼 수가 없었다. 무어인은 스페인 남부 안달루시아를 관개가 잘된 오아시스, 쾌락의 정원, 찬란한 건축물, 훌륭한 도시로 변모시켰다. 10세기 코르도바는 서구 세계 제일의 인구를 과시한 도시였다. 그러나 기독교의 스페인에서는 세비야의 이시도로 대주교 이후 아베로에스나 마이모니데스에 필적할 만한 인물을 배출하지 못했으며, 알함브라 궁전과 코르도바의 대모스크와 견줄 만한 어떠한 것도 건립하지 못했다.

그러나 이슬람의 힘과 문화의 탁월성을 생각해볼 때 기독교도의 스페인이 헬레니즘 문화로부터 오랜 기간에 걸쳐서 영속적인 영향을 받았음에도 불구하고, 시리아나 이집트처럼 이슬람에 굴하지 않은 것은 놀라운 일이 아닐 수 없다. 아마도 이런 사실은 게릴라전을 통해서 투쟁하고 저

알함브라 궁전의 12마리 사자의 분수.

항했던 옛 스페인 전통과 관련된 것인지도 모르겠다. 개인주의나 신의에 대한 숭배는 당연스럽게 스페인인의 정신에 깊게 새겨졌다. 게다가 스토아 철학, 로마법, 로망스어, 그리고 신선하고 전투적인 기독교의 정신과 같은 모든 요소가 스페인의 불굴의 혼에 기여한 것은 의심할 나위 없다. 그러나 이런 모든 요인들보다도 더 강하고 근원적인 요소가 있었는데 그것은 가정과 마을, 가족과 그 역사, 혈족, 민간 전승, 묘지, 노래와 수확에 대한 애착, 그리고 켈트이베리아 시대로부터 내려왔던 농본 위주의 사회, 수공업자와 목축업자, 양사육업자, 농민과 소상인으로 구성된 촌락사회의 전통이었다.

기독교 스페인은 이슬람 침입자들에 대항한 투쟁으로 정의될 수 있을 것이다. 아주 오래 전부터 밀려드는 침입자들에 의하여 정복당한 스페인은 이제 그들의 장기전을 전개할 태세를 갖추었다. 그 전쟁은 정복이 아니라 재정복의 전쟁으로서 1492년 마지막 무어 왕국이 함락될 때까지 계속되었다. 스페인은 전쟁에서 국토를 잃어버렸다. 스페인의 국토는 회복되어야만 했다. 근 800년 동안 기독교 스페인이 관심과 노력을 집중해야만 했던 이 위대한 사업 레콩키스타(Reconquista)의 의미는 바로 거기에 있었다.

"무어인과 싸우며 양식을 얻는다네"

다른 무엇보다도 **레콩키스타**는 군사적인 사건이었다. 전쟁을 계기로 많은 것들이 살아남았고 새로이 창조되어, 스페인과 훗날의 스페인계 아메리카의 윤곽이 점점 갖추어지게 되었다. 그것이 군사적으로, 그리고 결과적으로 문화적인 면에서 중요한 사실이었다는 것은 명백하다. 유럽의 모든 나라들 중에서 스페인만이 성지탈환을 위한 십자군에 가담하지 않은 유일한 나라였다. 스페인의 모든 에너지는 국내 문제에 머물렀고 이교도들에 대한 투쟁에 집중되었다.

이슬람은 초기 단계에서 기독교보다는 유리한 입장을 가지고 있었다. 그들은 지하드(jihad), 즉 성전(聖戰)의 개념을 받아들였으며 심지어 그것을 찬미했다. 처음부터 종교적인 금욕주의와 이교도와의 전쟁은 이슬람 정치에서는 분리될 수 없었다. 이런 의미에서 알-안달루스에 있는 리바트(ribat, 이슬람 신비주의자들이 수도하던 곳/역주)의 설립은 전형적인 예이다. 알모라비데족에 의해서 창건된 요새이자 수도원인 이곳은 종교적 은자의 공동체가 머물렀던 곳으로, 무어인들은 그들의 경건한 신앙심을 국경을 방위할 수 있는 무력으로 바꾸어버렸다.

기독교는 처음에는 성직자들에게 전쟁에 참가하는 권한을 부여하지 않았다. 초기 기독교시대의 교회는 성직자가 인간을 죽인다는 사실을 혐오했다. 그런 "세속적인 부문(arma secular)"을 보다 잘 떠맡을 수 있는 것이 바로 국가였다. 그러나 한편으로 서고트 왕국은 권위를 잃었고 다른 한편으로 성 이시도로는 기독교의 완성과 정교의 분리라는 원칙을 통해서 막대한 영향을 미치고 있었다. 이런 모든 결과로 8세기, 무어인들이 침략하기 이전에 많은 사람들이 병역을 피해서 수도원으로 들어갔다. 그 수가 너무 많았으므로 귀족들은 고트족의 왕들에게 더 이상 성직자들의 서품을 주지말도록 압력을 가했고 그것을 중지하지 않으면 군에 입대하려는 사람은 아무도 없을 것이라고 했다. 그러나 711년 이슬람교도의 침략에 맞서서 교회의 군사화는 걷잡을 수 없이 번져나갔다. 그리고 11세기에는 국토회복(reconquista)을 목표로 한 북부의 군대는 군인으로 바뀐 사제들로 넘쳐흘렀다. 신대륙정복을 크게 결정지운 전쟁과 종교, 칼과 십자가를 동일시한 또 하나의 요소가 이미 확립된 것이었다. 이런 성스러운 목적을 위하여 싸우는 성직자들을 달래기 위해서 전투적인 종교단체가 조직되었다.

무어인을 토벌하기 위한 성전(聖戰) 동안에 창설된 기사단 중에서 가장 컸던 것으로 칼라트라바, 산티아고, 알칸타라가 있었다. 이 기사단들은 나라의 군대로서 결속을 공고히 했고, 역대 왕들이 제공하는 자금을 가지고 이후 가톨릭의 군주 페르난도와 이사벨 밑에서 통일된 스페인이 상비군을 구성할 수 있는 기반을 마련했다. 레콩키스타의 군대는 또한 라틴아메리카 군대를 탄생시킨 맹아 그 자체였다.

기독교도들이 벌였던 모든 전쟁 중에서 가장 유명했던 인물인 엘 시드(El Cid)만큼 이런 맥락을 여실히 보여주는 예는 없을 것이다. 본명이 로드리고 디아스 데 비바르인 엘 시드는 1043년 브루고스에서 가까운 곳에서 태어나 1099년 그가 탈환했던 발렌시아에서 죽었다. "무어인과 싸우며 빵을 얻는다"라고 엘 시드는 선언했다. 그의 이름인 엘 시드는 아랍어로 "나의 주군(mi señor)"이라는 뜻을 지닌다. 그는 권력의 조정자로서의 군사지도자(caudillo)의 전통 —— 그리고 사령관의 관대함으로부터 나오는 강력하고 뛰어난 군대의 전통 —— 을 상징한다. "땅을 요구한 사람들은 응분의 댓가를 받았고 엘 시드는 발렌시아에서 집과 경작지를 가질 수 있도록 돈을 지불했다"라고 「나의 주군의 노래(*Poema del Mío cid*)」는 말한다. 그 시는 거기에 있었던 모든 사람들은 부자였다고 전하며, 또 보병으로 전쟁에 참가했던 사람들은 엘 시드와 함께 말을 타고 돌아왔다고 덧붙인다. 신세계의 정복자들, 그리고 이후의 남미의 해방자들 또한 각자 자신의 시대에 그처럼 똑같이 행동했다. 멕시코의 코르테스와 베네수엘라의 볼리바르는 중세 스페인의 엘 시드가 했던 것처럼 휘하의 병사들에게 토지를 분배하면서 전쟁을 수행했던 것이다. 이런 방법으로 군사지도자들, 그 중에서도 대규모의 기사단은 광대한 영지를 소유하게 되는 것이다.

세속적으로 보면 엘 시드는 때로는 기회주의적인 정치가의 구현이고, 또 어떤 면에서는 열정적인 종교의 화신이었다. 국토회복이라는 장기간의 전쟁 동안 방랑의 기사인 엘 시드는 단지 모습을 보여주는 것만으로도

"엘 시드", 목판화, 작자미상, 스페인, 1525년.

그의 군대나 지휘관들의 사기를 북돋워주었다. 그의 행동을 기록한 연대기가 바로 중세 스페인의 위대한 서사시이다. 그러나 이 서사시는 때때로 기묘한 현실을 다루고 있다. 왜냐하면 이 서사시는 영웅으로서 그의 명예로운 행위에 대해서 그렇게 많이 다루고 있지 않기 때문이다. 이 서사시를 스페인의 「일리아드(*Iliad*)」라고 한다면, 우리들은 그의 모습에서 헥토르와 아킬레우스와는 전혀 유사하지 않은, 어디까지나 현실적이고 때때로 악한적인 특징을 발견할 수 있다. 이 서사시는 영웅인 엘 시드가 두 유대상인들에게 사기를 치는 것으로 시작된다. 영웅시로서 이런 도입부는 정말로 놀랄 만한 것이다. 이 시는 계속해서 다른 서사시와 마찬가지로 카리온의 망나니 왕자들에 의해서 그의 딸들이 입은 불명예를 앙갚음하기 위해서 싸우는 엘 시드의 복수의 역사를 들려준다. 그리고는 또 다른 천박한 인간 가르시아 오르도녜스 백작에게 대항해서 그의 수염을 자르는 것과 같은 싱겁기 그지없는 복수의 기록으로 끝을 맺는다.

한편, 무엇보다도 이 시는 스페인인이나 스페인계 아메리카인들의 특이한 결점, 즉 시기심에 대해서 놀라울 정도로 자세히 묘사하고 있다. 모든 사람들이 엘 시드를 시기한다. 그의 친척들, 귀족들, 궁정의 신하들도 예외는 아니다. 카스티야 왕국의 알폰소 6세 자신도 신하인 엘 시드의 재능을 지혜롭게 이용하는 대신에 이 최고의 사령관을 추방시켜버린다. 여기에 맞서 엘 시드는 사라고사의 무어 왕을 섬김으로써, 오늘날의 우리들을 놀라게 한다. 엘 시드의 주참모였던 알바르 파녜스 역시 무어인인 무르시아 왕 밑에 들어가 또 다른 이슬람의 군주인 그라나다의 왕과 싸우기 위해서 출정한다. 이 모든 것들은 단순히 말해서 스페인에서의 이슬람교도와 기독교도와의 기나긴 투쟁 속에서 생겨난 또 다른 질서였고 정치에서 변전을 반복하는 현실의 일부분이었다. 그러나 이런 것은 당연히 받아들이지 않으면 안 되었다. 경계가 모호한 국경 속에서 필연적으로 행해졌던 피의 혼합 그리고 관습과 언어의 혼합은 이 전쟁중에 모든 종류의 동맹을 생겨나게 했던 것이다. 레콩키스타가 이슬람과의 싸움이었다면, 그것은 또한 기독교 왕국 사이의 전쟁이기도 했다. 왜냐하면 기독교인들은 이슬람 세력이 패배한 뒤, 기독교국가의 헤게모니를 손에 넣기 위해서 서로 싸웠기 때문이다.

엘 시드는 오늘날에도 그 시를 통해서 우리들에게 살아남아 있다. 사실적이고 통속적으로 쓰여진 이 시의 특징적인 모습은 군인들의 용맹과 전쟁의 위대함을 고취한 분위기에서 가장 잘 드러나 있다. "보아라! 저 높이 솟아 있는 창들과 피로 붉게 물든 백색 깃발을, 그리고 떠도는 주인 없는 말들을. 그 속에서 무어인이 '마호메트'의 이름을 부르면 기독교도는 '산티아고'를 외친다."

산티아고의 길

스페인의 십자군전쟁에는 엘 시드보다 더 위대한 우두머리가 있었는데, 그는 다름 아닌 예수의 동료이자 12사도 중의 하나였던 산티아고, 즉 성 야곱이었다. 그러나 민중은 세베데의 아들이었던 대(大)야곱을 복음서에서 "주의 형제"로 불리는 소(小)야곱으로 의도적으로 혼동시켜버렸다. 민중의 성화(聖畫)를 보면 소야곱은 "그리스도의 막내동생"으로, 심지어는 그리스도의 쌍동이 동생으로 묘사되어 있다.

이 그리스도의 쌍동이 동생이 스페인에 다시 출현하게 된다. 그는 이전의 평화의 사도에서 이제 흰색의 준마를 타고 완전무장한 채 구름 위에서 내려오는 용감무쌍한 기사로 변신하여 무어인의 병사들에게 공포심을 불러일으킨다. 그는 산티아고 마타모로스(Santiago Matamoros, 무어인을 박멸하는 산티아고)로 바뀌어 이슬람에 대한 민중의 저항의식을 고취시키고 국토회복운동의 사기를 드높인 인물이었다. 이 전투적인 산티아고의 자세에서 기독교 스페인의 정신적, 군사적 요소는 하나가 되어, 그 이후로는 더 이상 어떠한 의혹과 불신도 생겨날 여지가 없게 되었다. 그들은 산티아고가 우리들 편에 있다면 신 역시 우리와 함께 있을 것이고, 우리의 전쟁 또한 적군의 전쟁과 마찬가지로 성전이 될 것이라고 믿었다. 군대와 교회는 이 산티아고 숭배를 통해서 결속했다. 산티아고가 무어인들과 싸우기 위해서 소집되었다면, 동시에 그는 그가 치를 성전을 위해서 스페인의 모든 기독교도를 소집했던 것이다.

콤포스텔라에 있는 이 성인의 무덤은 중세시대에 유럽인의 대순례의 목적지로 바뀌어졌다. 한편 이 무덤은 이번만큼은 호전적인 깃발 아래에서 기독교 스페인의 문화를 조직화하고, 성 이시도로의 과업을 계승할 기회를 제공해주었다. 당시 프랑스의 클루니 수도원의 사제들은 10세기 이후 고립되고 격렬한 야만적인 기독교 왕국들을 중심으로 하나의 문명을 재구축하기 위해서 헌신하고 있었다. 로마네스크 예술의 산물들, 마치 하나의 진주 목걸이처럼 연결된 수도원, 대수도원, 도서관, 그리고 그것들을 잇는 길이 프랑스에서 처음으로 나타나기 시작했고, 스페인을 향해서 건너가면서 지상에서 천상으로 올라가는 최후의 전초지인 콤포스텔라의 산티아고 무덤으로 순례자들을 이끌고 갔다. 라틴어의 '캄푸스 스텔라(Campus stellae)', 즉 별들의 들판이라는 뜻을 지닌 콤포스텔라는 이 사도의 유해를 보존하고 계속 늘어만갔던 수많은 경배자들을 수용하기 위해서 1075년에서 1150년에 걸쳐서 세워진 찬란한 대성당의 이름이었다.

스페인의 성직자들은 무어인을 추방하기 위한 성전과 산티아고의 순례를 위한 사회기반을 마련해주었다. 그들은 북부 스페인에 수도원의 네트워크를 만들어 도로, 책, 문화공동체, 그리고 순례객 수용처로서 찬란한 로마네스크 양식의 건축물을 제공해주었다. 그것들은 파리에서 산티아고까지 이어지는 가도에 점재해 있었다. 독일인, 부르고뉴인, 노르만인, 영국인(특히 영국 여성은 산티아고로 가는 길을 좋아했다), 왕후귀족이나 대수도원장, 상인, 도둑, 산적, 나병환자 등 모든 사람들이 서로 섞여 대순례을 떠남으로써, 비유하자면 오리지날 유럽 공동체(EC) 시장의 기능을 하면서, 스페인에 상업이나 문호개방, 활동과 폭력을 가져다 주었다.

실제로 그와 같은 군중이 산티아고의 유해를 만지기 위해서 쇄도했으며, 때때로 순례객들은 그의 묘 옆에서 서로 싸워 살인까지 일어나고는 했다. 이런 이유로 산티아고 대성당은 몇 번이고 다시 성별식(聖別式)을 갖지 않으면 안 되었다. 그리고 이 중세인들은 신앙과 폭력뿐만 아니라 악취까지도 이 대성당에 함께 가지고 왔었다. 오늘날 산티아고 대성당에서 가장 볼 만한 구경거리는 은으로 만들어진 커다란 '보타푸메이로(bota fumeiro)', 즉 거대한 향로이다. 그것은 매일 정해진 시간이 되면 커다란 아취 모양으로 흔들리면서 향을 피우며 영(靈)을 불러내서 더럽혀진 몸을 씻어주고 있다. '성스런 향기(Olor de Santidad)'라는 말은 산티아고에 도착했던 사람들을 지칭하기 위해서 쓰여진 완곡한 표현이었다.

그러나 산티아고 대성당에는 폭력이나, 상업, 그리고 악취에 아무런 영향을 받지 않았던 것들이 있었는데 그것은 바로 조각품들이었다. 순례자들은 '영광의 문(Gate of Glory)'이라는 이름을 가진 장소에서 기독교 교회의 천사, 예언자, 사도에 의해서 영접을 받았다. 이것은 의심할 바 없는 유럽 세계 최대의 기독교의 건축 조각의 하나로, 오랫 동안 이교의 밤을 보낸 12세기의 서구의 자신감과 그것에 곁들여진 정신적, 물질적 재생을 보여주는 증거물이었다. 문의 양측으로 4명의 예언자와 4명의 사도가 서로 이야기를 주고받고 있는 것처럼 보인다. 그 중에서도 특히 눈길을 끄는 것은, 자비심 많고 인간적으로 보이는 예언자 다니엘의 상이다. 그는 중세의 모나리자로서 그가 짓는 야릇한 웃음은 신의 건축물 밑에서 세계는 질서정연하며 안전하고, 또 진실하다고 우리에게 말하고 있는 듯하다. 이 담화중인 사도와 예언자들은 마치 천국의 칵테일 파티를 즐기고 있는 것처럼 보인다. 그들은 무슨 담소를 나누고 있는 것일까? 물론 그들은 중세 기독교 질서의 훌륭한 균형에 대해서, 다시 말해서 만물과 만인은 자신들이 속한 장소를 정확히 알고, 집단의 지혜는 개인의 허영을 누를 수 있다고 하는 그런 질서에 대해서 이야기를 나누고 있을 것이다. 스페인과 스페인계 아메리카의 공공적 삶을 형성했고 또 왜곡시켰던 중세의 정치철학은 이미 이 조각에서 표현된 확신 속에서 명백히 드러난다. 즉 그 확신은 공공의 이익이 모든 다른 정치적 목표에 우선하며, 그것을 손에 넣기 위해서는 통일이 요구된다는 인식이었다. 그 결과로 개인이 고통받는다고 해도 달리 다른 방법은 없었던 것이다.

산티아고 데 콤포스텔라 대성당.

예언자 다니엘의 미소(좌에서 2번째).

그러나 만약 우리가 이 조각상들을 가까이에서 바라본다면, 거기에서 우리는 천국의 비밀회의가 벌어지는 후미진 곳에서 사시를 한 작은 남자가 이 성스런 사도상들을 빈정대듯이 쳐다보고 있는 모습을 발견하게 될 것이다. 그 사람은 다름 아닌 이 중세의 경이로움을 손으로 새긴 장인, 즉 1183년에 산티아고의 석공동업조합장이었던 마테오로서, 그는 자기의 존재를 확인하려는 듯 슬며시 그의 모습을 함께 새겨 놓았던 것이다. 고딕 양식의 대성당은, 마치 아스테카의 조각품들처럼, 그것을 창조한 자들의 무명성을 뛰어넘어 지금도 여전히 살아남아 있다. 이 무명성 때문에 이런 작품들은 살아남는다고, 이 중세정신은 덧붙여 말하고 있는지도 모른다.

영주, 도시, 국왕들

8세기에 걸친 국토회복전쟁 동안 스페인은 이슬람 세계뿐만 아니라 서구 세계, 그리고 무엇보다도 자기 자신에 대한 대응태세를 갖추게 되었다. 때로는 싸우기도 하고, 어떤 때는 포용하기도 했던 이슬람 적들과 밀접한 관계를 가졌던 스페인 역시 전체 유럽과 똑같은 경향을 지닌 대륙의 한 부분이었다. 야만인의 침략으로 인해 남겨진 약체의 왕국과 법적인 공백상태는 강력한 교회와 지방의 봉건영주에 의해서 채워졌다.

스페인의 봉건주의는 일찍부터 도시의 개념(Ciudadanía)을 가져왔고 이런 삶의 형태로부터 우리들을 연결할 수 있는 모든 종류의 특징을 겸비하고 있었다. 로마 제국의 해체로 지방의 군사지도자와 수장에게 지배권이 부여되었다. 그들은 영지와 거기서 일하는 경작자들 위로 그들의 독자적인 법을 강요했고, 때때로 자신의 변덕스러움으로 그들을 억눌렀다. 로마 시대의 국가의 개념이 사라짐으로써 나약한 서고트 왕국의 권위도 사라졌다. 로마법 대신에 야만적인 힘의 행사가 그 자리를 메꾸었다. 다시 한번 서고트 왕국에서 로마법 전통의 부활에 대한 성 이시도로의 관심은 봉건주의의 변덕과 분산된 권한을 올바르게 고칠 수 있는 조치로서 중요했다. 로마법을 부활시키고 봉건영주의 권한을 폐하는 일은 스페인의 왕국들과 도시가 이슬람과의 전쟁과 봉건영주의 권력이라는 이중의 압력에 저항하는 동안에는 곤란하기는 했지만 추구되어야 할 지속적인 목표였다. 새로운 법치상태를 이룩하기 위해서는 봉건주의의 사적 연결을 왕국의 공적 연결로, 특히 초보적인 국가의식과의 결합으로 전환하는 것이 필요했다. 이 양자의 연결 사이에서 사회는 공적인 면이나 사적인 면에서 제3의 축이 되는 문화적 동질성을 창조하고자 했는데, 그 의도는 세속의 지배권은 국왕에게, 종교의 지배권은 교회에 귀속시키려는 것이었다.

다른 유럽의 나라들과 마찬가지로 스페인에서도 토지를 소유한 귀족 계급이 그 사회를 지배했으며, 귀족이나 성직자를 사회의 최상층에 두고, 그 밑으로 내려가서는 자유민이, 또 가장 최하층에 농노가 속하게 되는 신분제도가 확립되었다. 스페인의 봉건주의도 당연히 토지소유에 그 기반을 두기는 했지만 레콩키스타 전쟁은 스페인의 토지 자체에 독특한 형식을 부여했다. 다시 말해서 스페인은 레콩키스타 전쟁이 봉건제도——프랑스, 영국, 게르만계 유럽에서 행해지고 있었던——에 강요한 여러 가지 예외적인 상황으로 인해서 유럽에서는 특이한 존재였던 것이다. '레콩키스타'는 봉건주의의 강점과 약점을 동시에 부각시켰다. 이 두 모습은 변방이라는 개념하에서 하나가 되었다. 샤를마뉴 대제로부터 아메리카 대륙의 발견까지 스페인의 봉건주의는 그 어떤 나라보다도 강력했지만, 한편으로는 그 어떤 나라보다도 논란거리가 많았다. 그 이유는 단순한 것으로 봉건주의의 논리적 근거였던 토지와 그 영지에 사는 사람을 다스리기 위한 권력이 스페인에서는 이슬람 왕국과 기독교 왕국 사이의 국경의 이동으로 인해서 늘 동요되었기 때문이었다.

이베리아 반도가 명확히 이분되고 국경이 이동됨으로써 봉건귀족의 힘은 강화되었고, 국가는 경시되었다. 봉건영주는 평화와 전쟁의 기회를 잘 이용했다. 전쟁중에는 무어 왕으로부터의 취한 전리품과 공납품으로 살았으며, 평화시에는 농경과 목축이라는 토지에 기반을 둔 두 종류의 부의 원천을 움켜쥐었다. 전선이 점점 남쪽으로 내려감에 따라서 그들은 새로운 토지들을 획득하게 되었다. 그러나 전쟁은 동시에 스페인의 도시 형성을 촉진시켰다. 기독교도로서 전쟁에 참가했던 영주들이 무어족으로부터 토지를 탈취했다면, 그들은 도시가 존재하지 않거나 아니면 소멸된 그곳에 새로운 도시를 건설해야만 했다.

이런 모든 이주정책은 기독교 군대와 무어족 군대 사이에 형성된 전선의 중간 지역에 지속적으로 생겨난 지역, 즉 이제는 그 어느 누구의 소유도 아니었던 지역의 양상을 바꾸어버렸다. 기독교 군대가 남으로 진격함에 따라서 그들은 새로운 도시를 건설했고, 그곳에 사람들을 이주시켰다. 그런데 누가 그 도시들을 건설했고, 누가 그 도시들로 이주해갔으며, 또 누가 그 도시들을 지켰을까? 농노들이었을까? 단언하지만 결코 그들은 아니었다. 그들은 바로 자유민들이었다. 누가 저 두에로 계곡의 죽음의 땅까지, 아니면 황량하고 적막한 저 카스티야 평야로의 대장정을 감히 할 수 있었을까? 그들은 바로 변경 지방의 선남선녀들, 이미 로마의 역사가들이 지적했듯이, 엄하고도 냉혹한 전통의 당사자들이었다. 바로 그들만이 어느 누구도 가고 싶어하지 않았던 그곳에 감으로써, 이러한 그들의 희생에 보상해주기를 기대하면서 그곳에 갈 준비가 되어 있었던 사람들이었다.

그렇게 해서 봉건주의가 카탈루냐 북부 지역에 그 견고한 근거지를 정하고, 농부들이 영주의 토지를 돌보며 그의 허락 없이는 마음대로 이탈할 수 없었던 레온과 아라곤 왕국에서 보다 확실한 근거지를 마련했다면, 무어족과 국경을 맞댄 카스티야 왕국에서는 새로운 땅에 사람들을 다시 이주시키고 그것을 지켜야 할 필요성 때문에 자유민이라는 계급이 출현하게 되었다. 즉, 경작자라는 이 자유민에게는 이동의 자유, 개인의 사적인 자유, 그리고 회복한 땅에 이주하고자 하는 그들의 의지에 대한 반대급부로 그 자신의 토지를 소유할 수 있는 자유가 보장되었다. 더불어 봉건주의의 아성이었던 카탈루냐에서는 상공업 도시(지중해 교역의 관문으로서 바뀌게 되는)의 발전으로 인해서 독자적인 사고방식을 가진 상인계급이 곧 탄생하게 되었다. 교회가 기독교 신앙을 전파할 목적으로 되찾은 땅에 다수의 수도원들을 세움에 따라서, 상인들은 길을 따라서, 특히 산티아고로 가는 길을 왕래하면서 돈을 벌었고, 어떤 때는 지배계급이었던 귀족들로부터 부여받은 많은 은혜와 특권에 매혹되어 계속 길을 떠났다.

오랫동안 스페인은 변경의 나라였으며, 그 변경이 스페인 국내 그 자체였다. 변경 지방의 마을들은 바로 국토회복 전쟁의 전선이었다. 마을들은 스페인이 가진 힘의 요람이고, 또한 스페인 사람들의 자유의 요람이기도 했다. 왜냐하면 이슬람 세력과의 경계선이 이동했다는 사실 그 자체만으로도 도시들은 도시와 함께 형성되기 시작한 여러 기독교 왕국에 맞서 그들 자신의 권력을 공고히 할 수 있었기 때문이었다. 카스티야 왕, 아라곤 왕, 또는 레온의 왕에게 도시가 지원을 제공하느냐 아니면 거부하느냐하는 문제에 관해서도 도시의 우위가 있었다. 도시는 전쟁을 지원하는 대가로 평화 속에서 자유를 누릴 수 있었던 것이다.

이리하여 무역과 전쟁으로 인해서 독립 도시들이 탄생했으며, 그곳에

아빌라의 성곽.

기병과 보병, 귀족과 농민, 그리고 교회와 국왕의 특허장을 지녔던 이주자들이 정착하게 된 것이다. 이 도시에 사는 시민들은 자치를 신뢰했고 그것을 실천했다. 그들은 시의회나 독립재판소를 만들었고, 독자적인 지역 헌법을 제정했다. 자유농민은 변경 지방의 도시들을 향한 이주운동의 주역이 되었다. 도시의 발달로 인해서 레콩키스타 전쟁에 참가했던 인민 기병대는 중산시민이나 기사(caballero), 그리고 하급 귀족(hidalgo)으로 바뀌었다. 레콩키스타가 그 전쟁에 참가했던 모든 사람 —— 민중, 귀족, 왕, 그리고 왕 밑의 모든 기사들 —— 에게 명예로운 공통의 대의에 참가할 수 있는 의식을 부여함에 따라서 이베리아 시대로부터 존재했던 신의의 개념은 더욱더 강화되었다고, 역사가 호세 안토니오 마라발은 쓰고 있다. 덧붙여, 마라발은 봉건주의적 사고는 레콩키스타에 의해서 극복되었다고 지적하고 있다. 이제 충성심은 봉건 영주가 아니라 점점 더 스페인이라는 국가로 향해졌다. 그런데 스페인은 어디에 속해 있었던 것일까? 국왕인가? 아니면 도시인가?

기독교 군대의 이동에 따라서 촌락은 마을로, 일부 마을들은 도시로 바뀌었다. 그러나 군사 방위를 위해서 생겨난 도시와 비록 그 기원은 요새였지만 곧바로 상업을 지향해서 발달한 도시는 구별될 수 있었다. 아빌라는 이런 군사 방위를 위해서 세워진 도시 중 최고의 모델로서, 포탑을 겸비하고 참호로 둘러싸인 견고한 도시였다. 이 도시가 스페인에서 가장 높은 곳에 위치한 것도 다 그럴 만한 이유가 있었다. 그것은 '성이 있는 땅', 즉 "고원"을 의미하는 카스티야의 광대한 토지를 감시하기 위해서 인간과 자연이 축성한 요새 도시였다. 아빌라의 성곽 또한 거대했는데, 폭 3미터의 벽에, 88개의 원탑과 9개의 성문으로 도시를 수비했다. 이 도시의 선조들은 전쟁에 나가서 승리를 거두고는 소와 보물, 그리고 노예를 데리고 귀환했었던 이름 높은 전사들이었다.

아빌라의 예는 전쟁을 위해서 세워진 많은 도시들이 곧 통상에 의존한 도시들로 변모했다는 것을 의미하고 있다. 영화 필름을 빨리 돌려서 보듯이 대충 훑어보면, 우선 고립된 고원의 성(castellum), 즉 전사와 귀족의 동반자였던 이 요새가 저지대에서 올라온 덩굴로 서서히 덮혀 있는 모습이 보인다. 우선 농부가, 그 다음에 상인이 성 주위에 자신들의 거주 구역을 만들고는 마침내 이 성을 "부르고(bourg)", 즉 부르주아가 있는 곳——상인, 장인, 변호사, 약제사뿐만 아니라 봉건제도에 속박되지 않은 경작자, 토지의 소유자, 차라리 자유민이라고 할 수 있는 사람들이 여기에 거주했다——이라는 거대한 도시 개념으로서 성 자체를 흡수하고 있었다. 그들은 국왕들로부터 보호를 받았다. 왜냐하면 이슬람으로부터 되찾은 땅에 사람들을 다시 이주시키고, 기독교의 영토를 영구히 지킬 목적으로 국왕은 그들이 필요했기 때문이었다. 그러나 회복된 토지를 방위하기 위해서는 무기 이외의 또 다른 어떤 것이 필요했다. 즉 통상, 노동, 장인의 기술, 전문직 종사자들의 활동 또한 무기 못지 않게 중요성을 띠고 있었다. 그러나 상인은 이동이나 교역, 결혼이나 상속의 자유와 같은 봉건주의가 부과한 의무로부터 벗어난 자유를 원하고 있었다. 이런 사람들이 가지고 있었던 이주의 개념은 유럽과는 다른 특징을 스페인에 부여해주었고, 그것은 곧 신세계에서도 시도되었다.

스페인이 신세계에 준 최대의 유산은 아마도 새로운 도시들을 건설할 수 있는 능력일 것이다. 레콩키스타의 스페인은 856년에 레온을, 893년에 사모라를, 그리고 884년에 부르고스를 건설했다. 부르고스는 군사 방위를 위해서 세워졌지만(엘 시드가 여기서 가까운 곳에서 태어났다는 것을 기억해주기 바란다), 곧 막강한 상업의 중심지로 발전한 전형적인 도시였다. 부르고스의 역사는 11세기의 유럽에서 경제적 생활의 혁신은 "강력

부르고스의 대성당.

하고도 고유한 도시의 대중계급의 발흥"에 의해서 특징지워진다는 마르크 블로크의 설명을 확인시켜준다.

1221년에 건설되기 시작했던 부르고스의 장려한 대성당은 그와 같은 새로운 도시 현실에서 나온 결정(結晶)이다. 그것은 요새도시를 '완전한 도시(civitas)'로 발전시켜 지방 법령, 즉 푸에로(fuero)에 따르도록 했고, 주민에게 특권을 부여하였으며, 마지막으로 그들을 천민의 신분에서 시민의 신분으로 대승격을 시키면서 사회가 유동하는 것을 막았다. "시민을 사랑하고 존중해야만 한다.……왜냐하면 그들은 왕국의 보물이고 근원이기 때문이다"라고 현왕 알폰소 10세의 「7부 법전(*Las siete partidas*)」(2장 10항 3절)은 기술하고 있다.

"도시의 공기가 사람을 자유롭게 한다"라는 중세 유럽의 격언이 있다. 즉 도시는 봉건 사회의 노역으로부터 도망칠 수 있는 수단이었다. 스페인 또한 이런 법칙으로부터 예외는 아니었다. 그러나 또 다른 요인 하나가 스페인의 봉건주의와 도시 문화의 대립에 결정적인 역할을 수행했다. 그 대립의 진정한 요인은 새롭게 태동하고 있던 군주제도였다. 원래부터 정치기반이 약했던 군주들은 무어인들이 출현하자, 거기에 실제적으로 대항할 목적으로 도시라고 하는 전략 요지를 이용해서 그동안 존중해왔던 봉건 영주의 권력을 와해시키고자 했다.

이런 이유로 레콩키스타를 통해서 사실상 봉건영주, 자유 도시, 이제 막 태동하는 왕국을 3개의 정점으로 하는 정삼각형의 관계가 형성되었다. 그들은 이슬람과의 전쟁에서는 단결했지만 그들 자신의 내분에는 서로 협조하지 않았다. 당시 스페인인의 삶을 크게 특징지웠던 변경의 상황은 사실상 이슬람교도와 기독교도의 전선 중간에 위치한 토지에만 국한되지는 않았다. 스페인은 국내에도 변경을 가지고 있었다. 즉 그것은 토지의 소유에 근거를 둔 강력한 봉건체제와 도시를 기반으로 대두하고 있었던 상인이나 직인의 활동, 그리고 토지와 도시를 넘어서 로마적 의미에서의 권한과 국가의식을 재창조하기 위해서 싸우고 있던 왕국의 군주 사이에 놓여져 있었다.

라스 나바스의 전쟁이 끝나자 이베리아 반도는 5개의 왕국으로 명확히 나누어졌다. 대서양에 면한 서쪽으로는 포르투갈, 북부와 중부의 레온-카스티야 왕국, 북부 산악지대의 나바라 왕국, 지중해에 면한 동부의 카탈루냐 왕국, 그리고 스페인 남부 깊숙한 곳의 마지막 아랍 왕국인 그라나다가 그것이었다.

이렇게 국경이 고착되자, 이 세 개의 그룹 —— 봉건 귀족, 도시, 그리고 군주 —— 은 레콩키스타라는 대의명분이 사라지면 토지를 소유하는 자체는 무엇보다도 경제력과 정치력을 의미한다는 사실을 재빨리 간파했다. 다른 어떤 것보다도 봉건영주는 이전에 누렸던 그들의 특권을 계속 유지하기 위하여 싸웠고, 왕들은 봉건영주에 대한 정치적 우월을 획득하기 위해서 싸웠다. 반면, 도시는 그 사이에 끼어서, 당연히 봉건주의에 반대를 하기는 했지만, 한편으로는 비대해져만 가는 군주들의 권력을 의심섞인 눈초리로 쳐다보아야만 했다. 이런 상황하에서 당시의 왕들은 도시의 자유를 비호하는 것처럼 비쳐졌는데, 그것은 아마도 국왕이 귀족들과의 투쟁에서 도시를 자기편으로 끌어들이기 위해서 그랬을 것이다.

이것이 여실히 증명된 것은 중세 민주주의의 핵심이었던 의회제도에서였다. 실제로 평민이라고 부르는 제3의 신분을 확립하고, 그들을 정치에 참여시켰던 초기의 유럽 의회는 모두 스페인에서 태어났다. 지금까지도 '코르테스(cortes)'라고 불리는 이 의회는 민주주의가 확대되어 발전한 결과였다. 도시들은 그들의 기본법인 '푸에로(fuero)' —— 지금까지 우리들이 보아왔던 것처럼, 변경에서 무어족과 싸우면서 그 땅에 사람들을 이주시키는 계획을 통해서 취해진 법령 —— 를 근거로 하여 선출된 행정사법관(alcalde) 밑에서 자치권을 발달시켰고, 시의회(ayuntamiento)를 열어 공적인 문제들을 결정했다. 국왕은 당연히 봉건적 의무에 구속되지 않는 사람들을 자기편으로 끌어오는 데에 관심을 가졌으며, 앞으로는 그들이 자유시민이라는 것을 인정함으로써 귀족에 대항할 수 있는 권력기반을 확립했다. 다시 말해서 도시가 국왕에게 경제적, 군사적 지원을 제공하는 것에 발맞추어, 국왕 또한 도시에 정치적 권력을 부여했던 것이다.

1188년, 스페인 최초의 의회가 레온 왕국의 알폰소 9세에 의해서 소집되었다. 이 의회는 다른 유럽 최초의 의회인 독일의 호언스-타우펀(Hohens-taufen)보다 반세기나 앞선 것이다. 또한 1217년 카탈루냐 최초의 의회와 13세기 초 카스티야 의회 역시 1265년 영국 최초의 의회보다도 앞선 것이었다. 어떤 의회이든 간에 그 의회에는 특권계급인 성직자와 귀족이 있었지만, 스페인에서는 "도시의 선량한 남자들(los buenos hombres de las ciudades)," 영국에서는 "평민(the commons)," 프랑스에서는 "제3의 신분(le tiers état)"이라고 불리는 사람들이 포함되었고, 그 참가인원의 숫자가 늘어만 갔다. 스페인 왕국에서 의회는 여러 가지 기능들을 가지고 있었다. 예를 들면 카스티야 왕국의 의회는 기본적으로 조세에 관하여 심의했고, 아라곤 왕국에서는 국왕에 대한 불평을 받아들이는 권한을 부여받았다. 의회와 병행하여 도시들은 독자적인 지역심의회를 가지고 있었다. 이것은 원래 시민 누구라도 참여할 수 있는 모임으로서 직접민주주의를 실천했다. 설사 소수의 주민만이 참가하더라도 그 모임은 열릴 수 있었다. 그러나 인구가 증가함에 따라서 도시에 거주하는 주민들은 "선량한 남자들"이라고 불리는 한정된 그들에게 대표권을 위임했다. 중세가 끝나갈 무렵, 이 선량한 남자들은 '코레히도르(Corregidor)', 다시 말해서 국왕에 의해서 임명된 도시부왕들이나 왕권의 영구적인 대행자로 바뀌어졌다. 따라서 민주적인 의사결정은 진통을 겪지 않을 수 없었다.

그럼에도 불구하고 대부분의 도시는 봉건영주들의 변덕스러움과 폭력보다는 차선책으로, 또는 어쩔 수 없이 왕 편에 섰다. 그런데 이런 방법을 선택함으로써 궁극적으로 도시는 얼마나 많은 것을 희생했어야만 했던가? 이것이 바로 스페인의 민주주의, 그리고 그 뿌리를 중세 스페인에 두고 있는 스페인계 아메리카의 민주주의에서 공통으로 나타나는 역사적 사실인 것이다. 자치적 법률에 기반을 두고 있는 시민 사회와 지방의 여러 제도의 발전, 다수의 도시공동체나 주민에게 부여된 자유, 그리고 계속된 의식혁명에 대한 기대감의 증대는 중세 스페인의 부르주아 문화의 중심지나 상업의 중심지가 선봉이 되어 일어났다. 그러나 그와 같은 것들은 아직 초기단계였기 때문에 그것들이 공고하게 되고 제대로 성장하기 위해서는 더 많은 세월과 신중함이 요구되었다. 이어서, 유럽 전역에서 왕권과 국가통일을 주장하는 이론적 근거와 중세를 통해서 획득한 시민의 자유와 르네상스 이후에 막강해진 왕권이 서로 충돌을 일으키는 것은 명약관화한 일이었다. 그와 같은 시민의 자유는 스페인보다는 영국에서 일관되게 달성되었다. 프랑스는 중앙집권적인 절대왕정과 '제3신분'과의 극적인 대립을 경험했으며, 그 대립은 오로지 프랑스혁명에 의해서 해결되었다. 독일과 이탈리아는 스페인과 영국, 그리고 프랑스가 15세기에 달성한 국가 통일을 19세기까지 기다리는 수밖에 없었다.

그러나 이런 모든 유럽 역사 중에서 아마도 스페인의 역사가 가장 비극적이었다고 말할 수 있다. 왜냐하면 스페인은 유럽의 다른 어떤 국가보다도 일찍 기본적인 시민권을 획득했기 때문이다. 그렇지만 시민권의 획득을 가능케했던 똑같은 이유 —— 국내에서의 종교 및 군사세력과의 전쟁 —— 가 그것의 발전을 방해했다. 이슬람과의 전쟁에서 일단 승리하자, 스페인의 국왕은 영국이나 프랑스의 군주가 향유할 수 없었던 보다 강력해진 권위, 즉 자국 내에서의 이교도와 싸워서 승리한 후광을 손에 거머쥐었다. 제국주의적 정복에 대한 열정, 신세계에 스페인 식민지를 건설하려는 본성, 이단 프로테스탄트 유럽에 대항하는 가톨릭 신앙의 수호자로서 스페인이 앞으로 맡을 역할은 바로 이 레콩키스타 전쟁에서 얻은 모든 경험으로부터 나온 것이었다.

그렇게 여러 번 무산되기는 했지만 결코 파괴되지 않았던 이 '레콩키스타'는 스페인이나 스페인계 아메리카의 민주주의의 기원이 되었다. 지금 우리들이 영위하고 있는 너무나 허약한 민주주의는 이런 중세의 도시에 보다 깊은 뿌리를 가지고 있다. 때때로 우리들은 자유로운 자치도시에 기반을 둔 스페인의 민주주의의 전통을 무시하면서 우리들 자신을 속여왔다. 이와 같은 의식은 두 개의 이상한 형태를 통해서 자기부정을 정당화하는 구실로 우리에게 받아들여져왔다. 그중의 하나는 프랑스나 앵글로-아메리카 세계의 민주제도를 모방하는 것으로서, 이 제도가 이제까지 충분한 기능을 발휘했다는 믿음이었고, 또 다른 하나는 근대화의 진보주의라는 가면하에서 독재주의를 받아들이는 것이었다. 그것은 바로 가장 먼저 추구해야 할 것으로서, 이 모방의 길을 통해서 민주주의를 위한 물질적 조건을 실제로 마련해준다는 것이다. 자본주의와 사회주의는 라틴 아메리카에서는 실패했는데, 그 실패는 앵글로-아메리칸이나 마르크스주의로부터 파생된 것이 아니라 순순히 이베리아적인 우리들 자신의 전통을 제대로 식별하지 못하고, 강화시키지 못한 우리들의 미숙성의 결과였다.

달리 말하자면, 중세 스페인은 영국이나 프랑스에 비해서 근대 유럽의 민주주의 국가로 전환할 수 있는 준비를 더 잘 갖추고 있었다. 그러나 실제로 이것이 16세기에서 19세기의 기간 동안에 이루어져야만 했을 때 이루어지지 않았다는 사실은 유럽이나 스페인계 아메리카를 위한 불안한 드라마를 내포한다. 그러나 민주주의보다도 더 강력할 수 있는 또 다른 전통이 스페인에 있었는데, 그것은 바로 기독교, 이슬람교, 유대교가 공존함으로써 키워진 문화의 전통이었다.

세 문화

전사이자 성인이었던 페르난도 3세는 1248년, 무어족의 수중으로부터 세비야를 탈취했다. 세비야 성당에 안치된 그의 무덤은 1년에 한 번 일반에게 공개된다. 거기에서 우리는 망토를 걸치고 왕관을 쓴 기다란 백발의 수염을 한 페르난도의 유체를 볼 수 있다. 사람들은 그의 유체는 썩지 않는다고 말한다. 그러나 그의 유체 이상으로 중요한 것은 그가 생애를 통해서 보여준 놀랄 만한 모순으로 가득 찬 —— 그에게 부상을 입혔던 화살이나 스페인의 고동치는 심장에서 상징되어 드러난 전형적인 —— 모습이었다.

비록 대낮이었지만, 전쟁의 밤이 도시를 덮을 때까지 16개월이나 세비야를 포위한 한 기독교 전사가 이곳에 누워 있다. 눈 앞에 보이는 적이란 적들은 모조리 공격하고 약탈하고 살해했던 그는 함락된 도시로부터 10만 명의 무어인을 추방했다. 그는 절제심만큼이나 복수심에 불타오르는 기질을 겸비하고 있었다. 997년, 아랍의 정복자 알-만소르는 산티아고

대성당의 종들을 코르도바로 가지고 가서 이 종들을 녹여서 300개의 촛대를 만들어 그것으로 이슬람사원을 빛냈다. 그러자 기독교 왕이었던 카스티야 왕국의 페르난도 3세는 코르도바를 다시 탈환하면서 촛대로 변한 이 종들을 다시 탈취해서 산티아고 대성당으로 되돌려보냈다. 그는 명령을 내려서 전쟁에 패한 무어인들로 하여금 등에 지고 가게 했던 것이다.

그러나 여기 이곳에는 한 성인이 누워있다. 그는 죽기 전, 땅바닥에 무릎을 꿇고는 하나님 앞에 자신이 미천하며 깊은 죄의식에 빠져있다는 것을 보여주기 위해서 로프에 목을 묶은 채 성체를 받았다. 여기에는 또한 한 인도주의자가 누워 있다. 그는 유대인임을 나타내기 위해서 강제적으로 그들의 옷에 찍은 더러운 낙인을 없애게 해주고 그들을 보호해 달라고 교황에게 호소했다.

이 성 페르난도의 무덤에는 스페인 문화의 지속성을 보여주는 네 개의 언어, 즉 기독교, 이슬람교, 유대교의 언어인 라틴어, 스페인어, 아랍어, 히브리어가 각인되어 있다. 페르난도 왕은 3대 종교의 군주로서, 다시 말해서 성경, 코란, 탈무드를 가진 모든 "성전(聖典)의 민족"으로부터 똑같이 존경받는 군주로서 이름이 남겨지기를 원했다. 이런 이유로, 비록 현실의 정치로 인해서 무어인과의 전쟁에 내몰리기는 했지만, 그의 정신적 사명은 유대인과 기독교인, 그리고 무어인들이 공생하는 유일한 국가로서의 스페인의 특수성을 인식하는 것이었다.

그러나 이 스페인의 군주가 명쾌한 정책을 통해서 펼쳤던 문화의 공존이 진정한 의미에서 그 정점에 도달한 것은 페르난도 성왕(聖王)의 아들인 카스티야의 알폰소 10세 밑에서였다. 그는 살라망카에 스페인 최고의 대학교를 만들어, 1254년에 이 대학교에 특허장을 하사했고 도서관을 건립했다. 그 도서관은 스페인 최초의 유급 사서가 있는 국립도서관이 되었다. 이리하여 살라망카 대학교와 도서관은 치세 당시 "현왕"으로 불렸던 알폰소 10세의 훌륭한 상징물이 되었다.

알폰소 왕은 궁정에 일단의 유대인 지식인, 아랍인 통역사, 프랑스의 음유시인(trouvadour)을 데리고 왔다. 그는 휘하에 있는 유대인이나 아랍인 사상가들에게 코란이나 카발라, 탈무드 및 인도 동화들을 번역시켰다. 그는 유대인 지식인들의 도움을 받아서 중세 스페인의 획기적인 「대전(*summa*)」을 집필했다. 그속에는 법을 집성한 「7부 법전」, 「법론문집(El fuero real)」, 천문학을 다룬 책, 스페인사와 세계사가 포함되어 있

페르난도 3세 묘지의 비문, 스페인어, 라틴어, 아랍어, 히브리어.

다. 알폰소 왕의 세 문화를 받치고 있었던 궁정은 그것말고도 아랍인들의 놀이였던 체스에 관하여 서구 최초로 책을 펴낼 만큼 여유가 있었다(체스에서 최후의 결정타인 스페인어 '하케 마테〔jaque mate〕'는 아랍어로 "샤를 죽여라"라는 의미를 지닌 '샤하크 마아트〔shah'akh maat〕'에서 왔다).

이런 중세의 지적 대위업의 목적은 당시에 얻을 수 있는 모든 지식을 기록으로 남기는 데에 있었다. 이런 의미에서 보면 그것은 앞서 성 이시도로가 세비야에서 추진했던 작업의 연장선상에 있었다. 그 결과로 나온 것이 일종의 백과사전으로, 이는 18세기에 그렇게도 붐을 이루었던 백과사전보다 선행하는 것이었다. 그러나 우리를 정말로 놀라게 하는 것은 이런 과업을 수행하기 위해서 카스티야 왕이 유대인이나 아랍인의 지성을 끌어들였다는 사실이다. 이 시기에 유대인 저술가가 당시의 학문의 하나의 관습이었던 라틴어 대신에 스페인어로 책들을 써야한다고 주장했던 것 또한 반드시 언급되어야 할 사실이다. 라틴어는 단지 기독교의 언어였기 때문에 스페인에 살던 유대인들은 기독교도나 유대인, 개종자를 포함한 스페인의 모든 사람들이 이해할 수 있는 공통의 언어로 지식이 확대되기를 바랐던 것이다. 후세의 스페인어 산문의 기초는 알폰소 시대의 궁정에서 이루어졌던 유대인들의 작업에서 유래하는데, 그것은 기본적으로 이 세 문화를 집성한 언어의 작업이었던 것이다. 이 현왕이 죽고 2세기가 흐른 뒤, 유대인들은 서민들이 쓰는 언어를 계속 사용하여 성서를 읽거나 거기에 주석을 가했고, 철학서를 쓰거나 천문학을 연구했다. 이런 의미에서 스페인에서 스페인어의 사용을 확립시키고 넓힌 사람들은 유대인이라고 할 수 있다.

그럼에도 불구하고, 관용과 불관용이 교체하는 이 세 문화의 경쟁 속에서 그 어느 누구보다도 고통을 받은 민족은 스페인계 유대인(Sephardim)이었다. 유대인은 하드리아누스 황제 시대인 2세기에 최초로 스페인에 도래했는데, 그들 중에는 지식인뿐만 아니라, 수공업자, 농민, 상인, 의사들도 있었다. 그러나 서고트족 밑에서 유대인들은 시세부토와 같은 왕들로부터 심한 탄압을 받았다. 그들은 자신들의 재산을 구축할 목적으로 경제불황을 초래했다고 사람들로부터 비난을 받았다. 스페인의 성인인 세비야의 이시도로 대주교는 유대인은 선조의 죄로 인해서 분산과 억압의 벌을 받고 있다는 이전의 진부하고 혐오스런 이유를 부정하지 않았다.

이리하여, 고트 왕족으로부터 거부당한(추방은 아닌) 유대인들이 아랍인과 베르베르인의 스페인 침공을 환영하고, 커다란 기대감으로 침공을 준비하면서, 자신들을 아브라함의 자손, 즉 "성전의 민족"으로 인정해주었던 안달루시아의 이슬람 사회의 일부로서 머물렀던 것은 그리 놀랄 만한 일은 못 된다. 그러나 알-만소르의 사후에 일어난 알모라비데족과 알모하데족의 침략으로 인해서 이슬람의 스페인에는 모사라베스와 유대인을 포함한 비이슬람교도 전원을 향해서 엄격한 정통신앙주의의 파도가 밀려들었다. 따라서, 유대인들은 북쪽의 기독교도들이 지배하는 영토로 도피해서, 재빨리 이 도시 저 도시를 전전했다. 그들은 게토(aljamas, juderías)에 정주하며, 상업과 의학에 관한 특별한 재능을 소지한 덕택에 국왕의 비호를 받았지만 분노한 민중들로부터 끊임없이 위협받고 있었다. 그들은 그리스도를 죽인 자들이 아니었던가? 그들은 무술만에게 스페인을 넘겨주었던 자들이 아니었던가? 일반 사람들보다도 부자이고 강압적인 고리대금업자들이 아니었던가?

실제로 가톨릭 교회는 고리대금업을 금지시켰으며, 성 토마스 아퀴나스는 이자를 붙여 돈을 빌려주는 행위는 성령에 위배되는 죄라고 썼다. 이런 조건에서 자본주의가 번창하리라는 생각을 품기란 지극히 어려운 일이었다. 어찌되었든 간에 성령은 매일 아침, 월 스트리트가 열리자마자 죽어간다. 그러나 반유대주의는 이전에도 횡행했었고, 현재에도 그렇다. 이런 의미에서 반유대주의와 함께, 인종의 순수성과 가톨릭 정교신앙에 입각한 척도가 스페인의 기본적 신념이 되어야 한다는 인식이 생겨났다. 우선, 유대인은 기독교인과 똑같은 집에서 거주할 수 없었다. 또 유대인이 기독교인을 재판하거나 그들에 대해서 증언할 수 없었다. 마지막으로, 사악하기 그지없던 스페인 사람의 시기심과 사회의 대부분 사람들에게 극단적인 광증을 불러일으킨 흑사병으로 인해서, 그리고 언어에 대한 광신주의(무지한 시청자들의 편견을 불지르기 위한 텔레비전이 당시에는 없었지만)를 하나의 예술적 경지로 끌어올린 과격한 설교사들로 인해서 유대인 학살(Pogrom)이 폭발하고 말았다. 유대인들에게 씌어진 죄는 흑사병만이 아니었다. 무어족과의 싸움에서 스페인 군대가 패배하면 개종한 유대인들이 참가해서 그렇다는 이유로 그들은 규탄받았다.

1391년에는 유대인 대학살이 계속해서 일어났다. 그해는 빈곤과 역병이 일어났던 해로서, 세비야에서는 4,000명의 유대인들이 학살당했다. 코르도바에서는 어린아이들을 포함하여 남녀 2,000명의 시체가 불태워진 시나고그(유대인회당)에 산처럼 쌓여 있었다. 바르셀로나에서는 박해를 피하기 위해서, 혹은 가족들이 학살당하는 모습을 눈으로 보아야만 하는 끔찍스런 고통으로부터 피하기 위해서 수백 명의 유대인들이 자살했다.

이 결과 콘베르소(conversos, 개종자)가 늘어만 갔다. 목숨을 구하고자 했던 이 스페인계 유대인들에게는 개종말고 달리 무슨 선택의 길이 있었던가? 참회자를 언제나 받아들일 준비가 되어 있는 가톨릭 교회의 품말고는 어디 다른 곳으로 갈 수 있었단 말인가? 그럼에도 불구하고, 개종자들의 의사에 반한 대대적 개종을 통해서 반유대주의의 설교사들은 이전에 유대인들에게 씌웠던 모든 죄의 책임을 이제는 "새로운 기독교도", 즉 콘베르소에 씌웠다. 개종한 유대인들은 그들이 이단이나 사교(邪敎)행위를 하고 있다고 의심받는 사실을 곧 알아차렸다. "새로운 기독교도"라고 불렸던 그들은 "구기독교도"와 결혼하기 시작했다. 그리고는 스페인 가톨릭 교회를 통해서 권리를 획득한 뒤, 그들은 개종자들에게 늘상 일어났던 것처럼, 이전 자기들의 공동체의 가장 열렬한 박해자로 바뀌어갔다.

그러나 이런 모든 명암과 성취와 모순을 함께 가진 스페인의 문화적, 민주적 전통은 새로운 세계 정세 —— 스페인이 근대적이고 통일된 하나의 국가로 바뀔 도전에 직면하게 되는 —— 의 한 맥락을 형성하기 위해서 앞으로 돌진하였다. 스페인은 세 문화가 남긴 유산과 함께 아니면 그것 없이, 근대적이고 통일된 국가를 이룰 수 있을까? 이런 질문들은 신세계에서 스페인이 수행할 역할을 예고하는 것이었다. 이 두 사실은 스페인 역사의 중대한 분기점이 되는 1492년에 일어난 사건들에 의해서 결정되어질 것이다.

제4장 1492년 : 결정적인 해

중세의 가을을 맞아서 전서구사회에서는 재생과 확장, 그리고 발견의 의식이 싹트고 있었으며, 유럽 제국은 각각 자국의 과거를 되돌아보고, '르네상스'라고 하는 한 마디에 의하여 정의되는 이 새로운 세계질서에서 앞으로 어떤 위치를 차지하게 될지 새삼 고려해야만 했다. 스페인의 국민적 과제는 이베리아 반도에 남아있던 최후의 무어인 왕국인 그라나다를 쳐부수고 '레콩키스타'를 완결시키는 것이었다. 만약 그것이 이루어진다면 스페인은 전영토를 통일하고 국가를 수립하게 될 것이다.

스페인은 이 점에서 다른 유럽 국가들이 처한 상황과 다를 바가 하나도 없었다. 르네상스 기간 동안 이탈리아와 독일이 통일을 이루지 못한 반면에, 스페인은 프랑스나 영국과 마찬가지로 그것을 성취했다. 중세 스페인의 법지도(法地圖)는 봉건영주가 부과한 사적인 계약에서부터 지방을 기반으로 많은 사람들이 공유하고 있었던 관습, 법적 결정사항, 국왕의 결단까지를 포함하는, 그야말로 법률과 관습의 섬들로 가득 차 있었다. 그러나 이렇게 모자이크처럼 얽히고 설킨 법지도에는 이베리아의 3원적 문화의 특성인 유대인, 모사라베스, 그리고 무데하레스의 고유한 법령 또한 포함되어야만 한다. 그렇지만 이런 혼란한 상태로부터 일련의 지방의 권리와 왕국의 권리가 출현하게 되었다. 전자가 봉건사회의 사적 연결에 의해서 나온 것이라면 후자는 이런 봉건적인 결합과 대립되는 것이었다. 이런 지방의 권리를 한 나라의 공적 법률로 격상시킴으로써 왕국의 권력이 강화되었다. 왜냐하면 그 법률들은 로마법에 대한 충성과 전통적으로 유일한 지배자와 국가제도에 대한 충성으로 회귀할 것을 옹호했기 때문이었다. 이 점에 있어서도 현왕 알폰소는 스페인 법전의 편찬을 통해서, 이 시도로 주교 이래 로마법의 전통을 부활시켰던 가장 중요한 추진력이

"테오도르 드 브리의 서반구 지도에 묘사된 콜럼버스"(부분).

었다. 알폰소 왕 치하에서 로마법과 아리스토텔레스의 정치사상을 수용했고, 카스티야, 아라곤, 나바라 왕들이 사법이나 조세, 군대의 문제와 관련하여 봉건적 법률을 점진적으로 개정하고 귀족제도를 혁신시키고자 그들끼리 동맹을 맺은 정책 —— 왕위계승과 왕국간의 험악한 정쟁이라는 혼란을 수반했음에도 불구하고 —— 등등이 15세기 스페인 통일의 무대를 준비했다.

통일을 향해서

1280년과 1480년 사이에 변경의 확대가 멈췄을 때, 왕국과 왕국 사이의 국경들은 명확하게 정해졌다. 왕국과 봉건주의와의 싸움은 두 가지 사실을 의미했다. 우선 국왕의 권력은 영토 전역에 걸치는 것이고, 두번째로는 각 왕국의 주민은 국왕에게 충성하는 것이었다. 이런 목적을 위해서 앞에서 본 것처럼 국왕은 도시와 시민의 자유를 보호하고자 했다. 그러나 그들이 실제로 관심을 가지고 있던 것은 개인의 지위를 봉건영주의 봉신(封臣)에서 국왕 자신의 신민(臣民)으로 바꾸는 데에 있었다. 반면에 도시는 그 주민들의 지위를 향상시키는 데에 관심을 보였다. 각국의 궁정은 수복(收復)한 영토 내를 전전하는 대신에, 이제 한 도시에 수도를 정해서 그곳에 머물렀다. 진정한 의미의 관료기구가 설립되어 왕의 대리인, 즉 도시총독이라는 '코레히도르'가 지역주민들로부터 세금을 징수했다.

그러나 로마 시대의 "전권(全權)"은 정정불안과 왕족 내의 투쟁으로 인해서 크게 손상을 입었고, 흑사병과 마찬가지로 그것은 스페인을 괴롭혔다. 이 역병이 유행하기 시작한 것은 1350년경으로, 잔학왕 페드로(Pedro el Cruel)의 치세기간과 일치한다. 페드로는 15세에 카스티야 왕에 즉위했다. 그는 내내 5명의 이복형제들과 싸웠고 그들을 죽이라고 부추긴 애인 마리아 파디야의 손아귀에서 놀아났다가 어느 겨울날, 몬티엘 교외의 한 병영텐트 안에서 벌어진 이복형 엔리케와의 결투 중에, 심장에 칼을 맞고 죽었다.

엔리케의 승리로 인해서 트라스타마라 일족이 카스티야 왕위에 오르게 되었다. 이 영향은 엄청나게 컸다. 일족 내에서는 왕실 최후의 싸움이 일어났지만, 그것은 의미심장하게도 카스티야 왕위계승을 둘러싼 귀족과 국왕과의 싸움이기도 했다.

미남자이기는 했지만 허약하기 그지없던 카스티야 왕인 후안 2세는 독재적이고 악랄했던 알바로 데 루나에게 모든 정치를 위임했다. 그러나 후안 2세의 왕비는 명령을 내려서 그를 처형했고, 곧 자식의 왕위를 확보했다. 그가 바로 성적불능자였던 엔리케 4세였다. 그에게는 딸이 하나 있었는데, 그녀의 실제 부친은 벨트란 데 라 쿠에바라는 귀족이었다고 소문이 자자했다. '라 벨트라네하(벨트란의 딸)'로 불려진 그녀는 공식적인 아버지인 엔리케 4세로부터 왕위 계승권자로 선언되었지만, 귀족들은 여기에 반대하여 왕의 여동생이었던 카스티야의 이사벨을 여왕으로 뽑아서 즉위시켰다.

명석하고 활발했지만 종교적으로는 배타적이었던 이사벨은 카톨릭 신앙과 국가통일이라는 꿈을 실현시키려는 데에는 열렬했지만, 문화의 다양성을 실현시키려는 꿈에는 등을 돌렸다. 그녀는 아라곤 왕국의 페르난도 왕자와 1469년에 결혼했는데, 이 결혼을 통해서 카스티야와 아라곤 왕국은 하나가 되었다. 라 벨트라네하를 물리치고 페르난도와 결혼하고 난 뒤, 이사벨에게는 한가지 확신이 섰다. 이 결혼을 통해서 스페인은 중세의 모든 왕국을 통합시켰으며, 이후에는 이렇다 할 커다란 장애도 없이 양국의 지방봉건세력과 도시시민세력을 눌렀고 모든 역량을 동원해서 질서, 법, 통일을 추진시키게끔 하는 등 모든 것을 정치의 최우선과제로 놓았다. 이사벨과 페르난도는 국가통합을 목표로 한 스페인이 장기간에 걸쳐서 보여주었던 싸움에서 교훈을 얻었다. 그들은 즉각 행동을 통해서 이것을 실증했다. 그들의 구호는 "이사벨과 페르난도는 동권(同權)이고, 카스티야와 아라곤은 동등하다"는 것이었다. 그들은 정실이 아닌 능력 위주의 정책을 통해서 관료제도를 수립했으며, 군주제, 국가의 주권, 사법권 및 중앙집권체제 등 모든 것을 로마법에 일치시킴으로써 다시 한번 로마법의 권위를 확립했다. 그리고 이 법을 통해서 신민들이 새롭게 충성을 바칠 대상은 각각의 영주에서 국왕으로 이전되었다. 영지 내의 도시로의 밀착은 말할 것도 없이 유대교나 이슬람교와 같은 다른 문화나 다른 종교에의 밀착도 결코 허용될 수 없었다.

페르난도와 이사벨의 결혼으로 인해서 정식으로 달성되었던 스페인의 통일은 다음 단계로 특별한 제재조치를 필요로 했다. 그것은 이슬람교도를 이베리아 반도에서 영원히 축출하는 것이었다. 마지막 아랍 왕국인 그라나다를 공격할 준비를 하고 있을 때, 이 가톨릭의 두 왕은 그들이 스페인 역사의 가장 중요한 전환점이 되는 해를 맞이하고 있다는 것을 전혀 모르고 있었다. 물론 페르난도와 이사벨은 그라나다 정복이 얼마나 중요한지를 분명히 인식하고는 있었지만, 같은 해인 1492년에 실시되었던 유대인의 추방이 스페인에 얼마만큼의 불이익을 가져다줄지는 정말로 고려하지 않았다. 그리고 그들이 크리스토퍼 콜럼버스라는 무명의 뱃사람을 수평선 저 너머 가능성 없는 모험에 파유하면서 인도로 가는 최단 루트를 열어 포르투갈인을 따라잡을 수 있으리라는 그들의 희망 속에는 1492년에 일어날 제3의 획기적인 사건, 즉 새로운 대륙과의 조우는 당연히 포함되지 않았다.

마지막으로 이 중요한 해에 일어난 제4의 사건은, 역사서에서는 거의 언급되어 있지 않지만, 안토니오 데 네브리하가 처음으로 스페인어 문법서를 출판한 것이다. 그것은 뛰어난 예술작품, 도덕적 힘, 새로운 통치형태, 다인종의 통일을 생겨나게 했던 수단으로서, 사실은 가톨릭 군주 카스티야의 이사벨과 페르난도가 보여준 수많은 덕목과 그들이 저지른 대부분의 우행보다 더 영속적인 영향을 남겼던 것이다.

유대인의 추방

통일된 스페인 왕국과 페르난도, 이사벨이 저질렀던 실수 중에서 최악이라고 생각되는 유대인의 추방은 사상적인 것과 물질적인 것이라는 두 가지 요인에 의해서 결정되었다. 사상적으로 이 양왕은 가톨릭의 정통신앙과 인종의 순수한 피를 기반으로 통일을 확고히 하고자 했다. 여기에 적합한 희생양은, 늘 그래 왔듯이, 유대인들이었다. 이 가톨릭 군주들은 스페인 최대의 문화적 자산이라고 일컬어졌던, 서로 만나서 융성해진 이 세 문명을 희생하기로 결정했다. 피의 순수성과 정통신앙을 의무로 정한 법령은 유대인을 추방하거나, 그들을 탄압, 감시하기 위한, 그리고 필요할 때마다 여전히 스페인에 숨어사는 유대교도 또는 이단자와 개종자 —— 기독교로 개종했다가 다시 유대교로 돌아섰으리라고 의심이 가는 뻔뻔스런 유대인 —— 를 멸절시켜도 좋다는 근거가 되었다. 이런 목적을 위해서 교황이나 사교(司教)에만 오로지 의지하고 있던 중세의 연약한 종교재판소는 스페인 국왕의 칙령에 의하여 강력한 재판기관으로 탈바꿈했다. 이런 권한의 변화에 따라서 교회는 실제적인 충성의 대상을 로마에서 스페인으로 바꾸지 않으면 안 되었다.

1492년의 페르난도 왕과 이사벨 여왕, 작자미상.

「중세 스페인(*Medieval Spain*)」에서 가브리엘 잭슨이 지적하고 있는 것처럼, 종교재판소는 이단자뿐만 아니라 개종자에게까지 탄압대상을 확대하면서 점점 더 비대한 힘을 가지게 되었다. 이 종교재판소는 실제로 유대인의 개종을 불허했기 때문에 개종하지 않고 유대인 사회에 남아 있던 자들은 종교재판관 이상으로 더 비타협적으로 바뀌어 그들의 정통신앙에 더욱더 몰두하게 되었다. 이와 같은 출구 없는 상황이 가졌던 최대의 모순은 당시 개종했던 유대인들이 많은 경우 유대인 동족의 박해자로 바뀌어 견고한 이 질서를 가장 열렬히 옹호했다는 점이다. 카스티야와 아라곤의 초대 종교재판소장이었던 토르케마다는 개종한 유대인 가문의 출신으로서, 그는 개종자의 이런 열의를 한 몸에 구현한 인물이었다.

반드시 종교적 고려만이 페르난도나 이사벨의 정책을 좌우한 것은 아니다. 그들은 스페인에서 가장 근면한 계급으로부터 징발한 부로 왕실의 금고를 늘리는 것에도 관심을 가졌다. 통일된 왕국이 직접적으로 얻었던 이익이 간접적이거나 즉시 잃어버린 손해와 비교할 때 미미했었다는 것은 정말로 아이러니가 아닐 수 없다. 1492년에는 스페인의 총인구 700만 명 중에서 유대인과 개종자는 50만 명에 불과했다. 그렇지만 도시인구 중 대략 3분의 1은 유대계가 점하고 있었다. 유대인 추방의 칙령이 나온 지 1년 후 세비야의 집세는 반으로 떨어졌고 바르셀로나의 시영은행들은 파산했다.

그러나 유대인의 추방(뒤이은 개종한 무어족의 추방)은 무엇보다도 스페인이 앞으로 그의 제국을 유지하기 위해서 절실히 필요했던 수많은 재능과 서비스를 사실상 빼앗아버리는 사태를 초래했다. 당시 스페인에 있었던 의사나 외과의사는 전부 유대인(아랍인을 포함해서)이었다. 이 사실은 1530년대 카를로스 1세가 알칼라 대학교의 한 학생에게 카스티야 최초의 공인의사자격증과 함께 소귀족(hidalgo)의 작위를 하사하면서 그를 축하했던 사례에서 잘 알 수 있다. 세금을 징수하는 사람도 유대인이었고, 왕국의 주납세자도 유대인이었다. 그들은 은행가, 상인, 고리대금업자였으며, 한편으로는 스페인에 막 태동하고 있었던 자본가계급의 선봉장이었다. 그들은 중세 동안 기독교도와 무어인 왕국의 중개역을 담당했고, 여러 왕들 밑에서 재정관 '알모하리페(almojarife)'의 직을 맡았다. 그 당시 왕들은 유대인 관리들이 없었다면 왕실재정은 파탄에 이르렀을 것이라고 그들에게 되풀이해서 말했는데, 실제로 이 말은 유대인이 스페인을 떠났을 때 현실로 나타났다. 유대인은 대사, 관리, 그리고 왕실재산의 관리자로서도 일했다. 실제로 그들은 스페인 귀족이 귀족으로서의 품위에 걸맞지 않다고 생각해서 할 수 없었던 일까지도 기꺼이 떠맡았던 것이다. 따라서 1492년에 공포된 칙령 후, 개종했던 유대인은 그때까지 가지고 있었던 직업을 위장하거나 버리지 않으면 안 되었다. 그렇지 않으면 "불순한 피"를 가진 유대인이라고 공개적으로 의심받았기 때문이었다. 그런데 그들이 떠난 이 마당에, 누가 그들을 대신해서 이런 일들을 떠맡을 수 있었을까?

"모든 것은 가능하다"

15세기에는 물리적인 현실이 사상의 풍조에 영향을 주었던 것처럼 새로운 사상 또한 물리적인 현실에 영향을 미쳤다. 소위 아메리카의 발견이라는 사실을 우리가 사상적으로 어떻게 받아들이든지 간에, 그 사건은 물리적 인식에 대한 과학적 가설의 위대한 승리였다. 항해술의 발전에 따라서 교역과 인적 교류가 증대했으며, 한편으로 인쇄기의 발명은 이 세계에 대한 수많은 사람들의 호기심과 지식욕을 자극시켰다. 과학자들은 지구가 정말로 우주의 중심인가에 대해 의혹을 품었다. 그리하여 과학자들은 지구의 형상이 어떤지 캐물었다. 반면 예술가들은 영원한 삶보다는 바로

“추방 전 유대교도를 접견하는 가톨릭의 두 국왕”, 판화, 작자미상, 19세기.

지금 이 현세를 축복하는 것으로서 인간 육체의 형상을 관찰했으며, 지상에 사는 인간의 존재 의미가 어떤 것인지에 대해서 숙고하기 시작했다. “모든 것은 가능하다”라고 이탈리아의 인문주의자 마르실리오 피치노는 썼다. “어떠한 것도 그냥 지나쳐서는 안 된다. 불가사의한 것은 아무것도 없다. 불가능한 것 또한 없다. 우리들이 부정하고 있는 가능성은 단지 우리들이 지나쳐서 알지 못하는 가능성이다.”

스페인 역시 유럽의 다른 어떤 문화에 뒤쳐지지 않고 이와 같은 르네상스의 열기에 합류할 준비를 갖추고 있었다. 3원적 문화의 경험을 통해서 스페인은 르네상스 정신을 키워준 두 권의 위대한 책을 세상에 선보였다. 그 중에 하나가 1330년 활달했던 순회신부로서 이타의 수석사제(Arcipreste de Hita)였던 후안 루이스가 출판한 「참된 사랑의 서(*El libro de buen amor*)」였다.

이 책은 육체의 쾌락에 대한 찬미, 여성의 육체에 대한 축복, 죄의 개념에 대한 거부를 노래한다. 아랍시에 깊은 영향을 받았던, 가히 스페인의 초서(Chaucer)라고 할 수 있는 루이스는 신앙과 쾌락은 서로 대립되는 것이 아니라는 융화적인 메시지를 우리에게 던졌다.

아마도 이 책 이상으로 중요하다고 생각되는 것은 페르난도 데 로하스가 쓴 희비극 「라 셀레스티나(*La Celestina*)」(칼리스토와 멜리베아의 희비극/역주) 일 것이다. 이 작품은 유대인 추방이 있은 지 얼마 되지 않아 써졌다. 개종한 유대인의 자손이었던 로하스는 살라망카 대학교에 다닐 때 이 걸작을 썼다. 이것은 한 늙은 중매장이와 그녀가 후견인으로 둔 고아 소녀들, 두 명의 젊은 연인, 그리고 이들의 두 하인에 관한 이야기이다. 이리저리 옮겨다니며 상연되었던 이 희곡작품은 로하스의 눈에 역사적 현실로서 비춰진 성채(척교나 방어용 참호를 가지고 있는) 없는, 버려지고 무방비상태인 근대 도시의 한 거리를 무대로 하고 있다. 그곳에서는 중세의 도덕적 규범인 미덕과 악덕은 돈이나 정열, 섹스, 재산이라는 요소에 패배하고 만다. 여기에 등장하는 모든 인물들은 이런 정열과 관련하여 숨가쁘게 등장했다가 사라지고 있으며, 골치 아픈 임무, 중재와 같은 것에 대부분의 정력을 소비한다. 그러나 이런 모든 정력도 결국에 가서는 죽음이라는 어처구니없는 그 부동의 종착역에서 끝나고 만다.

「라 셀레스티나」는 스페인 최고의 교육중심지였던 살라망카 대학이 낳은 결과물로서, 이 작품은 스페인에서 증대되어만 갔던 정통기독교에의 강요와 왕권의 불관용에 대한 하나의 인문주의적 대안으로 품어져 나왔다. 1499년, 로하스가 수많은 고민 끝에 마침내 이 책을 출판하기로 결정했을 때, 그는 유대인 동포에게 다가오는 가혹한 운명 또한 절박하게 느끼고 있었다. 「라 셀레스티나」는 이 세상은 변화 바로 그 자체이며, 그 변화는 모든 사람들을 "쓰디쓴 파멸의 종말"로 이끌고 운명을 예측할 수 없게끔 만든다고 외친다. 라미로 데 마에츄는 이 책을 일컬어 스페인인들에게 이상을 지니지 않고도 살아갈 수 있는 방법을 가르친 책이라고 지적하고 있다. 루이스 수석사제와 페르난도 데 로하스는 인간의 행위를 칭찬하면서도 그 속에 숨어 있는 위험성을 분명히 지적했던, 어려운 시기에 감히 꿈꾸고 경종을 울렸던 인문주의자들이었다.

처음에는 동쪽을 향했고, 그리고 난 다음에 서쪽을 향해서 눈을 돌렸던 유럽의 확장은 어떤 의미에서는 르네상스가 품고 있었던 상상력의 대위업이었다. 그것은 또한 인식에 대한 가설의 승리였고 한편으로는 전통에 대한 상상력의 승리였다.

그렇지만 마레 노스트룸, 즉 지중해는 사실상 이슬람이 지배했던 바다로, 그 호수와 같은 바다는 유럽이 팽창할 수 있는 가능성을 철저히 막는 하나의 요인이 되었다. 지중해를 빠져나가는 돌파구를 찾는 것, 다시 말해서 동양으로 향하는 우회 루트의 발견은 유럽 세계에서는 하나의 강박관념이 되고 말았다. 그 최초의 시도는 베네치아 공화국의 마르코 폴로가 중국에 도달하는 육상교역 루트를 열면서 시작되었다. 그러나 곧이어 새로운 이슬람 세력이였던 오스만 제국이 대두하면서 다시 지중해를 위협하고, 그리스와 발칸 제국을 집어삼킴에 따라서 이제 막 발흥하고 있었던 유럽의 상인계급은 별도의 출구를 찾지 않으면 안 되었다.

포르투갈의 대서양 연안에 있는 사그레스의 거성(居城)에서 주앙 1세의 아들이었던 엔리케 왕자(1394-1460)는 당시의 항해술에 관한 모든 지식을 결집시켜서 지도제작을 완성하고, 항해장치를 개선하였으며, 또 카라벨라 범선과 같이 속도가 빠르고 조작이 수월한 새로운 형태의 외양선을 개발해 냈고, 그 배들을 조종할 수 있는 승무원들을 훈련시켰다. 후에 항해왕이라고 불려진 이 엔리케 왕자(Enrique el Navegante)는 원대한 계획을 마음 속에 품고 있었다. 그것은 오스만 튀르크를 비켜나가기 위하여 아프리카 해안을 통해서 남쪽으로 항해하다가 거기서 동쪽으로 진로를 바꾸어 동양에 도달하는 계획이었다. 플랑드르인 은행가의 지원을 받은 포르투갈은 마데이라 제도로부터 아소레스 제도, 세네갈까지 진출했으며, 마침내 바르톨로메 디아스는 1488년, 아프리카 대륙의 최남단에 위치한 희망봉에 도달할 수 있었다. 거기서부터 포르투갈인은 신속히 인도(바스코 다 가마, 1498년)를 향해서 나아갔다. 이 항해의 도정중에 사탕수수가 심어졌고, 노예가 계속해서 모집되었다. 1444년에는 엔리케 왕자의 비호 아래 인도의 라고스에 노예무역회사가 설립되었다.

그러나 포르투갈은 동쪽과 남쪽으로만 시선을 돌렸지 서쪽의 **마레 이그노툼**——미지의 바다, 신비의 대양——의 저편은 감히 생각조차 못했다. 그것은 제노바 출신으로 추정되는 한 고집 센 항해자가 엔리케 왕자가 머물렀던 성에서 그리 멀지 않은 해안에 난파된 뒤, 이 항해왕을 만나 동양에 도달하는 최선의 루트는 서쪽으로 향해하는 것이라는 그의 주장이 묵살되었을 때에도 그랬다. 개인적으로 볼 때 이 남자는 여러 면에서 그가 이룩한 공적이나 그가 품은 생각을 제외하면 그렇게 인상적인 품성——열혈한이었으며 때로는 자신을 제어하지 못했고, 허언을 하는 사람으로 의심받기도 했던——을 가진 인물은 못 되었다. 그러나 용기와 결단력을 가진 인물임에는 틀림없었다. 이 남자는 크리스토포로 콜롬보, 크리스토퍼 콜럼버스, 크리스토발 콜론이라고 불린 인물이었다. 포루투

같은 그의 말에 귀를 귀울이지 않았다. 그러자 이 항해자는 스페인―― 그 당시 고립되어 있고 내향적이었으며, 장기간에 걸쳐서 레콩키스타 전쟁을 치뤄오고 있었던 나라 ―― 을 향해서 갔으며, 시의적절하게도 가톨릭 양왕(兩王)이었던 이사벨 여왕과 페르난도 왕을 만나 자신의 계획을 설명할 수 있었다. 그라나다의 무어인을 격파한 뒤 승리에 취해 있던 이 가톨릭 왕들은 결국 콜럼버스에게 1492년이라는 스페인 역사에서 중요한 해에 일어났던 제3의 획기적인 사건, 즉 아메리카 발견을 이룩하기 위한 수단을 제공하였던 것이다.

핀타 호, 니냐 호, 산타 마리아 호로 구성된 세 척의 카라벨라 범선대는 1492년 8월 3일, 팔로스 항을 출발했다. 서쪽으로 서쪽으로 계속 항해했던 콜럼버스는 허황된 기대감과 바뀌는 별자리를 바라보며, 어떤 때는 구름을 섬으로 착각하고, 때로는 선원들의 불평과 공공연한 폭동을 겪으며 항해하던 중, 66일만인 1492년 10월 12일, 드디어 육지에 상륙할 수 있었다. 그곳은 바하마 제도의 구아나하니(Guanahani)라는 조그만 섬이었다. 콜럼버스는 구세주와 관련시켜 이 섬을 산 살바도르라고 명명했다. 그는 아시아에 도착했다고 믿었다. 용기와 명성에 대한 기대감, 발견에 대한 흥분, 황금에의 열망, 그리고 복음전도의 의무감 같은 것이 그를 움직인 요인들이었다. 그는 유럽에 황금시대와 '선한 야만인'의 거울에 비친 상을 보여주었다. 콜럼버스 자신이 기술한 바에 의하면 이 섬들에 거주하는 사람들은 온순하고도 순진했다. "나는 그들 몇 명에게 빨간 모자를 선물했고 유리목걸이를 그들의 목에 걸어 주었다. 그리고 별로 값어치가 나가지 않는 것들도 그들에게 많이 주었는데 그들은 기쁜 듯이 그것을 바라보았고 또 놀라워하고 있었다."

이 '아메리카의 발견'이라는 명명을 우리들은 어떻게 이해해야만 하는가? 모든 발견은 기본적으로 상호간에 일어나는 것이 아닌가? 유럽인들은 아메리카를 발견했다. 아메리카 대륙의 선주민 역시 흰 피부에 턱수염을 기른 이 사람들이 신일까 아니면 인간일까, 또 그들이 내걸었던 십자가처럼 자비심이 깊은 사람인지 아니면 그들이 꺼낸 칼처럼 그렇게도 잔인한 사람들인지 자문하면서 그들 나름대로 유럽을 발견했던 것이다.

중세 스페인의 마을을 뛰쳐나왔던 이 남자들 ―― 병사와 성직자, 법률가와 기록원, 뱃사람과 직인들 ―― 에게 신세계의 정복은 정복 자체로서 그들 삶의 주목적이 되었다. 그들은 레콩키스타라고 하는 수백 년에 걸친

"에스파뇰라 섬에 상륙한 크리스토퍼 콜럼버스", 판화, 작자미상, 스페인, 1728년.

"포르투갈 선원과 브라질 원주민과의 만남", 테오도르 드 브리 작.

이교도와의 싸움에서 축적된 에너지를 간직한 남자들로서 전투적인 신앙과 정치 감각을 지닌 사람들이었다.

1492년 이후 유대인은 유럽의 북쪽으로 이주했고, 거기에서 스페인의 적이었던 프로테스탄트 나라들을 위해서 그들의 재능을 발휘했다. 아랍인들은 아프리카로 돌아가면서, 그라나다 최후의 무어 왕인 보아브딜의 어머니가 한 말을 떠올리며, 그들이 알함브라 정원으로부터 추방당하는 사실을 슬퍼하고 있었다. "남자로서 지키지 못했던 것을 왜 이제와서 여자처럼 우는 거지?" 그건 그렇고 기독교 스페인이 가지고 있던 그 용솟음치는 에너지는 이제 어디로 향할 것인가? 군대, 교회, 왕실, 도시생활에서 보이던 역동적 움직임과 산티아고를 순례하고, 라스 나바스 데 톨로사에서 싸우고 아빌라를 세우고 부르고스에서 교역하고, 톨레도의 마을의 권리를 지키고 의회를 선출하고, 왕국을 통일했던 시민과 대중의 에너지와 활동과 같은 이 모든 격렬한 움직임은 어디를 향해서 갈 것인가?

여기에 대한 대답은 카스티야, 에스트레마두라(Extremadura), 안달루시아의 마을과 촌으로부터 나왔다. 이런 지방의 이름들은 다름 아닌 에르난 코르테스, 프란시스코 피사로, 페드로 데 발디비아와 같은 정복자들의 고향 이름들이었다. 그들은 무두질한 소가죽처럼 거친 스페인에서 나타나서, 아메리카 대륙에 교회, 군대, 전투적 열정을 가지고 왔다. 또 중세 도시들에 의해서 자양분을 받은 민주적 전통과 통일된 왕국에 의해서 곧 확고해진 전제적 권력의 남용 사이에 존재하는 괴로운 딜레마도 함께 가지고 왔다. 그들은 스페인에 존재하는 모순적인 국민성과 마치 투우장을 이분하는 것처럼 정신을 분리하는 빛과 그림자의 이미지를 신세계에 가지고 나타났다. 관용인가, 불관용인가? 타인의 입장에 대한 존중인가, 비판과 심문의 권리인가, 아니면 종교재판인가? 민족의 혼합인가, 피의 순수성인가? 중앙집권인가, 지방분권인가? 위로부터의 권력인가, 아래로부터의 권력인가? 아니면 이런 모든 것을 포함할 수 있는 질문, 즉 전통인가 변화인가? 이 양자 중에서 하나를 선택하는 것이 그후 수세기에 걸쳐서 유럽이나 남북 아메리카 대륙에서 스페인계 아메리카 세계를 이분하는 동기가 되었다. 이와 같은 이상을 수호하거나, 반대하는 투쟁에서 많은 사람들이 피를 흘렸다. 이 양분된 요소들은 우리가 사는 이 시대에나 와서야, 변화 속에서 전통을 지키고 또 그 전통을 훼손시키지 않고 변화를 추구해야만 할 당위성이 있다는 조화로운 합의에 도달한 것이다.

정복과 영혼

1492년, 이사벨 여왕과 페르난도 왕은 오로지 기독교 국가로의 통일, 레콩키스타, 국토확장이라는 비전에 전념했다. 물론 그들이 해외에 파견했던 카스티야나 아라곤 출신의 지휘관이나 병사들 또한 이런 비전을 공유하고 있었다. 그러나 우리들은 그들 역시 공존이라고 하는, 다시 말해서 유대인이나 무어인과의 긴장 속에서 이루어진 혼교(mestizaje)에서 배출된 다원적 정치문화경험의 계승자였다는 사실을 잊어서는 안 된다. 관용과 배치되는 예외적인 모든 것은, 즉 페르난도와 이사벨 치하에서의 유대인과 무어인의 추방과 거부, 그리고 반종교개혁에 의해서 고무되고, 종교재판에 의해서 행해진 엄격한 검열체제로 그 절정에 이른 스페인의 현행 공식정책과는 정반대로, 타인과 공존하며 그들을 존중했던 경향이 스페인의 3원적 문화가 가진 현실의 중요성을 결코 감소시키지는 못했다.

신세계의 정복자들은 바로 이런 현실의 일부였지만, 그들은 스페인이 선택한 길로부터 도망갈 수 없었다. 또 정복자의 뒤를 이었던 수도사, 저술가, 기록관은 스페인에 그 인도적 다원문화를 받아들이도록 강요했다. 이 나라의 문화의 특이성은 타자와 싸우고, 타자를 포용하고, 타자와 혼합되면서 종국에 가서는 타자를 인지하는 데에 있었다. 장 폴 사르트르는 언젠가 지옥이라는 것은 타인의 것이라고 했다. 그러나 우리들이 우리의 형제자매들과 함께 만들어 나갈 수 있는 천국말고 이 세상에 또 다른 천국이 있다는 말인가? 그렇지만, 역사라는 것은 다음과 같은 질문을 우리에게 던진다. 어떤 식으로 우리들은 타인과 공존할 수 있는가? 그리고 나 자신이 있는 그대로의 나로 남을 수 있는 것은 오로지 타인이 나를 보고, 나를 완성시키기 때문이라는 사실을 우리들은 이해할 수 있을까?

백인과 흑인, 동양과 서양, 선주민과 이민이 각각의 시대에 서로 존재할 때마다 제기되는 이런 동시대적 질문은 중세 스페인의 핵심을 이루는 현실로서, 이것은 곧 남북 아메리카 대륙의 정복과 식민지화의 중심적 과제가 되었다. 그것은 모순적이기는 하지만, 로마가 이베리아를 정복한 뒤부터 1492년 유대인의 추방까지 스페인이 겪은 역사적 경험에 의해서 이미 던져진 질문들이다. 그리고 1492년 스페인이 정말로 이질적인 "타자" —— 다른 인종, 다른 종교, 다른 문화의 사람들 —— 와 만났을 때 그것은 남북 아메리카에 대한 중요한 물음이 되었다. 이 사람들은 도대체 누구인가? 어떤 정신을 가진 사람들인가? 아니 그들은 최소한 영혼이라는 것을 가지고 있었던 사람들이었을까?

이와 같은 질문들은 스페인을 두 개로 분리시켰다. 스페인의 심장 한쪽에서 "정복하자!"라는 구호를 외쳤다면, 또 다른 한쪽에서는 스토아 철학자인 세네카를 떠올리면서 이렇게 말했으리라. "자신의 마음 이외의 다른 어떤 것에도 마음을 쓰지 말아라." 콜럼버스는 이런 문명과 문명의 터무니없는 충돌, 어떤 때에는 자애스럽지만 어떤 때에는 피비린내 나도록 잔혹했던, 그리고 신세계의 문화를 파괴하는 동시에 창조했던 언제나 대립적인 이 위대한 서사시의 막을 열었다.

제2부

신들의 싸움

제5장 인디오 세계의 삶과 죽음

아메리카는 원래 텅 빈 대륙이었다. 유형이든 무형이든 아메리카의 해변가에 발을 밟았거나 그 경계선을 넘어가보았던 모든 종족들은 다른 곳에서 온 사람들이었다. 이렇게 상상해보자. 13만 년 전에 거대한 얼음 덩어리들이 북극지방으로 몰려들기 시작한 결과 베링 해의 수위가 하강하면서 아시아와 아메리카 대륙 사이에 커다란 길이 뚫렸다.

4만8,000년 전 이 다리 위로 소수의 유목민들이 걸어서 서반구의 땅으로 들어오기 시작했다. 육식을 하고 수렵을 하던 혈거인들은 멸절되기 전까지 맘모스를 사냥했었다. 그들은 산에서 사막으로, 계곡으로, 그리고 밀림으로 광대한 지역을 옮겨다녔다. 그곳에서 그들은 또한 토끼들과 사슴들, 그리고 멧돼지와 오리들을 발견했다고 1520년 베르날 디아스 델 카스티요는 기록했다.

그러나 기원전 7500년경부터 2500년 사이에 농사짓는 법을 발견하면서 그들은 촌락에 모여 한 곳에 정주하는 경작자들로 바뀌어갔다. 메소아메리카의 신화에 의하면, 최초의 옥수수 알갱이를 발견한 사람은 인류의 창조자이며 일명 깃털 달린 뱀이라고 불린 켓살코아틀이었다. 켓살코아틀은 개미 한 마리의 도움으로 옥수수를 발견했는데, 그의 승리는 나머지 다른 신들이 실패한 것과는 아주 대조가 되었다. 이런 이유로 메소아메리카 사회에서 그는 인간과 농업, 그리고 마을사회의 창조자로 숭배를 받았다. 최초에는 아무것도 존재하지 않았으므로 가장 오래된 노래들은 공허한 이 대륙에 대해서 다음과 같이 전하고 있다. "밤이 되자, 신들은 암흑 속에서 모였다." 그리고는 인류를 창조했다. "빛이 있으라." 마야인들의

← 깃털 달린 뱀신 켓살코아틀, 보남팍의 유적에서.

신화인 「포폴 부(*Popol Vuh*)」는 이렇게 외친다. “하늘과 땅 위로 여명이 탄생하라. 인간이라는 창조물이 존재할 때까지 영광은 없을 것이다.”

인류는 희생제의로부터 태어났다. 신들은 창조의 첫새벽에 모여서 커다란 화톳불 주위에 빙 둘러앉았다. 그리고는 그들 중의 누군가가 불로 뛰어들어 자기 몸을 희생시켜야만 한다고 결정을 내렸다. 보석을 몸에 두른 채 우쭐대던 한 아름다운 신이 의심스런 눈초리에 겁먹은 표정을 지었다. 그러자 가래톳으로 덮인 한 벌거벗은 난쟁이 신이 갑자기 불더미 속으로 그의 몸을 던졌다. 그리고는 태양의 모습으로 부활했다. 이것을 본 아름다운 신도 불 속으로 뛰어들었는데 그는 위성, 즉 달로 다시 태어나는 것으로 보상을 받았다. 이렇게 해서 우주가 창조되었다.

만약 신들이 세계와 인간을 만들 목적에서 그 자신을 희생했다면 인간들은 필요한 경우에는 당연히 삶과 죽음의 거대한 불더미에 몸을 던져야만 했다. 인디오 사회에서 희생의 필요성은 의심할 여지가 없는 사실로서 어떠한 논쟁이나 회의도 일어날 수 없었다. 고대 아메리카인들에게 우주의 힘은 끝없는 위험의 원천이었고, 동시에 우주의 힘으로부터 위협을 받았던 생존의 원천 그 자체였다. 이런 모호성은 희생제의에서 해결되었다. 그것은 우리들에게 $E=MC^2$라는 방정식이 의미하는 것과 똑같이 원주민 사회에서는 확실한 것이었다. 왜냐하면 삶의 지속성이라는 것은 희생에 의존할 뿐만 아니라 우주의 질서 그 자체였기 때문이었다. 인간은 남자든 여자든 간에 우주라고 하는 이 거대한 무대에서 너무나도 미약한 존재로 간주되었다. 그러나 우주 그 자체 또한 삶과 죽음, 창조와 파괴, 죽음과 부활에 지배된 위태로운 존재이기도 했다.

촌락이 축제의 중심지로, 도시로, 그리고 제국으로 커가는 발전과정에서 메소아메리카 —— 중부 멕시코에서부터 니카라구아까지 펼쳐진 지역 —— 의 선주민 문화는 수많은 정신적인 믿음의 총체를 키워나갔는데, 그중에서도 세계는 한 번 창조된 것이 아니라 여러 번 창조되었다는 생각이 중심사상을 이루고 있었다. 아스테카족이 다섯 개의 태양전설로 발전시킨 이 신앙은 돌에 새겨진 태양력이 잘 말해준다. 원반의 중심에는 태양의 모습이 보이는데 거기에서 혀를 내밀고 있는 것은 태양이 빛나는 것을 의미한다. 또 4개의 방위점으로 둘러싸인 것은 이 세상에 앞서 네 번의 창조가 이루어졌고 파국으로 인해서 고통받았던 재앙이 소멸되었다는 것을 표시해준다. 첫번째 태양은 재규어에 의해서 파괴되었고, 두번째 태양은 사나운 바람에 의해서, 세번째 태양은 끊임없이 내리는 비에 의해서, 네번째 태양은 대홍수에 의해서 파괴되었다. 이제 우리들은 다섯번째 태양 아래에서 살고 있다. 신들의 자기희생에 의해서 태양이 태어난 것처럼 이 태양은 신의 창조물, 즉 인간의 희생을 통해서 계속 빛날 것이다.

오로지 희생을 통해서만 이 세계, 태양, 그리고 궁극적으로 삶을 유지시켜 나갈 수 있었다. 다시 말해서 모든 사물, 마을, 가족, 일, 농업, 옥수수가 영속하는 것은 바로 이 희생에 달렸던 것이다. 이와 비슷한 현실인식은 모든 선주민들에 의해서 마치 어제 일어난 것처럼 선명히 기억되는 재앙——이 재앙의 이름은 바로 다섯번째 태양의 죽음이다——이 어느 순간이라도 반복되어 나타날 수 있다는 그들의 공포심에서 자연스럽게 나왔다. 자연이라는 것은 사랑뿐이 아니라 공포를 갖춘 존재였다. 시간은 알려져야만 했고, 또 미리 예언되지 않으면 안 되었다. 그리고 힘이라는 것은 자연의 파괴적인 힘을 지배하거나 혹은 갈라놓을 수 있는 사람들에게, 그리고 우리들 인간의 시간을 알고 있고 기억하며 또 그것을 예언할 수 있는 사람들에게 주어져야만 했다.

신화는 바로 이런 현실을 설명하기 위한 해석이었다. 살아 있는 모든 창조물들이 가까이에서 느낄 수 있는 자연이나 초자연적인 힘들은 '신(神)'이라고 불렸는데 그것들은 모든 사물의 근원이라고 불렸다. 이런 방법으로 해서 시간과 죽음은 원주민 세계를 움직이는 축으로 바뀌었고 신들은 모든 선과 악의 효과인(效果因)으로 바뀌었다. 신들로부터 선택된 자들은 전쟁시나 평화시에 신들의 소리를 들을 수 있고 시간을 예언하며 죽음을 관장할 수 있는 능력을 가진 사람들이었다. 이런 식으로 해서 왕들이나 사제들, 그리고 전사들은 아메리카 대륙의 빈 공간을 지배할 수 있었다. 그들은 제사의 중심이 되는 장소를 건설하라고 명령했는데, 그것은 신들의 무서운 양면성이나 신들이 구현하고 있는 자명한 진리를 기리는 신전으로 바뀌었다.

창조의 불들에 의해서 투영된 거대한 그림자들처럼 이와 같은 믿음들은 메소아메리카 문명이 밟은 일련의 길로서, 기원전 6000년 전의 초기 수렵시대로부터 농경생활이 시작되고 기원전 1500년경에 촌락생활을 시작할 때까지, 그리고 기원전 900년경 멕시코 만 연안의 파팔로아판(나비들의 강) 분지에 살았던 올메카족의 모성(母性)문화가 출현할 때까지 계속되었다. 촌락문화는 곧 연안부에서 중앙 멕시코의 고원, 사포테카족이

아스테카의 돌 캘린더.

거주하는 오아하카(Oaxaca) 분지로 옮겨져서 기원전 3세기경에서 1세기까지 마야문명의 최초의 징후로 발전해 나갔다.

이주와 대이동은 계속되었고 그에 따라서 인간들은 지속적으로 우주적 재앙에 대한 공포심을 가지게 되었다. 이와 같은 두려움에 대해서 창조적으로, 그리고 희생적으로 대처할 필요성이 멕시코 중심부의 테오티우아칸(Teotihuacán), 오아하카의 몬테 알반(Monte Albán)과 같은 고전문화에서 600년간, 그리고 600년에서 900년 사이 문명의 절정에 올라갔다가 곧바로 붕괴되었던 위대한 마야문명의 준비기간 동안 유지되어 왔다. 치첸 잇사(Chichén Itzá)의 마야인들의 최후, 중앙 멕시코의 톨테카족의 흥망, 그 뒤를 이은 1325년 아스테카족의 흥기(興起)와 스페인인에 의한 1521년의 멸망으로 메소아메리카 문명이 누렸던 역사의 주기는 끝을 맺는다. 그러나 뒤에 가서 보겠지만, 어떠한 경우에 있어서든 문화의 주기는 종말을 고하는 법이 없다.

인디오 세계에 자양분을 심어 주고 그 세계를 구성했던 위대한 주제와 필연성의 하나는 메소포타미아나 고대 이집트의 유적들과 필적할 만한 놀라운 건축물에서 분명히 드러난다. 다른 어떤 것보다도 원주민의 건축은, 그 지리적인 위치가 말해주고 있는 것처럼, 자연이 던지는 질문에 대한 인간의 응답, 즉 신에게 봉헌된 드높은 신전에 표현된 인간의 자연관이다. 유럽에서는 낭만주의 정신이 이런 질문에 가장 근대적인 형식을 주었다. 자연에 관해서 괴테는 "우리들은 자연 속에서 산다. 그러나 우리들은 자연 속에서 소외된 존재이다"라고 말했다. 자연에서 태어나서 자연의 일부분으로서, 그러나 동시에 자연으로부터 떨어져서 그것과 구별되어 그 속에서 살아남고 또 자연과 동일시되고자 했던 최초의 인간이 지니고 있었던 고뇌를 가장 극적으로 생각해본 사람은 아마도 횔더린일 것이다. 고대 메소아메리카의 대신전들은 내부세계에 사로잡혀 있거나, 외부세계에 내버려진 프로이드적 불안이 나오기 훨씬 전에 건축되어 끝없이 위협하는 자연에 의해서 삼켜지던가, 아니면 자연의 품 바깥의 노천에 머물러 있든가 하는 똑같은 불안감을 드러내어 보여주고 있다.

팔렌케(Palenque)의 유적은 자연에 대한 이와 같은 양면적인 대답을 보여주는 가장 좋은 예이다. 치아파스(Chiapas) 오지의 깊은 밀림의 품에 숨어 있는 하나하나의 건물은 원시의 밀림으로부터 조각되어 나온 것처럼 보인다. 7세기에 그 절정에 도달했다가 11세기에 버려짐으로써 다시 한번 자연 속에 삼켜져 방치된 팔렌케의 일련의 훌륭한 건축물들 —— 궁전, 재규어의 집, 태양의 신전, 십자가의 신전과 비문의 신전 —— 은 밀림과 인간의 경쟁적인 욕구 사이에 영원히 사로잡혀 있는 것처럼 보인다. 이와는 반대로 오아하카 분지를 굽어보는, 마치 커다란 요새처럼 보이는 몬테 알반의 유적들은 오만스럽고 심지어 추상적으로 보일 정도로 자연으로부터 절연되어 있다. 몬테 알반은 마치 하늘과 땅 사이에 떠 있는 것처럼 지상의 어떤 유대관계보다도 구름과 창공에 더 가까운 것처럼 보인

팔렌케의 유적.

몬테 알반의 유적.

다. 그러나 이 장관을 다시 한번 본다면 몬테 알반은 인간의 건축이 자연의 풍경과 같은 가치를 이룬다는 것을 웅변적으로 잘 드러내 보여주는 증거물이라는 사실을 알게 된다. 이 유적은 그를 에워싸고 있는 산들을 실제 목적에 맞게 모방한 것이다.

이렇게 다시 눈을 돌려 응시하면 이 유적은 앞이 확 트인 정상에 섰을 때 금새 떠오르는 물음에 대한 답을 이미 마련하고 있다. 이와 같은 장소의 기능은 무엇이었을까? 그것은 제사의 중심터였던가? 요새였을까? 아니면 성단이었을까? 오아하카의 계곡을 휩쓸고 간 내란에서 사라져간 인물들의 기념비로서 고안되었을까? 아니면 이 비어있는 대륙에서의 삶과 활동의 근저가 되었던 대이동과 전쟁의 일대 서사시에 대한 기념비인가? 어떤 경우가 되었든 몬테 알반은 인디오의 정신세계에서 끝없이 나올 수 있는 물음들을 함축적으로 표현하고 있다. 우리가 이제까지 해왔던 것들이 얼마나 오랫동안 지속될 수 있을까? 파멸로부터 우리들을 지킬 수 있는 것을 어떻게 건설할 수 있을까?

자연에 대응해야 할 필요성은 자연스럽게 시간에 대한 깊은 우려를 초래했지만, 이런 불안은 인간의 힘에 의해서 곧 극복되었다. 즉 인간은 시간을 영속시킬 수 있으며, 자연의 무질서는 더 이상 들이닥치지 않을 것이라고 확신할 수 있었던 것이다. 1946년 남부 멕시코의 밀림 속에서 발견된 보남팍(Bonampak) 벽화는 의식(儀式)의 세계가 가진 힘의 광경을 다채로운 색깔을 통해서 표현하고 있다. 미래 세대의 지배자로서 살아남을 한 어린 왕자의 자태가 압도적인 이 벽화는 고대 아메리카 세계가 지녔던 공포스운 권력에 대한 인상적인 파노라마이다. 사제들과 시종들의 행렬, 그리고 지배자들과 피지배자들의 행렬은, 마치 영화 필름처럼, 대두하고 있는 왕족과 신관(神官)계급이 전권을 쥐고 지배하는 인간의 노동위계조직을 분명히 보여준다. 농경사회가 도시나 국가들로 바뀌고 도시가 전쟁과 정복을 통해서 공물 —— 수확물과 여자 —— 을 강요하고 영토를 확장함에 따라서 관료제도나 신관, 그리고 군대를 위해서 자체적으로 기구를 정비하면서 문명은 시작되었다. 보남팍의 벽화는 잔인하고 무자비한 전쟁의 비전, 즉 전쟁과 죽음, 그리고 예속의 장면에서 끝난다. 그러나 이 그림은 다시 미래의 왕이 될 왕자가 살아남아 성화된 처음의 벽화로 되돌아간다. 벽화에 묘사된 대로 어린 아이가 이 세계를 지배할 것이다. 또 벽화에 나타난 그대로 그는 인간의 삶을 계속 유지하기 위해서 전쟁과 희생제의에서 뿌려진 피의 패러독스를 통해서 군림할 것이다.

이렇게 해서 시간을 이해할 필요성은 인디오 세계에서 근본적인 것이 되었다. 왜냐하면 시간을 이해하는 것은 생존과 파멸 사이에 놓인 차이를 이해하는 것을 의미했기 때문이었다. 즉, 시간을 지배하는 것은 삶의 지속성을 확인하는 것과 같은 의미를 지닌 말이었다. “시간을 셀 수 있는 힘을 가진 자는 신들과 소통할 수 있는 힘을 지닌 자”라고 마야의 시인은 말했다. 마야의 천문학자들은 365일의 정확한 태양력을 만들어냈는데, 그것은 치첸 잇사에 있는 커다란 피라미드의 구조에 의해서 상징되어 나타났다. 9층과 4개의 계단들은 9개의 하늘과 4개의 기본방위점을 나타낸다. 계단의 수는 각각 91개로서 전부 364개가 되는데, 이것은 1년의 날수의 숫자이며 여기에다 정상의 제단을 더하면 365개의 계단 수, 즉 태양년의 날수가 되는 것이다. 메소아메리카 최대의 피라미드인 테오티우아칸의 '태양의 신전'은 하짓날 태양이 정확히 바로 정면을 향해서 지도록, 즉 자연과 문명이 서로를 비추어 그날을 축복하도록 건설되었다.

테오티우아칸을 건설한 톨테카족은 이런 전체적인 우려 ── 시간과 자연, 힘과 생존에 관한 ── 를 하나의 도덕적인 원리에 융해시켜 다시 한번 깃털 달린 뱀인 켓살코아틀의 모습에서 그 기원을 발견했다. 다양하고 모순적인 전설들에 등장하는 켓살코아틀은 인간 세계의 창조자로, 그 세계는 무질서와 공포 안에서 천천히, 그리고 고통스럽게 태어났다. 켓살코아틀은 인간에게 도구와 공예 기술을 주었고 비취를 연마하는 법, 깃털을 엮는 법, 그리고 옥수수를 경작하는 법을 가르쳐주었다. 신화를 보면 그는 또한 농업, 건축, 노래와 조각, 채광과 금은 세공의 발명자로 나타나 있다. 그의 가르침의 핵심은 톨테카족의 이름인 톨테카요틀(Toltecayotl), 즉 "창조의 총체"와 동일시되었다.

이 켓살코아틀은 프로메테우스가 고대 지중해 세계의 영웅이었던 것처럼 그 자신의 자유를 희생시켜 가면서 인간을 해방시킴으로써 메소아메리카 사회의 도덕적인 영웅이 되었다. 켓살코아틀의 경우, 그가 이 세계에 가지고 온 자유는 교육의 빛이었다. 이 강력한 빛은 톨테카의 문화적인 유산을 계승하고, 톨테카의 뒤를 잇고자 갈망했던 모든 왕국을 정당화시키는 기반이 되었다.

독수리와 뱀

톨테카족을 계승한 고대 메소아메리카 세계의 마지막 왕국은 아스테카였다. 북아메리카의 사막에서 아리조나(Arizona), 치와와(Chihuahua)를 거쳐 중앙 멕시코에 왔던 아스테카족의 긴 행군은 호수 위에 떠 있는 한 섬의 선인장 위로 독수리가 뱀을 삼키고 있는 환영을 보면서 멈추게 되었다. 그들은 용맹스런 전쟁의 신 우이칠로포슈틀리 ── 그 이름은 "마법사 벌새"를 의미한다 —— 와 신관인 테노슈의 신탁에 의해서 이곳까지 왔다. 예정된 장소에 도착한 그들은 1325년, 호수의 소택지와 섬들 위에 그들의 도시 테노슈티틀란(Tenochtitlán)을 세웠다. 그들은 이 도시에 "달의 배꼽"이라는 뜻을 지닌 "메히코(멕시코의 어원이 여기에서 유래함/역주)"라는 접두사를 하나 덧붙였다. 지금의 멕시코 시티는 남북 아메리카 대륙에서 가장 오래된, 계속해서 사람들이 살고 있는 도시이다. 연대기에 의하면 아스테카족은 톨테카족의 후예로서 중앙 고원의 분지에 살고 있었던 선주민들로부터 경멸을 당했다고 한다. 그들은 아스테카족을 "최후에 온 족속들"로 불러 "모두들 그들을 추격했으며", "어느 누구도 그들을 받아들이려 하지 않았고", "그들은 얼굴이 없다"라고 말했다.

이런 얼굴의 부재는 톨테카족의 가시적인 문화적 측면과 좋은 대조를 이룬다. 이 켓살코아틀의 부족인 톨테카족은 12세기 중엽, 모든 문화적 창조의 집합체 —— 인디오 세계가 언제나 그들의 가장 귀중한 유산으로 간주했던 —— 를 뒤에 남겨 놓은 채 돌연 사라졌다. 사실 톨테카라는 이름 자체는 "예술가"와 동의어였다. 그 문화는 추방된 신 켓살코아틀의 문화로서, 그것은 원주민 세계에서 최고이자 가장 바람직한 유산이었다. 아스테카족은 전쟁, 착취, 인신공양과 같은 수단을 동원해서 멕시코 중앙고원의 분지로 그들의 권력을 확대하면서 톨테카의 문화적 유산도 자기 것으로 만들었다.

그들은 권력이 필요했었다. 그리고 그 권력을 정당화시킬 필요성, 다시 말해서 군사적 권력에 덧붙일 도덕적 정당화도 필요했다. 아스테카족의 정치를 결정지웠던 이 원칙은 한편 두 적대적인 신, 즉 창조와 우애의 신 켓살코아틀과 전쟁과 정복의 신 우이칠로포슈틀리를 서로 겨루게 했다.

톨테카족이 지닌 예술과 도덕성은 아스테카족이 찾고 있던 얼굴을 돌려주었다. 그러나 기억과 정체성을 찾기 위해서 얼굴을 찾아야만 했다면 이런 권력과 정당화는 그것과 대립했다. 15세기에 왕족의 일인자이자 왕의 동생이었던 틀라카엘렐은 한 번도 왕관을 써보지 못했지만, 전통적인 수단을 동원해서 아스테카 제국으로 알려진 국가를 조직화했다. 그는 토지와 관직을 나누어주었고, 행정기구(공납품과 조세의 엄격한 징수제도를 포함)를 설립했으며, 정복을 시작하여 아스테카 세력을 남쪽으로 확대시켜서 과테말라, 온두라스 및 니카라구아까지 그 세력이 미치게 했다. 틀라카엘렐은 또한 멕시코-테노슈티틀란에 우이칠로포슈틀리 대신전을 건

치아파스의 밀림에 있는 보남팍의 벽화.

치첸 잇사의 대피라미드.

립했고, 아스테카인의 힘을 전쟁과 희생의 원칙에 따르도록 했다. 아스테카가 정복한 부족의 고문서를 불태우라고 명령한 사람도 바로 틀라카엘렐이었다. 그 이유는 새로운 제국을 세운 종족이 이 고문서에서 야만족이라고 기록되었기 때문이었다. 그는 역사를 불태웠다. 이런 오웰식의 조롱

아스테카 전쟁의 신 우이칠로포슈틀리.

은 그가 언제나 켓살코아틀의 후예로서 보이는 것에 대한 불안과 일치하는 것이었다.

그럼에도 불구하고 아스테카 신들을 모신 신전은 당시의 유물을 통해서 그 근원의 시간과 대면하게 되는 모든 사람들의 마음에 피할 수 없는 무질서, 힘과 공포심을 불러일으킨다. 이 신전의 주신(主神)은 모신인 코아틀리쿠에(Coatlicue), 일명 "뱀의 치마를 두른 여신"이다. 사각형에, 머리는 없고, 인간으로서의 자태라고는 전혀 찾아볼 수 없는 코아틀리쿠에는 알 수 없는 상으로 만들어졌다. 그 신을 장식하는 개개의 요소들은 서로 떨어져서 해골, 뱀, 찢겨진 손들로 식별될 수 있다. 그러나 그것들은 모두 하나로 합하여 불가해한 상으로 변한다. 코아틀리쿠에의 몸체에는 어떠한 균열도 없다. 그녀는 완벽한 하나의 암석이며 응축된 하나의 전체로서 자기완결의 상징이다.

신화에 따르면 이 대지의 모신인 코아틀리쿠에는 흑요석의 칼에 의해서 임신하여, 달의 여신인 코욜샤우키와 뒤에 별들로 변한 많은 형제들을 출산했다. 그러던 어느 날 코아틀리쿠에는 깃털로 덮힌 구슬을 발견하고는, 그것을 조심스럽게 자기 품에 간직했다. 뒤에 그 구슬을 찾자, 구슬은 어디론가 사라졌다. 그리고 그녀는 또다시 임신했다는 사실을 알게 되었다. 자식들이었던 달과 별들은 어머니가 임신했다는 말을 믿을 수 없었다. 자기들의 어머니가 난교의 죄를 범했다는 사실에 수치심을 느낀 그들은 그녀를 살해하기로 결심했다. 최초의 신들이 정한 명부에 의하면 여신은 오로지 한번만 출산할 수 있었다. 신들을 잉태한 위업 뒤에 무엇이 뒤따를지 알기나 했던가? 괴물이 나올지 몰랐던가? 어떻게 두번째로 태어난 신들이 있을 수 있단 말인가? 자식들이 그녀를 죽이려고 모의하는 동안, 코아틀리쿠에는 난폭한 전쟁의 신 우이칠로포슈틀리를 출산했다. 화염에 싸인 뱀의 도움을 받은 우이칠로포슈틀리는 형들과 누나에게 미친듯이 공격을 가하여 그들을 살해해버렸다. 그는 누나인 달의 신의 목을 잘라 그 시체를 깊은 산중에 던져버렸다. 이 갈기갈기 찢어진 시체는 그곳에 영원히 누워 있다.

1977년, 이 달의 여신을 새긴 원형부조가 멕시코의 주신전(Templo Mayor)에서 발견되었는데, 그것은 인디오 세계의 우주가 파국으로부터

←대지의 모신 코아틀리쿠에.

“와상(臥像)”, 헨리 무어 작.

치첸 잇사 유적의 착크 몰.

탄생되었다는 신화를 뚜렷하게 확인시켜주고 있다. 하늘은 문자 그대로 찢겨져 분해되었으며, 대지의 어머니는 하늘에서 추락함으로써 대지는 풍요롭게 된 반면에, 그녀의 아들들은 형제간의 싸움에서 살해되어 갈갈이 찢겨지고 해체되어 우주 전체로 산산이 흩어져버렸다. 그러나 코욜샤우키와 그녀의 어머니인 코아틀리쿠에의 조각상은, 비록 신화에서 탄생했지만, 이제는 종교적 기능을 상실한 하나의 예술 작품으로 남아 있다. 그것들은 예술적 상상력의 일부가 되어 이전의 그 신성한 기원을 초월하고 있다. 따라서 우리가 지금 보고 있는 것들은 근대적이고 애매모호한 의미를 지닌 하나의 예술적 구조물에 지나지 않는다. 현실은 파편화되었지만, 그것은 재통합을 통해서 전체를 보도록 촉구한다. 큐비즘 회화가 보여주는 것이 바로 이것이 아니겠는가? 신들을 상상하면서 그 우주를 묘사한 무명의 인디오 조각가는 종교적 영감을 받은 고딕 시대의 유럽인 무명조각가들처럼 종교적 문맥을 넘어서 지금도 충분히 감상할 수 있는 그런 불후의 예술작품들을 창조해냈다. 이런 것을 획득하기 위한 조건은 예술적 창조력, 바로 그 핵심에 있는 것이다. 즉 진정한 예술가는 현실을 반영하는 것이 아니라 현실에 어떤 새로운 것을 더하는 사람이다.

돌과 그 돌에 형식을 주었던 손을 가지고 예술가들은 하나의 의사소통의 형식을 확립했고, 최종적으로 그것을 보편적인 작품으로 만들어버렸다. 앙드레 브르통은 멕시코의 고대 예술과 삶에서 초현실주의의 표현을 보았고, 영국의 조각가 헨리 무어는 더 구체적으로 고대 멕시코의 착크몰(Chac Mool)에서 영감을 얻어서 누워 있는 모습을 한 일련의 훌륭한 조각품들을 제작해냈다. 고대의 전통과 밀접한 관련이 있는 무어의 조각품들은 현대미술의 전통에서 가장 대표적이고 기억에 남을 작품들 중의 하나가 되었다. 무어가 자신의 예술에 대해서 의견을 피력하는 것은 바로 고대 멕시코의 위대한 조각품들에 대해서 언급하는 것이다. 한 조각가가 자신이 작업하고 있는 작품의 소재를 이해하고 있으면 그는 독립된 한 덩어리의 물질을 늘이거나 줄임으로써, 혹은 밀어내거나 융합시킴으로써 살아 있는 전체 작품으로 변용시킬 수 있다. 더없는 대기와 돌이 가지고 있는 역동성 사이에서 사로잡힌 이 조각품들은 그것들이 예술작품으로서 모습을 드러낼 때 다같이 '현실적'이라는 현실의 다면성, 즉 다원적 비전의 산물이다. 올메카의 거대한 두상은 놀랍게도 흑인의 얼굴을 띠고 있어 많은 사람들로 하여금 카리브 해 지역은 원래 아프리카 사람들이 들어와서

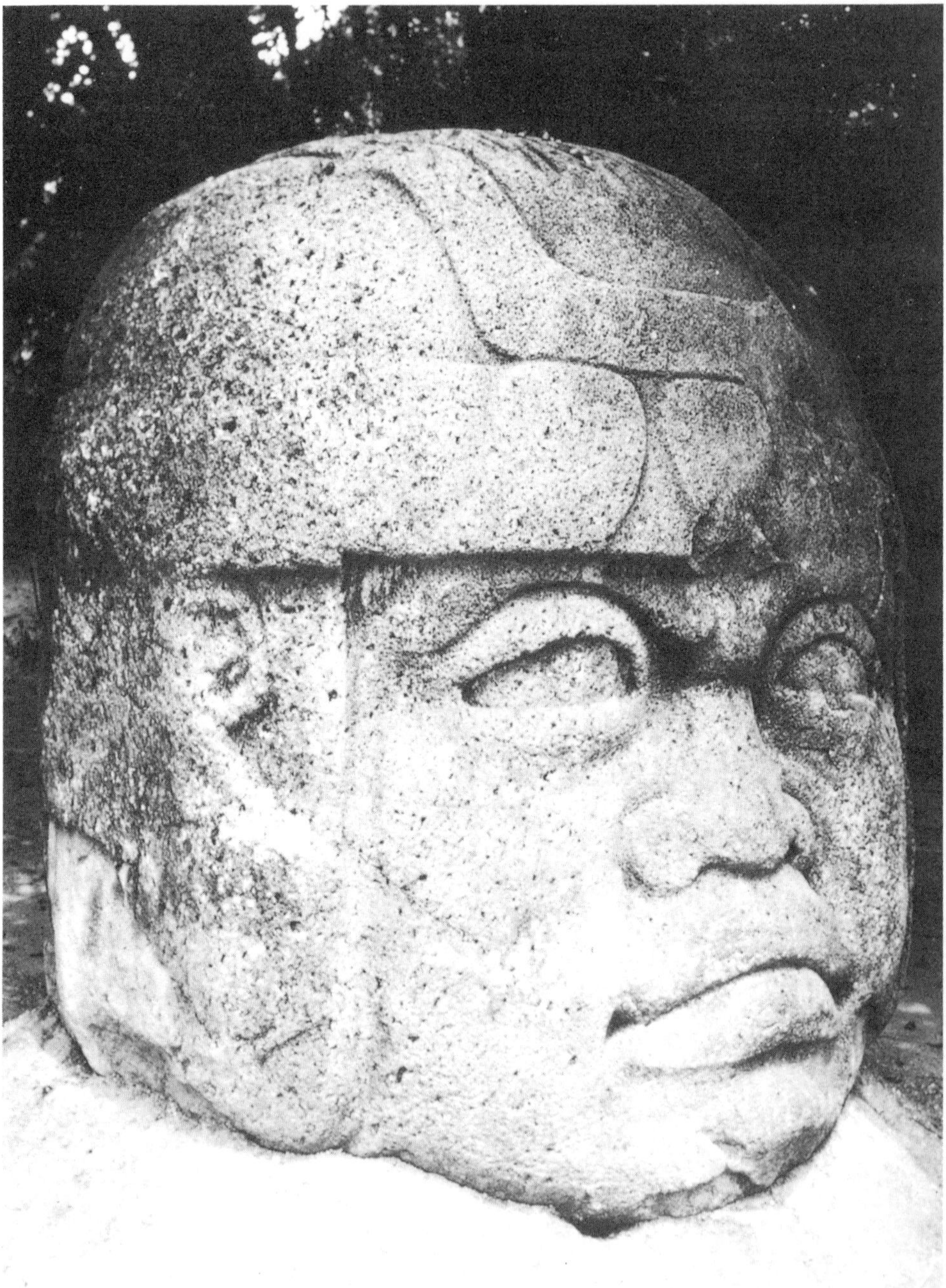

타바스코의 올메카 거두상(巨頭像).

살았던 것이 아닌가 하는 의구심을 가지게 한다. 그러나 이런 예술적 현실은 우리들로 하여금 무엇이 보다 중요한가 —— 예술의 종교적, 민족적 배경인가 아니면 그것이 현대를 사는 우리들에게 존재하는 의미인가 —— 를 생각하게끔 한다. 결국, 이런 예술의 어떠한 측면도 다른 측면을 부정하지 않는다. 현실은 정말로 다양한 의미체계인 것이다.

독일의 화가 알브레흐트 뒤러는 카를로스 1세(신성 로마 제국의 카를 5세를 가르킴/역주)의 플랑드르 궁전에 머물던 중에 1520년에 브뤼셀에 도착했던 아스테카의 예술품들을 본 유럽 최초의 예술가였다. 그는 「네덜란드 여행기(*Travel Diary to the Netherlands*)」에서 "나는 황금의 땅으로부터 국왕에게 부쳐온 물건들을 보았다. 그것들은 쳐다보는 것만으로도 하나의 경이였다"라고 쓰면서 "내 생애에서 이것만큼 나 자신을 그렇게도 즐겁게 해준 것을 결코 보지 못했다"라고 끝을 맺고 있다. 그때로부터 300년 이상이 지난 후, 브뤼셀에서 똑같은 아스테카 조각품을 그린 그림들을 본 보들레르는 그것들을 일컬어 "야만의 예술"이라고 결론지었다. 물론 여기서 그가 말하는 야만은 인간의 인격이라는 개념하고는 완전히 이질적인 의미에서의 야만이다.

그러나 신들 가까이에 있는 사제들과 전사들로 가득 찬 상층부말고도 그 밑으로 메소아메리카 사회에는 활력 있고 다양한 모든 사회계층이 존재했는데, 그들은 피라미드 주위를 돌면서 아메리카 대륙에서 지속될 문화의 가치를 창조했다. 이 문화의 전통이 유럽과 만나면서 그것은 아메리카가 대응할 수 있는 가장 강력한 실재로 바뀌게 된다.

인디오가 탄생시킨 과거의 위대한 유물들을 바라보면서 그 아름다움과 정치적 기능을 이해하려 한다면 칠레의 시인 파블로 네루다의 "돌 속에 돌이 있네. 그런데 인간은 어디에 있는가"라는 시구처럼 우리들 또한 똑같은 질문을 던지지 않을 수 없다. 여기에 대한 대답은 아마도 메소아메리카인들이 마을과 마을을 거치면서 수천 년 이상에 걸쳐서 창조했던 무수한 민중문화의 건조물에 있지 않을까 한다. 장난기 서린 얼굴로 미소짓는 올메카족의 어린 아이의 모습에서, 레슬러나 곡예사 또는 야구선수처럼 보이는 인물들의 놀이나 즐거운 표정에서, 그리고 삶이 영속된다는 것을 상징적으로 강조하는 노인이나 임신한 여자들, 어린아이들의 조각상 안에서 인간은 살아있을지 모른다. 이런 인간의 모습은 무엇보다도 유카탄 반도의 섬 하이나(Jaina)의 토우 —— 여자, 변사, 장사꾼, 농민, 거지, 거짓말쟁이 등——의 참으로 섬세하고 우아한 자태 속에서 찾아볼 수 있다. 일상생활에서 볼 수 있는 모든 인물의 상이 몇 세기에 걸쳐서 만들어졌고 적합한 장소에 놓여졌다. 이 예술이 지닌 영원한 아름다움과 그것을 창조해낸 사람들의 모습은 깨지기 쉬운 것들, 즉 도기나 화병이나 일상용품들, 그리고 동물이나 새들을 독특한 스타일로 재현한 상에 가장 잘 보존되어 있다. 초기 올메카의 대단한 동물 군상은 오리, 악어, 원숭이, 들소, 아르마디요(armadillo), 재규어와 같은 자그마한 입상들에 잘 나타나 있다. 특히 재규어는 멕시코 인디오 세계 전역에서 보여지는 조각품이다. 그것과 대비되는 올메카의 깜찍스러운 강아지, 서부 문화의 앵무새나 거북이, 사포테카의 께름칙한 박쥐, 아스테카의 메뚜기, 그리고 틀라틸코 유적에서 출토된 아름답게 양식화된 추상적인 물고기의 조각품——거의 브랑쿠시의 작품에서 보이는 것과 같은——들이 존재한다.

이 모든 것은 민중문화의 지속성을 잘 보여주고 있으며 현대의 인디오 후예들의 창조 활동이나 위엄, 그리고 장인들의 끊임없는 창조 속에서 구체화되고 있다. 이것은 신들이나 힘을 가진 자의 권력에 대한 민중의 반응, 즉 공동사회의 가치관, 대지와 자연에의 사랑, 노동, 상호간의 존중을 보여준다. 그들의 도시는 불가사의하게도 쇠퇴하고 사라져버렸지만, 사람들은 여전히 살아남았다. 그러나 그것 이상으로 불가사의한 것은 그들의 예술 또한 인본적이지도 대중적이지 않았고, 신, 죽음, 시간과 같이 외경스럽고 초자연적인 것을 축복했던 대상물이었음에도 불구하고 살아남았다는 사실이다.

실제로 아스테카 사회는 켓살코아틀의 이름으로, 만인에게 의무적이었던 교육제도를 통해서, 그리고 결혼이나 탄생, 죽음이나 선거 때에 외쳐지는 말들을 통해서 이와 같은 삶의 숭배를 존속시켰다. 아스테카 시인뿐만 아니라, 자식들에게 구전(口傳)시키는 아버지와 어머니, 배우자나 죽은 자에게 말을 건넸던 살아 있는 자, 국왕을 선출했던 장로 등 모든 사람들은 이 세상을 서글픈 행복, 상처받는 행복의 장소, 적대적이고 신비적인 장소라고 했다. 그 속에서 인생은 꿈이고, 모든 것은 덧없이 지나가며, 오로지 죽음만이 확실한 것이었다. 그러나 이것으로 인해서 인간은 반드시 절망만 할 필요는 없다고 그들은 말했다. 왜냐하면 우리들 모두는 웃음이나 꿈, 그리고 요리나 건강, 궁극적으로 "인간의 종자(種子)"로서 축복받을 수 있는 성행위를 가지고 있었기 때문이었다.

켓살코아틀은 아스테카 사회에서 삶을 부여해주는 최고의 신이었고, 이와는 반대로 우이칠로포슈틀리는 전쟁의 창시자이자 죽음의 신이었다. 이 둘은 지중해 세계의 프로메테우스나 율리시즈, 기독교 유대문화의 모세처럼 매우 중요한 인물들이다. 켓살코아틀 또한 다른 영웅들처럼 추방당했고, 방랑자였지만, 그는 사라지면서 언젠가 다시 돌아오겠다고 약속했던 영웅이었다. 다른 신화들과 마찬가지로 그의 신화에도 다양하고 변형된 이본(異本)이 있으며 그것들은 이전의 것을 넘어서 더욱더 풍부한 내용을 담고 있다.

아스테카 세계의 성대한 축제는 운명과 자연은 서로 만나고 신화처럼 생생하게 살아남는 시간을 외적으로, 그리고 의식적(儀式的)으로 표현한 것에 다름 아니다. 즉 그 신화는 단순한 상징에 머물렀던 것이 아니라 활력 있는 믿음 그 자체였던 것이다. 원주민들이 베르나르디노 데 사아군 신부에게 전해준 켓살코아틀의 전설(여러 가지 이본 중의 하나)만큼 이것을 잘 설명해주는 예는 없다. 그 신화에 의하면 인디오 신전에 있었던 소신(小神)들 중의 하나로, 언제나 젊고 검은 모습을 띠었던 장난꾸러기 신 테스카틀리포카 —— 그의 이름은 "연기 나는 거울"을 의미한다 —— 가 다른 심술꾸러기 신들에게 말했다. "켓살코아틀을 보러 가면 어때. 그리고 선물을 하나 주자구." 그들은 툴라 도시에 있던 켓살코아틀의 궁전으로 가서 면으로 싼 것을 그에게 주었다.

"이것이 무엇인가?" 켓살코아틀은 이렇게 물으면서 선물을 풀었다.

그것은 바로 거울이었다. 켓살코아틀은 거울에 비춰진 자기 모습을 보고는 비명을 질렀다. 그는 이제까지 자신이 신으로서 얼굴이 없다고 생각했었다. 그러나 지금, 묻혀진 거울 속에 비쳐진 모습은 분명히 그의 얼굴이었으며, 무엇보다도 그 모습은 신이 창조한 인간의 얼굴이었다. 켓살코아틀은 자기가 인간의 얼굴을 지니고 있다면 그의 운명 또한 인간과 똑같으리라는 것을 알아차렸다.

이 밤의 악마들은 환호성을 지르며 사라졌다. 그날 밤, 켓살코아틀은 정신을 못 차릴 만큼 술을 마신 뒤 그의 여동생과 근친상간을 저질렀다. 다음날 아침 수치심으로 가득찬 그는 뱀으로 엮어 만든 뗏목을 타고는 정해진 날짜, —— 세 아카틀(Ce Acatl), 즉 아스테카력으로 제1의 사탕수수해 —— 에 돌아오리라고 약속한 뒤, 동쪽을 향해서 떠났다. 그리고 운명의 시간과 자연이 공포의 전조 아래 일치했을 때, 이 인디오 세계는 그 뿌리

하이나의 토우, 변사.

하이나의 토우, 여자.

하이나의 토우, 새와 재규어.

부터 흔들렸고 온 세상 사람들은 그들의 혼을 잃게 되는 것이 아닌가하며 두려워했다.

이것은 일련의 무서운 전조 뒤, 바로 스페인의 에르난 코르테스 대장이 1519년 세족(洗足) 목요일(Maundy Thursday, 부활절 직전의 목요일/역주)에 멕시코 만 연안에 상륙했을 때에 일어났던 것이다.

켓살코아틀의 귀환

때는 왔다. 세 아카틀, 즉 제1의 사탕수수 해(Uno Caña)가 가까워올 무렵, 아스테카의 세계는 갖가지 징조로 가득 찼다. 테노슈티틀란이 세워진 호수 위로 격랑이 일고 있었고, 집들과 탑들은 무너졌으며, 혜성은 몇 시간이고 하늘 위를 떠돌아다녔고, 대낮인데도 불구하고 거울은 별들로 가득 찬 하늘을 비추고 있었다. 한밤중에 이상한 여자들이 그들의 자식들의 죽음과 이 세계의 소멸을 탄식하면서 거리를 배회하고 있었다. 심지어 아스테카 황제와 가장 가까웠던 맹우(盟友)들도 밤마다 하늘을 관찰한 뒤, 바다와 산과 대기 또한 그 징조에 맞추어 진동하고 있으며, 이제 예언은 실현되어가고 있다는 것을 받아들이지 않을 수 없었다. 켓살코아틀은 돌아오고 있었다.

테스코코의 왕은 금발에 턱수염을 기른 신이 나타날 것이라는 예언이 이제 실현되고 있다는 것을 확고하게 믿었다. 그는 왕국의 통치를 포기하고, 군대를 해산했으며, 그의 신하들에게 이제 얼마 남지 않는 시간을 마지막으로 즐기라고 권했다. 그리고 똑같은 옷을 두 번 이상 입지 않았고, 수많은 시녀들에 둘러싸여 시중을 받았던 목테수마 황제는 대재앙의 징조가 공포의 도시 위로 가득 차 있는 동안, 짧은 팬티만 입고는 기나긴 참회를 위해서 빗자루를 들고 자신의 궁전을 청소했다. 제5의 태양의 시대는 정말로 그 종말을 고하는 것일까?

해안에서 전령이 도착해서 금은을 두른 복장을 하고 네 다리를 가진 짐승 위에 올라탄 남자들을 태운 떠다니는 집이 동쪽에서 가까이 오는 것을 보았다고 전했을 때 목테수마의 고뇌는 편해졌다. 이들은 백인들로서 얼굴에는 턱수염을 길렀고, 그들 중 몇몇은 금발이었으며 벽안의 눈을 가졌다. 목테수마는 한숨을 돌렸다. 이제 고뇌의 시간은 사라졌다. 신들은 다시 귀환했고 예언은 실현되었던 것이다.

그러나 에르난 코르테스는 자신을 신으로 생각해본 적이 결코 없었다. 그는 하나의 인간이었다. 그의 행동에의 의지는 자신이 지닌 기지와 정보를 철저히 이용한 데에서 보이듯이, 그를 더욱더 인간으로서 행동하게끔 고취시켰다. 1519년 봄, 코르테스는 11척의 선단으로 원정대를 구성하고 쿠바를 출발했다. 배에는 508명의 군인, 16마리의 말, 그리고 여러 화기들이 실려 있었다. 세족의 목요일에 그는 멕시코 만 해안가에 선단의 닻을 내렸고 카를로스 1세의 이름으로 베라크루스라는 도시를 세웠다. 며칠 뒤 또 다른 황제였던 목테수마는 해안으로부터 올라온 소식을 들었다. 돌연 신으로 간주되었던 이 사람, 스페인인 대장은 도대체 누구였던가?

멕시코에 도착했을 때 코르테스는 겨우 34살밖에 되지 않았다. 그는 에스트레마두라 지방의 한 마을인 메데인(Medellin)에서 태어났다. 그의 아버지는 레콩키스타의 최후의 시기에 그곳에서 무어인과 싸웠으며 뒤에는 제분소와 포도밭, 그리고 양봉장을 소유하고 경영했던 사람이었다. "정직하고 신앙이 돈독하며, 강하고 검소하다는" 평판을 지녔던 그의 부인과 함께 그는 검약한 생활을 통해서 저축한 결과 아들을 살라망카 대학교에 진학시킬 수 있었다. 에르난 코르테스는 학생으로서는 실패했지만, 대학시절 기사도 소설에 탐닉했고 아메리카 발견과 관련된 놀랄 만한 이야기들을 들어서 알고 있었다. 그의 머리 속은 언제나 신세계에 대한 꿈으로 가득 찼다.

19살에 서인도 제도에 간 그는 그곳에서 성공을 하여 토지소유자가 될 수 있었다. 그러나 코르테스가 신세계에 온 것은 그의 아버지가 구세계에서 겪었던 운명을 답습하기 위한 것만은 결코 아니었다. 그는 자신의 운명을 개척하고자 신대륙에 왔던 것이다. 그 운명은 바로 상속을 통해서가 아닌 개인의 의지와 다소간의 행운의 도움을 얻어서 획득한 권력과 부, 그리고 영광으로 가득 찬 운명이었다. 의지의 힘과 운을 마키아벨리적으로 완벽하게 결합시킨 코르테스가 아스테카 제국의 정복이라고 하는 인류 역사상 최대의 모험 중의 하나를 실현시킬 목적으로 배에 몸을 실었을 때 그는 르네상스 유럽을 통털어 가장 위대한 인물 중의 하나가 되었다.

멕시코 해안가에 도착한 코르테스는 처음에는 그 지방 부족들과 소규모 전투를 계속 벌였다. 인디오 족장들은 이 침입자가 누군지는 몰랐지만 이 외국인들과 싸워서 그들을 물리치기가 결코 쉽지 않다는 것을 재빨리 알아차렸다. **그들은 천둥벼락의 무기로 무장했고 그것들은 불길들을 토해 냈다**라고 인디오 밀사는 보고했다. 족장들은 그들의 환심을 사기 위하여 황금과 값어치 나가는 물건들을 그들에게 바쳤다. 그러던 어느 날, 코르테스는 아주 색다른 공물 하나를 받았다. 20명의 노예처녀들이 스페인 군이 머물던 숙영지에 도착한 것이다. 코르테스는 그중에서 한 여자를 골랐다.

원정대의 기록을 담당했던 베르날 디아스 델 카스티요가 "미녀에 사교적이고 자유분방한" 여자로 기술한 그녀의 인디오 이름은 말린친이었다. 말린친이라는 이름은 그녀가 투쟁과 불운의 별자리를 가지고 태어난 것을 암시한다. 그녀는 양친에 의해서 노예로 팔려졌다. 스페인인들은 그녀를 마리나로 불렀다. 그러나 인디오들은 그녀의 이름을 말린체, 즉 정복자의 여자, 인디오를 배반한 여자로 불렀다. 이름이야 어찌되었든, 이 여자는 기이한 운명을 걷게 되었다. 코르테스는 그녀를 통역 겸 애인으로 삼았고, 따라서 그녀는 코르테스의 "미 렝구아(mi lengua)," 즉 나의 혀로 바뀌게 되었다. 그녀는 아스테카 제국의 전역을 코르테스에게 안내하였고, 이 제국에 붕괴의 조짐이 있으며, 또 실제로 불만이 팽배해 있다는 사실과 이 제국은 진흙 위에 세워졌다는 것을 그에게 알려주었다.

코르테스는 말린체를 통해서 목테수마라는 위대한 황제가 고원의 웅장한 도시에 거주하고 있다는 것을 알게 되었다. 이 황제의 군대가 한번 정렬을 하면, 바다의 물결처럼 대지를 뒤덮는다는 말이 그의 귀에 전해졌다. 30명이나 되는 속국의 왕들이 그에게 공물을 바치고는 있지만, 사실상 그들은 목테수마를 증오하고 있으며 아스테카보다 더 강력한 힘을 가진 자가 그것을 실증해보인다면 그들의 동맹관계를 바꾸도록 설득시킬

“코르테스와 말린체”, 호세 클레멘테 오로스코 작, 1926년.

수 있을 것이라고 말린체는 그에게 알려주었다. 아스테카족은 중앙 아메리카의 다른 부족 대부분을 정복했지만 그 지배는 민중의 지지를 받지 못하는 공포에 의해서 유지되었기 때문에, 틀라스칼라(Tlaxcala)와 같은 일부 왕국은 멕시코의 지배자와 끊임없이 싸워 독립을 얻어냈고, 한편으로는 복수의 시기를 위한 준비를 하고 있었다.

코르테스는 신속히 결단을 내렸다. 이제 그는 목테수마를 만나러 테노슈티틀란으로 진군하고 다른 부족이 지닌 불만을 자기에게 유리하게끔 이용하리라고 마음먹었다. 그러나 코르테스 자신은 행군을 위한 모든 각오를 가다듬었지만 병사들은 그렇지 못했다. 소규모전투의 연속으로 사상자가 나자 그들은 사기가 떨어졌고, 게다가 빵, 소금, 훈제 고기와 같은 양식도 떨어지기 시작했다. 어떤 병사는 고지의 추위를 두려워했고, 어떤 병사는 무기가 무겁다고 불평했다. 그러나 코르테스는 다시 병사들을 뒤로 돌려서, 빈손으로 돌아갈 수는 없다며 그들의 불평을 단호히 거부했다. 그는 스페인 병사들이 명예와 부에 대한 욕망, 패배와 죽음의 공포 사이에 빠져 있다는 것을 잘 알고 있었다.

"우리들은 기껏해야 500명밖에 되지 않습니다."

그들이 코르테스에게 이 사실을 상기시키자, 그는 이렇게 대답했다.

"그렇다면 우리들은 두 배의 용기를 가져야지."

"열병과 인디오의 공격으로 죽어 가는 자가 늘고 있습니다."

다른 병사들이 투덜댔다.

"그러면 밤에 시체를 묻도록 하자. 적이 우리를 불사신이라고 믿게끔 만들자."

"쿠바로 돌아갑시다. 배를 다시 돌리지요." 일부 병사는 완전히 반항할 자세로 외쳤다.

"그런데 이제 배는 없어." 코르테스는 대답했다. "내가 모두 침몰시켰다. 우리는 앞으로 나가는 수밖에 없다. 이제 되돌아가는 길은 없다. 우리들은 멕시코를 향하여 전진해서, 자칭 위대하다는 이 목테수마라는 자가 정말로 그런지 이 눈으로 확인을 해보자." 코르테스가 이 말을 마치자 병사들은 그에게 갈채를 보냈고, 그를 진정한 대장으로 인정했다.

드디어 목테수마의 도시를 향한 위대한 진군이 시작되었다. 행군 도중에 코르테스는 자기가 군사적 정복자뿐만 아니라 그리스도의 이름으로 기독교 신앙을 보급하고, 이교도 인디오의 혐오스런 우상숭배를 파괴할 진정한 기독교도라는 것을 증명하지 않으면 안 되었다. 촐룰라(Cholula)에 있는 아스테카 제국의 위대한 신전에서 그는 종교와 정치라는 두 가지 정당한 대의명분에 의거해서 인디오의 신상들을 파괴하고 그들을 살육했다. (말린체는 촐룰라의 이교도 신관들이 스페인인들을 살해하려 기도하고 있다고 그에게 귀띔을 해주었다)

기독교 세계의 한 군인으로서 그가 취해야 할 의무와 그를 신으로 간주하고 있었던 인디오의 잘못된 생각 사이에서 코르테스는 마침내 그의 정체를 드러내지 않으면 안 되었다. 그러나 그가 가진 신의 이미지는 점점 퇴색했던 반면, 그의 군사적 용맹성은 테노슈티틀란 근교에서 벌어진 틀라스칼라군과의 싸움에서 다시 한번 입증되었다. 아스테카족에게 결코 굴하지 않았던 이 용맹한 틀라스칼라족은 또 다른 이방족속에 의해서 지배당하는 것을 원치 않았다. 그들은 코르테스에게 다시 한번 도전했다. 그러나 수적으로 우세했음에도 불구하고 그들은 유럽의 앞선 무기에 의해서 패배하고 말았다.

코르테스와 스페인 병사에게 진정한 보상이 내려진 때는 바로 그날, 마침내 호수에 세워진 도시의 위용을 바라보았을 때였다. "우리들은 넋을 잃고 있었다"라고 디아스 델 카스티요는 쓰고 있다. "그리고 우리들은 서로, 이곳은 아마디스(중세 스페인의 기사도 소설 「아마디스 데 가울라(*Amadís de Gaula*)」의 주인공 이름/역주)의 책에나 나오는 마법의 땅과 비슷하다고 이야기했다. 병사들 중에는 그들이 바라보는 이 모든 것이 꿈이 아니냐고 말하는 자도 있었다. 내가 이렇게 쓰고 있는 것은 그리 놀랄 만한 일은 아니다. 왜냐하면 이 많은 것들을 어떻게 이야기해야할지 난감하기 때문이다. 우리들은 이전에는 결코 들어보지도 못했고, 심지어 상상조차 할 수 없었던 것들을 여기에서 보았던 것이다".

이윽고 목테수마가 도시 입구의 대로까지 그들을 영접하기 위해서 나왔다. 그리고는 코르테스를 켓살코아틀이라고 확신하면서 이렇게 말했다. "어서 오십시오! 당신을 기다리고 있었습니다. 여기가 바로 당신의 고향입니다."

슬픈 밤

이 두 인물만큼 대조적인 인물들의 만남도 일찍이 역사상 없었다. 그 만남은 모든 것을 소유한 자와 아무것도 소유하지 못한 자 —— 즉 태양에 비유되며, 그의 얼굴을 신하들이 보아서는 안 되고, '틀라토아니' 즉 위대한 목소리의 주인이라는 칭호를 가진 황제와 의지라는 보물말고는 값나가는 것을 아무것도 지니지 못한 일개의 군인 —— 와의 만남이었다. 그러나 목테수마가 신들이 귀환했다는 운명론에 지배되었다면, 코르테스는 어떤 장애라도 극복하여 그의 목적을 성취할 수 있다는 자신의 확고한 의지에 지배되어 있었다.

코르테스는 목테수마가 기거하던 궁전에 심지어 벽조차 황금으로 만들어진 방들이 있다는 것을 알아차렸다. 코르테스는 즉각 이 인디오 황제를 포로로 잡았고, 그의 황금을 탈취하여 녹여서 가짐으로써 이 황제가 보여준 환대에 보답했다. 코르테스는 명령을 내려서 도시 곳곳에 있던 우상들을 파괴했으며 그 자리에 기독교 교회의 제단을 세웠다. 그의 부관이었던 페드로 데 알바라도는 때때로 목테수마와 주사위 게임을 하면서 그를 속이는 재미로 시간을 보내다가 코르테스가 잠깐 부재한 틈을 타서 틀라텔롤코에서 한창 종교 축제를 벌이고 있었던 벌거벗은 인디오 민간인들을 대량 학살했다.

이들이 진정 신이였을까? 결코 아니라고, 멕시코 민중은 단호히 말했다. 스페인인들은 탐욕스럽고 잔인한 외국 침략자에 불과했으며, 물리쳐야만 할 대상이었다. 결국 인디오들은 목테수마의 조카였던 쿠아우테목의 지휘하에 반란을 일으켜서, 후에 슬픈 밤(Noche Triste)이라고 명명된 전투에서 스페인인들을 테노슈티틀란 밖으로 몰아냈다. 많은 스페인 병사들이 황금으로 가득 찬 자루를 메고 도망치다가 운하에 빠져서 죽었다. 코르테스는 한 나무 곁에서 앉아서 울었다. 그러나 그는 도시를 다시 공격하기 위하여 호반에서 배를 건조한 뒤, 그가 가진 정보와 적보다 우세한 기술로 최후에는 유럽 세계의 승리를 가져오리라는 절대적인 확신을 가지고 다시 돌아왔다.

쿠아우테목 밑에서 아스테카족은 장렬히 싸웠다. 그러나 그들이 지녔던 세계는 여전히 고대의 기억의 책에서 그 파멸이 예언되었던 성스런 세계에 머물고 있었다. "오! 나의 형제여! 하늘의 흰 쌍둥이가 도래했으니 준비하라. 그들은 태양의 빛을 빼앗고 밤과 어둠, 그리고 감당할 수 없는 고통을 가지고 오리라." —— 그것은 바로 마야의 「칠람 발람의 서(*Chilam Balam*)」에 나오는 예언의 말이었다.

코르테스는 유혈이 낭자한 포위 공격을 한 뒤, 1521년 마침내 아스테카의 수도를 함락시켰다. 역사가인 휴 토마스의 말을 빌리면, 그것은 인류 역사를 통해서 일어났던 세계대전 중의 하나였다. 왜냐하면 멕시코의 정복은 당시의 인디오 세력의 중심부와 북아메리카 종교의 최대 중심지를 파괴했을 뿐만 아니라 코르테스와 목테수마의 모습 속에서 이제까지는 볼 수 없었던 서로 대립되는 문명과 문명이 최대로 충돌하게 되는 하나의 무대를 준비했기 때문이었다.

이 600명도 채 안 되는 유럽인 병사들이 이 신정제국과 싸워서 이룩한 멕시코 정복에는 경이적인 성공이 지닌 의미 이상의 어떤 것이 있었다. 그것은 바로 아스테카 전제 군주에 대한 다른 인디오 부족의 승리였으며, 또 한편으로는 그 자신에 반한 인디오 세계의 승리 —— 왜냐하면 이 정복의 결과는 대부분의 인디오에게 멸절과 예속을 의미하는 것이었기 때문이다 —— 이기도 했다. 그러나 뒤에서 보겠지만, 그 정복은 또한 정복자 자신의 패배를 의미하기도 했다. 승리자나 패배자 양측이 다 패배한 것으로 보이는 멕시코의 정복을 제대로 헤아려볼 때 결국에 가서는 이 양측은 승리했다고 이해할 수 있는 날이 올 수 있을까?

스페인인이 신이 아니라 탐욕스럽고 잔인한 인간이라는 것은 의문의 여지없이 드러났지만, 그들을 신으로 받아들였던 목테수마의 숙명론은 결코 흔들리지 않았다. 그가 포로로 잡힌 몸이었다면 그를 포로로 잡은 사람들은 신이어야만 했다. 그와 그의 민족이 모든 것을 약탈당했다면 신들은 그들의 것을 챙겨 넣기만 하면 되었다. 1520년 6월 마침내 목테수마가 자신의 동족으로부터 돌에 맞아 죽었을 때, 이미 그는 그의 죽음을 자기의 운명으로 받아들이지 않으면 안 되었다. 이 아스테카 왕은 신들과 권력을 공유해서는 안 된다는 사실을 잘 알고 있었다. 목테수마와 그 이전의 황제들은 200년 가까이 오로지 그들만이 멕시코 피라미드의 최정상에 앉아 있었다. 그들은 많은 것들을 무시하고 지나치기는 했지만, 멕시코의 권력은 위에서 아래로의 수직구조로서 오로지 한 사람에 의해서 행사되어져야만 한다는 사실은 늘 명심했었다. 멕시코 피라미드의 정점에

1519년 11월 8일, 테노슈티틀란에서의 코르테스와 목테수마와의 만남, 작자미상.

는 오로지 한 명의 지배자를 위한 자리만이 있었다. 이것은 1519년에 그랬던 것처럼 지금도 여전히 진실인 것이다.

목테수마와 그의 제국이 호수의 핏빛 물 속으로 가라앉았을 때 원주민 세계가 가졌던 근원의 시간은 영원히 사라졌고, 부서진 우상, 잊혀진 보물은 모두 바로크 양식의 기독교 교회와 부왕의 궁전이 세워진 땅 밑으로 파묻혔다. 그러나 이 극적인 사건 위로는 역사 속의 중얼거림, 즉 정복당한 사람들의 목소리와 정복자의 목소리가 언제나 들리고 있다.

남북 아메리카의 인디오 사회는 수많은 결점을 가지고 있었음에도 불구하고 그 모두가 젊고 창조의 힘으로 가득 찬 문명이었다. 그러나 스페인의 정복은 그 문명의 흐름을 저지했고 그것의 발전을 방해했으며, 우리에게 슬픈 유산을 남겨 놓았다. 그것은 미겔 레온-포르티야가 편찬한 「패자의 비전(*Visiones de los vencidos*)」이라는 책 속에서 웅변적으로 잘 나타나고 있다. 이 슬픈 사건은 누더기를 걸친 패배한 인디오 시인들에 의해서 불려졌다.

어디로 갈거나, 친구들이여?
연기는 피어오르고, 안개는 자욱하구나.
통곡하라, 친구들이여!
물은 온통 핏빛으로 물들었구나.
울어라, 오! 통곡하라, 아스테카 제국은 사라졌도다.

제 5의 태양의 시대는 끝났다.

정복자에게도 이 말은 똑같은 의미를 지닌 말로 울려퍼졌다. 왜냐하면 그들이 최초에 경탄했던 것을 그들 자신이 파괴해버렸기 때문이다. 그러나 모든 것이 끝나고, 목테수마가 동족에 의해서 침묵당하고 정복자 에르난 코르테스 자신도 스페인 국왕으로부터 그의 군사적 위업에 상응하는 정치적 권력을 부여받지 못한 채 침묵하고 있을 때 오로지 말린체의 목소리만이 남게 되었다. 코르테스의 통역자이자 애인이고 정부였던 말린체는 그녀의 역할, 즉 성(性)과 말을 통해서 우리의 다인종적 문화의 중심기반을 확립했다. 그녀는 정복자의 자식, 즉 첫번째 메스티소의 어머니였고, 최초의 혼혈 아메리카인을 낳은 어머니였다. 그녀는 최초의 멕시코인, 다시 말해서 인디오와 스페인인의 피를 지닌 최초의 자식의 상징적 어머니였다. 그리고 그녀는 코르테스로부터 배운 새로운 언어이자 반항과 희망, 삶과 죽음의 언어였던 스페인어를 말하면서 출산했다. 그 언어는 곧 아메리카 대륙의 인디오, 유럽인, 아프리카인의 후예들을 결합시키는 가장 강력한 수단이 되었다.

제6장 신세계의 정복과 재정복

멕시코가 정복되기 8년 전인 1513년 9월 25일, 바스코 누네스 데 발보아는 태평양을 발견하고 남으로 향하는 새로운 발견과 정복의 루트를 개척했다.

1530년 프란시스코 피사로는 그의 이복동생이었던 에르난도, 후안, 그리고 곤살로와 함께 200여 명의 병사들을 데리고 파나마를 출항하여 소규모전투와 정복에 대한 회의, 그리고 전염병으로 어지럽게 점철된 기나긴 원정 끝에 1532년 9월 페루에 입성했다. 그곳에 도착하자마자 그는 이 나라가 내전에 휩싸여 있다는 것을 알아차렸다. 이 제국의 정통왕이었던 우아스카르는 그의 이복형 아타우알파에 의해서 패배당했다. 아타우알파는 왕위를 찬탈했고 우아스카르와 그의 가족 모두를 잔혹하게 살해했다. 아타우알파는 카하마르카(Cajamarca) 도시 외곽에서 야영을 했다. 피사로는 신속히 그리로 발길을 옮겼는데, 그는 이미 잉카라고 불리는 페루 황제를 초대했고, 그를 만나고자 했던 것이다.

스페인 사람들을 너무도 신뢰해버린 아타우알파는, 그 자신이 불사신이라고 믿었는지, 무기도 지니지 않은 채 카하마르카 도시로 들어갔다. 아타우알파는 그때 스페인 병사들이 타고온 말들이 너무 아름답고 신기해서 넋을 잃었다고 전해진다. 피사로(그는 읽을 줄도 쓸 줄도 몰랐다)의 원정에 서기로 동행했던 프란시스코 데 헤레스는 이 인디오 황제의 독특한 풍모를 다음과 같이 기록하여 놓았다. “아타우알파는 30세쯤 되어 보였고 풍채는 좋은 편에 위엄이 서려 있었다. 단단한 체격에, 큰 얼굴, 미남이었고 용맹스럽게 보였다. 피에 굶주린 듯이 눈은 이글이글 타오르고 있었으며, 그의 말에는 활기가 있었다.……그는 거칠게 보이기는 했지만 쾌활한 남자였다”.

331
ANDAS DEL INGA
QUISPIRANPA
topa ynga yupanqui
mama ocllo coya
lleuan al ynga los yns callaua
ya - espa[ñ]o
apasearse
pasease el ynga
como

아타우알파가 피사로에게 접근하자 스페인 사람들은 그들이 매복해 있던 건물에서 밖으로 뛰쳐나왔다. 놀란 인디오 수행원들이 잉카 황제를 보호하려고 시도했지만, 스페인 병사들은 아타우알파의 가마를 메고 있던 그들의 손을 칼로 베어버렸다. 스페인 병사 중에서 죽은 사람은 아무도 없었으며 심지어 부상당한 사람조차 없었다. 멕시코의 경우처럼 페루의 정복에서도 두 개의 고립적 요인 —— 신성한 예언과 발달된 무기의 결여 —— 들로 인해서 이 케추아 왕국은 멸망되고 말았다. 신의 메시지와 관련해서는 다음과 같은 이야기가 전해지고 있다. 아타우알파의 아버지였던 잉카 우아이나 카팍은 죽기 전, 수염을 기른 인간들이 먼 바다로부터 어느날 갑자기 도래해서 잉카 세계를 파괴할 것이라는 예언을 남겼다. 그렇다면 이 인간들은 멕시코의 신 켓살코아틀처럼 인류를 창조한 뒤 다시 돌아올 것이라는 약속을 남긴 채 서쪽으로 떠나간 잉카의 주신 비라코차가 보낸 사자들일 것이다. 이것이 바로 잉카인들의 운명을 결정지운, 무기보다도 중요한 요소였다. 현대 영국의 역사학자인 존 헤밍의 말을 빌리면 페루의 인디오 군대는 "갑옷을 입고 말을 탄 스페인 기병대를 한 사람이라도 살상할 수 있는 어떠한 무기도 만들지 못했다"고 한다

포로가 된 아타우알파 황제는 피사로에게 자기를 풀어주면 그 댓가로 커다란 방에 사람 키만큼 가득 채울 수 있는 막대한 양의 황금을 주겠다고 했다. 그러나 황금이 도착하자 정복자들은 그것을 곧바로 녹여버렸으며 피사로는 아타우알파를 풀어주겠다는 약속을 지키지 않았다. 이제 감금된 이 잉카 황제에게 남은 길은 오로지 이교도처럼 산 채로 화형에 처해지는 것과 기독교로 개종해서 교수형에 처해지는 두 방법 중에 어떤 것을 선택하느냐 하는 것이었다. 그는 세례를 받겠다고 했다. 최후에 그는 이렇게 말했다고 한다. "내 이름은 후안, 이 이름을 가지고 죽어가는구나."

조직적인 마술

페루의 정복은 지극히 역설적이었다고 말할 수 있다. 마치 전광석화 같은 현대전처럼 그 정복은 눈깜짝할 사이에 시작되었고 끝나버렸다. 1532년 피사로에 의해서 아타우알파가 체포되어 처형당한 뒤, 곧이어 피사로

← 구아만 포마 데 아얄라 작, 선묘화(線描畫), 16세기.

는 훌륭한 도로시설을 통해서 하나로 연결된 이 잉카 제국으로 신속히 군대를 진격시켰다. 그러나 스페인인이 초기에 거둔 성공에도 불구하고, 사실 페루의 정복은 오래 걸린 사건으로서, 멕시코의 정복보다 훨씬 장기화되었다. 정복이 이렇게 늦어진 첫번째 이유로는 인디오들의 저항을 들 수 있다. 아타우알파가 죽은 후, 인디오들은 서서히 조직을 정비하여 1536년에서 1544년 사이 그 저항은 꽃을 피웠다. 그들은 잉카의 지도자인 망코 잉카 유팡키가 죽을 때까지 끊임없이 스페인인들을 괴롭혔다. 그후에 저항은 그들의 후손들에 의해서 계승되어, 피사로가 카하마르카에서 아타우알파를 매복해서 공격한 40년 후, 망코의 후손 중의 하나였던 투팍 아마루가 1572년 스페인들에 의해서 참수당할 때까지 계속되었다.

그러나 스페인의 정복사업은 인디오들의 이런 저항말고도, 정복자들 사이의 끝없는 내전으로 인해서 내부로부터 위협을 받았다. 그들은 황금과 정치권력의 소유를 둘러싸고 잔인하게 싸웠다. 또 부왕들이 왕권을 확립하고, 인도적인 '인디아스법(Ley de las Indias)'을 준수함에 따라서 정복자들과 국왕 사이에 분쟁이 일어났다. 이 두 가지의 사례에서 보듯이 정복자들은 정복에서 얻을 수 있는 그들의 권리가 위협받고 있다는 것을 느끼지 않을 수 없었다. 두말할 필요 없이 이 권리에는 토지와 노동력을 수탈하고 또 그것을 불법행사할 수 있는 권리도 포함되어 있었다. 이것을 여실히 말해주는 것이 바로 피사로 형제들의 운명이다. 대장이었던 프란시스코 피사로 다시 말해서 에스트레마두라 출신의 잔인한 돼지사육사는 라이벌이었던 디에고 데 알마그로의 추종자들에 의해서 암살당했고, 그의 이복동생이었던 곤살로는 부왕에게 반기를 들었다가 1578년에 처형되었다. 로만 이 사모라는 그의 저서 「인디아스 공화국(*Repúblicas de las Indias*)」에서, 피사로 형제들을 일컬으면서 "타국의 그 누구보다도 사악했던 인간들이며, 동료들과 함께 스페인 국왕에게 최대의 오명을 남겼다"라고 쓰고 있다.

페루의 역사에서 나타나는 이러한 격렬한 모순, 즉 토끼와 거북이 경주에서 보듯이 서두르는 것과 느긋함 사이의 모순은 스페인에 의해서 정복된 페루와 페루 문화가 가진 참된 리듬을 은폐하는 하나의 경련처럼 보인다. 잉카 제국 최대의 도시였던 쿠스코(Cuzco) 주변에서는 인디오와 인디오, 스페인인과 인디오, 그리고 스페인인들 사이에서 수많은 전쟁이 일어났었다. 스페인에 정복되기 직전에 약 20만 명의 인구를 가졌던 대도시

쿠스코는 안데스 산중의 높은 봉우리에 숨겨져 세워진 요새도시 마추피추처럼 잉카 제국이 누렸던 영광의 마지막 증거물이었다. 이 두 도시의 유적에서 보이는 성벽은 회반죽을 전혀 쓰지 않은 채 다각형의 돌들을 쌓아서 세웠는데 그 정교함은 아직도 우리를 놀라게 한다. 돌들이 너무 무거워서 옮길 수 없으면 그들은 그것들을 "피곤한 돌"로 부르고는 길 가장자리에 버렸다. 물론 그 돌들을 운반했던 인간들보다는 덜 피로했을 것이다.

쿠스코에서 시작되는 도로 ── 그것들은 고대 세계에서는 전혀 볼 수 없는, 아마도 로마의 도로에나 비교될 만한 도로망이다 ── 는 에쿠아도르의 키토(Quito), 그리고 남쪽의 칠레나 아르헨티나까지 거의 4만 킬로미터에 걸쳐서 뻗어 있었다. 잉카 제국이 지배했던 영토는 콜럼버스 이전의 아메리카 대륙에 존재했던 모든 국가 중에서 가장 거대했다. 그러나 이 광대한 제국은 다양한 기후 조건이나 지형에 따라서 복잡하게 구성된다. 역사가 장 데콜라에 의해서 "3개의 얼굴을 지닌 나라"로 불린 페루는 연안지대(사막과 작열)와 고지산악지대(대기와 하늘), 밀림지대(숲과 강)로 나뉜다. 해안지대와 고원지대 사이에는 비옥한 오아시스와 불모의 사막이 동시에 존재한다. 몇몇 지역은 옥수수나 면화를 재배하는 데에 안성맞춤이었고 몇몇 지역에서는 감자(페루가 유럽 대륙에 전해준 선물)를 산출하고 있었다. 한편 고원지대의 페루는 아메리카 대륙에서 유일한 가축문화, 즉 안데스 지방의 애수 어린 피리 '케나(quena)'의 음악처럼, 고원지대에 살고 있는 인디오와는 뗄 수 없는 야마, 과나코(야생야마), 그리고 알파카를 가진 목축문화를 발전시켰다.

이런 광대하고 다양한 국토를 다스리고 통일하기 위해서는 고도의 정치적 수완과 거대하고 활력 있는 조직이 필연적으로 요구되었다. 실제로 고대 페루는 이 두 가지를 다 겸비하고 있었다. 관료조직은 거대한 하나의 감시체제였다. 황제는 밀사를 보냈고, 황제 역시 그를 좇아 서로 앞서거니 뒤서거니 이 거대한 도로를 따라서 여행하면서 확인하고 조사하고 시찰했다. 그리고는 새롭게 정복된 토지에 사람들을 입주시키기 위해서 인구를 이동시키거나 군대를 파견해서 반란을 진압했다. 그러나 고대 멕시코 제국과 마찬가지로 페루의 관료조직과 군대 또한 결국에 가서는 신권정치의 도구일 수밖에 없었다. 즉 종교와 교회는 제국에 진정한 정통성을 부여했다. 물론 이 종교는 신화와 주술, 변신(metamorfosis)의 종교로서 완만하고, 완강하고, 엄하고, 근면한 사회조직과는 아주 대조되었다.

마추 피추.

쿠스코의 유적.

나스카의 선화.

페루의 인디오 문화가 가진 최대의 수수께끼는 우리가 살고 있는 시대의 비행기의 도움으로 알려지게 되었다. 왜냐하면 나스카(Nazca)의 선화(線畫), 즉 저 시간의 심원으로부터 불가사의한 메시지를 보내는 거대한 기하학적 모양은 오로지 공중에서만 볼 수 있기 때문이다. 페루 남부의 계곡에 새겨져 있는 나스카의 선화는 고대 페루인의 삶과 죽음에 관한 신비스러운 암호문으로 구성되어 있으며, 그것은 마치 인간의 손금에 나타난 운명선처럼 이 대지에 관한 진실을 감추고 있다. 그럼에도 불구하고 나스카의 수수께끼는 그 자체로서 주술과 우주의 통찰에 근거한 한 문화에 의미를 부여하며, 동시에 한 사회에서의 인간 존재의 관계를 정확하게, 혹은 성공적으로 제안하거나 변화시키고 있다.

페루 같은 문명을 가진 나라에서 토지의 문제는 가장 근본적인 것이었다. 토지는 만인에 의해서, 그리고 만인을 위해서 경작되는 태양의 토지와 왕과 국가를 유지시키기 위한 잉카의 토지로 구분되어 있었다. 이론적으로 보면 모든 토지는 국가에 귀속되었다. 그러나 국가는 그것을 공동체가 이용하도록 양도했다. 이 공동체는 '아이유(ayllu)'라고 불리는 가족(또는 개인)보다도 강력한 세포조직으로서 혈연과 연관된 친족단위에 기반을 두고 있으며 광대하고 풍요롭지만 냉혹한 환경에서 집단 경작을 목적으로 세워졌다. 잉카 시대의 사회주의에 대한 설명은 흥미롭기는 하지만, 설사 그 사회체제 내에 엘리트주의가 표방되어 있다고 해도 화폐가 존재하지 않는 경제체제에서 그런 논문들은 무의미할 뿐이다. 신분구조로는 잉카가 그 정점에 있었고 뒤를 이어서 귀걸이를 한 상층 귀족계급(스페인 사람들은 귓볼을 뚫고 커다란 귀걸이를 한 이 귀족계급을 '오레호네스[orejones]'라고 불렀다), '쿠라카(curaca)'라고 불리는 지방의 수장이 그 다음 하위의 친족조직을 통솔하였다. 그것을 기본 바탕으로 씨족의 장이 지배하는 열 가족 정도의 집단에서 지사가 지배하는 4만 가족을 포용하는 거의 최상층에 가까운 대조직까지 있었다. 그러나 특출난 능력을 지닌 개인은 때때로 고위직에 임명되는 경우도 있었으며 공적에 따른 보상으로 사유재산도 받을 수 있었다. 한편 개인재산은 세대를 거치면서, 그리고 토지가 분할 상속됨에 따라서 소멸되는 경향이 있었다.

남북 아메리카 대륙에서 이 초기 문명이 멸망한 것, 특히 페루의 멸망은 유럽에게 하나의 커다란 손실이었다. 왜냐하면 아메리카는 야만적인 국가라기보다는 르네상스 유럽이 한 번 고려해볼 만한 많은 교훈들을 지녔던, 새롭게 태동하는 인간사회의 모델이었기 때문이었다. 구세계 또한 새로운 사회공존의 형태를 모색했으며, 더우기 보다 이상주의적인 여러 개념들을 이제 막 발견된 신세계에 투영시켰다. 유토피아의 환상과 정복의 현실 사이에서 야기된 긴장 속에서 후기 콜럼버스 시대(era pos-colombina) 이래 우리들 존재의 탄생을 필두로 새로운 문화가 아메리카 대륙에서 나타났다. 정복이라는 엄연한 사실에 맞서 정복에 반대하는 많은 사건들이 은밀하게 일어났다. 패배한 인디오 부족과 그 이후에 곧바로 이어졌던 메스티소(백인과 인디오의 혼혈인)의 등장, 마지막으로 신세계에 도래한 아프리카인들이 정복자를 다시 정복하는(소위 아메리카의 반정복이라고 부르는) 과정을 시작함에 따라서 진정한 의미에서의 아메리카적인 다인종, 다문화 사회가 발흥하게 되었다.

유토피아의 징후하에서

르네상스는 모든 유럽인들에게 기독교 사회의 정치적 가능성의 중요성을 다시금 일깨웠다. 그것은 신의 도시에 부여된 그 압도적인 중요성으로 인해서 추방된 인간의 도시라는 중세 시대의 주제를 재조명하게끔 만들었다. 르네상스 시대의 사람들은 이런 질문들을 던졌다. 인간사회는 어떻게 만들어져야만 하는가? 신의 계획과 인간의 계획이 조화롭게 만나는 장소는 존재하는가? 「유토피아(*Utopia*)」(1516)의 저자 토마스 모어는 그의 책 제목이 말하듯이 그런 장소는 존재하지 않는다고 말한다. 유-토포스(U-Topos, 유토피아)라는 말은 원래 "어느 곳에도 없다(nowhere)"라는 의미를 가지고 있다. 그러나 유럽인들의 상상력은 즉각 이에 대해서 그런 장소는 현존하며 그곳이 바로 아메리카라고 대답했다.

멕시코의 역사가 에드문도 오고르만의 의견을 따르면 아메리카는 발견된 것이 아니라 차라리 상상력을 통해서 만들어진(inventado) 것이라고 할 수 있다. 다시 말해서 아메리카는 유럽인의 상상력과 희구에 따라서 존재해야 할 필요성이 있었기 때문에 그렇게 되었던 것이다. 당시의 르네상스 유럽을 위해서는 회복된 황금시대, 인간이 자연의 법칙에 따라 살아가는 그 행복한 장소가 반드시 존재해야만 했다. 콜럼버스는 이사벨 여왕에게 보낸 편지에서 그가 발견한 곳은 지상의 낙원이라고 묘사했다. 그러나 종국에 가서 이 제독은 자신은 그저 중국과 일본의 고대 제국인 카타이와 지판구의 옛 세계를 찾았다고 믿기에 이르렀다. 우리들이 사는 이 대륙을 실제로 신세계라고 부른 최초의 유럽인은 피렌체 출신의 탐험가 아메리고 베스푸치였다. 이 신대륙에 그의 이름이 붙은 데에는 그만한 이유가 있다. 아메리카 대륙에 유토피아의 개념을 확고하게 심어준 사람이 바로 그 자신이었기 때문이다. 베스푸치에게 유토피아는 "어디에도 존재하지 않는" 그런 장소가 아니라, 황금을 경멸하고 공동생활을 영위하는 사람이 살고 있는 엄연한 하나의 사회였다.

베스푸치는 1503년에 쓴 저서 「신세계(*Novus Mundus*)」에서 "그곳 사람들은 자연과 조화를 이루며 살아간다"라고 했다. 그는 "그들은 사유재산을 소유하지 않는다. 반대로 모든 것은 공동체 안에서 공유된다. 재산을 소유하고 있지 않기 때문에 그들에게는 정부도 필요 없다. 그들은 왕도 어떠한 형태의 권위도 가지고 있지 않으며 각자가 바로 자신의 주인이 된다"라고 결론을 지으면서, 르네상스 유럽의 독자들을 향해서 신세계는 완벽한 무정부주의 유토피아라고 단언했다.

그후 르네상스 유럽이 가진 유토피아의 비전은 아메리카 대륙을 발견한 사람들의 이상향적 탐험을 통해서 확인되었다. "용감한 신세계여! 그곳에도 똑같은 인간들이 살고 있구나"라고 셰익스피어는 「템페스트(*The Tempest*)」의 한 대사에서 외쳤다. 프랑스의 몽테뉴 역시 셰익스피어와 똑같이 느꼈다. 그는 신세계의 인간들은 "오염되지 않은 자연의 법 아래서 자연상태 최초의 감미로운 자유 아래서 살아간다"라고 썼다. 한편 콜럼버스의 원정에 동행했던 신세계 최초의 기록관, 페드로 마르티르 데 앙글레리아도 "그들은 벌거벗고 돌아다니며……순진무구한 황금시대에 산다. 법도 싸움도 화폐도 없이 자연에 순응하며 만족해한다"라고 했으며, 브라질 원정의 최초의 기록관 페드로 바스 데 카미냐 역시 1500년 포르투갈의 왕에게 보낸 편지에서 "폐하, 바로 아담의 순진무구함도 여기 사는 이 종족의 그것과는 비교할 수 없습니다"라고 썼다.

그러나 1511년 크리스마스 바로 전 주일의 일요일, 도미니크 교단의 수도사 안토니오 데 몬테시노스는 에스파뇰라 섬(지금의 아이티)에 세워진 한 교회의 설교단에 올라 스페인 교구민을 향해서 격한 어조로 비난을 퍼부어 그들을 분개시켰다. "대답해보란 말이요. 당신들이 무슨 권리로, 무슨 정당한 이유로 이 인디오들을 그렇게도 잔혹하고 무시무시하게 노예로 삼을 수 있단 말이요? 도대체 이들은 인간이 아니란 말이요? 그들은 이성을 가진 사람들이 아니란 말입니까?"

실제로 많은 식민지인들과 그들을 옹호했던 유럽의 반(反)유토피아주의자들은 아메리카 원주민들은 영혼을 가지고 있지 않으며, 심지어 그들은 인간이 아니라고 했다. 이런 인물 중에서 가장 대표적인 인물은 스페인의 인문주의자이자 아리스토텔레스의 번역가였던 후안 히네스 데 세풀베다였다. 그는 1547년(즉, 멕시코와 페루의 선주민들이 유럽인들에 의해서 정복당한 후인) 인디오가 진정으로 인간성을 지니고 있느냐는 사실에 대해서 단순히 부정해버렸고 또 그들을 정복할 수 있는 모든 권리를 스페인인들에게 부여했다. "스페인 사람들은 신세계나 거기에 딸린 섬들에 사는 야만인을 지배할 권리를 완전히 가지고 있다. 그들은 사리분별, 덕성, 지혜, 인간성에서 마치 어린아이들이 어른들보다, 여자가 남자보다 열등한 것처럼 당연히 스페인 사람들보다 열등하다. 그들 중에도 짐승처럼 잔인한 사람부터 인정 많은 사람까지, 무절제하고 방탕한 사람부터 온화하고 자제심 있는 사람까지, 한 마디로 말해서 원숭이부터 인간까지, 각양각색의 인간들이 존재한다. 인간의 이름값을 못하는 이 야만인을 스페인 제국에 복종시켜서 그들의 사리분별, 덕성과 종교를 고침으로써 문명인으로 개조시키고 이 어리석고 난잡한 이들을 성실하고 어진 인간으로, 또 불경스럽고 악마에 빠진 이들을 기독교인으로 바꾸어 진정한 신을 숭배하게 하는 것만큼 건전하고 적절한 방책이 달리 있단 말인가?"

그리하여 신세계의 주민들은 벌거벗고 죄 속에 살면서 어떤 때는 정말로 순수한 인간으로서, 어떤 때는 인육을 먹거나 불충한 인간으로 번갈아 비추어졌다. 스페인계 아메리카의 역사를 통해서 낙원과 고귀한 야만인에 대한 환상은 식민지화와 강제노동의 역사와 공존해왔다. 그러나 르네상스의 환상은 그 모든 것이 부정되었음에도 불구하고 의연히 존속하여 스페인계 아메리카인들의 끊임없는 염원과 생각, 즉 우리들은 유토피아에 의해서 세워졌고 그 유토피아는 바로 우리들의 숙명이라는 것으로 바뀌었다.

그러나 식민자들에게 새롭게 발견된 토지는 엄밀히 말해서 이상적인 사회라기보다는 무궁무진한 부의 원천이었다. 콜럼버스는 발견된 땅에서 숲, 진주, 황금이 풍부하다는 것을 강조했지만 결국에는 신세계는 그저 자연일 뿐, 그 이상도 그 이하도 아니라는 결론을 내렸다. 만약 신세계가 유토피아라면 그것은 역사가 결여된 유토피아로서, 문명과 인류는 그곳에는 존재하지 않았다는 사실을 의미한다. 이런 결론으로부터 유럽인들은 아메리카 인디오에게 신앙이나 문명을 전해야만 하는지, 아니면 그러지 말아야 하는지 의구심을 가지지 않을 수 없었다. 이어서 스페인인들은 정복자의 권리로서 이제 완전히 자기들의 소유로 간주했던 토지나 광산에서 아메리카 인디오들이 경작하거나 노동하면서 신세계를 문자 그대로 황금시대의 그것으로 개조시킬 수 있는지에 대해서 회의가 일어났다. 왜냐하면 강제노동, 유럽이 가져온 질병, 단순하고도 무지막지한 문화적 충격이 카리브 해의 인디오들을 괴멸시켰기 때문이었다. 몇몇 통계에 의하면 정복 직전의 중앙 멕시코의 총인구는 5,500만을 헤아렸지만, 50년 후에는 그 숫자가 반으로 줄었다. 그리고 바바라와 스탠리 스타인 부처의 「라틴 아메리카의 식민지 유산(*The Colonial Heritage of Latin America*)」에 따르면 "1605년에는 100만 정도로 감소했다".

처음에 아메리카는 지상의 낙원으로 보였지만 그 낙원은 이내 적의를 품은 대륙으로 바뀌었다. 이 적대감은 정복자들에 의한 피정복민들의 처우, 신세계에서의 권력 사용에 대한 정복자의 권리 주장과 그것을 반대하는 스페인 국왕의 경우처럼 여러 면에서 동시에 나타났다.

한 번도 군주가 되어보지 못했던 군주

스페인 국왕과 탐험자, 그리고 정복자와의 대립관계는 '용감한 신세계'에서 일어났던 대립 중에서 가장 커다란 부분을 차지했다. 이 대립은 토지와 노동력의 할당 문제와 깊이 연관되어 있었으며 결과적으로 정치권력의 배분 문제로 자연스럽게 이어졌다. 스페인계 아메리카에 존재하는 부의 정당한 소유자는 누구인가 하는 문제가 미해결인 채로 남아 있다는 이유만으로도 이 주제는 여전히 논쟁거리이다. 이 부는 도대체 누구에게, 또 어떤 식으로 분배되어야만 할까? 지금과 같은 부의 소유와 분배체계는 정당한 것인가? 이 논쟁은 멕시코에서 니카라구아, 그리고 페루에서 아르헨티나 전역에 걸쳐서 여전히 계속되고 있다.

이러한 논쟁은 16세기 스페인 도시들이 더 나은 민주주의를 위해서 싸우고자 했던 반면, 중앙집권화를 강력하게 추진했던 스페인 왕정의 정책, 다시 말해서 봉건주의와 민주주의 둘 중에서 스페인 국왕이 어떤 것을 선택하여 신세계에서 발전시키고자 했는지를 확인해보는 데에 그 촛점이 있었다.

정복자들은 너무나도 자연스럽게 그들만의 정의를 나누어가졌다. 그들은 신세계를 단순히 정복했었고 그들만이 유일한 권력이었던 것이다. 그들은 마음내키는 대로 토지와 노동력을 강탈했다. 누가 이들을 멈추게 할 수 있단 말인가? 그들이 수립한 지배체제는 '엔코미엔다(encomienda)'라고 불리는 제도였다. 이 제도를 통해서 그들은 인디오들로부터 부역과 공물을 징발했다. 다시 말해서 종교적 교화를 통한 영혼의 구제와 인디오의 보호와 맞바꾸면서 말이다. 실제로 엔코미엔다는 노예제도의 변형된 형태였다.

쿠바에 조그마한 엔코미엔다를 소유하고 있었던 에르난 코르테스는 이 제도가 어떻게 움직이고 있는지를 가까이에서 지켜볼 수 있었다. 그곳에서 그는 식민자들이 저지른 혹사로 인하여 인구가 얼마나 격감했으며 그 결과 어떻게 경제가 파탄에 이르렀는지 잘 알고 있었다. 처음에, 그는 멕시코에서 똑같은 전철을 밟지 않기로 마음먹었다. 그는 패배한 인디오들에게 너무 많은 관용을 베푼다고 부하들로부터 비난을 받았다. 그들은 전쟁에서 용맹스럽게 싸움을 떨친 보상으로 토지와 인디오를 양도하라고 그에게 요구했다.

여기에 대해서 코르테스는 카를로스 1세에게 보낸 한 편지에서 병사들을 대변해서 엔코미엔다 제도에 찬성한다는 뜻을 표명하는 실수를 저질렀다. 그 행위는 그의 정치적인 실수였으며 또 이 정복자 자신을 파멸로 이끄는 시작이었다. 카를로스 1세는 엔코미엔다 제도를 금지한다는 회답을 그에게 보냈다. 국왕은 코르테스를 신세계에서 분리독립을 하려는 음흉한 인간으로 간주하여 그에 대해서 좋지 않은 인상을 가졌음에 틀림없었다.

1525년, 코르테스는 테노슈티틀란(지금의 멕시코 시티)을 떠나서 온두라스 탐험을 진두지휘했는데, 그것은 그에 대한 나쁜 평을 더욱 가중시켰다. 이 원정은 "온두라스에는 발을 디디지 말아라"라는 경구가 나올 정도로 힘든, 길고도 무익한 원정이었다. 스페인 사람들이 상투적으로 쓰는 말 중에 "너는 법률가에 둘러싸여 있다"라는 말이 있다. 이것은 거의 집시들의 저주문처럼 들린다. 아마 온두라스로부터 멕시코에 돌아온 코르테스가 검은색의 복장을 한 남자들 —— 펜과 양피지로 무장한 스페인 왕실의 관리들 —— 이 멕시코 시티를 차지하고 있다는 사실을 알았을 때 그 또한 똑같은 저주를 느꼈음에 틀림없었을 것이다. 두 명의 재무관인 치리노스와 살라사르가 정부의 권력을 독차지했고 이 정복자에 대한 재판을 주도했다. 코르테스에게 목테수마 황제의 보물을 훔친 것에서부터 인디오 귀족들을 옹호하여 노예노동을 면하게 해주었다는 죄까지 낱낱이 열거되었다. 그리고 쿠바에서 데리고 온 부인 카탈리나 후아레스를 교살한 것부터 뒤에 말린체를 버리고는 그의 병사 한 명에게 물려주었으며, 실패로 돌아간 온두라스 원정을 지휘하면서 자금을 낭비했고, 독이 든 치즈로 부왕의 경쟁후보를 암살했다는 죄목으로 고발당했다.

한때는 정복의 승리자였으나 지금은 한낱 멕시코 정복의 희생양으로 전락한 에르난 코르테스는 규탄을 받았고, 모욕을 당한 채 스페인으로 귀향했다. 비록 위로의 명목으로 그에게 귀족칭호가 주어지기는 했지만, 멕시코의 부왕직은 범용한 관리들의 수중으로 돌아갔다. 에르난 코르테스, 르네상스 유럽의 위대한 인물 중의 하나였던 이 인물은 이제 힘없는 인물로 전락했던 것이다. 그의 공적을 인정하고 보상금을 급여하라는 그의 끊임없는 청원은 왕실과 관료들을 따분하게 만들 뿐이었다. 코르테스가 스페인 귀족들과 궁정의 고문들을 놀래줄 목적으로 아메리카에서 가지고 온 신기한 물건들 —— 난쟁이 인디오, 고무공 —— 은 이제 그 위력을 잃었다. 그가 "최고로 신성한 제왕인 카톨릭 폐하"라고 카를로스 1세를 호칭한 것은 한낱 감상에 지나지 않았다. 코르테스는 무기를 들고 생명의 위협을 무릅쓴 채 싸우며 젊은 시절을 보냈다. 그리고 그는 그가 섬기는 왕의 이름을 온 천하에 드높이고자 그의 농장을 팔면서까지 40년 동안이나 그의 삶을 바쳤으며, "내 피를 먹고 포식하여 배가 터져버린 거머리 같은 수많은 질시자들 때문에 무진 애를 먹었지만", 어떤 일에서든 누구의 도움도 받지 않고 오로지 자신만의 경험을 통해서, 그리고 자신이 직접 비용을 대어 획득했던 야만인 나라와 백성들, 거대한 제국들, 수많은 왕위를 그에게 바쳤고 그에게 복속시켰다고 편지에 쓰고 있다. 그러나 이제 그는 늙고 빈궁한 한 인간으로서 재산은 저당잡혔고 급여를 요구하는 하인들에 의해서 고소당하는 처지로 전락하고 말았으며, 63세의 나이로 더 이상 여관집을 전전하지 않고 그가 이제까지 벌여온 일의 결실을 취하고, 그의 대의가 받아들여진 마당에 신(神)과 맺은 보수관계를 명확히 하고자 멕시코로 돌아가고자 하는 희망을 피력했다.

코르테스의 말로가 다른 사람에 비해서 특별히 나쁜 것은 아니었다. 그는 콜럼버스처럼 쇠사슬로 묶인 채 스페인으로 송환되지는 않았다. 또 페루의 곤살로 피사로처럼 스페인 왕실에 대한 반역죄로 공개적으로 처형되지도 않았다. 그리고 코르테스의 옛 부하 지휘관 중의 한 사람이었던 디에고 데 오르다스처럼 오리노코 강 탐험중에 동료들에 의해서 독살되지도 않았으며, 신세계정복의 진정한 킨키나토스(기원전 5-6세기의 로마의 장군, 원로원이 그를 로마의 총사령관으로 임명했을 때 그는 밭을 갈고 있었다/역주)라고 불렸던 곤살로 히메네스 데 케사다 —— 지금의 콜롬비아의 칩차족 인디오들을 정복한 뒤, 엘 도라도(El Dorado)를 찾아서 방황하다가 최후에는 농장의 영지에 은퇴한 —— 의 경우처럼 안락한 생활에 적응하며 2인자로서의 영화도 맛보지 못했다. 마지막으로 다른 정복자들도 마찬가지였겠지만 코르테스는 물론 로페 데 아기레가 1560년 엘 도라도의 원정에 참가해서 그의 상관들을 죽이고 스페인 국왕에 반기를 들면서도, 아마존 강 원류에 자신의 왕국을 세운 것과 같은 우행의 길도 결코 답습하지 않았다. 아기레는 자신의 광기에 반대하는 모든 사람들, 그와 동행했던 신부들을 포함하여, 심지어 친딸까지도 죽여버렸다.

코르테스 최후의 굴욕으로서 그가 겪었던 수모는 1541년 무어인 토벌을 위해서 구성된 알제리 원정대의 대장에 그가 임명되지 않은 것이다.

코르테스를 의기소침하게 만든 사건이 또 하나 있었다. 비록 멕시코 남부에 있던 그의 영지의 수도 안테케라(Antequera)를 빼앗기기는 했지만, 쿠에르나바카(Cuernavaca)에서 오아하카 사이의 광대한 지역이 코르테스에게 수여되었다. 그렇지만 그 토지는 사악하게도 여기저기 산재해서 그가 다스릴 수 없는 땅들이었다. 어쨌거나 결국 그는 부를 찾았고 오아하카 분지의 후작 칭호를 받았다. 그러나 당연히 자신의 것이라고 염두에 두었던 영광은 사라지고 없었다. 그와 함께 베라크루스에서 목테수마의 황금의 옥좌까지 진군했던, 강인하고도 야심 찬 500명 병사의 명성은 실제와는 너무도 멀어진, 이제는 사라진 꿈이 되고 말았다.

그러나 에르난 코르테스가 르네상스 시대의 비범한 위인으로 보이는 이유는 단순히 그의 군사적 무용(武勇) 때문만은 아니다. 그에게는 그것 이상의 어떤 것이 있었다. 자신은 의식하지 못했지만 그는 마키아벨리적 인물이었다. 의심할 바 없이 마키아벨리는 신세계 정복자들의 사형(師兄)이었다. 왜냐하면 「군주론(*Il Principe*)」은 르네상스의 신인간(新人間) —— 즉 신의 섭리에도 불구하고 물려받은 특권이나 혈연으로 이어지는 귀족들에게 부과된 과잉의 의무로부터 벗어나 자신의 의지에 따라서 자신의 운명을 창조할 준비가 되어 있는 —— 을 위한 안내서였기 때문이었다. 군주는 이 지상의 왕국, 즉 유토피아(어느 곳에도 없는 나라)를 부정하는 이 세계의 왕국을 정복하는 사람인 것이다. 그러나 코르테스는 한 번도 군주가 되어보지 못한 군주였다.

실제로, 목테수마에 의해서 구현된 숙명과 코르테스가 대변하는 의지 중에서 그 어느 것도 최후의 승자가 되지는 못했다. 왕실과 교회제도, 즉 절대군주제와 가톨릭 신앙은 피정복자들뿐만 아니라 정복자들도 파멸시켰던 것이다. 그것들은 아스테카인들의 종적(從的) 권력구조 대신에 아우스트리아 스페인 왕실의 종적 권력구조를 세웠다. 지금의 스페인계 아메리카인들은 바로 이 두 종적 구조로부터 태어난 후손들이다. 이런 이유로 인해서 민주주의를 향한 라틴 아메리카인들의 완강한 투쟁은 힘들기는 하지만, 그렇기 때문에 더 칭찬받을 만한 것이다. 그러나 우리들은 신세계의 정복이 스페인의 국토회복전쟁의 역동적인 일부분이었다는 사실을 이해해야만 한다. 정복자들은 이 전쟁이 배출해낸 인물들이었다. 그러나 한편으로 그들은 또한 전(全)르네상스 유럽에 공통적이었던 근대성 지향의 개인주의와 마키아벨리적 계보의 산물이었다. 그들은 출세욕에 불타는 야심가들이었고, 또 모든 사회계층을 망라한 출신의 사람들이었다. 어떤 이는 농부였고, 또 어떤 이는 하급귀족이었다. 그러나 무엇보다도 그들은 발흥하고 있었던 중산계급 출신이었다.

그렇지만 이들은 그들의 수많은 선조들이 수호하고자 했던 민주적 공동사회의 이상을 신세계에서 추진시키지는 못했다. 스페인 정복자들은 영국이나 프랑스의 새로운 인간들이 했던 것과는 달리 개인의 야심과 헌법이 정한 기존 질서에 의거하여 입신출세의 길을 택했다. 이런 방법을 통해서 그들은 인디오들을 정복하면서 경우에 따라서는 국왕까지도 정복할 수 있었을지도 모른다. 그렇다면 그들은 뉴 잉글랜드의 개척자들처럼 독자적인 민주정치의 아버지로 남았을 것이다. 그러나 스페인 정복자들은 이 길을 선택하지 않았다. 아마도 이 길을 선택할 수 없었다고 말하는 편이 타당할지도 모르겠다. 그들은 민주주의로서의 개인주의와 봉권주의적 특권으로서의 개인주의 사이에서 후자를 택했던 것이다. 이렇게 해서 그들은 그들의 선조들이 가져보지 못했던 권력의 허상을 위해서 개인주의의 장점과 시민정치의 차원을 희생시켰다. 정복자들은 하급귀족(hidalgo), 또는 재산을 소유한 기사가 되기를 원했다. 그러나 '이달고'가 되는 것은 자신이 노동을 하는 것이 아니라 타인에게 일을 시키는 사람이 되는 것을 의미한다.

전쟁의 보수로써 얻은 토지는 중세 스페인에서 그랬던 것처럼 스페인계 아메리카 경제력의 기반으로 변해버렸다. 국왕으로부터 언제나 2할세(el quinto)를 받기는 했지만 정복자들은 그들의 정복을 통해서 계속 그들의 이득을 취하고 있었다. 그러나 신세계에서 민주적 시민사회를 창출해내지는 못했다. 정복자들은 자신들만을 위한 봉건주의적 권력을 탐했다. 그들의 희망과는 반대로 멀리 떨어진 본국의 국왕은 절대적 권위를 세우는 데에 애를 쓰면서 정복자들의 욕구를 꺾어버렸다. 그러나 본국으로부터 멀리 떨어졌다는 이점과 현지의 정치상황에 대처할 수 없는 조건으로 인해서 정복자들과 그의 후손들은 직접적이고도 광범위한 권력을 손아귀에 넣을 수 있었다. 결국에 가서 국왕과 정복자들 사이에 이루어진 타협이 이와 같은 대결에서 유래했다면, 그 대결은 무엇보다도 인디오의 본질과 신세계에서 정복자가 지닌 권력의 제한에 관하여 대단한 논쟁을 불러일으켰다.

멕시코 시티의 소칼로 광장을 바라보는 바르톨로메 데 라스 카사스 신부의 조각상.

"인디아스는 파괴되고 있다"

바르톨로메 데 라스 카사스 신부는 1511년 몬테시노스 신부가 크리스마스에 행한 설교와 인디오의 운명에 관해서 던졌던 질문, "이들은 인간이 아니란 말이요? 그들은 이성을 가진 사람들이 아니란 말입니까?" 라는 말을 인용하면서 "이제 인디아스는 파괴되고 있다"라고 외쳤다. 몬테시노스가 한 그 설교는 "아메리카에서 정의를 향한 최초의 외침이었다"라고 현대 도미니카의 작가 페드로 엔리케스 우레냐는 썼다.

바르톨로메 데 라스 카사스는 쿠바의 한 농장의 노예소유자였다. 그는 1524년, 가진 재산을 모두 버린 뒤 도미니크 수도회에 들어갔다. 그리고는 국왕의 신민이었던 인디오에 대해서 정복자들이 저지른 수많은 범죄 행위와 공격적인 행위를 고발했다. 정복자들에게 인디오는 단지 가축의 머리 정도로나 생각되었다. 1515년, 자신이 소유한 쿠바의 엔코미엔다를 버리고 나서 1566년 죽을 때까지 라스 카사스 신부는 50년 이상이나 정복자들이 저지른 "인디아스의 파괴"를 규탄했으며 또 그들이 "카스티야 왕들을 향해서도 똑같이 불법과 무례한 행위를 저지르고 있으며, 그것으로 인해서 스페인의 모든 인디아스의 왕국은 파괴되고 있다"고 고발했다. 그는 인디오들이 이교도이기는 하지만 그들이 보여준 신심(信心)을 찬양했다. 그리스인, 로마인, 히브리인들 또한 이교도가 아니었던가? 설사 그들이 이교신앙을 지녔다고 해서 그들을 인간의 종(種)으로부터 제외시켜야 한다는 말인가? 차라리 그렇기 때문에 그들을 개종시킬 소지가 더 있는 것이 아닌가 하고 라스 카사스는 되물었다.

라스 카사스는 정복의 권리, 특히 엔코미엔다 제도를 부정했다. 그는 엔코미엔다를 "이집트의 파라오 왕이 유대인들을 탄압한 것 이상으로 부당하고 훨씬 더 잔혹하며…… 모든 이성과 정의에 역행하는 폭력을 토착민들에게 휘두르고, 주인이나 노예에게서 자유와 삶을 박탈하는 전제적 통치수단"으로 간주했다. 주인과 노예의 관계에 관한 이런 근대적인 생각은 라스 카사스 신부의 주요한 청원과 함께 1542년에 공표된 새로운 인디아스법에 삽입되었다. 엔코미엔다는 법적으로 폐지됐다. 그러나 엔코미엔다는 신세계에서 부의 분배에 관한 실질적 제도안에서 자체적으로 영원히 존속하게 되는 '레파르티미엔토(repartimiento)', 즉 인디오 노동자들의 지속적인 충당에 관한 권리라는 모습을 바꾼 형태로 남아있게 되었다. 국왕은 이 부의 분배제도에 대해서 정복자들과 싸웠고, 그것을 관리체제와 왕실의 직접 통제하에 두었으며, 정복자들이나 그들의 자손들이 가지고 있었던 토지 소유권을 거부했고, 그들에게 봉건주의에 입각한 지배권이나 귀족의 칭호, 그리고 유산상속권을 부여하는 결정을 한없이 뒤로 미뤄놓고 있었다.

이런 의미에서 바르톨로메 데 라스 카사스 신부의 공적을 공평하게 평가하면, 그는 인도주의적 가치를 옹호했지만, 그것은 오히려 봉건주의적 요구를 공격했던 국왕에게는 아주 유용했던 도구였다고 할 수 있다. 그러나 최종적으로 그의 행위를 분석해보면 이와 같은 그의 투쟁은 스페인 국왕의 현저한 지배권을 유지시키기는 했지만 정복자가 사실상의 권력을 행사할 수 있게끔 커다란 여지를 남겨놓았다. 정복자들과 그의 후손들은 국왕에 의해서 의도적으로 그들의 권리를 불법행사하는 입장에 놓이게 되었다. 그리고 인디아스법은 세칭 거미줄망과 비슷해서 이 법을 통해서는 오직 송사리들만 잡힐 뿐이고 큰 범죄를 저지른 자들은 법망을 피해서 요리조리 빠져 나갔다.

16세기에 기록된 수많은 증언들은 엔코미엔다, 그리고 광산에서 노동력을 착취했던 보다 가혹한 제도였던 '미타(mita)'의 부정할 수 없는 잔악함에 대해서 말하고 있다. 정복 전후의 페루의 생활상을 훌륭하게 묘사한 그림을 통해서 구아만 포마 데 아얄라(잉카 귀족의 후손인)는 엔코멘데로(encomendero, 엔코미엔다를 위탁받은 감독관/역주)가 내린 말할 수 없는 형벌 장면을 잘 보여주고 있다. 라스 카사스 신부의 베스트셀러인 「인디아스의 파괴에 관하여(*Sobre la destrucción de las Indias*)」에 삽화로 등장하는 테오도르 드 브리의 그림들은 고문과 살육을 행하는, 잔인하고 피에 굶주린 가학적 모습을 띤 스페인의 이른바 '검은 전설' ―― 물론 그것은 티없이 깨끗한 프랑스나 영국, 그리고 네덜란드 식민지인과는 암묵적으로 대조가 되는 ―― 의 기원이 된다. 그렇기는 하지만 후자의 사람들은 그들의 잔인함과 비인도성을 자비 속에 교묘히 은폐시키면서도 한편으로는 스페인이 용인했던 것들을 결코 저지르지 않았다. 이것이 바로 피정복자의 본질과 정복의 권리에 관하여 1세기 이상이나 벌어졌던 격론으로, 그것은 근대 인권을 둘러싼 최초의 본격적 토론이었다. 그러나 다른 나라의 식민지 세력에게는 이와 같은 논쟁은 거의 우려의 대상이 되지 않았다.

인디오나 스페인 쌍방의 주장에는, 이 논의와 관련하여, 때때로 격정의 편린이 엿보인다. 칠레 정복의 시기에 아라우코의 족장 카우폴리칸은 정복자의 칼에 찔려 죽는 형벌에 처해졌다. 그는 죽으면서 "내가 스페인을 침략하여 스페인을 정복할 수만 있다면……"이라고 외쳤다. 바다 저편 스페인에서도 라스 카사스만큼이나 인권옹호에 열심이었던 프란시스코 데 비토리아 신부가 똑같은 생각을 품고 있었다. 예수회 신부였던 그는 1539년, 살라망카의 한 강단에서 학생들을 향하여 스페인인들이 아메리카에서 인디오들을 어떤 식으로 취급하고 또 스페인에 있는 스페인인들이 어떤 식으로 인디오들로부터 대접받는지, 직접 눈으로 보라고 외쳤다. 스페인의 발견과 정복은 인디오가 스페인을 발견하고 정복했었다면 인디

"은광에서 일하는 인디오 삽화", 테오도르 드 브리 작.

오가 획득했을지도 모르는 권리보다도 많은 권리를 아메리카에서 스페인인에게 주지 않았다고 그는 덧붙였다. 똑같은 경우가 영국이 북아메리카를 식민지화했을 때 확인된다. 그러나 비토리아 신부가 그의 저서나 가르침을 통해서 획득한 성과는 식민지를 둘러싼 권력과 피정복민에 대한 인권의 문제가 구체적으로 환기되었다는 것이었다. 그는 민중의 권리를 통해서 식민지 세력의 권한을 제한하고자 했다. 그의 숙적은 전술한 후안 히네스 데 세풀베다로, 그는 개미굴과 별반 다를 바 없는 사회에서 인디오들이 행했던 식인풍습과 인신공양을 비난했다. 인디오들은 사회라는 것이 탄생하기 이전의 인간들이기 때문에 유럽의 문명인들이 그들을 정복하고, 또 문명화의 목적에 적절히 사용하기 위하여 그들의 재산을 빼앗는 것은 정당한 행위라고 주장했다. 여기에 대해서 비토리아 신부는 즉각 반론을 제기했다. 도대체 이들은 스페인 사람이 아니라는 말인가? 또 정복자들은 자연을 파괴한 범죄자로 죄를 받아야 하지 않는가? 유럽의 모든 국가들은 전쟁과 파괴행위에 대해서 책임이 없다고 말할 수 있을까? 이것이 사실이라면 어느 누구에게도 인디오를 정복할 도덕적 권리는 없다고

"토지를 수호하는 인디오", 삽화, 테오도르 드 브리 작.

"인디오의 보복", 삽화, 테오도르 드 브리 작.

"떠나가는 켓살코아틀"(부분), 호세 클레멘테 오로스코 작, 1932-34년("아메리카 문명의 서사시" 중에서).

그는 주장했다.

스페인에서 이와 같은 격론이 벌어지고 있을 때, 아메리카에 있던 많은 수도사들은 원주민 인디오들에게 자비와 인도주의 원칙을 적용시키려고 노력했다. 이들 중에서 가장 뛰어난 인물로 미초아칸(Michoacán, 서부 멕시코 지역의 이름/역주)의 승정이었던 프란시스코회의 바스코 데 키로가가 있었다. 그는 1530년대에 토마스 모어의 「유토피아」를 끼고 멕시코에 와서는 즉각 유토피아에 표명된 원칙, 즉 재산의 공유, 하루 6시간의 노동, 사치의 추방, 선임되는 가장제(家長制), 노동의 결실에 대한 평등한 분배를 타라스코 인디오의 공동체에 적용하는 데에 헌신했다. 지금까지도 타라스코족으로부터 '타타 바스코(Tata Vasco, 우리들의 아버지 바스코/역주)'라는 애칭으로 불리는 키로가는 신세계에서 유토피아의 비전을 발견하고는 한층 고무되었다. "여기가 신세계라는 이름으로 불리는 데에 전혀 근거가 없는 것은 아니다. 여기에는 그럴 만한 합당한 이유와 명분이 있다. 진정 여기는 신세계이다. 그것은 여기가 새롭게 발견되었다는 이유에서가 아니라, 사람들이나 거의 모든 것에서 원초의 황금시대의 세계가 그곳에 있기 때문이다. 그렇지만 이 황금시대는 우리들의 악행과 무지막지한 탐욕으로 인해서 철기시대 아니 그보다 더 못한 시대로 전락하고 말았다."

스페인인들이 대규모로 들어옴에 따라서 인디오 농민들은 저항하기도 했고, 그들과 혼합되기도 했으며, 또는 뒤로 물러나 깊은 곳으로 숨어들었다. 키로가는 스페인이 가진 식민지 이익과 원주민 농업공동체가 가진 이익을 서로 조화시키고자 노력했다. 일반적인 법률의 차원에서 보면 그의 시도는 성공했다고 말할 수 있다. 원주민 인디오 마을의 공유재산은 식민시대를 거쳐 19세기를 내려오면서 인정되었다. 그러나 공화파 자유주의 정권이 등장하면서 이 공유제도는 진보와 동의어가 된 사유재산제도라는 이름하에 마침내 사라지고 만 것이다. 사실상 이전의 스페인 국왕의 보호정책은 소멸해갔던 수많은 원주민 농업공동체를 구할 수 있었다. 이런 오래 된 전통은 멕시코의 에밀리아노 사파타와 같은 혁명가들에게 공헌을 했다. 그는 스페인 국왕으로부터 부여받은 토지의 권리라는 이름으로 봉기했던 것이다.

시간이 흐름에 따라서 농촌공동체는 순전히 인디오들로 이루어진 촌락과 새롭게 태어나기 시작했던 메스티소 공동체 사이의 경쟁으로 점점 분열되어갔다. 그러나 노동관계의 중심은 곧 '엔코미엔다(인디오를 보호하고 기독교화해주는 대신, 그들에게 사역을 시키는 것)'나 '레파르티미엔토(임시적인 터전에 의거한 단순한 원주민 노동력의 분배)'를 계승해서 등장한 '아시엔다(hacienda)'라고 불리는 대농장제도에 의하여 공고해졌다. 이 제도는 오늘날까지도 존속하고 있다. 아시엔다 제도는 영속적인 노예노동의 형태, 즉 노동자들이 진 부채를 노동으로 갚는 것에 그 기반을 두고 있었다. 그러나 그 빚은 노동자 자신이 살아 있는 동안 영속되었을 뿐만 아니라 그 자손들한테까지도 대대로 물려졌다. 스페인 국왕은 이런 은밀한 형태의 노예제도를 통제할 수 없었다. 반면 아시엔다는 공공적으로 드러내놓지 않은 채 소리 없이 확대되어갔다. 어떤 면에서 보면 그 제도는 스페인이나 기타 유럽 제국의 광대한 토지소유제도에 의해서 정당화되었다. 아시엔다는 노동관계에 중점을 두는 것이 아닌 토지의 소유라는 단순한 사실에 사람들의 관심을 불러일으켰다. 급속히 감소하고 있었던 인디오 인구에 비하여 증대하고 있었던 스페인인과 메스티소 인구를 유지하기 위해서 토지는 필요했다. 이런 경제적 '레벤스라움(Lebensraum, 나치스가 주장한 정치적 및 경제적 발전에 필요한 영토, 생활권/역주)'은 찰스

깁슨이 「아메리카의 스페인(*Spain in America*)」에서 설명한 대로 직접적인 강탈에 의해서, 또는 토지공여, 구입, 상속, 합병, 경제적 경쟁과 같은 보다 교묘한 방법을 통해서 확보되었다. "원래 상대적으로 작은 면적으로 공여된 토지는 식민지의 투자가에 의하여 비싸게 구입되어 언제라도 팔 수 있게끔 되었으며, 최종적으로 광대한 농장형태로 바뀌게 되었다. 대부분의 아시엔다의 재산소유권증서는 수많은 작은 자산을 대상으로 기록을 모은, 다량의 문서로 구성되어 있었다."

이런 현상은 식민지 행정시대로부터 공화파정권 시대까지, 수세기에 걸쳐 이어져왔으며 한편으로는 라틴 아메리카가 원재료를 공급하고 자본과 공업제품들을 수입하는 나라로서의 국제적 역할을 수행하게끔 하는 기반으로 작용했다. 그것은 또한 모든 경제 시스템이 전반적으로 의존했던 부패한 정치의 산물이었고 노동에서 토지로 관심이 바뀌면서 심지어 교회까지도 그들의 환상적 유토피아를 포기하고 진정한 경제적, 정치권력의 기초로서 광대한 토지를 입수하게끔 만든 도덕적 위선의 기반이 되었다는 사실도 드러내주었다.

정복자들이 역사 속으로 사라지면서 그들의 후예들과 식민지에 뿌리를 내리려고 온 스페인인들은 인디아스법이 표방한 인도적인 일반원칙을 따르려고 했고 이 머나먼 지역에서 발견한 현실상황에 가능한 한 적응하고자 노력했다. 스페인 왕국과 식민지 사이의 거리는 17세기에 스페인의 경제가 쇠퇴하면서 점점 더 멀어져만 갔다. 펠리페 3세의 정부는 17세기에 들어오면서 심각한 경제위기에 봉착하여 식민지의 행정관리들에 더 이상 급료를 지불할 수 없었다. 그러자 이들은 정당하지 못한 사업, 정말로 부패하기 그지 없었던 사업을 통해서 그들 자신의 수입을 벌어들일 수밖에 없었다. 이런 과정을 통해서 결과적으로 스페인 왕국에 속한 지방관리는 '카시케(Cacique)'라는 지역 보스로 바뀌게 되었다. 그들은 지역의 상인들과 결탁하여 그들의 관할 지역에 독점체제를 구축했다. 상인들은 관리가 급료를 받을 수 있도록 배려해주는 대신 관리들은 강제로 인디오들에게 부채를 지게끔 한 뒤, 이 관리들이나 상인들이 연합하여 인디오들의 수확물을 고정가격으로 구매하였다. 이런 식으로 인디오들의 부채는 끝없이 불어만 갔다. 그것은 바로 라틴 아메리카 공사(公私) 양면에 드러나는 뿌리 깊고 특이한 부패의 이미지인 것이다. 이런 체제의 중심 인물이었던 '코레히도르'는 징세인, 사법관, 행정관으로서 입으로는 끊임없이 왕을 향해서 아첨을 했지만, 실제로 그의 손은 권력이 미치지 않는 대농장의 소유자나 정치적 보스와 같은 지역의 실력자와 야합한 사업에 깊이 유착되었다.

인도주의에 입각한 새로운 법들아 스페인으로부터 들어왔을 때 신세계 현지의 관리들이 그 법을 염두에 두고는 "법은 공히 지켜져야 하지만 현실에서는 무시된다"라고 엄숙한 태도로 읊조렸던 것은 이상한 일이 아니다. 여기서 보듯이 왕국의 법률에 기초하고 후에 공화국헌법에 기초한 법치국가라는 개념과 그 법률상의 외관 이면에 나타난 부패한 실제국가 사이의 깊은 균열은 처음부터 스페인계 아메리카 세계를 타락시키고 파괴시켰다. 외관상으로 그 법들은 우리들 로마법의 전통, 즉 위에서 아래로의 수직적 질서에 의거한 균형적 위계와 함께 그 이상으로 장엄할 수도 조화로울 수도 없었다. 멕시코 벽화 작가인 호세 클레멘테 오로스코는 미국의 다트마우스 대학교의 베이커 도서관의 거대한 벽화를 통해서 눈길을 끄는 수직적 모습을 그리면서 원주민 세계와 식민지 세계를 직관적으로 잘 재현해냈다. 무릎을 꿇고는 있지만 팔을 치켜든 인디오 원주민들이 이런 수직적 구조를 지닌 피라미드 주위로 모여 있다. 스페인 정복자들은 수직적인 자세를 엄격히 취하고 있으며 그들의 칼은 그들의 섹스 대상인 여성 앞에 수직으로 세워져 있다. 반면, 인디오의 피라미드가 있었던 자리에는 교회가 돔 지붕의 십자가와 함께 우뚝 솟아 있다.

식민지 정부의 정점에는 물론 스페인에서 통치하는 국왕자신이 있었다. 그리고 그 밑으로 국왕에게 종속된 '인디아스 추기회의(Consejo de Indias)'가 있었다. 이 인디아스 추기회의는 스페인 국민이 아니라, 국왕의 세습자산의 일부였던 식민지의 통치에 직접적인 관계가 있었다. 왜냐하면 멕시코, 페루, 칠레는 스페인 국민의 것이 아니라 스페인 국왕의 소유물로 부가된 것이기 때문이었다. 밑으로 더 내려오면 인디아스의 상업활동을 담당했던 '세비야의 통상원(La Casa de Contratación de Sevilla)'이 있었다. 이 기구는 중앙집권적인 방법으로 무역을 독점했는데, 보다 중요한 사실로서 아메리카의 금은보화를 수취하기 위한 모든 권한을 가지고 있었다. 마지막으로 이런 스페인의 고등기관 밑에 종속된 원거리 식민지의 지방당국이 있었는데 맨 윗 자리에는 스페인에서 임명된 부왕(副王, Virrey) 그리고 통감이 있었고, 그 다음으로 총독(gobernador), 지방의 장, 시장(alcalde)이 있었고 마지막으로 시의회(municipio)가 있었다. 이 시의회는 이와 같은 중압적인 구조에 억눌려 대부분 성공을 거두지 못했지만 최소한의 지방의 정의를 실현시키기 위해서 고군분투했다.

스페인계 아메리카가 지닌 본래의 권력체계는 멀리 떨어져 있는 본국에서는 거의 형해화(形骸化)된 부권적 법에 의해서 통치되는 종적인 독재제도였지만, 지방차원에서는 지주계급과 정치 보스 사이의 정치적이고 경제적인 목적에 부합하는 현실적인 타협의 산물로서 그것은 가혹하고 때때로 비효율적인 토지와 노동력을 착취하기 위해서 대단히 유용했다. 이런 합스부르크 왕조가 지녔던 스페인의 종적구조와 아스테카나 잉카 세계의 종적구조 사이에는 강한 연속성이 존재했다는 것은 의미심장하다. 수용권(收用權)의 개념 ── 국가는 처음부터 토지의 원래 소유자이고 그 토지를 사적인 목적으로 개인에게 임시로 양여한다 ── 은 원주민 인디오 제국이나 스페인 왕국에 공통된 전통이었다. 그러나 이런 법적인 사실은 일상적으로 정치의 관행과 대립하고 있었다. 정복자들과 그의 후손들은 정복의 권한을 이용하여 토지와 노동력을 자기들의 소유로 만들었다. 한편 스페인 국왕은 인도주의와 법률을 근거로 토지는 인디오의 것이고, 인디오를 통해서 보자면 국왕에 속한다고 주장하면서 그들을 고발했다. 식민지인들은 국왕의 명령에 복종하지 않았다. 그러자 국왕은 이들로부터 상속권을 빼앗았고, 장기간에 걸쳐서 그들의 권력을 축소시키고자 노력했으며, 결국 '세군도네스(segundones, 2급시민)'의 범주로 그들을 깎아내림으로서 그들에 대응했다. 그러나 식민지인들은 지방적으로 조직, 국왕의 개입이 불가능한 생활권을 구성하면서 억압과 착취로 가득 찬 고립된 농촌정치를 창출해냈다. 이런 정치가 지금까지도 라틴 아메리카 나라들에서 계속되고 있는 것이다.

도시의 네트워크

법률이라는 화려한 외관과 현실정치의 부패한 관행 이면의 또 다른 요인들이 식민지 아메리카의 새로운 생활을 활기차게 만들었다. 물론 그 첫 번째 요소는 사람들이었다. 스페인 정복자들과 그들의 자손들, 아메리카 대륙으로 건너온 유럽 이민들, 메스티소라고 불리는 스페인 남성과 인디오 여성과의 사이에 태어난 자식들, 크리오요라고 불리는 아메리카 땅에서 태어난 백인, 뒤에 온 아프리카 흑인들과 물라토라고 불리는 흑인과 원주민사이에서 태어난 혼혈자손들, 그리고 물론 멸망한 인디오 자신들 바로 그들이었다.

코르테스는 카를로스 1세에게 보낸 편지에서 초기의 정복자들은 천한 신분에 교육을 받지 못한 거친 인간들이었다고 썼다. 아마도 코르테스는 자신이 살라망카 대학교에서 교육받은 경력을 자랑함으로써 국왕에게 두터운 인상을 남기려고 했을 것이다. 실제로 농부들이나 도시 노동자들뿐만 아니라 하급귀족이나 중산계급에 속한 사람들도 정복에 참가했다. 역사가인 세스페데스 델 카스티요는 16세기에 보다 광범위한 여러 계층의 사람들이 이민으로 신대륙에 왔다고 언급했다. 다수의 수도사, 신부, 하급귀족들이 전반적인 이민 그룹의 중심을 이루었다. 군인들은 초기에 많이 왔지만 귀족들은 거의 오지 않았다. 반면 수많은 상인들, 화가, 직인, 그리고 변호사가 왔는데 그들은 단순한 숫자 이상으로 지대한 영향을 끼쳤다고 그는 기술하고 있다.

그렇지만 식민지에 가는 사람들은 엄선되었다. 유대인, 무어인, 이교도는 대서양을 건너는 이민에서 특별히 제외되었다. 대개 정복자들은 독신으로 와서 처음에는 인디오 여성들과, 뒤에는 흑인여성들과 자유롭게 섞인 것이 사실이지만, 스페인 여성들이 아메리카 대륙에 이주하는 것을 금지시키는 규정은 전혀 없었다. 실상 많은 여성들이 식민 초기에는 중요한 역할들을 담당했었다. 파나마 총독이었던 페드로 데 로스 리오스의 부인은 남편의 임기가 끝났는데에도 스페인으로 귀국하기를 거부했다. 그녀는 자신이 기르던 목축들과 함께 파나마에 남아 그 당시 태평양에서 대서양으로 운반된 페루의 황금이 자기자신에게도 굴러들어오지 않을까 크게 기대하고 있었던 것이다. 이네스 수아레스라는 한 여성은 대다수의 정복자들처럼 에스트레마두라 출신으로서 남편의 뒤를 쫓아 베네수엘라까지 왔지만 정작 남편을 찾을 수 없었다. 그러자 그녀는 페루까지 갔으며 그곳에서 남편이 죽었다는 사실을 알았다. 페루에서 그녀는 페드로 데 발디비아를 만나 칠레의 정복과 스페인 신세계 최남단의 수도, 산티아고 델 누에보 에스트레모의 건설에 그와 같이 행동했다. 이 도시의 이름은 국토회복운동의 수호성인이었던 사도전사와 이네스와 페드로 두 사람의 고향 에스트레마두라를 상기시키는 이름이다. 이네스는 부상병들을 돌보았고, 보좌역으로서, 그리고 애인으로서 발디비아에게 충실했지만 발디비아의 본처가 스페인에서 오자 신부의 조언을 따라서 그와 헤어졌다. 도덕적 교훈을 보여주기 위해서인지 발디비아는 부인이 오기 전에 아라우코족에 의하여 살해되었다. 이 두 미망인이 서로 만났는지 우리로서는 알 수 없다.

이 시기에 여성들은 스페인계 아메리카의 한 도시인 부에노스 아이레스의 극적인 건설에서 아주 중요한 역할을 담당했다. 부에노스 아이레스는 두 개의 이야기를 지닌 도시이다. 그 도시는 두 번에 걸쳐서 라 플라타 강변에 세워졌다. 최초의 건설은 페드로 데 멘도사 ── 1527년 스페인 군대에 의해서 로마가 함락된 뒤, 약탈을 통하여 재물을 모은 허영심 많은 궁정인 ── 에 의해서 1536년에 이루어졌다. 그는 더 많은 황금을 찾아 라 플라타 강까지 왔었다. 그는 "로마인의 돈을 가지고 이교도를 정복했다"라고 당시의 시 구절은 전한다. 그러나 멘도사가 거기서 만난 것은 황금이 아니라 열병, 굶주림, 그리고 죽음이었다. 이 남부지방의 가난한 인디오들은 그들이 타고 온 말이나 화승총을 전혀 무서워하지 않았고, 밤새 스페인군의 진지를 습격했던 것이다. 당시 스페인 군인들에게 유일한 위로거리가 있었다면, 그것은 남장을 한 여자들을 포함해서 다수의 여자들이 이 원정에 참가했다는 사실일 것이다. 이 여성들은 보초로서 근무했고, 진지의 불이 꺼지지 않도록 주의를 기울였다. 그들 중의 한 여자는 "여자들은 남성보다도 음식량이 적다"라고 썼다. 그나마 식량이 곧 떨어졌다. 잘 알려져 있는 사실이지만 이 황금의 열병에 사로잡힌 스페인인들은 그들의 장화밑창까지도 게걸스럽게 먹었던 것이다. 심지어 죽은 사람의 인육을 먹었다는 소문도 돌았다. 멘도사는 매독으로 죽었고 그의 시체는 강물에 던져졌다. 이 지역에서 유일하게 볼 수 있었던 황금은 아마도 라 플라타 강의 혼탁한 물에 가라앉고 있었던 이 개척자의 손가락에 낀 반지였을 것이다.

부에노스 아이레스는 불타버렸고 버려졌다. 이 최초의 건설은 아메리카 대륙에 세워진 스페인 도시 중에서 가장 비극적인 결말로 끝이 났던 것이다. 그러나 44년 뒤인 1580년 후안 데 가라이라고 불린 한 실무파 행정가가 파라나 강을 거쳐 아순시온(Asunción)으로부터 내려와서 부에노스 아이레스를 재차 건설했다. 이번에 건설된 도시는 모험가들이나 황금을 찾아나섰던 자들이 세웠던 도시가 아니라 반듯이 정비된 도로와 질서와 근면, 번영으로 가는 도정(道程)의 도시로서 설계되어 이 모든 것이 부에노스 아이레스를 통해서 실현되었던 것이다. 라 플라타(銀)라는 이름을 가진 강 ── 시인인 레오폴도 루고네스가 언젠가 말했듯이 사자의 가죽처럼 칙칙한 색을 띤 강 ── 의 하구에 세워진 이 항만도시는 피혁제품과 우(牛)가공품의 교역을 위한 출구였다. 그것은 늪지대에 세워진 도시, 그리고 포토시 광산의 은이 대서양으로 빠져나가는 배수로와 같은 도시였다.

두 번에 걸친 부에노스 아이레스의 건설은 스페인인들이 신세계의 식민지 건설에 관하여 품고 있었던 두 가지 충동을 극적으로 보여주었다. 그 중의 하나는 환상과 꿈, 상상에 기반을 둔 것이었다. 정복자들은 황금에의 탐욕——"페루의 열병"이라고 불린——뿐만 아니라 때때로 그것보다 더 강력한 미약(媚藥)이 되곤 했던 환상과 상상력에 의해서 움직였다. 의욕으로 충만한 르네상스의 세계에 그들이 발을 내밀었을 때 이 인간들의 머리 속에는 여전히 중세의 환상들이 떠돌아다니고 있었다. 그들은 여자의 유방을 가진 고래, 두 개의 페니스를 가진 상어, 날아다니는 물고기, 모래알보다 진주가 더 많은 해변을 보았다는 것을 쉽게 믿었었다. 그럼에도 불구하고 그들이 사이렌(sirens, 그리스 신화에서 나오는 반인반어[半人半魚]의 여자로 아름다운 노래로 뱃사람들을 유인하여 죽였음/역주)을 보았다고 했을 때 이번에는 아이러니컬하게도 그 인어가 "전설처럼 그렇게 아름답지 않다"라고 말했다. 그러나 신화 속에 등장하는 용맹한 여전사를 찾으러 나갔던 모험이 캘리포니아(California)——이 지방은 아마존의 여왕 칼라피아(Calafia)의 이름을 따 명명되었음——로부터 남아메리카 최대인 이 강의 원류까지 그 기나긴 여행길로 그들을 내몰았다. 폰세 데 레온이 탐험한 플로리다(Florida)——꽃이 만발한 땅——에서 불로장수의 샘을 찾고자 했던 그들의 모험은 한낱 실수로 끝났다는 말인가? 그러나 엘 도라도를 찾아나선 그들의 모험, 즉 하루에 두 번씩 금분(金粉)으로 얼굴을 화장한다는 인디오 추장을 찾아나선 여행이 그들을 세계 최대의 은광이었던 포토시로 데리고 갔다. 그리고 전설상의 '시볼라(Cibola)의 일곱 도시'를 찾아나선 모험이 프란시스코 바스케스 데 코로나도를 극적이고도 기나긴 여행길로 이끌어 뒤에 아리조나, 텍사스, 그리고 뉴 멕시코와 같은 지역을 발견하게끔 하는 것이다

그들은 환상의 도시들을 결코 발견하지 못했다. 그러나 부에노스 아이레스의 두번째 건설에서 알 수 있는 것처럼 그들은 진정한 현실의 도시, 다시 말하면 황금의 도시가 아닌 인간으로 이루어진 도시를 세울 수 있었다. 로마 시대 이후로 그때까지 신세계에 도시들을 세운 스페인만큼 그렇게도 놀랄 만한 활력을 보여준 나라는 없었다. 그 어떤 것도 스페인인들

의 발걸음을 막지 못했다. 북아메리카, 즉 지금의 캘리포니아와 오리건, 그리고 남으로 아메리카 대륙의 최남단 푸에고 섬까지 그들은 몰려갔었다. 그 거리는 어마어마한 것이었고 또 이 대륙이 가진 부는 막대한 것이었다. 그러나 원거리와 부라는 이 두 가지를 지배하려면 도시의 건설은 필수적이었다. 샌 프란시스코, 로스 엔젤레스에서 부에노스 아이레스 및 산티아고 데 칠레에 걸쳐 수많은 도시들이 생겨났다. 이 도시들은 단순히 경계를 지닌 거주구역이 아니라 여기, 이 "영원을 향한" 신세계에 정주하겠다고 하는 스페인인들의 결의를 반영했던 고귀하고도 영속적인 도시의 거점이었다.

스페인계 아메리카 대륙에서 아주 대조적인 두 나라, 즉 멕시코와 아르헨티나에 한정시켜보더라도 이 두 지역에 세워진 도시들의 리스트를 열거하면 실로 인상적이지 않을 수 없다. 멕시코에서는 연달아 도시가 탄생했다. 1519년 베라크루스, 1521년 안테케라(현재의 오아하카), 1522년 콜리마, 1529년 타스코, 1531년 태평양 연안의 쿨리아칸, 1535년 푸에블라, 1542년 과달라하라, 1550년 중앙 계곡의 케레타로, 1561년 산 크리스토발 데 라스 카사스가 건설되었다. 아르헨티나에서 도시가 생겨난 리듬 또한 유사하다. 1553년 산티아고 델 에스테로, 1561년 멘도사, 1년 뒤 산 후안, 1565년에 투쿠만, 1580년대 살타와 코리엔테스, 1590년대 라 리오하와 산 루이스, 1609년 산타 페, 1617년 코르도바가 생겨났다.

카리브 해나 태평양 연안의 아바나, 아카풀코, 카르타헤나와 같은 도시들은 요새로 세워진 항구도시들이었다. 멕시코 시티나 리마와 같은 도시들은 거대한 수도였다. 대부분의 도시들은 르네상스 시대의 정방형 도시의 모델을 좇아서 세워진 정연한 지방도시로, 각각의 도시의 중심에는 광장과 교회, 그리고 시청사가 있었고 영원히 존속할 생활의 리듬 —— 중앙의 광장에서는 연인들이 사랑의 밀어를 속삭이고, 노인들은 도미노 게임이나 시사문제를 토론하며 하루를 보내고, 또한 이곳에서 새로운 법들이 공표되고 혁명이 솟구쳐 나오는 —— 이 반복되어 나왔다. 산세의 자연적인 기복을 따라서 금과 은이 채굴되는 광산도시들도 있었다. 어떤 경우가 되었든 간에 도시가 하나 건설되면 그곳에 들어와 사는 사람은 각각 자신의 부지인 교외의 농지, 즉 '솔라르(Solar)'와 그리고 공동이용으로 남겨진 토지에 대한 권리를 부여받았다.

라틴 아메리카의 도시에 관하여 연구한 아르헨티나의 역사가 프란시스

포토시의 은광, 1584년경.

카르타헤나의 요새.

코 로메로에 의하면, 스페인 제국은 도시망을 형성했고, 그것을 통해서 농촌지역을 지배했다고 한다. 그러나 도시나 농촌지역은 둘다 그들만의 권력의 중심을 창출하고 독자적인 특성을 개발하면서 스페인 왕실이 꿈꾸었던 획일적인 제국의 비전을 분쇄해버렸다. 아메리카의 도시들은 형식적이고 법적인 의미에서 대단히 스페인적이었다고 로메로는 덧붙인다. 즉 도시들은 정치적 행위로서 토지를 점유하고 정복의 권리를 확립시키기 위해서 세워졌던 것이다. 그러나 다른 무엇보다도 법률이 정해지지 않으면 어떠한 도시도 합법적인 도시로 인정받을 수 없었다. 도시는 현실의 형태를 갖추기 전 우선 상상되어야만 했고 그 뒤에 법으로 확고히 규정되지 않으면 안 되었다. 로마의 전통에 의거한 법치형태는 현실보다 앞서야 했으며, 또 현실보다 상위에 놓여져야만 했다. 즉 도시의 법이 도시의 현실을 만들어냈던 것이다. 그리고 나서 도시는 곧 중앙에서부터 스페인의 권한을 행사했고 인디오들을 복종시킬 수 있었다.

도시는 또한 새로운 문화의 중심지로 바뀌어갔다. 신세계 최초의 대학교는 1538년에 산토 도밍고에 세워졌으며, 1551년에는 리마 대학교와 멕시코 시티 대학교가 세워졌다. 이것은 1636년에 세워진 앵글로-아메리카 최초의 대학교인 하버드 대학교보다 훨씬 앞서는 것이었다. 아메리카 최초의 인쇄기는 이탈리아의 식자공 지오반니 파올리(후안 파블로스)에 의해서 1535년에 멕시코 시티에 설치되었다. 반면 앵글로-아메리카에서는 1640년 스티븐 데일에 의해서 매사추세츠 주, 케임브리지에서 최초로 인쇄기가 돌아갔다.

대학은 기본적으로 중세의 전통적인 학문이었던 3학과(Trivium, 문법, 수사법, 논리학)와 4학과(Quadrivium, 기하, 산술, 음악, 천문학), 그리고 신학, 법률, 스콜라 철학의 중심적 정치학(이것은 다름 아닌 성 토마스 아퀴나스의 사상임)을 가르쳤다. 라틴 아메리카의 정치문화에서 아퀴나스 사상은 결정적이었다. 왜냐하면 멕시코에서 아르헨티나까지 그 누구가 되었든 이 성 토마스의 정치학을 300년에 걸쳐서 배웠기 때문이었다. 사람들은 대학에서 정치의 목적, 다름 아닌 개인의 가치에 우선하는 숭고한 가치는 공공의 선이라는 것을 다시 한번 명확히 배웠다. 그것을 달성하는 데에는 통일성이 필요했고 다양성이라는 것은 방해의 요인이 되었다. 그리고 그 통일성은 다수의 유권자가 지닌 변덕스러움을 통해서가 아니라, 한 사람의 지배에 의해서 최상의 방법으로 달성되는 것이었다.

오아하카의 산토 도밍고 성당에 딸린 11개의 예배당 중 한 곳에서, 성 토마스 아퀴나스는 스페인계 아메리카의 심장부에서 여과된 기본적인 정치의 진실을 저 하늘 위에서 주재하고 있다. 그의 정면에는 사상을 통해서 우리의 정신적 삶과 정치적 삶의 주춧돌이 되는 교회의 스승인 성 아우구스티누스가 진좌(鎮座)하고 있다. 그는 교회의 도움을 통하지 않고서는 그 누구도 신의 은총을 직접적으로 받을 수 없다고 설교했다. 즉 신에 다가가기 위해서는 교회의 성직위계제도를 통해야만 한다는 것이었다. 그의 사상은 계시된 진리를 가르치기 위한 신비적인 교의체계로서 개인의 연구나 비판의 여지를 부정하는 한편, 전통의 원초적인 필요성과 그런 전통을 올바르게 받아들여 진리를 넓히고 필연적으로 일어날 수 있는 과오를 규탄하는 교회의 역할을 강조했다.

그러나 공동의 이익이 독재적인 특권의 양도를 통해서 위로부터 주어진다는 그의 주장은 달리 말하면 이 정치철학이 오로지 밑으로부터 일어나는 폭력혁명을 통해서만 바뀔 수 있다는 사실을 확인시켜주는 것이기도 했다. 여기서 다시 한번 민주주의의 원칙과 실천은 뒤로 미뤄질 수밖에 없었다. 스페인계 아메리카는 중단된 독자적인 전통 —— 중세 스페인의 도시가 지니고 있었던 것과 아스테카 사회의 인도적 측면, 그리고 잉카 문명의 사회적 가치 —— 과 독자적인 민주주의와 투쟁의 뿌리를 찾기 전에, 독재주의와 진보와 민주주의를 위한 외국 모델의 무비판적 모방이라는 그 미궁 속에 빠져서 헤매고 있어야만 했던 것이다.

식민지의 교육은 관리된 지식을 전수하는 것으로 정의될 수 있는 그런 제도였다. 교육과 뗄 수 없는 출판제도 역시 대단히 엄격한 제한을 받았다. 멕시코 정복이 끝난 지 단 6년만에 스페인 왕실은 코르테스가 카를로스 1세에게 보낸 「서한집(*Cartas de relación*)」을 더 이상 출판하지 못하도록 명했다. 스페인 왕실은 정복자들에 대한 개인숭배가 생겨나는 것을 원치 않았던 것이다. 실질적으로 이 명령은 우리 자신에 대해서 알고자 하는 것을 금지시키는 행위에 다를 바 없었다. 1533년, 국왕의 칙령에 의해서 정복에 관한 모든 역사서가 아메리카 대륙으로 반입되는 것이 금지되었다. 그 중에는 패배한 인디오 문화를 찬양하는 역사도 포함되어 있었다는 것은 두말할 필요도 없다.

이런 모든 상황에도 불구하고, 스페인은 정복된 나라의 귀족계급에 속하는 우수한 원주민들을 위해서 일찍부터 학교를 만든 것과 같은 대단히 계몽적인 조치들을 선도적으로 취할 수 있었다. 예를 들어, 멕시코의 틀라텔롤코 학교에서 원주민 젊은이들은 스페인어, 라틴어, 그리스어를 배웠고, 그곳에서 그들은 탁월한 능력을 발휘했다. 그러나 결국, 이런 교육실험은 폐지되고 말았다. 왜냐하면 우선, 정복자들은 자기들보다도 박학한 인디오들을 종복으로 데리고 있는 것에 대해서 심사가 뒤틀렸고, 두번째, 그들이 원했던 것은 비르길리우스를 번역할 수 있는 인디오가 아니라 자신들을 위해서 광산이나 대농원에서 일할 수 있는 값싼 노동력으로서의 인디오들이었기 때문이었다. 이외에도, 정복자들은 그들의 새로운 종교를 위해서 그들의 노동력을 필요로 했다. 기독교는 인디오의 옛 신전들, 다시 말해서 한 기독교 선교사가 명명했듯이 이 "악마의 신전"들을 철저히 파괴했다. 그러나 아메리카에 기독교라는 새로운 종교의 신전을 건설한 사람들은 바로 이 인디오들이었다.

아버지와 어머니

아메리카의 정복의 공과(功過)가 어떠했든지 간에, 교회 자신은 식민과 정중에서 그들의 주요 역할이 포교에 있다는 것을 명확히 인식했다. 교회는 반란을 일으키고 싶어하는 충동과 또 한편으로는 보호받고 싶어하는 염원 사이에서 고통받고 있었던 인디오들과 만나기 시작했다. 교회는 가능한 모든 수단을 동원해서 그들을 보호해주었다. 멕시코의 코라족, 페루의 케추아족, 칠레의 아라우코족 등 대다수의 인디오 집단은 장기간에 걸쳐서 스페인에 저항했다. 그러나 다른 부족들은 교회에 집단으로 몰려가 노상에서라도 세례를 받게 해달라고 청원했다. 1524년에 멕시코에 온 프란시스코 교단의 토리비오 데 베나벤테 수도사 ── 그는 인디오들로부터 "가난하고 겸손한 자"라는 의미를 지닌 '모톨리니아(Motolinia)'라는 이름으로 불리고 있었다. ── 는 이렇게 썼다. "일요일이나 종교축일뿐만 아니라 평일에도 많은 사람들이 세례를 받으러 온다. 어린이든 어른이든, 건강한 자든 병든 자든, 어느 지역을 막론하고 찾아온다. 수도사들이 출타하게 되면, 인디오들이 어린애를 안고, 병자를 등에 업고는 거리로 나온다. 심지어 늙고, 노쇠한 사람들도 노상에 나와서 세례받기를 원한다. 그리고 세례를 받게 되면 기도하는 사람, 고통을 호소하는 사람, 무릎을 꿇고 탄원하는 사람, 손을 드는 자, 울거나 탄식하면서 세례를 받는 자도 있었다."

모톨리니아는 테노슈티틀란이 함락(1521년)된 지 15년만인 1536년, "400만 명 이상이 세례를 받았다"고 확인했다. 이 말은 교회의 선전일 수도 있지만, 세례에서 종부성사까지, 가톨릭의 정식 의식은 스페인계 아메리카에 속한 모든 나라들의 민중의 일상 속에 드러나는 영구적인 행사로 바뀌게 되었다. 그리고 교회의 건축에 있어서는, 새로운 아메리카 사회의 활력 있는 두 요인들 —— 첫번째로 친족, 즉 아버지와 어머니를 찾고자 하는 의식과 두번째로 새로운 신들의 제단 뒤로 옛 신들이 모습을 바꾸어 보호될 공간을 찾고자 하는 의식 —— 을 연결시킬 수 있도록 인디오의 현실적인 상상력이 발휘되게끔 하지 않으면 안 되었다.

대다수의 메스티소는 그들의 부모가 누구인지를 알지 못했다. 그들은 오로지, 그들의 인디오 어머니가 스페인인들의 정부였다는 사실만 알고 있었다. 영국의 식민지에서 드러난 인종적 순혈주의(純血主義)와 청교도적 위선과는 대조적으로, 다른 인종과의 혼교는 확실히 아메리카 식민지의 원칙이 되었다. 그러나 이것만으로 스페인인들과 원주민 여성들 사이에 태어난 수많은 자식들이 틀림없이 품고 있었을 고아의 감정을 완화시킬 수는 없었다. 말린체는 코르테스의 아이를 가졌고, 코르테스는 자기 자식으로 인정하여 그에게 마르틴이라는 이름을 붙여주었다. 그러나, 이 정복자에게는 본처인 카탈리나 후아레스와의 사이에서 태어난, 마르틴이라는 똑같은 이름을 가진 또 하나 아들이 있었다. 시간이 흘러, 이 두 형제는 서로 만났고 1565년에는 스페인 지배에 대항하여 크리오요와 메스티소에 의한 멕시코 최초의 반란을 주도했다. 사생아를 적자로 인정하는 것과 고아의 신원을 보장하는 것은 당시에는 자주 공언되지는 않았지만, 그 두 가지는 라틴 아메리카 문화에서 주요한 과제 중의 하나가 되었다. 이에 대해서 스페인은 종교와 법적인 수단을 통하여 대처했다.

신들이 자기의 민족을 버린 채 도망치고, 신전이 파괴되고, 도시가 괴멸되고, 인디오의 전문화가 무자비하게 약탈과 파괴를 당하고, 광산과 엔코미엔다로 인해서 인디오 경제가 황폐화되고, 거기에 더하여 눈앞에 일어난 사건들에 경악과 불가사의한 감정으로 몸이 거의 마비된 상태에서, 그들 인디오들은 다음과 같이 묻지 않을 수 없었다. 도대체 어디에서 희망을 찾아볼 수 있단 말인가? 정복된 인디오 세계가 내몰려진 그 긴 터널에는 실낱 같은 빛도 보이지 않았다. 어떤 식으로 절망과 폭동을 피할 수

과달루페 성모.

있을까? 사실 이 물음은 바로 식민지의 인도주의자나 현명한(또는 빈틈없는) 정치가 등이 제기한 문제였다. 이에 대한 대답 중의 하나로 나온 것이 바르톨로메 데 라스 카사스 신부의 규탄이었고, 키로가가 건설한 유토피아 공동체였으며 또 스페인 왕국이 세운 학교였다. 그러나 그 누구보다도 여기에 대해서 영속적인 해결책을 실제로 제시해준 사람은 제2대 멕시코 부왕이자, 멕시코 초대 주교였던 후안 데 수마라가였다. 그는 신세계의 고아들에게 어머니를 찾아주었다.

1531년 12월 초순 멕시코 시티의 테페약 언덕, 이전에 아스테카의 여신 토난친틀라를 경배하던 바로 그 장소에 한겨울에 장미를 안은 과달루페 성모가 출현했다. 이 성모는 신분이 미천한 인디오 짐꾼이었던 후안 디에고를 사자로 선택해서 그에게 신의 사랑을 전했다. 일진광풍이 몰아치듯이 스페인 당국은 인디오들을 능욕당한 여성의 자식에서 순결한 성모의 자식으로 바꾸어버렸다. 이리하여 바빌론을 베들레헴으로 바꾸는 것과 같은 순간의 정치적 재간으로 인해서 이제 창부는 성녀로, 말린체는 과달루페로 바뀌어졌다. 그 이후로 지금까지, 멕시코의 과달루페 성모, 쿠바의 카리단 델 코브레 성모, 베네수엘라의 코로모토 성모만큼 사람들을 그렇게도 위로하고, 또 그들의 단결을 촉진하고, 열렬한 숭배의 대상이 된 성모는 나타나지 않았다. 정복된 인디오들은 여기에서 그들의 잃어버린 어머니를 찾았다.

그들은 또한 아버지까지도 찾게 되었다. 멕시코는 코르테스에게 켓살코아틀의 가면을 씌우려고 했다. 그러나 코르테스는 그것을 거부했고, 대신 멕시코에 그리스도의 가면을 씌워주었다. 그 후 푸에블라나 오아하카, 그리고 틀라스칼라의 바로크풍의 교회 제단에서는 누가 정말로 숭배받고 있는지 알 수 없게 되었다. 그리스도인가, 켓살코아틀인가? 신들을 위해서 기꺼이 인간의 목숨을 바치는 데에 익숙해져 있었던 인디오 세계에서, 인간을 위해서 자기를 희생한 신을 바라보는 것만큼 놀라운 일은 없었다. 신세계의 인디오를 그렇게도 매혹시켰고, 그들을 진정으로 패배시킨 것은 그리스도에 의한 인류의 속죄라는 사실이었다. 인디오들에게 신들의 진정한 귀환은 그리스도의 도래였으며, 그리스도라는 존재는 시초에 신들이 인간을 위하여 자기를 희생시켰다고 하는 그들의 기억을 되살려주었다. 아스테카의 권력자의 명령에 따라 엄숙히 거행되었던 인신공양 의식의 기저에 남아 있던 이 희미한 옛 기억은 이제 그리스도 교회에 의해서 되찾아졌던 것이다. 그 결과로 나온 것이 스페인계 아메리카 세계의 문화기반을 이루는 것 중의 하나가 되었던, 두드러지게 눈에 띄는 종교의 신크레티즘(Syncretism), 즉 그리스도교와 토착신앙의 혼합이었다.

그렇지만, 여기에는 하나의 특징적 사실이 있다. 멕시코의 그리스도는 모두 죽어 있거나, 아니면 적어도 고뇌하고 있는 모습이다. 칼바리 언덕의 십자가에 걸려 있든, 유리관에 누워 있든, 멕시코 마을의 교회에서 볼 수 있는 그리스도는 피를 흘리고, 초췌한, 고독한 그리스도이다. 이와는 반대로, 아메리카의 성모들은 스페인의 성모들처럼 영원한 영광과 축복, 꽃들, 행렬로 둘러싸여 있다. 그리고 성모상 주위의 장식은 바로 라틴 아메리카의 위대한 바로크 양식의 건축물을 보여주는 것으로, 그것은 그 자체로서 새로운 종교를 축복하는 것과 동시에 대담하게도 옛 종교의 살아남은 모습을 축복하고 있다.

촐룰라 근교에 있는 장엄한 토난친틀라 예배당은 정복에 대항한 문화

토난친틀라의 예배당.

의 역동적인 요소로서, 신구 두 종교의 혼합주의를 확인시켜주는 대단히 경탄할 만한 건축물 중의 하나이다. 이 예배당에서 보인 사건은 다른 라틴 아메리카 나라들에서도 반복되어 나타났다. 인디오 장인들은 기독교 선교사들로부터 성인 상이나 기타 종교적 모티브를 받아서, 교회 내에 그것들을 복원하라는 요청을 받았다. 그러나, 예전에 그들의 신전 건축물에 이미 참여했던 이 인디오 석공들과 장인들은 단순히 복제하는 것 이상의 그 어떤 것을 남기려고 했다. 그들은 새로운 신들과 함께 그들의 옛 신들을 기리고자 하는 마음으로 자연에 대한 찬미와 신에 대한 찬미를 뒤섞어 버렸고, 그 두 개를 서로 구별할 수 없게끔 융합시킴으로써 그들의 의도를 교묘히 숨겼던 것이다. 사실상, 토난친틀라는 인디오의 낙원을 재현했다. 황금이 입혀진 흰색의 이 예배당은 풍요의 상징 그 자체이다. 거기에 장식된 열대의 모든 과일들이나 꽃들은 교회의 돔 지붕의 정상을 향해서, 마치 무한한 풍요의 꿈을 찾듯이 비상하고 있다. 종교의 혼합은 이렇게 정복자가 정복되면서, 마침내 승리를 거두게 되었다.

토난친틀라의 예배당에서, 인디오들은 천국을 향하여 가는 순진무구한 천사로 자신들을 묘사하고 있으며, 한편으로는 스페인 정복자들을 잔인하고, 두 개의 혀를 가진, 붉은 털의 악마로 표현했다. 그들에게 낙원은 이렇게 최후에 가서 회복되었던 것이다.

제3부

라 만차의 아이들

제7장 제국의 시대

카를로스 1세는 스페인 제국의 창시자였다. 그는 가톨릭 양왕(兩王) 아라곤의 페르난도 왕과 카스티야의 이사벨 여왕의 손자였고, 또 그들의 딸로, 남편인 미남 펠리페(Felipe el Hermoso)의 불륜에 대한 강박관념으로 미쳐버린 후아나 여왕의 자식이었다. 펠리페가 격렬한 구기운동을 한 후 찬물 한 컵을 마시고 급사하자, 여왕은 남편의 매장을 오랫동안 거부하고 그 시체를 마차에 싣고 이 수도원에서 저 수도원으로 끌고다녔다. 그녀는 바람둥이 펠리페가 죽어서도 수녀를 유혹할지도 모른다는 불안감에 수녀원으로 마차를 몰고가는 일은 절대로 피했다. '광기의 사랑'을 버리도록 설득당한 광녀(狂女) 후아나 여왕(Juana la Loca)은 토르데시야스 성에 유폐되었다. 그 사이에 그녀의 아들은 16세의 나이로 왕위에 올랐고 마침내 남편인 펠리페도 기독교식으로 장례를 치를 수 있었다.

그러나 카를로스는 이미 6세 때 네덜란드를 물려받았다. 아직 수염도 채 나지 않은 이 소년은 합스부르크 왕가의 일족에게 유전되어 내려오는 결점을 세상에 드러내어 보여주었다. 앞으로 삐죽 튀어나온 긴 턱 때문에 그는 음식을 제대로 씹을 수 없었으며 게다가 입을 다물 수도 없었다. 합스부르크 왕족의 벌어진 입술 사이로 파리가 아무 때고 어렵지 않게 입안으로 날아들었다고 사람들은 말했다. 이 젊은 왕은 수염을 기르기 시작했다. 그는 인상적인 갑옷을 몸에 걸치고는 말에 올라탔다. 기마 포즈를 취한 카를로스 1세의 모습은 이탈리아 화가 티치아노에 의해서 그려져 지금도 남아 있다. 신성 로마 제국의 카를 5세(게르만계)로서 더 잘 알려진 이 스페인의 카를로스 1세는 그 누구라도 꿈꾸고 있는 어마어마한 상

← "스페인, 교황, 베네치아를 나타내는 알레고리적 모습"(부분), 지오르지오 바사리 작.

속의 하중을 모른 척하지 않을 수 없었다. 그는 유럽에 군림하는 최고의 명문 합스부르크 왕가의 계승자로, 그의 권력은 끝이 없었다. 티치아노의 그림에서 보이듯이 그는 말 위에 앉아 그의 눈이 닿는 곳 모두를 그의 왕국의 영토로 바라볼 수 있었다. 북쪽으로는 독일과 네덜란드, 동쪽으로 나폴리, 시칠리아 섬 및 사르디니아 섬, 남쪽은 아프리카의 영토, 서쪽으로는 남북 아메리카 대륙이 있었다. 더 나아가 발보아가 1513년 극적으로 발견한 태평양과 필리핀도 포함되어 있었다. 카를로스는 근대에 존재했던 모든 제국 중에서 최초로 가장 거대한 제국을 지배했다. 이전의 그 누구도, 심지어 로마의 황제들조차 그렇게도 거대한 영토와 다양한 민족 그리고 그와 같은 풍부한 부를 한 손에 거머쥐지는 못했다.

그러나 카를로스는 국왕으로서의 생애를 통해서 자신의 세속적 권력에 기독교의 정신적 권력을 접목시키기로 결심했다. 교황이 기독교 국가의 종교적 수장이라면 그는 기독교 세계의 정치적 수장이 되고자 했었다. 그러나 그에게 과해진 이런 목표는 그의 힘을 일찍부터 소진시키는 원인이 되었다. 카를로스는 그의 막대한 유산을 정복의 전리품으로 얻은 것이 아니라 오로지 합스부르크 왕가의 일족 사이에서 특별히 이루어진 결혼에 의한 동맹 및 또 다른 세속적 협정을 통해서 손에 넣었다. 그런데 이런 문제에 있어서 합스부르크 왕가는 독일의 푸거가(Fugger家)라는 유력한 은행 일족으로부터 커다란 원조를 받았다. 그들은 거액의 자금을 동원하여 선제인(選帝人)을 매수하여 카를로스 1세를 신성로마제국의 황제에 등극시킬 수 있었다. 그렇지만 이런 지위로부터 일단 획득한 재산은 혼인이나 수뢰, 회유를 통해서가 아니라, 전쟁이라는 수단을 통해서 지켜야만 했었다.

카를로스의 문제는 자국(自國) 스페인에서 시작되었는데 그것은 무엇보다도 플랑드르인의 교육에 기인했다. 그는 스페인 말을 전혀 이해하지 못했다. 정치적 감각이 거의 없었던 그는 플랑드르인으로 구성된 조신들에 둘러싸여 있었다. 심지어 톨레도의 주교와 같은 아주 미묘한 스페인의 요직에도 그들을 임명시켰다. 그러나 이 새로운 국왕이 스페인에서 겪은 정치적 문제는 이런 삽화적 이야기보다 더욱 심각했었다. 즉 그는 중앙집권의 절대주의 왕권과 중세 도시의 끈질기고 축적된 힘을 가지고 있었던 민주주의 세력들을 끝없는 투쟁의 와중으로 몰고 갔던 것이다.

"뮐베르크 전투에서의 카를로스 1세", 티치아노 작, 1548년.

도시공동체의 혁명

이미 살펴본 것처럼, 카스티야의 여러 도시에서는 시민권이라는 개념이 완전히 성숙되고 있었다. 의회에 참가하는 사람들의 수는 점점 증가했다. 시민들은 입헌헌장(立憲憲章)을 통해서 자신들에게 그런 권리가 부여되었다는 사실을 잘 알고 있었다. 1516년, 카를로스가 스페인 국왕으로 즉위했을 때 도시공동체는 그들의 자유가 여러 분야에서 위협받고 있다고 느꼈다. 이 젊은 외국인 국왕에 대한 반감과는 별도로, 도시의 시민은, 그들이 정확히 본 것처럼, 카를로스의 정책이 국내의 기반강화를 위해서 두 가지 대외목표, 즉 스페인 제국에 대한 권력과 기독교 교회의 통일을 확실히 하기 위해서 스페인을 더욱더 중앙집권화시키고 있는 것이 아닌가를 의심했다. 국왕의 대리인이었던 '코레히도르(corregidor)'가 점점 더 많아진 것은 도시에 사는 사람들로 하여금 절대주의가 결정적으로 도시를 억누르기 전에 신속히 행동하게끔 자극을 준 동기였다.

1519년에 시작된 내전을 영국이나 프랑스 혁명의 선구로 보는 것은 어쩌면 과장된 이야기일 것이다. 그러나 카스티야의 도시들이 일으킨 반란은 의심할 바 없이 스페인과 스페인계 아메리카의 민주주의에 관하여 이제까지 강력하고 집요하게 주장되어왔던 논점 중의 하나이다. "전원합의"와 "민중의 의지"라는 개념은 도시에 살던 시민(comuneros)들의 서간이나 연설, 그리고 선언 속에서 반복하여 등장하는 공통의 개념이다. 반란에 가담했던 사람들의 사회계층은 그것을 웅변적으로 말해준다. 일부 도시의 귀족들, 다수의 시장이나 시의원, 판사, 그리고 수사에서 수도원장, 수석 사제, 보조 사제를 포함하여 수많은 하급 성직자들, 일부 대학교수, 수많은 의사나 변호사, 그리고 학생, 그 외에 많은 상인, 환전상, 공증인, 약제사, 그리고 압도적 다수의 상점주인, 여관 주인, 은세공사, 보석상, 대장장이, 도살꾼, 모자 만드는 사람, 구두 제조인, 재봉사, 이발사, 목수 등이 다수결에 기반하여 전원의 총의를 대표하는 집행기관, 즉 총회(Junta General)를 통해서 정치 행동에 참가했다. 호세 안토니오 마라발이 지적한 것처럼, 가장 근대적이고 가장 훌륭했던 반란의 역사에서 그들이 명백히 밝힌 목적은 민의의 반영에 기초한 민주적 입헌군주제였다.

이미 아는 바이지만, 이 반란은 젊은 왕에 의해서 도저히 묵과될 수 없었다. 그것은 그의 권력의 이중 정책 —— 내정과 외교 및 스페인과 제국으로서의 —— 때문에도 더욱 그러했다. 그러나 카스티야의 여러 도시(그리고 아라곤에서도 카스티야의 움직임과 같은 '헤르마니아'를 통해서)가 카를로스 1세에 대항하여 반란을 일으켰다면, 변호사나 수공업자, 공장주, 소작농민, 하급귀족의 자식들은 역으로 카를로스 1세를 위해서 멕시코와 카리브 해, 그리고 남아메리카 대륙에서 싸우고 있었다. 1521년 카를로스 1세가 비얄라르의 결전에서 코무네로스 군을 격파했던 바로 그 시점에 에르난 코르테스가 테노슈티틀란에서 아스테카 군대를 괴멸시킨 것은 스페인계 아메리카의 역사를 놓고 볼 때 커다란 아이러니가 아닐 수 없다.

스페인이든 스페인계 아메리카이든 내부로 들어가 보면 문제는 결국 같은 것이었다. 같은 해에 일어났던 비얄라르 공동체의 군대와 테노슈티틀란의 아스테카 군대에 대한 이 두 승리 후에 어떤 종류의 질서가 이루어졌던가? 그 승리의 결과 스페인에서는 불행하게도 민주적이고 수평적인 질서를 향한 움직임이 억제되었고 대신 수직적인 절대주의의 질서가 확립되었다. 그리고 신세계에서는 아스테카 제국(후의 잉카 제국)의 종형(縱型)구조는 스페인 합스부르크 왕가에 의한 종형의 절대주의 구조로 단순히 대체되었던 것이다.

두말할 나위 없이 카를로스 1세가 비얄라르에서 패배시킨 바로 그 사람들과 신세계의 정복자들이 아주 흡사한 사람들이었다는 데에 또 하나의 아이러니가 있다. 이렇게 해서 스페인은 신세계에서는 승리했다고 믿었지만 실제로 구세계에서는 패배했던 것이다. 정복자들은 신세계에서 초기의 민주사회를 세울 호기를 흘려보냈다. 그 결과 그들은 자기들의 정치적 입장을 약화시켰고 권력을 확대시킬 장래의 가능성을 희생시킬 수밖에 없었다. 그들은 자신들이 정복한 토지를 다스릴 수가 없었다. 한편 스페인 국왕은 신속하고도 결정적으로 자기에게 유리한 새로운 통치 형태를 아메리카 대륙에 세웠다. 정복자들이나 그들의 자손이 쟁취한 것은 사실상 토지 그 자체에 대한 이득뿐이었다. 그러나 그것도 최종적으로는 불법으로 간주되었다. 국왕에 대한 정복자들의 이런 이득의 힘(de facto, in situ)은 주목할 만하기는 했지만 장래의 가능성 있는 민주사회의 건설이라는 관점에서나, 자치적 봉건사회의 건설이라는 관점에서 보면 그것은 여전히 불충분한 것이었다.

혹시 무슨 다른 길은 없었던 것일까? 스페인의 재정복(reconquista)과 신세계의 정복 뒤, 스페인계 아메리카는 민주적 제도를 창출할 수는 없었던 것일까? 이런 질문들은 스페인과 스페인계 아메리카의 미래와 관련지어 지금도 여전히 제기될 것이다.

카스티야의 도시들을 비얄라르에서 패배시키고, 아스테카를 테노슈티틀란에서 멸망시킨 뒤, 카를로스 1세는 프랑스나 영국이 했던 것 ── 그러나 한편으로는 독일이나 이탈리아는 할 수 없었던 ── 처럼 중앙집권체제를 강화시켰을 뿐만 아니라 스페인을 변화시켰다. 즉 이슬람에 대항하여 국내의 성전(聖戰)에 진력하고 3원적 문화 사이에서 타협점을 발견해야만 했던 그 시대적 요청에 몰린 순수한 이베리아 반도만의 공동사회로부터 대륙의 제국, 앙헬 가니베트의 말을 빌리면, 네덜란드, 이탈리아, 튀니지, 그리고 아메리카의 "모든 것을 감싸 안은" 제국으로 스페인을 변모시켰던 것이다. 그렇지만 스페인이 몰락하게 된 기원은 "우리의 힘과는 너무도 어울리지 않는 사업을 과도한 행동을 통하여 감행한 데에 있었다"라고 가니베트는 덧붙인다. 카를로스 황제의 골치를 썩였던 것은 그의 과도한 영토확장에 있었다. 그것은 실제로 카를로스가 가진 양면성, 즉 안정과 불안정, 잔혹성과 관대함 그리고 두 개의 조국에 대한 충성심으로 더욱 악화되었다. 58년간의 생애를 통해서 그는 플랑드르 지방을 선호하여, 그곳에서 가장 오랜 세월(28년)을 보냈는데, 그 기간은 그가 신성 로마 제국의 황제로서 상속받은 게르만의 영토에서 생활한 기간(9년)을 훨씬 넘는 것이었다. 심지어 그는 생애를 통틀어 자국인 스페인을 고작 7번 방문했는데, 그것은 다 합쳐봐야 18년을 넘지 않았다. 그러나 카를로스 1세를 더욱더 분열로 빠지게 만든 것은 그의 제국이 처한 문제를 타협(그의 르네상스적이고 에라스무스적인 경향)과 직접적인 전쟁(그의 스페인적 제국주의 경향), 이 둘 중에서 어떤 식으로 대처할지를 몰랐던 그의 불확실성에 있었다.

그는 코르테스와 피사로와 같은 타협을 허락하지 않는 폭력적인 대장들을 통해서 아메리카 대륙의 인디오 나라들과 싸웠으며, 동시에 인디오 사회를 보호하고 정복자의 사실상의 권한을 제한하는 법률을 제정함으로서 이 정복자들이 신세계에서 봉건주의적 지배를 못하게끔 그들의 권력을 박탈하는 데에 온 힘을 기울였다. 그는 새로운 이슬람 세력이었던 오스만 제국이 지중해에서 도나우 강까지 병력을 출동하여, 빈의 성문까지

박두했을 때 그들을 맞아 싸웠으며, 또 숙적이었던 프랑스의 프랑수와 1세와 맞서 사반세기가 넘는 지리한 전쟁을 치뤘다. 카를로스는 급료를 받지 못한 자신의 군대의 반란으로 고통을 치루기도 하였다. 그뒤 카를로스가 독일의 프로테스탄트들과 싸우고 있는 동안, 스페인 군대는 교황이 거주하는 로마를 탈취했다. 그러나 카를로스는 프로테스탄트를 누르지 못하여 결국에 가서는 1555년 아우크스부르크의 종교회의에서 자신의 패배를 인정해야만 했다.

이런 견딜 수 없는 하중과 싸움을 견뎌낼 수 있었던 사람은 아무도 없을 것이다. 너무 어린 나이부터 힘을 다 써버려 탈진한 카를로스 1세는 스페인 에스트레마두라 주의 인적 끊긴 산중에 있던 유스테 수도원에 은둔하여, 시계나 만지작거리면서 시름을 잊었고, 때로는 자신의 장례식 예행연습을 하면서 시간을 보냈다. 1558년, 그는 마침내 죽었다. 갑옷을 착용하고 씩씩한 기마 자세를 한 그의 모습을 화폭에 담았던 티치아노는 이제는 평범한 인간으로 돌아온, 등이 약간 굽은 한 노신사가 검은색의 복장을 하고 간소한 로마풍의 의자에 앉아서, 향수병에 걸린 듯이 넋이 나간 표정으로 그가 완전히 파악할 수 없었던 세계를 바라보는 그 모습을 화폭에 담았다.

황금의 비

카를로스 1세는 아들인 펠리페 2세에게 왕위뿐만 아니라 거대한 제국의 영토를 다스려야만 하는 골칫거리 또한 물려주었다. 프로테스탄트는 북부 유럽의 제후들의 정치적 야심과 맞아 떨어져 용인된 뒤, 그 세력을 확대하기 시작했고 터키인은 지중해에서 스페인의 힘을 퇴조시키고자 기웃거리고 있었다. 한편 네덜란드인은 스페인에 대하여 무기를 들고 일어났고, 스페인에 남아 있던 무어인 또한 그들의 언어와 습관을 박탈했던 젊은 펠리페 왕의 칙령에 반대하여 반란을 일으켰다. 심지어 아라곤의 귀족까지도 이전부터 존속해왔던 왕국의 '푸에로(fuero)', 즉 기본법에 근거하여 그들이 누렸던 특권이 제한받는 것에 반발하여 반란을 일으켰다. 그러나 펠리페 2세는 그의 제국이 제국으로서의 기능을 유지하게끔 했을 뿐만 아니라, 세계 최강의 세력으로서 수십 년 간 제국의 지배를 공고하게 만들었다.

이런 목적을 달성하기 위해서는 수입이 필요했다. 그는 주로 교회를 통해서 이제는 무방비 상태로 전락한 스페인과 아메리카 대륙의 신민(臣民)에게 중세를 부과함으로서, 그리고 마지막으로는 신세계로부터 들여온 금은을 통하여 자금을 조달할 수 있었다. 16세기 아메리카의 광산에서 유입된 은으로 인하여 유럽의 은 보유량은 7배로 증대되었다. 페루 고지의 광산의 중심지였던 포토시(현재의 볼리비아)는 17세기에 신세계 최대의 도시로 변모했다. 그곳에는 유럽인 5만 명과 인디오 4만5,000명이 살고 있었는데, 이 인디오 중에서 1만4,000명은 '미타'라고 하는 강제노동제도 아래서 일생 동안 아니면 경우에 따라서는 자손 대대로 광산에 묶여 일하지 않으면 안 되었다. 언제부터인지는 알 수는 없지만, 이미 오래 전부터 인디오 노동자들은 코카 잎을 씹으며 일을 했다. 신세계의 식물과 동물에 대하여 기록했던 예수회 신부인 호세 데 아코스타는 이 코카 잎을 씹으면 이틀 동안 아무것도 먹지 않아도 걸어다닐 수 있다고 썼다. 스페인과 스페인을 통해서 유럽의 기타 여러 나라들에 막대한 부를 가져다준 것은 굶주림으로 고통받고 병으로 죽어간 인디오들이었다. 그렇기는 하지만 생산의 최성기(最盛期)에조차 멕시코와 페루의 광산은 기껏 농업과 목축에 의해서 획득된 부의 4분의 1 정도만을 산출해냈다. 노동자들을 다루는 데에 있어서도, 아무리 최악의 경우라 할지라도, 대농장의 감독관들이 광산의 감독관들보다 훨씬 나았다. 광산의 많은 노동자들은 고통의 강도가 조금은 덜할지 모르는 아시엔다로 도망쳤다. 지하에서의 장기간 노동에서 오는 힘겨움을 덜기 위해서 코카 잎을 씹는 것은 그들에게 하나의 의식으로 변했다.

일확천금을 꿈꾸는 개인들이 주도적으로 광맥을 찾고 채굴을 했다. 포토시는 잉카인도 손대지 않은 전인미답의 산이었지만, 스페인인들은 그곳에서 곧 네 개의 대광맥이 북에서 남으로 "마치 지축처럼" 달리고 있는 것을 발견했다. 그들은 광맥마다 수없이 많은 종갱(縱坑)을 뚫었다. 그러나 광맥들은 모두 동쪽을 향하여, 즉 해가 뜨는 나라 스페인을 향하여 바라보고 있는 것처럼 보였다고 아코스타 신부는 썼다. 스페인에서는 국왕이 배에 실려온 하역물을 접수하여, 거기서 5분의 1을 그의 몫으로 취했다.

스페인 국왕은 신세계에서 들어오는 금은을 하역하고 통관하는 곳으로 카디스와 세비야의 두 항구에만 허가를 내주었다. 그러나 동시에 귀금속의 수출을 금지시켰는데, 이것으로 스페인은, 미국의 경제학자인 론도 카메론의 말을 빌리면, “자기가 자기의 법을 깨뜨린 최악의 위반자”가 되었던 것이다. 이렇게 해서 금은들은 유럽에서의 값비싼 전쟁 비용을 치루고 지나치게 과시적인 기념물들을 세우는 데에, 사치스런 귀족 생활을 영위하는 데에, 프로테스탄트의 종교개혁과 싸우기 위해서, 제국을 운영하고, 공업 제품을 수입하는 데에 충당되었다.

스페인이 보유하고 있었던 금은의 막대한 유입은 유럽 경제를 격변시킴으로써 인플레이션, 물가의 앙등, 수요의 증대를 가져왔고 유럽 대륙의 은행들에게 번영을 가져다주었다. 대다수의 이런 은행들은 스페인 왕국의 채권자로서 포토시나 사카테카스로부터 무제한으로 금은을 수입할 수 있는 보장을 약속조건으로 펠리페 2세에게 선심을 쓰듯이 거액의 자금을 빌려주었다. 이 빚을 누가 갚을 것인가? 당연한 이야기이지만 그것은 펠리페 2세의 후계자들이었다.

스페인이 금수품(禁輸品)으로 정한 물건들의 밀수는 많은 사람들이 달려든, 인기 있고 이윤이 많이 남는 장사였다.「돈 키호테」에 등장하는 인물 중의 하나인 로케 기나르트는 인디아스 제도에서 들여온 금은을 스페인 바깥으로 유출하는 밀수로 생계를 유지했던 실제 인물을 모델로 한 것이었다. 스페인의 영토에 속했던 이탈리아, 독일, 네덜란드로부터 금은이 유럽 전역으로 급속히 확산되어 16세기 유럽에서는 ‘가격혁명’이 초래되었다. 그것은 유럽 대륙의 모든 나라에 공통적으로 일어난 사건이었지만 그 중에서도 스페인 자신을 최초로 강타하였고 최악의 영향을 미쳤다. 당연히 물가는 통관 수속 항구를 가지고 있었던 이 나라에서 점점 치솟아만 갔던 것이다.

카를로스 1세와 펠리페 2세의 치세 동안, 북유럽은 자본축적이라는 어마어마한 단계로 진입했다. 스페인은 신세계 금은의 출처였지만, 이제는 단순한 중개자로 바뀌어 근대적 자본도 축적되어 있지 않는 데다가 근대적 자본가도 없어 외국으로부터 공업제품을 비싼 가격에 사야만 했고 한편으로 한낱 원재료를 싼값에 외국에 수출하는 나라로 전락해버리고 말았다. 이런 고전적인 경제공식에 발맞추어 스페인은 기나긴 경제쇠퇴의 시대를 맞이하게 되었다. 단순한 통계 하나만 보더라도 그것은 명백한 사실로 드러난다. 당시의 스페인의 경제학자 알론소 데 카란사에 의하면 1629년 아메리카의 광산으로부터 유입된 금은의 75퍼센트는 최종적으로는 유럽의 4개의 도시인 런던, 루앙, 안트웨르펜, 암스테르담에 집중적으로 몰려 있었다.

제국으로서 스페인이 수중에 가진 것은 오로지 아이러니밖에 없었다. 지상에서 가장 강력했던 이 가톨릭 왕국은 의도한 바는 아니었지만 적이었던 프로테스탄트의 나라들에 자금을 공급하게 되면서 그 종말을 고하게 된다. 스페인이 유럽을 자본주의 국가화시키는 동안 자국의 자본은 고갈되어 버리고 말았다. 프랑스의 루이 14세는 이런 상황을 다음과 같이 표현했다. "이번에는 우리들이 스페인에 공업제품들을 팔아서 그들로부터 금과 은을 대금으로 받자." 이렇게 스페인은 풍부했기 때문에 결과적으로 가난한 나라가 되어버렸던 것이다.

이 모든 것들은 신세계에서 무슨 의미를 지녔던 것일까? 어떤 면에서 스페인은 자본주의 유럽의 식민지로 바뀌었고 스페인계 아메리카 역시 이런 의미에서 식민지의 식민지로 전락되고 말았다. 태어날 때부터 스페인계 아메리카는 겉으로 드러나는 모습과 실제의 모습이 그렇게도 다른 두 개의 실체를 지닌 채 존재하게 되었다. 스페인계 아메리카의 모국인 스페인 또한 바로 이런 이중적인 모습으로부터 벗어나지 못했던 것이다.

자연의 위력과 싸우며

아메리카 제국에 대한 스페인의 정통성은 "정복의 권리"뿐만 아니라 스페인과 포르투갈에 의한 식민지 세계의 양분을 법으로 정한 로마 교황의 일련의 대칙서에 의해서 이루어졌다. 페르난도 왕과 이사벨 여왕의 비호를 받았던 스페인 출신의 교황 알렉산데르 6세(속명은 로드리고 데 보르히아)가 그 직위에 오른 것은 대충 돈으로 산 결과였다. 일단 교황에 취임하자 그는 자신의 사생아인 루크레시아와 세사르 보르히아의 사복을 채우는 데에 많은 시간을 소비했다. 그렇게 하고도 남는 시간은 왕실 후원자들의 비위를 맞추는 데에 썼다. 토르데시야스 조약(1494)을 통해서 알렉산데르 6세는 아소레스 제도로부터 서쪽으로 370레구아(legua, 1레구아≑5.6킬로미터/역주) 떨어진 곳에 남북의 경도선을 긋고 그것을 기준으로 동쪽의 모든 영토(브라질에서 인도까지)는 포르투갈에, 그리고 서쪽의 모든 영토(카리브 해에서 태평양까지)는 스페인에 귀속시킨다고 하는 대칙서를 공포했다.

유럽의 다른 세력들은 이와 같은 결정을 결코 기쁜 마음으로 받아들일 수 없었다. 카를로스 1세의 가장 강력한 라이벌이었던 프랑스의 프랑수와 1세는 "스페인 국왕에게 이 세계의 반쪽을 지배할 수 있는 권리가 아담의 유언장에 나와 있다면 몇 항 몇 조에 있는지 보여주시오"라고 하면서 반발했다. 항해와 교역의 자유를 열렬히 주창했던 네덜란드인들도 불만은 마찬가지였다. 네덜란드와 갑작스런 동맹관계를 맺었던 영국의 엘리자베스 1세는 "바다와 하늘은 모든 나라의 공유"라는 대원칙을 천명하고 거기에 영국과 스페인 양국의 장래 운명을 결정하게 될 필수사항을 하나 덧붙였다. 즉 "바다는 만인의 것이므로 그것은 당연히 짐의 소유이다"라는 것이었다. 엘리자베스 1세는 자신의 대담한 명장들로 하여금 해상이나 신세계에서 스페인인과 싸우도록 그들을 고무시켰다. 영국은 마침내 그의 몫을 강력하게 요구했다. 여기에 대처하여 스페인은 카리브 해 —— 남북 아메리카의 "마레 노스트룸" —— 전역에 출몰하던 해적들의 공격에 대비하고 동시에 외국 군대의 침범을 막기 위해서 말 그대로 요새도시들을 세웠다. 베라크루스에서 아바나, 산 후안 데 푸에르토 리코에서 마라카이보, 그리고 포르토벨로에서 카르타헤나 데 인디아스까지 스페인은 그들이 소유하고 있었던 영토의 각 거점에서 그들의 부를 지키지 않으면 안 되었다.

영국의 제독 존 호킨스는 베라크루스 및 기타 항구들을 습격했고 영국 왕실의 지원을 받아서 당시 아프리카와 카리브 해 사이의 노예 무역을 행하고 있었다. 그러나 영국의 지배력을 위해서 행동했던 말 그대로의 해적은 바로 프랜시스 드레이크였다. 드레이크의 선단이 푸에르토 리코의 산 후안 만에 진입했을 때 스페인은 배의 입항을 저지하기 위해서 해안가에 쇠사슬을 길게 펼쳤다. 이로 인해서 드레이크는 2척의 배를 잃었다. 그러나 드레이크는 멕시코의 베라크루스에서 칠레의 발파라이소 항까지 공격의 손을 늦추지 않았고, 단기간에 그곳들을 점령하고 탈취한 뒤 돌아갔다.

그는 영국 여왕으로부터 기사의 작위를 받았다. 물론 그가 작위를 받은 최초의 해적이나 마지막 해적은 아니었다. 1587년 드레이크는 스페인의 금이 들어오는 카디스 항을 공격했고, 20척이 넘는 배들을 침몰시켜 "가톨릭 군주의 면목을 여지없게 만들었다." 그의 카디스 공격으로 펠리페 2세는 통치중 준비했던 거대한 계획, 다시 말해서 프로테스탄트 영국을 공격하기 위한 무적함대(Armada Invencible)의 창설을 연기시켜야만 했다. 이 계획이 의도했던 바는 영국이 프로테스탄트 국가라는 이유보다는 영국이 펠리페 2세에 반기를 들었던 네덜란드의 신민(臣民)을 지원했다는 데에 있었다. 펠리페 2세는 과거에 교황이 공포한 파문의 위협으로부터

“1571년의 레판토 해전을 앞두고 메시나에 집결한 기독교군의 함대”, 지오르지오 바사리 작.

엘리자베스 1세를 옹호해준 적이 있었다. 펠리페는 엘리자베스가 영국의 여왕이라는 사실보다는 스코틀랜드의 가톨릭 여왕, 메리 1세 —— 숙적이었던 프랑스의 단순한 꼭두각시로서 비추어졌던 —— 가 영국의 왕위를 노리고 있었던 것을 더욱 두려워했다. 그러나 엘리자베스가 스페인에 반란을 일으킨 네덜란드를 지원하기 위하여 레세스터 백작을 파견했을 때 펠리페는 모든 적개심을 엘리자베스에 집중시켰다.

"무적함대를 배경으로 한 엘리자베스 1세의 초상화", 조지 가우어 작으로 추정.

퇴각하는 스페인의 무적함대, 1588년.

펠리페 2세는 지중해의 동부에서 벌어졌던 레판토 해전에서 터키 함대를 쳐부순 뒤, 한껏 승리감에 도취해 있었다. 1571년 10월 7일 그의 이복형제였던 아스투리아스 공(公) 돈 후안은 터키 함대의 사령관 알리 파샤에 승리했을 뿐만 아니라 그를 죽이는 혁혁한 전과를 올렸던 것이다. 그림으로도 묘사되었고 최고의 언어로 하늘에까지 칭송된 레판토의 승리는 또 다른 이유에서, 다시 말하면 이 전투에 미겔 데 세르반테스라는 군인이 참가했고, 또 그가 이 전투에서 한 팔을 잃었다는 사실로 더욱더 유명해졌다.

레판토 해전 뒤에 엘리자베스로 인하여 격앙된 펠리페는 무적함대의 창설이라는 대담한 계획에 착수했다. 펠리페는 이 강대한 함대의 건조에 모든 것을 걸었다. 이 공격용 대함대의 성공 여부는 스페인이 세계 최대의 제국뿐만 아니라 유럽 최강의 세력으로 비상하느냐에 대한 펠리페 2세의 야망이 고스란히 담겨 있었다. 이 함대는 처음에 프로테스탄트 세력을 일소할 목적에서 탄생했다. 그러나 이 무적함대가 성공한다면 더 나아가서 스페인 대제국은 유럽의 초강대 세력으로 변모할 것이고 유럽에서의 헤게모니를 움켜쥘 것이며, 또 이 세계는 하나의 실재 안에서 공존하게 될 것이라고 펠리페는 생각했다.

그는 20년 동안 자나깨나 이 문제를 숙고하고 있었다. 이 무적함대의 성공이 아메리카 보물의 항로를 안전하게 지켜줄 수 있을까? 영국이 가톨릭 국가로 다시 돌아가게끔 해줄 수 있을까? 펠리페가 무슨 생각을 품었든 그의 생각과 그가 내세운 목표, 그리고 그것을 달성하고자 했던 수단 사이에는 분명 괴리가 있었다.

'참치왕'이라 불렸던 메디나-시도니아 공작이 이 대출전(大出戰)의 총사령관으로 임명되었다. 자신은 이런 과업을 맡기에 적절한 인물이 아니며 게다가 배멀미를 한다고 그는 왕에게 여러 번 하소연을 했지만 그의 청원은 끝내 받아들여지지 않았다. 펠리페가 그를 지명한 것은 그의 능력 때문이라기보다는 순전히 정치적인 이유에서였다. 메디나-시도니아 같은 최고의 귀족만이 권위를 발휘하여 해군제독에서부터 비스킷 제조업자까지, 즉 무적함대의 장비나 식료품의 공급에 분주히 뛰어다녔던 사람들을 두루 통솔할 수 있었기 때문이었다. 이런 사업의 비용을 염출하기 위해서 세르반테스라고 불린 하급관리가 파견되어 교회로부터 세금을 거두었다 —— 그 당시 세르반테스는 자기 일에 너무 열의를 보여서 나중에 성직자들의 반감을 사게 되어 옥중에서 생을 마쳤다.

메디나-시도니아 공작은 결국 재앙의 예언자라는 것을 확인시켜주는 데에 불과했다. 거액의 돈을 투자하여 20척의 갤리선과 130척의 전함, 그리고 3만의 병력을 구비했음에도 불구하고 종합적인 전략은 입안되지도 않았고 또 연계되지도 않았다. 무적함대는 단순히 수에서의 압도적인 우세와 열렬한 종교적 헌신(180명의 수도사가 함께 승선하여 매일같이 미사를 드리고 찬송가를 불렀다)에 의해서 승리해야만 했었다. 메디나-시도니아 공작의 참치처럼 꽉 포장된 상태에서 출항한 스페인의 함선은 노도 치는 북해와 맞서기에는 역부족이었고, 영국 함선과 비교해서 속도도 아주 느렸다. 식수용 나무통이 깨져 나갔고, 배에서 물이 샜고, 실제 작전 계획의 정보도 누설되는 등 무적함대는 침몰하고 있었다.

펠리페의 오랜 적이었던 드레이크가 칼레 항 돌출부에서 무적함대를 공격하면서 스페인의 함선은 격파되었고 또 격렬한 풍랑에 휩쓸려 침몰했으며 어떤 배는 멀리 아일랜드 해변까지 표류했다. 전체 스페인 함대 중 절반만이, 그리고 병사들 중 4분의 1만이 스페인으로 귀환할 수 있었다. "적과 싸우라고 함선을 보냈지, 누가 자연과 싸우라고 했나!" 펠리페 2세는 절규했다.

폭력은 저 하늘로

무적함대의 패배는 사실상 유럽 제일의 세력으로 발돋움하고자 했던 스페인의 시도가 패배했다는 것을 의미했다. 이후 스페인은 오랜 숙적이었던 또 하나의 초강대국 프랑스의 끊임없는 도전을 받게 된다. 영국과 네덜란드를 선봉으로 급속히 대두하고 있었던 프로테스탄트 세계는 서로 동맹을 결성하여 군사력을 강화하면서 그때까지 우세했던 스페인 해군력에 도전했다. 거기에 덧붙여, 북유럽 모든 나라에서 일어난 프로테스탄티즘과 자본주의와의 공존관계는 유감스럽게도 아메리카 대륙으로부터 들어온 재보나 또는 중세 농업경제에 변함없이 의존하고 있었던 스페인과 비교해서 일련의 성공을 거두기 시작했다. 프로테스탄트들은 그들의 권력행사를 위해서 종교와 정치라는 이 둘의 완벽한 정당성, 즉 "쿠이스 레지오, 에이우스 렐리지오(Cuis regio, eius religio)"를 발견했다. 그것은 지역을 다스리는 한 군주가 어떤 종교를 믿을까를 결정하는 것으로, 이 선택이 군주의 정치적, 경제적인 주권을 정당화시켰다. 한편 스페인에서는 16세기 초에 보인 가능성 —— 과학과 비판과 연구에서의 근대적 혁명, 의회정치, 도시의 전통적 권리 —— 이 실질적으로 쇠퇴하거나 소멸되었다. 트리엔트 공의회(1545-63)는 반종교개혁의 엄격한 틀을 세웠다. 교의가 정해지고 강화되어 오로지 교회만이 성서를 유일하게 해석할 수 있었으며 프로테스탄티즘과의 타협의 여지는 있을 수 없었다.

트리엔트 공의회는 교황에게 주교를 임명할 수 있는 전권을 부여했다. 펠리페는 얼마 동안은 이 회의를 열심히 지지했지만 임명권은 용인할 수 없었다. 그는 국내의 주교를 계속 자기가 직접 임명했고, 오로지 스페인의 성직자들 위로 그의 권한이 명백히 인정되는 조건하에서 트리엔트 공의회의 칙령을 공포하는 데에 동의했다.

펠리페 치하에서 오로지 국왕만이 책임을 물을 수 있었던 종교재판소는 군주제의 유용한 무기로서, 다시 말해서 그가 종교상의 권한을 떨치는 하나의 재료로서 그 권력을 확대시켰고 그것을 통해서 펠리페는 로마에 대한 그의 입장을 강화시켰다. 교황에게 충성하는 주교들은 투옥되었고 루터 지지자로 비난을 받았다. 종교재판소는 프로테스탄트, 유대인, 무어인뿐만 아니라 특히 이교신앙과 비밀스러운 의식을 행하고 있다고 의심받았던 개종자들에 대해서 감시와 박해의 범위를 넓혀나갔다.

프로테스탄트의 종교개혁과 또 교황의 권력에 대립했던 이 복잡하고 모순으로 가득 찬 펠리페였지만 그는 무엇보다도 자신의 마음 속의 갈등과 격렬하게 싸웠던 인물처럼 보인다. 선왕인 아버지처럼 그 또한 왕위를 자식에게 이양하고는 살아 있는 묘지, 즉 자신과 그의 신앙과 아마도 그의 비밀스러운 의심을 지켜줄지 모르는 요새 궁전으로 은거했다. 이 엘 에스코리알 궁전은 카를로스 1세와 펠리페의 또다른 선조들의 영묘로서 고안되었지만, 한편으로 그 건물은 아직까지도 기독교 정통 신앙의 상징이었고 1557년 생-캥탱에서 벌어진 프랑스와의 싸움에서 펠리페가 거둔 군사적 승리를 기념하기 위한 건축물이었다. 이 최초의 그리고 최대의 반종교개혁의 기념건축물은 스페인의 세속권력을 상징하는 하나의 바티칸이었다.

"하루빨리 공사하라"라고 펠리페는 건축가들에게 명했다. 그러나 1563년에 착공된 이 거대하고 장엄한 (그리고 음울한) 궁전 —— 수많은 사람들이 동원된 원한의 건물 —— 은 21년 후인 1584년에야 완성을 볼 수 있

"엘 에스코리알 궁전", 피에르 마리아 발디 작, 17세기 후반.

었다. 펠리페는 이 궁전에 어떠한 경박한 장식도 하지 말라고 명령했다. 카스티야의 채석장과 삼림은 궁전 건설을 위해서 파헤쳐졌고, 수많은 석공, 목수, 운반인, 대장장이, 도장공, 배관공이 거기서 일했고, 또 거기서 죽었다. 때때로 소요가 일어나기도 했다. 궁전 건설을 위해서 동원된 수천 마리의 소가 자재를 운반했다. 폭풍이 휘몰아치고 유혈사고가 일어나고 유령 같은 개들이 구슬피 울부짖는 등 건설중에 수많은 불길한 징조가 나타났다. 마침내 이 대역사(大役事)가 끝나던 날, 펠리페의 선조들 전원의 유해가 스페인 각지로부터 엘 에스코리알에 도착했다. 국왕은 현장에서 직접 그들을 맞은 뒤에 지하의 납골당(pudridero)에 안치했다. 그가 내린 최초의 명령은 그 자신과 선조 및 자손들을 위한 장례 미사는 언제나 거기서 드려야만 한다는 것이었다. 그리고는 곧 그는 "내 영혼의 안식"을 위해서 3만 회의 미사를 거행하도록 명령했다고 쓰고 있다.

사자(死者)들에게 바쳐진 요새이자 공동묘지이며 또 수도원과 같은 이 건물은 "폭력은 저 하늘 위로 보내자"라는 의도로 설계되었다고 프랑스의 역사가 루이 베르트랑은 썼다. 그러나 불행하게도 펠리페는 현세의 문제들에 계속 관여했어야만 했다. 그가 일에 몰두했었던 것은 잘 알려져 있다. 그는 사람과의 면회를 싫어했고 서류에 푹 빠져서 일하는 것을 더 좋아했다. 그 어떤 비서보다도 글 쓰는 속도가 빨랐고, 장부에 무엇이 언급되어 있는지 훤히 알았으며 그것들을 일일이 검사했다고 알려졌다. 왕과 동시대에 살았던 한 사람은 이 점에 대해서 다음과 같이 언급했다. "국왕은 어떤 것에도 움직이지 않았으며 자기의 본성을 드러내지 않는 타입의 인물이었다. 심지어 고양이가 바지 속에 들어가 있어도 말이다."

그는 "신중왕(愼重王, El Prudente)"이라고 불렸는데, 이런 호칭은 어떤 결정을 내려야 할 경우 그가 보여준 극단적인 우유부단함을 완곡하게 표현한 것이었다. 그렇지만 그는 스페인의 권력과 그 제국, 그리고 그 왕정을 유지하고 아울러 기독교 나라들의 통일을 회복하고자 했던 이상에는 언제나 충실했다. 한편 그는 자신의 삶의 모델로 아버지를 상정하여 부왕 카를로스 1세를 자신과는 감히 비교할 수 없을 정도의 인물로 이상화시켰다.

펠리페는 작은 체격에, 목소리는 아주 가라앉았으며, 많은 양의 왕국문서를 읽느라 눈은 늘 충혈되어 있었다. 그는 결코 웃는 법이 없었는데, 설사 웃는다고 하더라도 그것은 차갑게 얼어붙은 웃음이었다. 그의 시선은 반은 꿈꾸는 듯했고 반은 냉혹하게 보였다. 무심하기도 하고 교활하게도 보이는 그의 시선은 그가 신중한 인물이었는지 아니면 불안한 인물이었는지, 또한 유능한 사람이었는지 아니면 단순히 중압감에 시달린 사람이었는지 의문을 가지게 한다. 아마 펠리페만이 그의 고독한 침실에서 이런 물음에 답할 수 있었을지 모른다. 우리들은 한 인간으로서 자신의 의지가 지상에서 신의 대리인 노릇을 하기에 족한지를 곰곰이 생각하고 있었을 그의 고뇌를 상상해볼 수 있다. 가톨릭 신앙의 통일을 회복하려고 했던 그의 시도는 실패할 것인가? 만약 실패한다면 천국에서 벌을 받는 것은 아닌가? 펠리페가 세 명의 부인과 대부분의 자식들의 죽음 중에서도 특히 "신에게 봉사하고 신민의 안녕을 위해서" 펠리페 자신의 손에 의해서 유폐된 그의 아들 돈 카를로스의 죽음을 목도했었다는 것을 생각해보면 죽음이라는 것이 늘 그의 마음을 떠나지 않았음을 알 수 있다.

페데리코 가르시아 로르카가 엘 에스코리알을 일컬어서 이 세상의 모든 차가운 비가 내리는 슬픈 장소라고 불렀던 것은 조금도 이상한 일이 아니다. 엘 그레코는 그의 걸작 "펠리페 2세의 꿈(Sueño de Felipe Ⅱ)"을 통해서 천국과 지상 사이에서 멈춘 듯이 무릎을 꿇은 왕의 모습을 잘 보여주고 있다. 그런데 우리를 더욱 놀라게 하는 것은 불가능이라는 것은 전혀 몰랐던 이 군주가 그렇게도 많은 시간을 바치고 자금을 동원하여 일족의 유체를 한 곳에 모으고 막대한 양의 성스러운 유품들을 수집했다는 사실이다. 그가 보낸 특사들은 유럽 전역을 여행하면서 성인이나 순교자의 유골, 뼈, 미이라화된 손, 그리스도가 매달린 십자가와 면류관 같은 유물들을 수집하여 엘 에스코리알로 돌아왔다. 펠리페는 그것들을 금은보화 이상으로 소중히 여겼다. 실제로 펠리페는 고생 끝에 얻은, 치통의 수호신 아폴로니아의 성스러운 치아 290개 모두를 쌓아두고 있었다. 이런 점에

"펠리페 2세의 꿈", 엘 그레코 작, 1576-77년경.

서 엘 에스코리알의 성물(聖物)창고는 시민 케인의 제나두(Xanadu) 성과 다른 점이 하나도 없었다.

스페인의 쇠퇴

펠리페 2세가 죽자(엘 에스코리알 궁에서 배설물 투성이로 범벅이 된 채 정말로 비참하게도), 그가 진 부채와 모든 재앙이 결코 유능하다고는 말할 수 없는 아들 펠리페 3세의 머리 위로 덮쳤다. 게으르기 그지없었던 (그는 1년에 6개월만 일을 했다) 펠리페 3세는 총신들에게 권한을 위임함으로써 그때까지 스페인에 남아 있던 무어인 27만5,000명을 전원 배에 실어 아프리카로 추방시키는 대실책을 범했다. 이런 비생산적인 조치로 인해서 무어인에게 돈을 빌려주었던 발렌시아나 아라곤의 중산계급, 토지를 임대해주었던 귀족들은 실제적으로 파산하지 않을 수 없었다. 게다가 그 추방은 박해를 받아야 마땅할 25만 명 이상의 이단자들을 갑작스레 잃어버리는 결과를 초래하면서 종교재판소의 존립 자체를 위태롭게 했다. 모든 계층의 사람들이 재산이나 권력을 잃었고 많은 사람들이 파산했다. 번영을 누리고 있던 서유럽의 근대도시들에 집 없는 부랑자들이 갑자기 넘쳐흘렀던 것처럼 펠리페 3세가 통치하던 스페인 제국도 거지, 도적떼, 파산자로 들끓게 되었다. 계속해서 인플레이션이 일어났고 통화의 가치는 떨어졌으며 금화나 은화 대신에 동화가 통용되었다. 그런데 엉뚱하고 그리고 수치스럽게도 이런 것들은 멕시코나 페루를 정복한 나라에서 흔히 볼 수 있는 광경이었던 것이다.

스페인 역시 20세기 말 미국이 똑같은 전철을 밟고 있는 이상상태——즉 거액의 부채를 안고 있으며 내정문제를 해결할 능력은 없지만, 해외에서는 제국의 역할을 떠맡는 데에 집착하고, 세계의 경찰관으로서의 임무를 유지하기 위해서 많은 경비를 부자 나라들에게 구걸하는 가난한 제국의 모습——를 적나라하게 보여주었다. 그러나 당시의 스페인은 독일이나 일본과 같은 군사비를 지원해줄 나라가 없었다. 그 대신에 스페인은 은행가, 그중에서도 1519년 합스부르크가의 한 사람을 신성 로마 제국의 황제로 선출하는 데에 중요한 역할을 담당한 푸거가에 의지했었다. 그들 은행가들은 독일의 선제후들의 표를 매수하여, 프랑스의 프랑수아 1세를 누르고 카를로스 1세(즉 카를 5세)를 황제에 취임시켰다. 그들이 카를로스를 받아들인 것은 멕시코의 광산이 발견되었다는 사실을 알고 난 후였다.

거만한 것 못지 않게 교활하기 그지없었던 탐욕스런 은행가, 야코프 푸거는 카를로스 1세를 향해서 "제 원조가 없었다면 폐하는 황제가 되실 수 없었습니다"라고 상기시키곤 했다. 오늘날 어떤 자본가가 감히 신성 로마 제국의 황제와 비교하여 영향력이 훨씬 없는 한 국가원수를 향해서 이처럼 오만방자한 태도를 취할 수 있을 것인가?

푸거가를 시작으로 다른 은행가로부터 빌린 돈은 최후까지 제국의 운영비로 조달됨으로써 스페인의 젖줄 구실을 했고, 동시에 이 제국은 은행가들로부터 상상 이상의 착취를 당했다. 스페인은 이제까지 중요한 경제 목표로서 금은을 계속 축적하는 데 혈안이 되어 있었다. 이 중상주의의 망상은 스페인에서 사라지기는커녕 유럽의 경제, 더 나아가서 세계의 경제가 상업, 금융, 산업, 기술의 네트워크를 형성함에 따라서 점점 더 괴물처럼 복잡해져갔다. 앤서니 패그든은 그의 탁월한 연구서 「스페인 제국주의와 정치적 상상력(*Spanish Imperialism and the Political Imagination*)」에서 오시오(ocio, 여가)가 네고시오(negocio, 여가의 부정, 즉 비즈니스)에 우선하는 스페인의 경향을 지적했다. 그는 이런 특징이 크게 보면 신의(여가의 씨앗)와 공공의 신뢰(비지니스의 보루)에 기반하여 스페인의 국민성을 이룬다고 정확히 평가하고는 있지만, 경제문제에 관한 한 그의 이런 지적은 당시 스페인이 견지하고 있었던 전반적 자세를 설명하기에는 부적절하다. 스페인에게 빛나고 있던 모든 것은 황금이었고, 그것이 신세계의 무진장한 광산으로부터 계속 흘러들어오는 한, 스페인은 여가와 비지니스의 양 분야에서 제국의 면모를 유지할 수 있는 것처럼 보였다. 그러나 이런 믿음은 생각했던 것만큼 오래 가지 못했다.

그렇기는 하지만 스페인의 에스쿠도(escudo, 옛 화폐단위/역주)는 19세기의 파운드, 20세기의 달러, 그리고 아마도 21세기의 마르크처럼 오랫동안 가장 강력했던 국제통화였다. 제국이라고 하는 대군함은 장기간 항해할 수 있었다. 관성이라는 것은 대단히 강한 힘으로서 비록 내부기관은 쇠했을지라도 그 군함의 외관은 여전히 위풍당당했던 것이다.

스페인이 쇠퇴하게 된 원인은 부패로서, 그것은 펠리페 3세의 시대에 독버섯처럼 맹렬히 증대하기 시작했다. 펠리페의 총신이었던 레르마 공작과 그의 아들 우세다 공작(그는 아버지를 탄핵했다)은 그들 자신들을 위해서, 또 자신들과 관계된 자들을 위해서 고도의 수뢰 행위에 몰두했다. 공직은 돈으로 살 수 있었고 심지어 정부의 소재지까지도 매매가 가능했다. 바야돌리드의 시의회는 레르마에게 뇌물을 주어 수도를 마드리드에서 바야돌리드로 이전시켰다. 수년 후 이번에는 마드리드의 시의회가 수상이었던 그를 매수하여 다시 마드리드로 환도했다. 레르마는 이처럼 이중의 나무랄 데 없는 장사를 했던 것이다.

그러나 확실한 것은 이런 정치부패가 스페인에서 처음 나타난 것도 아니었고, 또 그 부패의 정도가 유럽의 여타 나라들과 비교할 때 특별히 더 심한 것도 아니었다. 그렇지만 스페인이 쇠퇴한 이유에 첨가되는 한 가지 사실은 스페인 국민성에 관한 대단히 편파적인 시각, 즉 스페인인은 게으르고 시간을 지키지 않는다고 하는 일반 통념이다. 세르반테스는 그의 촌극 중의 하나에서 전쟁을 언급하면서 스페인에서 온 원군은 늘상 늦게 도착했다고 일러준다. 당시 유럽에서 유행하던 다음과 같은 경구는 죽음이 늦게 와주었으면 하는 인간의 희망을 잘 표현하고 있다. "죽음의 신이 스페인에서 와준다면 오죽 좋으련만. 분명히 제때 안 올 테니까."

이런 상황의 커다란 모순은 시간을 지키지 않는 것, 게으름, 귀족적인 무뚝뚝함, 타고난 부패의 성향이 아마도 후기 르네상스 세계에서 가장 활력 있었던 국민의 특성으로 주어지면서 생기게 된다. 확실히 스페인은 프랑스 ── 1643년에 마침내 로크루아 전투에서 스페인 군대를 결정적으로 격파했던 추기경 리슐리외와 마자랭이 있었던 ── 만큼 조직적이지는 않았지만, 또한 저 영국 ── 무적함대를 격침함으로써 금후의 바다의 패자 자리를 유지하고자 했던 스페인의 야망을 뿌리째 뽑아버린 ── 만큼 빈틈없는 나라는 아니었지만, 로마 시대 이래 그 어떤 나라보다도 활력으로 가득 찬 나라였다. 그 증거는 신세계를 포함한 서반구의 발견과 정복이라는 대사업, 남북 아메리카에 수백 개의 도시의 건설, 또한 터키인과 프로테스탄트 및 기타 유럽 세력을 적으로 돌려서 모든 전선에서 행했던 싸움에서 명백해진다. 절정기의 스페인에게 불가능이라는 글자는 없었다. 그들은 국고의 금을 탕진할 수 있었고, 빈곤과 파산, 인플레이션, 경제력의 쇠퇴, 통화의 과대 평가, 경기후퇴와 불황, 내외의 부채, 재정적자, 무역적자를 무시할 수 있었다. 이런 것들은 적어도 이교 신앙과 이슬람의 위협, 그리고 이단 프로테스탄트와의 대결이라는 사명의 선두에 서 있는 한 가능했었다. 그러나 최후에는 현실이 스페인의 발목을 잡았고 결국에는 이제까지 정신나간 제국의 호기를 부려서 간단하게 넘어갔던 한계를 극복할 수 없었던 것이다.

스페인의 작가 페르난도 디아스 플라하는 이런 상황 속에 놓여 있었던 스페인과 현재의 미국과의 상황 사이에 놀라울 정도의 유사성이 존재한다고 지적하고 있다. 양국은 똑같이 그 영향력의 절정기에 강력한 군사력과 정치력을 지녔고, 자국의 행동을 도덕적으로 정당화하려는 망상에 사로잡혔다. 스페인의 경우에는 프로테스탄티즘을 적으로 돌렸고, 미국은 공산주의를 적으로 돌렸으며, 또한 두 나라는 그들의 세력을 과도하게 확장시켰고, 국제문제의 해결을 우선시하여 수세대에 걸쳐서 국민들을 희생시켰다. 그리고 설사 적으로부터 위협을 받지 않아도 자기도취에 빠지고 힘에 중독되어, 그 힘을 지속적으로 사용하고자 했던 강박관념을 결코 떨쳐버리지 못했다.

경제가 쇠퇴하고 있는 와중에도 스페인이 강력한 군사대국의 지위를 유지하고자 했고, 실제로 스페인이 군사기술의 위대한 혁신자, 행사자였다는 것을 고려해보면, 이런 유사성은 더욱더 들어맞는다. 스페인의 유명한 테르시오스(tercios), 즉 3,000명의 병사들로 이루어진 연대는 유럽 최강의 전투부대로서 널리 인식되었다. 병사들 또한 유럽 최고의 보병부대의 일원이었으며, 동시에 이런 군대를 보유한 스페인 또한 근대적 군사지휘체계를 만든 나라였다. “장군(general)”과 “제독(almirante)” 또한 스페인이 만든 군사 개념이었다. 그리고 ‘알미란테’는 다시 아랍어에서 유래한 말이다.

스페인의 숙적은 영국, 네덜란드에 이어서 세번째로 등장한 대륙의 또 다른 강대국인 프랑스였다. 타협과 정치적 유연성, 훌륭한 통솔력, 마키아벨리적 집념, 단호한 결단력을 지닌 프랑스는 하나의 왕국에 귀속된 세계, 통일된 기독교국, 스페인 제국에 의해서 지배되는 하나의 견고한 유럽의 건설이라는 합스부르크 왕가 스페인의 야망을 마침내 꺾어버렸다. 로크루아 전쟁은 스페인과 프랑스 사이의 도덕적, 종교상의 분쟁이 아니라 제국으로서 국익을 추구한 전쟁이었다라는 사실을 최종적으로 말해주며, 이것을 통해서 합리적이기는 했으나 영광스럽지는 못했던 프랑스의 적나라한 모습이 여실히 드러난다. 이 전쟁은 스페인 군대의 명성을 영원히 못쓰게 만들어버렸다.

루이 14세가 사소한 의전문제로 스페인을 모욕한 일화만큼 프랑스의 잔인하고 뒤틀린 우월성을 잘 보여주는 것은 없다. 1661년, 런던의 세인트 제임스 궁정에서 프랑스 대사는 자기보다 스페인 대사가 먼저 입정하게 된다면 시종을 시켜서 스페인측이 타고 온 말의 고삐를 자르겠다고 선언했다. 그러자 스페인 대사는 쇠사슬로 말들을 마차에 매었다. 이어 루이 14세는 펠리페 4세에게, 프랑스 대사는 유럽의 모든 궁정에서 스페인 대사보다 상위의 대접을 받아야 한다고 요구하면서, 만약 이것이 묵살된다면 전쟁도 불사하겠다는 최후통첩을 보냈다. 스페인 세력의 쇠퇴는 펠리페 4세가 전쟁을 피하기 위해서, 루이 14세에게 사과의 뜻을 표하고 이후 프랑스는 스페인에 우선한다는 것을 인정한 사실에서 잘 드러나고 있다.

그러나 이와 같은 싸움이 의전상의 문제에서 유래되었다는 것은 사실 중요한 의미를 띠고 있다. 2세기 동안, 스페인은 유럽 정치의 패자(霸者)임을 자처하고 있었을 뿐만 아니라 모든 유럽에 문화의 유행 —— 이것은 상투적 자부심이 아니라 현실이었다 —— 을 선도했다. 스페인의 영향은 복장에서부터 전술, 궁정에서의 공식 의전, 외교 스타일, 그리고 오스발트 슈펭글러에 따르면 "빈 회의 시기까지, 그리고 기본적인 분야에서는 비스마르크 이후의 시기까지 유럽인의 생활에 지속적으로 각인을 남겼던" 상류사회에서의 행동규범에까지 파급되었다. 덧붙여 이 「서양의 몰락(*Der Untergang des Abendlandes*)」의 저자는 카를로스 1세로부터 펠리페 4세까지 유럽은 "종교, 지식, 예술, 정치, 관습 면에서 스페인의 세기"를 살았다고 쓰고 있다. 그러나 이 스페인의 세기는 이것으로 처음이자 마지막은 결코 아니었다. 과도하게 땅을 넓혔던, 그리고 자기의 수많은 결점을 보지 못했던 이 광대한 제국은 필연적으로 몰락의 길은 걸었지만, 실제로는 그 쇠퇴와 부패 가운데서도 예술적 창조의 정점에 도달하기 위하여 필요한 효소들을 만들어나갔던 것이다.

불관용, 부패, 무능, 그리고 능력을 넘어선 과도한 확장에도 불구하고 몰락하는 이 17세기 스페인 제국은 스페인 최고의 문화번영기, 황금세기를 구가했다. 그 시대는 스페인 문학과 회화의 영광의 시대 —— 화가 엘 그레코, 벨라스케스, 수르바란, 무리요, 극작가 로페 데 베가, 칼데론 데 라 바르카, 시인 케베도, 공고라 그리고 소설가 세르반테스의 시대 —— 였다.

제8장 황금세기

17세기 내내, 스페인의 역대 군주는 아메리카 대륙에서 들어온 재화들을 지속적으로 보유하고 있었다. 그러나 그것들의 대부분은 전쟁비용, 특히 외채를 갚는 데에 충당되었다. 스페인을 통해서 유럽으로 급속하게 유출된 금은보화로 인해서 스페인 화폐의 통화가치는 하락했으며 어느 누구도 동화(銅貨)를 받으려고 하지 않았다. 당시 스페인 제국의 총인구는 약 3,500만 명 정도였는데, 그중에서 1,700만 명은 이베리아 반도 이외의 유럽에서 살던 사람들로서 스페인의 순수한 인구는 고작 800만 명을 넘지 않았다. 가진 자와 그렇지 않은 자와의 격차는 부의 불공평한 분배에 의해서 점점 확대되어갔다.

도시는 거지들로 가득 찼는데, 그중에는 증명서에 의해서 정식으로 거지 노릇을 해도 좋다는 권리를 부여받은 자도 있었다. 그중에서도 장님은 특권을 부여받아, 그들에게는 노래를 부르고 교회 달력을 팔 수 있는 허가가 주어졌다. 세르반테스나 벨라스케스가 활약했던 시대에 스페인에 있었던 15만 명이나 되는 구걸꾼들의 대부분은 일부러 피고름으로 범벅이 된 상처를 만들고 갑작스럽게 발열한 것처럼 꾸미는 데에 특별한 재능을 보인 위장 구걸꾼들이었다. 도둑들 중에는 남의 집에 들어가서 훔치는 "고양이", 교회에서 물건을 훔치는 "신자", 현관문을 부수는 데 전문가인 "전도자", 길 한가운데서 행인들의 옷을 벗겨 돈을 터는 "날치기꾼"이 있었다. 시골의 도둑떼 중에는 때때로 특정한 직업이 없는 나이 많은 전직 군인들도 있었고, 또 종교재판을 피해서 도망쳤던 사람들, 생활이 곤궁한 소작농들도 포함되어 있었다.

종교재판을 피해서 도망친 사람들은 누구였던가? 그들은 다름 아닌 "돼지새끼들(marranos)"이라고 경멸적으로 불렸던 개종한 유대인들, 다

시 말해서 1492년의 추방령 뒤에도 국외로 떠나지 못했거나, 토르케마다와 같은 이교 탄압자였거나, 그것도 아니면 아마도 아빌라의 성녀 테레사의 선조나 세르반테스의 선조처럼 기독교 사회에 재빨리 동화하지 못해서 언제나 괴롭힘을 당하고 의심받고 박해받던 그 유대인들이었다. 그러나 스페인의 그 누가, 심지어 스페인인의 후손인 우리들 스페인계 아메리카인들 역시 1,000년에 걸쳐서 긴밀하게 공존해오면서, 유대인이나 아랍인의 피가 섞이지 않았다고 말할 수 있을까?

거지와 도둑, 그리고 망나니(pícaro) 세계 저 너머에는 그들과는 커다란 균열을 이루고 있었던 상층의 귀족계급이 있었다. 이 공간에는 소귀족들이 있었고, 조금 더 위로 올라가서 기사계급, 그리고 사회계층의 최정점에 대귀족이 있었다. 이들은 납세를 면제받았고 그들만을 위한 특별 법정에서 재판을 받았으며 부채로 인해서 투옥되는 일은 결코 없었다. 그들은 칼을 차고 다닐 수 있었고, 신분이 낮은 사람들과는 다른 복장을 할 수 있는 권리가 주어졌다. 당시의 모든 사람은 각자가 속한 사회계층의 규칙과 특권에 따르지 않으면 안 되었다.

공식적으로 그 세계는 질서 있는 세계, 즉 공간, 의미, 그리고 조화와 관련된 중세적인 인식의 연장선상에 있었다. 그러나 현실적으로 그 세계는 새로운 유럽 —— 종교적 통합이 붕괴되고, 각 사회계층의 사람들이 종래의 구속으로부터 도망쳐서 정당한 장소를 획득하기 위하여 과감히 싸우고, 모든 경제적 위험을 무릅쓰고 중상주의의 모험에 대담하게 참여하여 광범위한 보상을 획득하고, 모든 것이 유동적으로서 경계선을 허물면서 역사의 새로운 한 장을 위해서 여러 가지 언어와 이미지들이 창조되었던 사회 —— 의 사회적, 경제적, 정치적 질서에 입각하여 있었다. 스페인 역시 이런 거대한 변화의 흐름으로부터 완전히 고립될 수는 없었다. 그러나 스페인은 당연하지만 가톨릭의 통일 —— 불행하게도 그것은 환영(幻影)에 지나지 않았지만 —— 을 재건하겠다는 신념하에 가능한 한 외부세계의 무질서에 저항했다. 스페인은 삶에 대하여 교조적인 행동체계를 받아들여야만 했다. 실제로 종교적 통일의 이상과 결합하게 되면서 스페인은 통일된 세계의 비전을 유지하기 위해서 동시에 통일된 공식의 언어를 가지지 않으면 안 되었다.

← "돈 키호테", 판화, 귀스타브 도레 작.

이렇게 공식적인 질서와 비공식적인 무질서와의 사이에서 여러가지 반응이 증대함에 따라서 그것은 스페인의 '황금세기'에 절박한 감정과 미의식을 부여해주었다. 허용된 것과 허용되기를 바라는 것, 유형적인 것과 무형적인 것, 언어로 표현된 것과 그렇지 않은 것 사이의 오랜 충돌에서, 어떤 침묵보다도 웅변적으로 나타나는 회화나 문학, 그리고 연극의 미가 존재한다. 이 모든 긴장은 위험과 자극과 지성의 감각과 더불어 스페인에서 공존했다. 교의에 근거하여 통일된 질서 있는 세계관의 형성이라는 하나의 과제에 대해서 그렇게도 단기간에 그렇게도 많은 반응을 불러일으키는 능력을 실증해서 보여주었던 나라는 거의 없었다. 그것에 대한 응답은 피카레스크적인 것부터 신비주의까지 양 극단의 모든 분야에 걸쳐 있었다.

"오르가스 백작의 매장(El entierro del conde de Orgaz)"이라는 그림만큼 인간적이고도 성스러운 것이 서로 공존하여 그렇게도 선명하고 실감나게 묘사되어 있는 그림도 없다. 인간의 영역과 신의 영역으로 이분된 엘 그레코의 이 작품은 이 둘 중에 어느 한쪽이 빠져 있다면 불완전한 것이 되고 만다. 이 그림을 수평으로 이분해본다면, 상반부는 분명히 천국의 위대한 종교화이고, 하반부는 당연히 스페인 귀족으로서 군인이었던 한 인물의 장례를 묘사한 뛰어난 그림이다. 사람들의 모습에는 우리들 인간이 전통적으로 가지고 있는 모든 면모, 즉 개인주의, 신의, 긍지, 엄격한 금욕주의가 모두 나타나 있다. 그러나 그림 중앙의 한 인물이 하늘을 향해서 쳐다보고 아마도 하계를 바라보는 신의 시선과 마주치게 되면서 이 그림은 처음으로 천국과 지상 사이의 완벽한 소통의 힘을 획득하고, 그럼으로써 서로는 서로에게 의존하며, 삶과 죽음, 지상의 위엄과 신의 영광의 합치를 통해서 물질과 영혼은 하나로 융합된다.

이 두 세계 사이에서, 실제로는 그 양쪽을 포함하면서 일상의 삶의 투쟁에 휩쓸리지 않는, 또 현세의 쾌락을 버릴 정도로 희생을 요구하지 않는 예술이 탄생하는 것이다. 그와 같은 양 극단의 사이에 있던 사회에서만이, 미겔 데 세르반테스나 디에고 벨라스케스의 위대한 소설이나 위대한 그림들이 탄생하는 것이다.

「우신 예찬」

1547년, 몰락한 하급귀족의 가정에서 태어난 미겔 데 세르반테스는 카

"오르가스 백작의 매장", 엘 그레코 작, 1586년.

"미겔 데 세르반테스", 판화, 19세기.

"데시데리우스 에라스무스", 판화, 작자 미상, 19세기.

를로스 1세와 펠리페 2세 시대에 성공하지 못한 외과의인 아버지를 따라 스페인 각지를 방랑했다. 세르반테스가 스페인의 유명한 에라스무스 주의자 후안 로페스 데 오요스의 제자였다는 사실에는 의심의 여지가 없으나, 그가 살라망카 대학교에서 공부했다는 것은 확실치 않다.

에라스무스가 16세기 초 스페인인의 삶에 지대한 영향을 끼쳤던 것과 마찬가지로 그가 세르반테스를 감화시켰던 것은 확실하다. 이 로테르담의 현자는 교회를 향해서 너무 늦기 전에 자기 개혁을 하라고 탄원했다. 그는 또한 인문주의라는 새로운 문화의 열렬한 옹호자였다. 그는 모든 사상은 다양한 의미를 지니며 어떠한 이성이나 신앙으로도 현실을 완전히 파악할 수 없다고 가르쳤다. 에라스무스는 광기를 예찬하면서, 신앙이나 이성은 절대적인 것이 될 수 없고 모든 것은 상대적인 것이 되지 않으면 안 된다고 주장했다. 카를로스 1세 치하의 스페인에서 그가 끼친 영향력은 국왕의 서기였던 알폰소 데 발데스가 에라스무스주의자로 자처했다는 사실에서 잘 드러난다. 그렇지만 가톨릭 교회와 루터파의 종교개혁사이에 불화가 일어나자, 에라스무스는 더 이상 찬양받을 수 없었다. 그의 저서들은 금서가 되었으며, 소(小)홀바인의 그림 속에 영원히 새겨진 그의 고귀한 자태는 종교재판소에 의해서 무시무시한 인간으로 희화(戱畫) 되면서 엄청나게 왜곡되었다. 이런 이유로 세르반테스가 에라스무스로부터 받은 최대의 지적 감화에 관하여 작품 속에서 한 번도 언급하지 않은 것도 무리는 아니다. 그렇지만 세르반테스는 스페인에서 에라스무스주의의 화신으로서, 그에게서는 이 주의의 절정과 몰락은 하나가 되어 나타난다.

1534년, 인문학자였던 후안 루이스 비베스는 에라스무스에게 다음과 같은 글을 써보냈다. "우리가 사는 시대는 참으로 어렵습니다. 저는 입을 여는 것과 침묵을 지키는 것 중에서 어떤 것이 더 위험한지 알 수가 없군요." 1세기 후, 바로크 시대의 위대한 시인이자 신랄한 풍자가였던 프란시스코 데 케베도는 자신과 자신이 속한 사회를 향하여 의문을 던지면서 다음과 같이 외쳤다 :

> 용감한 정신이라는 것은 결코 없는 것인가?
> 우리는 말한 것을 언제나 후회해야 하는가?
> 우리는 불만에 대해서는 결코 말할 수 없는 것인가?

그들은 자신들의 발언이 무엇을 의미하는지 잘 알고 있었다. 에라스무스주의자로서 개종자였던 비베스는 스페인에서 추방당했고 재산은 몰수되었으며 가족은 종교재판에 의해서 공개적 화형에 처해졌다. 케베도는 그의 불경스런 저서들로 인해서 몇 번이고 투옥되었다. 스페인의 종교재판소가 금지시킨 도서들의 목록(거기에는 에라스무스와 마키아벨리의 저작도 포함되어 있었다)은 교황의 금서 목록보다 더 가혹했다. 펠리페 2세는 스페인인이 로마 이외의 외국에서 공부하는 것을 금지시켰다. 이 지적인 쇄국은 책의 수입에 지장을 주었고, 스페인 국내에서의 서적 출판에도 당연히 영향을 미쳤다.

레판토 대해전에서 작은 영웅이 되었던 세르반테스는 당초의 무적함대는 "자연의 위력(威力)"에 의해서 패배당했노라는 펠리페 2세의 유명한 표현을 정당화하면서, 제국의 영광을 정통 방식대로 노래했다. "우리들의 함대가 퇴각한 것은 적의 능란함 때문이 아니라 저 감당할 수 없는 폭풍과 바람과 바다와 하늘 때문이노라"고 세르반테스는 썼다. 펠리페 시대의 최후에 세르반테스는 그의 모범소설 중의 하나인 「질투심 많은 에스트레마두라 남자(*El celoso extremeño*)」를 출간했다. 이 소설은 원래 두 연인이 침대 속에서 육체적으로 결합하는 장면으로 끝나게 되어 있었다. 그러나 세비야의 대주교였던 페르난도 니뇨 데 게바라 추기경이 이 원고를 읽을 당시에는 아메리코 카스트로가 말한대로 "반종교개혁의 천사들"이 이 불행한 연인들 위로 날개를 휘젓고 있었기 때문에, 출판된 책에서는 두 사람이 완벽하게 순결을 지킨 채 서로 떨어져서 잠을 자고 있는 것으로 끝을 맺는다. 이렇게 세르반테스는 대주교의 지시에 따라야만 했던 것이다.

현실이 급박하게 다가오고 비대해진 제국이 이제까지 무시하고 있었던 한계를 드러냄에 따라서, 그리고 검열의 화살이 자신에게 날아옴을 느끼기 시작하면서 세르반테스는 국가적 합의기준에 반대한 코믹하고 간접적인 언어를 발전시키기 시작했다. 세르반테스는 지나간 옛 시대의 방랑기사라고 스스로를 상상하고 있는 가난하기 그지없는 시골 귀족인 돈 키호테와 그를 따르는 돼먹지 못한 종자(從者)인 산초 판사라는 어울리지 않는 한 쌍의 인물들을 창조했다. 이 둘 사이에는 스페인의 두 극단적인 상황인 피카레스크적인 것과 신비적인 것, 그리고 생존해야만 하는 현실과 잃어버린 제국의 꿈 사이를 잇는 다리가 놓여져 있다. 마찬가지로 돈 키호테의 구멍난 갑옷과 산초 판사의 배고픔에서 나오는 하품이, 그리고 서사적 언어와 민중적 언어가 기발하게도 하나로 합쳐진다. 그 다음에 드러나는 결과로서 에라스무스가 그렇게도 탐구했던 모호성(ambiguity)——이유 있는 광기, 상대적인 이성, 예술작품——이 태어났다. 돈 키호테가 구사하는 것은 절대적인 관념의 언어이고, 반면에 산초 판사가 말하는 것은 상대적이고 구체적인 언어이다. 그 둘은 서로 이해하지 못한다. 이렇게 등장인물들이 똑같은 언어를 사용하지 않게 될 때, 근대소설은 탄생하는 것이다. 아킬레스나 오디세우스, 아서 왕, 롤랑과 같은 고대의 영웅들은 모두 똑같은 한 가지 언어를 썼지만, 이 소설에서 개개의 인물들은 그들 자신만의 언어를 말하고 있다.

그러나 바보짓은 실제로 위험할 수 있다. 「돈 키호테(*Don Quijote*)」(정식 제호는 「라 만차의 희한한 양반 돈 키호테(*El ingenioso hidalgo Don Quijote de la Mancha*)」이지만 이하 「돈 키호테」로 약칭/역주)가 출간되기 5년 전인 1600년, 종교재판에 의해서 실제로 조르다노 브루노가 로마에서 화형에 처해지던 그러한 시기에 세르반테스가 살았다는 사실을 잊지 말자. 세르반테스가 죽은 지 2년째 되는 1616년, 가톨릭 교회는 공식적으로 코페르니쿠스의 지동설에 철퇴를 가했다. 한편 갈릴레오는 1633년 종교재판소에 출두하여, 강요에 의하여 그의 신념을 철회해야만 했다. 1642년에 갈릴레오는 죽었고, 같은 해 아이작 뉴턴이 태어났다. 유럽, 그르네상스의 고매한 이상을 가지고 있던 유럽은 깨진 희망만이 덩그라니

"돈 키호테", 판화, 귀스타브 도레 작, 1862년.

남아 있는, 그리고 종교전쟁에 휩싸인 유럽으로 바뀌어갔다. 르네상스의 인문주의가 꿈꿨던 것처럼 모든 것은 가능할 것인가? 아니면 모든 것은 이제 의문투성이인가?

1605년, 같은 해에 「돈 키호테」, 「리어 왕(*King Lear*)」, 「맥베스(*Macbeth*)」가 동시에 출간된다. 두 명의 미친 늙은이와 한 명의 젊은 살인자가 이 세계의 무대에 등장하여 우리로 하여금 인간을 묶고 있는 모든 영광과 속박이 무엇인지 알라고 일깨운다. 셰익스피어는 "용감한 신세계"를 찬양한다. 세르반테스는 "모든 것이 공유되고, 청초한 봄날과 흘러내리는 하천이 거룩하고도 풍성하게 감미롭고 맑은 물을 인간에게 제공했던…… 그 황금시대"가 사라졌음을 탄식한다. 우리들은 "혐오스러운 시대"에 살고 있다고 돈 키호테는 말했다. 셰익스피어는 우리가 살고 있는 세계는

"소리와 분노로 가득 찬, 아무것도 의미하지 않는 한 바보가 지껄이는 이야기"가 아니냐고 물었다. 세르반테스는 혐오스러운 이 세계를 셰익스피어와 공유했다. 실제로, 이 둘은 1615년 4월 23일, 같은 해, 같은 날에 동시에 죽었다.

라 만차의 인간

세르반테스는 소설 「돈 키호테」로 그렇게도 완강히 근대성을 거부했던 이 나라에서 근대소설의 효시를 일으켰다. 이단 심문하의 스페인이 이 세계에 오로지 하나만의 독단적이고 정통적인 관점을 강요했다면, 세르반테스는 본질적으로 다양한 관점이 존재하는 세계를 상상했고, 기사도소설에 대한 일견 천진난만한 풍자를 통해서 그것을 달성했다. 근대성이라는 것이 다양한 관점에 근거한다면, 이런 관점들은 그 자체로 불확실성의 원리에 기초하고 있다. 물론 소설 속의 돈 키호테는 의심과 불안에 사로잡힌 남자가 아니라 자신의 신념을 믿는 인간이다. 그의 이런 확신은 독서에서 온다. 그가 이런 신념을 가지게 된 기원은 바로 그가 읽은 책, 그리고 그 책 속에 나오는 "말, 말, 말"에 있다.

돈 키호테가 고향을 떠나 라 만차의 들판으로 출발할 때, 그는 자신의 서재와 책들 ── 그의 은신처 ── 을 뒤에 남겨놓는다. 돈 키호테는 기사도소설의 애독자로서, 책에서 읽은 모든 것을 믿는다. 따라서 그가 읽은 것은 모두가 진실한 것이다. 돈 키호테에게 독서행위(lectura)는 그의 광기(locura)의 원인이 된다. 그에게 풍차는 거인이었다. 왜냐하면 책에 그렇게 쓰여 있었기 때문이다. 풍차를 공격하다가 공중에서 내던져져 머리를 처박고 땅에 쓰러질 때, 그는 그것을 거인이나 마법사의 짓일 거라고 생각한다. 왜냐하면 이런 일들은 그가 읽었던 책 속에 나오는 것이고, 또 어느 누구도 그것은 틀린 것이라고 그를 납득시킬 수 없었기 때문이다. 돈 키호테는 쓰러지지만 다시 일어나서 말을 타고는, 애꾸눈 악당을 깨뜨려버리고 망나니들을 쳐부수며 고아들과 과부들을 보호하기 위해서 새로운 각오로 싸움터로 나간다. 이런 행동은 책 속에 쓰인 명예의 항목에 따라서 그에게 주어진 사명이었기 때문이다.

그러나 돈 키호테가 마을과 책을 버리고 라 만차의 들판으로 돌진할 때, 그는 또한 모든 것을 한눈에 알아볼 수 있는 성처럼 견고한 중세의 질서정연한 세계를 뒤에 남겨놓고, 모호성과 변화의 바람에 휘감긴 채 모든 것이 의심투성이인 르네상스라고 하는 용감한 신세계로 들어가는 것이다. 세르반테스의 천재성은 돈 키호테의 머리 속에 박혀 있는 책 속에 "신념의 현실"을 세우고, 그리고 나서 돈 키호테에게 생을 부여해주는 책인 소설「돈 키호테」속에서 "의심스런 현실"을 세웠던 것에 있다.

이런 불확실성의 원리는 그 "이름을 기억하고 싶지 않은 라 만차라고 하는 한 지방에"라는 말로 시작되는 소설의 첫 구절에서부터 나타난다. 세르반테스는 소설의 무대가 되는 장소를 이렇게 애매모호하게 만들고, 이어서 이 책의 저자 또한 확실치 않음을 보여주고 있다. 누가「돈 키호테」의 작가인가? 세르반테스라고 하는 사람인가 아니면 한 아랍 작가의 작품을 번역한 또 다른 아랍 작가인가? 아니면 어떤 작가의 원작을 요약했거나 속편으로 몇몇 위작들인「키호테」를 쓴 힘차고 실재했던 다양한 작가들인가? 돈 키호테가 가는 곳이면 어디로든 —— 환상의 성 바라타리아를 통치하기 위해서 그곳으로 보내졌을 때를 제외하고는 —— 쫓아다니며 등장하는 유일한 인물, 그 까막눈의 종자 산초 판사가 진짜 작가인가? 이렇게 책의 저자를 불분명하게 하면서 세르반테스는 권위라는 개념 자체에 대해서 의심을 품는다.

「돈 키호테」에 등장하는 이름들도 확실하지 않다. "돈 키호테"라는 이름은 단순히 알론소 키하노(아니면 키하다인가?)라는 한 시골 귀족이 전쟁터에서 불렸던 이름이다. 그러나 돈 키호테 또한 자신을 일컬어 "슬픈 얼굴의 기사"라고 부르고 있으며, 다른 작중 인물들은 상황에 따라서 그의 이름을 왜곡하거나 희화화시킨다. 돈 키호테가 지닌 상상력은 늙어빠진 암말을 펄펄 나는 로시난테 준마로 변형시킬 수 있을 정도이다. 돈 키호테의 이상적인 여인상은 누구인가? 걸걸한 목소리에, 입에서는 마늘 냄새가 나는, 그저 그런 촌뜨기 아가씨인가? 아니면 우아한 둘시네아 공주인가?

마지막으로 덧붙이면, 이 책의 장르 또한 불확실하다.「돈 키호테」는 그 소설의 혁신성 면에서 당시에 유행했던 모든 문학 장르들 —— 기사도 소설, 피카레스크 소설, 연극 속의 연극, 전원시, 연애 이야기, 비잔틴 이야기 —— 을 포함하고 다양성과 함께 전세계를 포용할 수 있는 새로운 힘을 구비한 소설이라고 하는 새로운 장르, 다시 말해서 최고의 장르를 탄생시켰다.

이와 같은 다양한 관점을 최종적으로 더욱 부각시키는 것은「돈 키호테」에서 문학사상 처음으로 등장인물들 자신이 소설 작품 속에 등장하고 있고, 그들이 철저하게도 새로운 근대적인 존재, 즉 당시의 또 하나의 혁신이었던 인쇄술의 발달로 출판된 책들을 읽었던 독자들의 다양한 관점들에 의해서 판단된다는 것을 알고 있다는 사실에 있다.

신념과 의심, 확실성과 불확실성, 이런 것들이 세르반테스가 서양 근대소설을 탄생시켰을 때에 제시한 근대세계의 중심 주제들이었다. 도스토예프스키는「돈 키호테」를 "환멸의 이야기"로 부르며 "이제까지 한 번도 쓰인 적이 없었던 가장 슬픈 소설"이라고 평했다. 이런 커다란 기대감이 서서히 꺼져가 환멸로 변하는 주제는 수많은 근대소설이 추구하는 것들 가운데 하나가 되었다.

최후에, 돈 키호테는 귀향하고 제정신으로 돌아온다. 그러나 그에게 그 행동은 미친 짓이다. 이제 고향으로 다시 돌아온 돈 키호테는 죽는다. 그러나 정말로 죽는 사람은 늙은 시골 귀족 알론소 키하다(키하노인가?)가 아닐까? 반면 돈 키호테는 그의 책 속에서 용감하고, 광적이고, 코믹하게, 그리고 영웅적으로 영원히 살고 있는 것은 아닐까? 결국에는 사랑에 의해서 의심은 극복되고, 환멸은 사라지게 되는 것은 아닐까? 사실 돈 키호테는 둘시네아가 촌뜨기 아가씨 알돈사 로렌소라는 것을 분명히 알고 있었다. 그는 이 사실을 알고 있고, 또 받아들인다. 그렇지만 그는 그녀를 사랑하기 때문에 이렇게 말할 수 있는 것이다. "이 세상에서 제일 고귀한 여자, 이 착한 알돈사가 아름답고 정숙하다고 믿는 것만으로 충분하지. 가문이 어찌되었든 무슨 상관이야. 내가 바라는 그녀의 모습을 머리 속에 그려보면 그만이지……자! 여러분들도 각자 원하는 것을 말해보시오."

시동녀들

반종교개혁이나 종교재판이 강요했던 하나의 관점에 대해서, 세르반테스는 우리들 인간은 서로가 비쳐지고 있는 존재라고 응답했다. 우리들은 홀로 있는 것이 아니라 타인들에 의해서 둘러싸인 존재이다. 우리들은 읽기도 하지만 읽혀지기도 한다. 아직 우리의 모험은 끝나지 않았네, 산초! 들어보게. 우리의 책을 펼쳐보려는 독자가 있는 한 우리는 모험을 끝낼 수 없네. 그 독자들이 우리에게 삶을 되돌려줄 걸세! 우리는 과거와 현재와 미래의 독자들이 가진 다양한 관점의 산물들 ──「돈 키호테」를 읽을

"시동녀(侍童女)들", 디에고 벨라스케스 작, 1656년.

때나 "라스 메니나스(Las meninas, 시동녀들)"를 볼 때 언제나 나타나는 —— 이다.

「돈 키호테」로부터 영감을 받아서 그려진 회화작품은 많이 있지만 ——

호가스로부터 도미에, 도레에서 피카소, 그리고 19세기의 조지 크룩생크에서 20세기의 안토니오 사우라까지 —— 세르반테스의 소설과 가장 상응할 수 있는 주목할 만한 그림 하나가 마드리드에 있는 프라도 미술관의 넓고 조용한 한 홀에 있다. 이 홀에 들어설 때, 우리들은 한창 작품을 완성중인 화가 디에고 로드리게스 데 실바 이 벨라스케스의 놀란 듯한 표정과 마주치게 된다. 벨라스케스는 누구를 그리고 있는가? 어린 공주인가? 어린 시녀들인가? 아니면 난쟁이들인가? 그것도 아니면 햇살이 밝게 비치는 문턱을 막 넘어 들어온 검은 복장의 신사인가? 또는 이 예술가의 아틀리에 중 가장 깊숙한 뒷면의 어두운 벽에 감춘 듯 붙어 있는 거울에서 희미하게 비쳐진 두 얼굴, 다시 말해서 어린 공주의 아버지와 어머니인 스페인 국왕 부처를 실제로 그리고 있는 것인가?

아무튼 벨라스케스는 한 손에 붓을 들고, 또 다른 손에는 팔레트를 들고서 거기 선 채, 이 그림 속에서 우리들이 실제로 보고 있는 캔버스에 "시동녀들"을 그리고 있다고 생각해볼 수 있다. 그렇지만 우리들은 물론, 졸린 듯한 개와 아주 공손하게 보이는 한 명의 시녀(dueña)를 제외한 나머지 등장인물들의 대부분이 우리들을 바라보고 있다는 것을 알게 된다. 이 그림은 너와 나, 즉 우리들을 응시하고 있다. 벨라스케스가 지금 이 순간 캔버스에 그리고 있는 "시동녀들"의 진정한 주인공은 바로 우리들 자신이라고 말할 수는 없을까? 벨라스케스와 모든 궁정인들은 우리를 그림 속으로 들어오도록 한 뒤, 거기서 우리가 서로 만나게끔 한다. 그것과 동시에 이 화가는 한발 앞으로 발을 내디디며 우리를 향해서 오고 있는 것처럼 보인다. 이런 것들이 이 걸작품이 지닌 진정한 역동성이다. 우리들은 이 작품 속으로 자유롭게 드나들 수 있다. 우리들은 이 그림과 이 그림으로부터 확장된 세계를 독단적이고 정통적이 아니라 다의적으로 자유롭게 바라볼 수 있다. 우리들은 그림이나 이 그림을 그린 화가가 우리들을 쳐다보고 있다는 것을 느끼게 된다.

그렇다면 벨라스케스가 그리는 그림은 —— 다시 말해서 화가가 작업중인 캔버스는 —— 우리로부터 등을 돌린 채 아직도 제작중이라고 말할 수 있다. 우리들은 단지 완성된 작품이라고 생각되는 것만을 보고 있는 중이다. 이 명백한 두 사실에서 거대하고도 놀랄 만한 두 공간이 우리 앞에 펼쳐진다. 첫번째 공간은 그림 속에서 보여지는 광경, 즉 원래의 그림을 그리고 있는 벨라스케스, 소공녀와 놀란 표정의 어린 시녀들, 문을 들어서는 검은 복장의 신사, 거울 속에 비쳐진 왕과 왕비의 모습이다. 그런데 이와 같은 장면은 실제로 일어났던 일인가? 그들이 정말로 벨라스케스 앞에서 포즈를 취했을까? 아니면 벨라스케스가 그들 전체를, 아니면 그림 속의 일부 요소를 그저 상상해보면서 그린 것일까? 그렇다면 두번째 공간 속에서, 이 그림은 완성된 것일까? 철학자 호세 오르테가 이 가세트에 의하면, 벨라스케스는 당대사람들에게 잘 알려진 화가는 아니었으며, 완성되지 않은 그림을 보여주는 바람에 비난을 받았다고 한다. 이 화가와 동시대인으로서 뛰어난 시인이었던 케베도는 벨라스케스가 오직 "사물과는 동떨어진 희미한 것"만을 그렸다고 비난했다.

그러나 이 모든 것은 도그마와 하나의 시점에 근거한 폐쇄사회에 하나의 길을 열어주고 있는 것은 아닌가? 이것은 세계의 모든 것 —— 이 그림뿐만 아니라 이 역사, 그리고 이 이야기까지도 —— 이 미완성으로서, 그것은 가능성으로 남는다는 것을 우리에게 확신시켜준 것은 아닌가? 보다 구체적으로 말하면, 우리 자신도 불완전한 존재로서 한정되고 확실히 그어진 경계선 안에 갇혀서 "완성된" 존재라고 말할 수 없는, 죽을 때까지도 그저 미완의 존재로 남아 있는 인간들이라고 할 수 있다. 왜냐하면 기억하거나 망각하거나에 상관없이 우리들은 현재, 우리의 후손들이 미래에 살아남아서 존속시키지 않으면 안 되는 과거를 만드는 데에 기여하고 있기 때문이다.

세르반테스는 우리들에게 사물을 새롭게 읽으라고 가르친다. 벨라스케스는 우리들에게 그것을 새롭게 보라고 가르친다. 물론 모든 위대한 작가나 예술가들은 그렇게 행동한다. 그러나 이 두 사람은 폐쇄사회의 한가운데에서 활동하면서 상상력에 의해서 현실을 재정의할 수 있었던 사람들이었다. 인간이 상상하는 것은 가능성이면서 동시에 현실이었던 것이다.

돈 후안과 성 후안

1623년, 디에고 데 실바 이 벨라스케스가 펠리페 4세에 의해서 궁정화가로 임명되었을 때, 그는 예술의 자유는 천부의 재능이고, 궁정인으로서 왕에 대한 봉사는 목적을 이루기 위한 수단이라고 이 둘을 명확히 구분시켰다. 영리하게도 벨라스케스는 화가가 아니라 왕의 공복으로서 자신에게 충실했다. 언젠가 교황이 그의 화가로서의 업적에 대한 보상으로 금목걸이를 선물했을 때, 벨라스케스는 자신은 화가가 아니라 궁정의 일개 관리라고 말하면서 그것을 되돌려보냈다. 이렇게 그는 오랜 세월 왕과 그 가족 —— 그들은 나이가 들어감에 따라 벨라스케스가 오래 전부터 그려온 초상화 이외에는 어떠한 것에도 닮지 않은 연극의 소도구가 되었다 —— 의 초상을 그리는 것 이외에는 국왕에 대한 모든 의무로부터 자유로울 수 있었다. 오르테가 이 가세트는 벨라스케스를 가리켜 **멀리 떨어진** 화가라고 말했다. 확실히 벨라스케스는 궁정으로부터도, 그의 주제로부터도, 그의 기법으로부터도 먼 거리를 유지했던 예술가였다. 거리를 두고 보면 그의 화법은 "사실주의"이다. 그러나 가까이에서 바라보면, 그것은 대담하게 그려져 시대를 넘어선 추상적인 모습을 띠고 있다. 이렇게 그의 그림은 그림 그 자체를 위해서 존재했고, 그의 직업은 왕을 위해서 존재했던 것이다. 벨라스케스는 출세를 하고 살아남기 위해서, 또 그의 유머 감각을 잃지 않기 위해서 이런 식의 분리된 삶을 살아야 했다.

통설에 의하면, 1634년에 수도사 가브리엘 테예스(필명은 티르소 데 몰리나)가 출간한 희곡 「세비야의 농락자(*El burlador de Sevilla*)」에 등장하는 난봉꾼 돈 후안의 모델은 국왕인 펠리페 4세였다. 한참 후 사람들은, 시대가 맞지는 않지만, 돈 후안의 진짜 모델은 수도원의 수녀들을 유혹했던 것으로 알려진 또다른 방탕아 돈 미겔 데 마냐라라고 생각했다. 그러나 펠리페 4세 자신은 그리스도를 섬기는 시녀보다는 여배우들에게 더 마음을 쏟았다. 이렇게 해서 낳은 사생아가 30명이나 되었는데, 그들 중에서 펠리페 왕이 유일하게 인정한 아들은 여배우였던 마리아 칼네론과 관계해서 태어난 돈 후안이었다. 애인과 일단 관계가 끝나면 펠리페 왕은 그녀를 수도원으로 보냈는데, 그것은 자기 이외의 다른 남성하고는 접촉하지 못하게 하기 위한 조치였다. 궁정에 있던 한 귀부인은 국왕의 유혹을 거절하면서 이렇게 말했다. "전하, 수도원에 가는 것은 저의 소명이 아닙니다." 실제로 펠리페 4세의 방탕은 그 당시 명성이 자자했는데, 이런 평판 못지 않게 유명했던 것은 그의 요란스러운 종교적 회개와 가장 친한 친구로서 그에게 지속적인 조언을 해주었던 아그레다의 수녀원장과의 교분이었다.

간통과 종교적 참회, 그리고 근친혼을 반복했던 이 궁정으로부터, 벨라스케스가 그린 난쟁이와 어릿광대들이 쏟아져나왔고, 특히 펠리페 왕의 적손으로 왕위를 물려받을 카를로스 2세, 일명 백치왕(El Hechizado)이 태어났다. 코에요가 그린 초상화를 보면 이 스페인 합스부르크 왕가의 최후의 군주 카를로스 2세는 마치 벨라스케스가 그린 보기 흉한 어릿광대의 분신처럼, 허약하고, 무지하고, 있을 법하지 않은 남자였다. 그러나 이런 모든 흉물스러운 인간들 위로 자유와 방탕을 상징하는 한 인물이 날아다니며 요리조리 빠져나갔다. 인습에 구애받지 않는 돈 후안은 갖은 수를 동원하여 엘 에스코리알 궁전의 벽을 넘어들었고, 수녀원과 수도원으로 뛰쳐들어갔고, 언제나 변장을 하면서 신분이 바뀌는 것만큼 그것에 걸맞는 쾌락을 맛보았고, 모든 경계선을 넘나들었다. 모차르트의 "돈 조반니(Don Giovanni)" 중 유명한 아리아 '연인의 카탈로그'가 전해주는 바에

"돈 세바스티안 데 모라", 벨라스케스 작, 1644년경.

"어릿광대", 벨라스케스 작, 1639년경.

"카를로스 2세", 클라우디오 코에요, 1685년경.

영국 국립 오페라단의 "돈 조반니" 중 한 장면, 1985년.

의하면 우리의 주인공 돈 후안은 이탈리아, 프랑스, 터키에 애인들을 두고 있으며, 특히 스페인에서는 1,003명이나 되는 애인을 두고 있다고 한다. 돈 후안은 에로티즘에 관한 한 유럽공동시장의 창설자이다. 그는 섹스의 마키아벨리로서, 언제나 복수를 피해서 도망을 다닌다. 어떤 경우가 되었든 그는 단조로움이나 반복적인 것을 극복한다. 아마도 그가 사랑하는 대상은 자기일지도 모른다. 어떤 경우에도 만족이라는 것은 도무지 그의 성에 차지 않는다. 그의 삶은 움직임과 변화와 순환으로, 싫증을 모르고 만족할 줄 모르고 달랠 길이 없다. 그를 잡을 수 있는 것은 오로지 음악밖에 없다. 시는 물론이거니와 그림으로도 그것은 불가능하다. 돈 후안은 도망자이고 그의 주제 음악은 둔주곡(Fuga)이다. 이런 그의 끊임없는 움직임은 모짜르트의 그 유명한 "돈 조반니" 속에서 최고의 표현을 얻었다.

그러나 스페인 최초의 돈 후안, 즉 티르소 데 몰리나의 「세비야의 농락자」에 등장하는 돈 후안은 기다란 애인 리스트를 지니고 있지 않은——정확히 말해서 그에게는 네 명의 애인만이 있었다 —— 그리고 세비야 이외의 궁전이나 수도원의 환락의 정원에 발을 내디디지 않은, 한마디로 경험이 일천한 젊은 유혹자였다. 그런데 남자의 냄새가 물씬 나는 돈 후안은 프란시스코 데 수르바란——펠리페 4세 시대의 또 다른 스페인인——의 그림 속에 등장하는 이런저런 여성들의 유혹을 어떻게 피할 수 있었던가? 수르바란의 그림에 등장하는 처녀나 순교자는 이제까지 초상화에서 묘사된 여성들 중에서 가장 매혹적이고 교태스럽게 보인다. 수르바란의 나부(裸婦)는 창백하고 연약하다. 그러나 그가 모델들에게 옷을 입히자마자, 그녀들의 모습은 참을 수 없는 매력을 발휘하게 된다. 플라멩코를 추는 여성들처럼 수르바란의 그림에서도 의상은 쾌락과 죄악을 하나로 연결시킨다.

앞에서 말한 것처럼, 수르바란은 섹스보다는 순교를 택한 스페인 처녀 순교자의 전통, 특히 비기독교도나 로마의 병사들로부터 구혼과 유혹을 거절하면서 그것으로 인해서 죽어간 초기 기독교 시대의 여성들을 부활시켰다. 수르바란은 고통스러운 성적 충동과 성도(聖徒)가 되리라는 정열로 충만된 인물들, 즉 사랑을 거절당한 연인이나 불만스런 아버지로부터 규탄당하고, 바라던 대로 사지가 절단되고 화형에 처해지고, 이번에는 반대로, 성녀 마리나에게 일어났던 것처럼 남장을 하고 여인숙 주인의 딸을 임신시킨 죄로 고소당하고, 성녀 마르가리타처럼 남장을 강요당해서 수도원의 수녀들을 유혹했다는 죄로 고발당한 여성들을 그렸다.

상황이 어찌되었든, 수르바란은 이 모든 여성들에게 비단과 금실로 수놓은 옷이나 가지 가지 색깔의 숄, 그리고 흘러내리는 망토를 입혔다. 그녀들은 장미색과 연녹색, 오렌지색과 엷은 황색으로 둘러싸여 있다. 수르바란은 그녀들에게 농부들이 쓰던 밀짚모자, 순례자의 지팡이, 황금색 관, 페티코트, 과일 바구니 및 화관을 제공했다. 그리고 순교의 징표도 주었다. 성녀 도로테아는 자신의 목을 자른 로마의 지사에게 그녀가 천국에서 보냈던 꽃바구니를 다시 손에 쥐고 있다. 성녀 아폴로니아는 자기의 치아들(펠리페 2세가 결코 다 모을 수 없었던)을 지니고 있으며, 성녀 루시아는 접시 위에 자신의 눈을 담아두고 있다.

수르바란이 묘사한 에로틱한 성녀의 애매모호한 모습을 통해서 두 개의 중요한 결론이 나온다. 첫번째로, 천국의 정부(情婦)들은 구원의 상징일 뿐만 아니라 지옥으로 전락하는 본보기로서 쉽게 해석될 수 있었다. 실제로 성녀로 동일시되었던 여성들은 수르바란의 "성 히에로니무스의 유혹"이라는 그림에서는 악마로 재등장한다. 성 히에로니무스는 두 팔을 휘저으며 그 여자들을 내쫓고 있지만, 호화롭게 차려입은 그 여자들은 하프를 켜고 기타를 치며 분명히 모차르트의 "피가로의 결혼" 중에 나오는 아리아 '사랑에 빠지는 것은 어떤 것인가(voi che sapete)'를 노래하고 있다. 이렇게 사랑에 대해서 우리들은 정말로 무엇을 알고 있는가에 대해서 수르바란과 모차르트는 질문을 던진다.

스페인 최고의 신비주의 시인 성 후안 데 라 크루스(San Juan de la Cruz, 십자가의 성 요한)도 똑같은 질문을 던졌지만, 그것은 돈 후안이나 수르바란, 또는 모차르트가 상상했던 것보다도 더 엄한 긴장 속에서였다. 펠리페 2세의 치세기에 살았던 성 후안은 수도승으로서, 중세 후기쯤 느슨해졌던 카르멜 수도회에 아빌라의 성녀 테레사가 시도한 엄격한 개혁을 적용하고자 애썼다. 성 후안에게 그 수도회의 창시 상징인 카르멜산(Har Ha-Karmel)은 육체로부터 정신이 떨어져나와 가장 경건한 인간의 눈에도 보이지 않는 부재의 신을 만나기 위해서 필요한, 철저히 물질을 배제한 높이 오르는 영적 여행의 상징이 되어갔다.

신에 도달하는 것은 영혼의 최상의 단계로서, 성 후안의 모든 저작물들은 이런 의무감으로 촉촉히 배어 있다. 그러나 신에게 단순히 접근하는 것은 무력하고 무가치한 것으로서 부정되었다. 성 후안은 신에게 영혼을 완전히 바치는 것에 대해서 말하고 있다. 그의 네 권의 걸작「카르멜 산의 등정(*Subida al monte Carmelo*)」,「영혼의 깊은 밤(*Noche oscura del alma*)」,「영혼의 찬가(*Cántico espiritual*)」,「사랑의 화염(*Llama de amor viva*)」은 세상의 모든 욕망을 버리고 신과의 합일상태에 도달하기 위해서 신과 결혼하고 신과의 가장 숭고한 동일화를 달성함으로써 신을 추구하는 영혼의 네 가지 편력단계를 말해주고 있다.

그렇지만 성 후안의 신비적 여행에서 부딪치게 되는 문제는 곳곳에 깔린 가시덤불이다. 그중에서도 성 후안에게 가장 곤란한 장애물은 신이란 무(無)라는 것, 즉 절대무였다는 사실이다. 그에게 신에 도달하는 것은 인간의 손으로는 만질 수도 없고, 볼 수도 없으며, 물리적으로 이해할 수도 없는 이 무를 향해서 여행하는 것을 의미했다. 신은 지각될 수 없다. 신은 멀리 떨어져 있어 심지어 인간과의 사이에 어떠한 관계도 없다. 이와 같은 가혹하고도 엄격한 그의 자세는 심지어 가장 경건한 신자들의 마음에도 좌절감을 불러일으켰지만, 이 스페인 최고의 신비주의자인 십자가의 성 후안은 결코 그렇지 않았다. 그는 스페인인의 에토스를 위해서 그렇게도 귀중한 그 초월적인 여행 —— 귀환 없는 여행 —— 의 하나에 모든 것을 포기할 수 있었다. "모든 피조물들은 무한한 신의 존재와 비교할 때 아무것도 아니다. 인간이라는 피조물이 가진 모든 아름다움도 신이 지닌 무한한 아름다움과 비교해보면 추악함의 극치 그 이외의 아무것도 아니다."

확실히 성 후안은 이것을 믿었지만, 그는 신과의 합일을 단념하지 않았고 그 어려움이 그의 욕구를 더욱더 증대시켰다. 지각될 수 있는 모든 사물들이 침묵과 밤에 싸여 존재한다면 시인은 침묵과 밤 속에서 길을 잃고 헤매게 될 것이다. 물론 문제는 이 절대적 침묵과 심연의 밤에 신과 소통할 수 있는 수단으로는 아마도 죽음 이외에는 없다는 것이었다. 살아 있는 동안 우리들은 신을 볼 수 없다. 죽어서만이 신을 볼 수 있을지 모른다. 이것이 성 후안의 아름답고도, 극단적인, 그리고 간절한 시 —— 아마도 스페인어로 쓰여진 가장 아름다운 두 편의 시 중의 하나 —— "신을 보기를 갈망하는 영혼의 시(Coplas del alma que pena por ver a Dios)"가 말해주는 의미이다.

성 후안의 비범한 재능은 속세의 지각될 수 있는 모든 것에 관심을 돌리지 않으면서 신에 도달하기 위해서 유일하게 남은 두 길을 받아들였던 데에 있다. 그중의 하나는 죽음이었고, 또 하나는 시였다. 시라는 수단을 통해서도 신에게 도달하는 것은 불가능하리라고 자문하면서도, 성 후안은 시를 통해서 정확히 신과 일체가 되었다.

어두운 밤 한가운데에서 이런 의구심을 추구할 때, 그가 희구하는 신과의 결합이 이루어진다. 스페인어로 쓰인 또 하나의 걸작 시 "영혼의 깊은 밤"도 성 후안의 여행을 말해주는 신비주의 시로서, 그 속에서 영혼은 여성, 신은 남성으로 나타난다. 성 후안의 언어는 상징적이지만, 그의 이야기에서 직접적으로 드러나는 관능적이고 에로틱한 성격은 부정될 수 없다. 아무리 그것이 상징화되었더라도 우리들은 시인의 손에 이끌려, 한밤중에 시작되는 성적(性的) 모험의 길로 들어간다. "그녀"는 아무도 모르게 조용히 집을 떠난다. 그녀는 변장을 하고는 그를 만날 기대감에 몸을 떨면서 계단을 오른다. 자신의 가슴 속에 타오르는 빛 이외에는 어떠한 길잡이도 없는 그 어둡고 은밀하며 기쁨에 찬 밤길을. 이 빛을 통해서 "그녀"는 "그녀"만이 알고 있는, 그리고 "그녀"를 찾고 있던 "그"를 향해서 나아간다. "그녀"는 이렇게 외친다 :

"오, 사랑하는 연인을
결합시킨 밤이여,
그녀는 그로 변모했나니!"

그런데 이야기는 여기서 끝나는 것이 아니다. "그"는 "그녀"의 "꽃 만발한 (오로지 "그"만을 위해서 간직하고 있던) 가슴" 위로 잠이 들었고 "그녀"는 "그"를 애무했다고 고백한다. 그러자 바람이 불어 그녀의 머리카락을 날리고, "그"가 그 "편안한 손"으로 사랑하는 여인의 목을 지그시 누르자 그녀의 감각은 모두 마비된다. 마침내 "그녀"는 이렇게 말한다 :

"나는 망각과 몰아 속에서
연인의 얼굴에 나의 얼굴을 포갰다.
사방은 정적,
그속에 나는 나의 몸을 맡겨버렸다.
근심은 백합 속에 던져버리고."

아마도 "영혼의 깊은 밤"은 스페인어로 쓰인 최고의 신비주의 시일뿐만 아니라 최고의 에로틱한 시일 것이다. 또 그 시는 가장 에로틱하기 **때문에** 가장 신비적일 것이다.

「인생은 꿈」

예술이 도그마나 금지령과 싸울 때, 예술은 풍부해질 수 있는 것인가? 대부분의 위대한 예술은 그 시대의 지배적 생각과 사회적 요청 사이의 조화에서 탄생한 것이 사실이다. 특히나 그런 예술은 그리스-로마 고전시대나 중세에 더욱더 두드러지게 나타났다. 그러나 근대세계가 비판의 충동으로부터 탄생했고 또 비판에 의해서 인지되었다면 스페인의 정통적인 반종교개혁은 반근대적인 운동으로, 인간 내부로부터 비판적인 경험을 제기했던 세르반테스, 벨라스케스, 티르소 데 몰리나, 그리고 성 후안 데 라 크루스의 작품들 속에서 나타난 상상력에 의해서 조롱을 받았다.

내가 말하고 싶은 것은 반종교개혁에 대한 반응은 세르반테스나 벨라스케스가 했던 것처럼 외부에서뿐만 아니라 이 운동의 핵심 그 자체로부터 나왔다는 것이다. 스페인의 두 성인의 생애와 업적만큼 이것에 대해서 잘 말해주는 것은 없다. 그중의 한 명인 아빌라의 성녀 테레사(Santa Teresa de Avila, 1515-82)는 불굴의 의지와 적극성, 그리고 불안한 지성이 특이하게 혼합된 인물이었다. 그녀가 카르멜 수도회의 엄격한 질서를 회복하기로 작정했을 때, 그녀는 고향인 카스티야 지방의 뿌리로부터 많은 힘을 얻을 수 있었다. 즉, 살아남기 위한 그녀의 의지는 아마도 개종한 유대인 선조로부터, 그리고 그녀의 투쟁심은 국토회복운동의 전투적 전통으로부터 ── 그녀의 형제들은 모두 병사로서 아메리카 대륙으로 이주했다 ── 나왔을 것이다. 그녀의 현실주의는 일상생활 ── 가문, 가족, 부엌 ── 의 심원성으로부터 유래한 것이었다. "신이 만약 부엌에 존재한다면, 그 신은 수프 냄비 사이를 걸어다닐 것이다"라고 말할 수 있었던 사람은 오로지 그녀뿐이었다. 그녀의 까다로운 성격 또한 카스티야라는 변경지방이 가져다준 산물이었다. 고향인 아빌라를 떠날 때 그녀는 그 땅에 대해서 이렇게 말했다. "나는 아빌라의 먼지조차 가지고 가지 않을 것이다." 펠리페 2세는 테레사를 "방랑하는 여자"에, 골치 아프고 참견 잘하는 여자로 불렀다. 그러나 결국 그녀는 왕의 비호를 받아서 전생애를 통하여 32개의 개혁된 수도원을 세울 수 있었다. 수도원들은 처음에는 여자만을 대상으로 했지만, 1567년에 성 후안을 만나고 난 다음부터는 남자들을 위한 수도원도 세웠다. 성 후안은 성녀 테레사를 만난 뒤에 그녀의 종교개혁을 옹호하여 반대파로부터 규탄을 받았고, 심지어 투옥되기도 했지만, 어쨌든 그는 시인이었다.

한편 성녀 테레사에게는 성 후안과 같은 문학적 재능은 없었다. 그런 까닭에 그녀가 쓴 저서는 일일이 설명을 해야 될 만큼 많은 결점이 있지만, 이런 것들은 세간에 잘못 알려진 강인한 여성이라는 그녀의 이미지와는 대조적인 그녀가 지닌 겸양의 미덕에 의해서 묻힐 수 있다. 그녀의 저서 속에는 의심스러운 점, 명백한 무지, 기억력의 실수 등이 도처에 드러나지만, 그 저서들은 모두 내부에서 오는 진정한 빛으로 빛나고 있다. 성녀 테레사가 시도했던 것은 자전적 요소를 철저히 배제하고, 순수하게 사색하는 존재로 자신을 변모시키는 것이었다. 그것말고 신의 은총을 받을 수 있는 길은 없었다고, 그녀는 말했다. 그녀의 정신적 삶의 상징은 본질적으로 카스티야의 명물인 성(城)에 있었다. 국토회복운동, 그리고 기사도소설에 등장하는 드높은 성은 기독교 정신의 피난처가 되었다. 그리고 '완벽의 성'에 들어가면, 영혼은 신을 바라볼 수 있었다.

성녀 테레사의 개혁은 기독교의 박애정신과는 너무나도 거리가 먼 명상의 원칙을 부과하여, 냉혹하고 서먹서먹한 것이라는 비판을 심하게 받았다. 여기에 대해서 그녀는 자신과 자신을 따르는 수녀들은 기도하지 않는 사람들을 위하여 기도를 하고 있으며, 수도회의 엄한 특성은 다름 아닌 타인의 죄를 속죄하기 위해서였다고 답했다. 성녀 테레사가 개혁한 카르멜 수도회가 자기부정의 정점을 보여준 것이었다면, 1540년에 군인 출신의 이그나시오 데 로욜라가 설립한 교단은 여기에 속한 수사들이 이 세계에 적극적으로 참여하는 것을 중시했다. 예수회는 곧 수도원의 벽 바깥으로 뛰쳐나와서 세속의 일에 관여하기 시작했고, 그중에서도 특히 교육 분야에 관심을 기울였다.

예수회 신부들은 교사들이었을 뿐만 아니라, 유럽 전역의 가톨릭 군주들의 고백성사를 맡았던 사제들이었다. 이 교단에는 참회나 탄식의 의식이 없었고 공통의 제복도 없었다. 이 교단은 여성을 위해서 전혀 문호를 개방하지 않았다. 오로지 남성만으로 이루어진 고도로 중앙집권화된 조직으로 인간관계에 대해서는 아주 유연하게 대응하고 있었다. 스페인과 스페인계 아메리카에서 예수회가 보여주었던 막강한 영향력은 급기야 18세기 부르봉 왕조의 계몽주의 개혁기간에 시기심과 분쟁을 야기시켰고, 결국에는 예수회 수사들이 추방되는 사태를 불러일으켰다. 그러나 황금세기에 성녀 테레사나 성 이그나시오는 스페인 반종교개혁의 종교적인 극단을 보여주기도 했지만, 그들은 또한 그 중심적 문화의 소산에 불을 밝혔었다.

성녀 테레사와 성 이그나시오는 둘다 종교의 쇄신을 강조했던 대표적인 인물들이다. 이 두 사람은 여성만의 엄격한 '성(城)'과 남성만의 무한한 정치의 세계 즉 설득, 교육, 모략이 지배하는 세계에 살았다. 한편 성 후안은 천상에서 살았다. 그러나 반종교개혁을 배경으로 한 스페인 문화에서 가장 흥미롭고 또 적어도 가장 이해할 수 있는 공간은 바로 연극이었다.

천상과 지상의 중간에 위치한 이 공간에, 신부이자 극작가였던 페드로 칼데론 데 라 바르카(1600-81)가 있었다. 그는 스페인 희곡의 최고 걸작이라고 여겨지는 「인생은 꿈(*La vida es sueño*)」―― 탑 속에 유폐된 왕세자 세히스문도에 관한 이야기 ―― 을 썼다. 세히스문도는 유폐된 그의 인신(人身)을 자연스러운 상태라고 믿고 있다. 그에게 감옥은 "요람 겸

무덤"으로서 그는 이 감옥 이외에는 아무것도 기억하지 못하며, 미래 또한 생각하지 못한다. 그는 아버지인 폴란드 왕에 의해서 갓난아이일 때 그곳에 집어넣어졌다. 왜냐하면 세히스문도가 태어나기 전, 왕비였던 어머니가 인간의 모습을 한 괴물을 낳을 것이며 "이제까지 볼 수 없었던 이 살모사 괴물이 태어나자마자 그녀를 죽일 것이라는 꿈을 여러 번 꾸었기 때문이었다." 이 꿈의 징조대로 여왕은 출산하면서 죽었고, 국왕은 "방금 태어난 이 괴물을 가두기로" 결정한다. 그곳에 갇혀서 세히스문도는 비참하고 불쌍하게 살아간다. 이렇게 함으로써 국왕은 자기 자식이 왕위에 올라 "잔인한 폭군과 냉혹한 군주"로서 폴란드에 학정을 펴는 것을 예방하고자 했던 것이다. 그러나 이제 국왕은 자신의 의지를 발휘하여 "이제까지 그와 관련하여 말해진 운명을 부정하면서" 세히스문도를 감옥에서 꺼내어 왕위를 물려준 뒤, 아들이 세심하고 사려깊게 현정을 베풀 수 있는지를 시험해보았다. 그러나 만약 세히스문도가 "무모하고 횡포하고 잔혹한" 모습을 드러낸다면, 왕은 아들의 잔인함 때문에서가 아니라 형벌로서 그를 다시 감옥에 집어넣기로 했다. 실제로 국왕이 시도했던 것은 숙명의 고리를 끊고 아들에게 자유의 기회를 부여하고자 함이었다.

세히스문도는 감옥이라는 태어나면서부터의 숙명으로부터 지닌 자유와 그 숙명의 최고 지점에 오르게 된다. 예전의 그 예언은 살인을 저지르는 잔인한 세히스문도 자신의 자유행동에 의해서 실현된다. 최고봉의 자리에 올랐다가 다시 심연의 나락으로 떨어진 그는 자신이 왕자의 역할을 수행하면서 행동하고 보고 느끼고 이해했던 것들은 단지 꿈에 지나지 않았다고 믿기에 이른다. 그는 야수의 모습으로, 다시 감옥으로 돌아간다.

칼데론 데 라 바르카가 장수했던 그 오랜 세월은 황금시대의 기간과 일치한다. 이 황금의 시기 역시, 뒤를 향하면 스페인 제국의 융성과 신세계의 발견과 정복이라는 대단한 위업, 그리고 앞을 향하면 제국의 몰락을 바라보아야만 했던 야누스의 얼굴을 가진 한 세기였다. 이 시기는 방탕한 국왕 펠리페 4세와 그의 무능한 자식, '백치왕' 카를로스가 통치한 제국의 황혼의 시대였다. 칼데론은 이 양쪽을 다 바라볼 수 있었던 인물이었다. 그는 위대한 극작가인 동시에 스페인인이고 가톨릭 교도이며, 군인임과 동시에 수도사였다. 그는 종교극, 그 유명한 「성찬극(*Autos sacramentales*)」을 쓴 대작가로서, 그 작품 속에서 그는 루터파나 칼뱅파의 이단에 대항하여 성체에 그리스도가 강림한다는 교의를 옹호했다. 그러나 「인생은 꿈」 또한 놀라울 만큼 근대적인 작품으로서, 클라이스트에서 스트린드베리와 피란델로까지(그리고 거기에서 파생된 버스터 키턴이나 우디 앨런의 인기영화까지), 꿈을 다룬 일련의 모든 연극작품의 계보를 통틀어 그것이 원조였다. 하지만 그가 보여준 이런 과격한 근대성에도 불구하고, 이 작품은 스페인의 반종교개혁에서 파생한 가톨릭 극으로 이해되지 않으면 안 된다. 극에서 우리들이 보게 되는 것은 인간이 자연의 상태에서 타락하면서 역사가 시작되고, 거기서 인간은 다시 한번 선택의 기회를 부여받지만, 결과적으로 죄를 범해서 제2의 전락을 맞다가 최후에 가서는 고뇌와 신앙과 덕에 의하여 구원을 받는다는 변화의 과정이다.

세히스문도는 그가 범한 최대의 죄는 이 세상에 태어난 것이라고 말했다. 그리고 자기를 자연과 비교하면서 영혼이 적은 자연보다 그가 더 자유롭다고 생각했다. 이 주인공은 자유의 결여를 하나의 커다란 박탈, 아직 완전히 태어나지 않은 하나의 의식, "탄생하기 전에 이미 죽은 것"으로 결정지어진 하나의 숙명으로 느끼며, 이것은 역사 속에서 탄생이라는 행위를 완성시키게끔 그를 충동한다. 그러나 도대체 태어나지 않았던 것이 정말로 더 무거운 죄를 가지고 있는 것일까? 그는 태어나면서 어머니를 살해했다. 오이디푸스가 행동하는 인간으로 운명이 지워졌다면, 세히스문도는 꿈을 꾸도록 운명 지워졌다. 그것이 바로 그의 현실인 것이다. 그러나 어떤 현실이 꿈인가? 잠들지 않고 있는 것은 예외라는 말인가? 말 그대로의 해석을 따르면, 꿈 그 자체는 비시간적이다. 그것은 영원하다고 말할 수도 있고, 아니면 방금 5초 전에 시작했다고 할 수도 있다. 그리고 꿈 속에는 어떠한 것도 소유될 수 없고, 어떠한 것도 만져질 수 없다.

「인생은 꿈」이 집필된 것은 1635년, 인간의 자유로운 의지와 지성을 중시하는 예수회와, 예수회의 자유주의를 비난하고 전능한 신의 정의를 강조했던 도미니크회의 대립 사이에서였다. 칼데론은 이런 기독교의 고전적 논쟁에 대해서 답하지 않으면 안 되었지만, 무엇보다도 그는 예술상의 물음에 답을 했다. 그의 시대, 즉 후기 르네상스 시기의 유럽과 그 문제들은 현실의 본질이라는 중대한 주제를 전면에 내놓았다. 현실적(lo real)이라는 것은 무엇인가, 어디에 있는가, 어떻게 정의될 수 있을까, 어떻게 그것을 알 수 있을까, 우리들은 도대체 어디에서 와서 어디로 가는 것일까? 그러나 칼데론이 살았던 때는 도그마의 옹호가 절실히 요구되었던 반종교개혁의 시대였다. 그는 예술이라는 형식을 통해서 진리, 현실, 자유, 숙명의 가능성에 거대한 그림자를 던져주었다. 그는 확실하다고 보이는 모든 것을 문제삼았다. 그는 극작가로서, 오로지 의심과 대립으로부터 조화가 발생한다고 이해했던 사람이었다. 그런데 자연과 문명, 꿈과 현실과의 대립 이상으로 더 큰 대립이 있을 수 있을까?

오점

라미로 데 마에츄는「돈 키호테」를 가리켜서 스페인의 몰락을 잘 말해주는 모범소설이라고 썼다. 이 이달고는 모험을 하기에는 너무나 나이가 들었다. 이제 스페인의 서사적 시대는 끝났다.「돈 키호테」는 스페인을 향하여 이렇게 말한다. “너는 이제 기진해 있어, 고향으로 돌아가. 만약 신의 가호가 있다면 편히 잠들라”라고. 유토피아의 꿈은 신세계에서 깨어졌다. 이 세계가 가톨릭 군주 밑에서 하나로 통일되리라는 환상은 산산히 흩어졌다. 8세기에 걸친 국토회복운동과 발견 및 정복, 엘 시드와 가톨릭 여왕 이사벨, 콜럼버스와 코르테스, 성녀 테레사와 성 이그나시오, 레판토 해전의 승리와 무적함대의 패배 뒤에 축제는 끝나고 말았다.

확실히 스페인이나 스페인계 아메리카의 역사를 통해서 우리의 마음을 끄는 것이 한 가지 존재한다. 즉 역사의 붕괴는 예술의 승리로 인해서 보상받았다는 것이다. 스페인의 한 편에는 펠리페 2세, 종교재판소, 무적함대, 유대인과 무어인, 그리고 개종자의 추방, 펠리페 3세의 총신(寵臣)정치, 펠리페 4세의 방탕, 백치왕 카를로스의 무능이 있었다. 또 다른 한 편에는「돈 키호테」, 성 후안 데 라 크루스, 성녀 테레사, “시동녀들”,「인생은 꿈」, 돈 후안, 엘 그레코가 있었다. 그러나 이와 같은 대립은 스페인과 스페인계 아메리카 식민지의 역사가 정말로 두 나라, 두 문화, 두 현실, 두 꿈을 가진 존재로서, 서로가 상대방을 필사적으로 찾고 해후하고 이해하려는 역사인 동시에 딜레마라는 것을 말하고 있는 것은 아닐까?

대립되는 두 가치와 두 차원의 현실은 때로는 허공 위로 뛰어올라 공중에 부유하면서, 또 죽음의 도약을 하면서 그 원망의 해안가인 피안에 도달하게 되며, 그곳에서 희구하는 대상과 만나게 된다. 이런 이유로 해서, 세르반테스의 소설에 등장하는 두 명의 인물, 돈 키호테와 산초 판사는 그들의 대비되는 성격으로 인하여 지금까지도 그 힘을 발휘하고 있으며,

또 그들이 지닌 역할에서 여전히 보편적인 매력을 주고 있다. 시대를 초월하여 모든 사람들이 그들을 통해서 스페인의 딜레마를 읽는다. 우리들 모두는 이상과 현실을 상대로 싸우고 있으며 우리들 모두는 희구하는 것과 가능한 것 사이에서 고투하고 있다. 우리들 모두는 추상적 관념에 맞서고 있으며 부조리를 통해서 감히 이 아이러니컬한 세계를 보려고 한다. 우리는 정의가 구체적으로 세워지는 이성적 세계에서 살기를 원한다. 때때로 우리들 모두는 돈 키호테처럼 서사적 인물이 되기도 하지만, 대개의 경우는 산초 판사처럼 악한의 세계에서 살고 있다. 우리은 지금의 우리들 이상의 무엇이 되기를 바란다. 그러나 우리는 먹고, 소화하고, 잠자고, 움직이는 세상사에 매여 있다는 것을 안다. "모든 침묵을 초월하고 싶다"라고 성 후안은 외쳤고, "수프 냄비 속에서도 신은 존재한다"라고 성녀 테레사는 말했다.

우리 모두는 라 만차(la mancha, 스페인어로 "오점"이라는 뜻)의 남녀들이다. 우리가 우리 중의 그 누구도 순결하지 않고, 현실적이면서 동시에 이상적이며, 용감하면서 동시에 어리석고, 피와 살의 존재이면서 똑같이 원망과 상상력의 소산일 수도 있으며, 우리 개개인은 부분적으로는 기독교도와 유대인, 그리고 무어인의 그 어떤 것을 지니고 있으며, 백인과 흑인과 인디오의 혼혈로서, 우리들이 가진 그 요소 중의 어느 것 하나도 희생해서는 안 된다는 것을 알게 될 때, 우리는 스페인과 그 제국의, 그리고 스페인의 황금시대와 그 불가피했던 몰락의 위대함과 고통이라는 것을 진정으로 이해할 수 있게 된다.

이제 우리 인류의 현실은 신세계의 스페인 사회에 의해서 더욱더 절박함과 필요성을 가지고 나타났다. 스페인의 문화가 권력의 한계를 뛰어넘어 상상력과 희구에 의해서 구원되었다면, 식민지 아메리카의 사회는 더욱더 엄한 요구를 강요받지 않으면 안 되었다. 왜냐하면 그들 —— 즉, 우리들 —— 은 파괴된 인디오 세계와 새로운 세계 —— 유럽적이면서 아메리카적인 —— 의 틈바구니에 끼여 옴짝달싹 할 수 없었기 때문이었다. 라 만차, 즉 오점은 아메리카 대륙에서 그것의 진정한 의미를 획득했던 것이다.

제9장 신세계의 바로크

르네상스의 고상한 이상은 종교전쟁기라는, 유럽 역사에서 폭력으로 점철된 가장 오랜 기간에 시험을 받았다. 종교개혁(Reforma)과 베스트팔렌 평화조약 기간 사이에 이상과 현실은 다시 분리되기 시작한다. 이런 분리에 되돌아온 응답은 또다시 관능적인 질서였다. 프로테스탄트의 종교개혁은 가톨릭 교회의 상(像)들을 우상숭배로 간주하여 교회로부터 그것들을 추방시켜버렸다. 그러나 이와 같은 청교도적인 엄격주의는 음악이라는 비범한 형식, 특히 요한 세바스티안 바흐의 관능으로 가득 찬 장엄한 음악에 의해서 극복되었다. 한편 경직된 가톨릭의 반종교개혁의 경우도 관능성과 타협하지 않을 수 없었다. 그것이 바로 바로크 예술 즉, 자기를 통일되고 요동하지 않는 영원한 것으로 보았던, 종교와 정치체제에서 확산되어가고 있던 역동적인 하나의 예외였다. 유럽의 바로크는 경직된 정교신앙의 가면 뒤에 숨어 하나의 소용돌이처럼 거대하게 변화하고 있었던 사회의 예술이 되었다. 그러나 만약 이것이 가톨릭 유럽에 꼭 들어맞는 것이었다면 이제 막 태동한, 변화를 가로막는 장애물들이 유럽보다 더 심각했을 신세계 사회에서는 더욱더 그랬어야만 했다.

이제까지 아메리카의 발견은 르네상스의 유럽이 유토피아의 장소를 발견했다는 것을 의미한다. 유럽에서처럼 신대륙에서도 이상과 현실 사이의 괴리는 빠른 속도로 증대되어만 갔다. 아메리카라고 하는 낙원은 곧 지옥으로 변해버렸다. 유럽인들은 자신들의 깨어진 유토피아의 꿈을 아메리카 대륙에 이식했으나 이 유토피아는 식민지의 권력이 점점 확대됨에 따라서 악몽으로 변해버렸던 것이다. 아메리카 대륙에 살고 있었던 원주민들은 유토피아의 수혜자가 되기는커녕, 식민주의의 희생자로 바뀌었다. 유럽이 르네상스의 신세계에서 기독교적 유토피아를 꿈꾸고 있던 동

볼리비아의 포토시에 있는 산 로렌소 교회의 바로크 양식의 정면, 호세 콘도리 작으로 추정, 1728년경.

안에 원주민 인디오는 그들의 옛 신앙과 대대로 물려받은 땅을 박탈당했으며, 새로운 문화와 종교를 받아들이도록 강요당했다. 그리하여 이 유토피아는 약탈과 예속, 그리고 살육을 포함한 식민주의의 냉혹한 현실에 의해서 파괴되는 것이다. 유럽과 마찬가지로 이상과 현실 사이에서 신세계의 바로크는 이 텅 빈 공간을 시급히 채우면서 출현했다. 그러나 아메리카 대륙에서 바로크는 이 정복당한 민족에게도 하나의 공간, 다시 말해서 콜럼버스나 코페르니쿠스도 실제로 줄 수 없었던 그런 장소 —— 피정복민들이 그들의 신앙을 교묘히 위장하여 그것을 보호할 수 있었던 장소 —— 를 마련해주었다. 그러나 무엇보다도 바로크는 남북 아메리카의 새로운 주민 메스티소 모두에게 그들 자신에 대한 회의나 존재의 애매모호성을 표현할 수 있는 양식을 부여해주었다.

우리가 머무는 장소는 세계 어느 곳에 위치하는가? 우리는 누구에게 충성을 맹세해야만 하는가? 유럽인 아버지인가, 아니면 케추아족, 마야족, 아스테카족, 칩차족의 어머니들인가? 이제 어디를 향해서 기도를 올려야만 하는가? 고대의 옛 신인가? 아니면 새로운 신들인가? 앞으로 무슨 말을 써야만 하는가? 피정복민의 언어인가, 아니면 정복자의 언어인가? 신세계의 바로크는 이런 모든 물음에 대답을 했다. 그리고 이런 우리들 존재의 애매모호성을 그 어떤 것보다도 잘 표현해주었던 것은 정복 후 우리들 가까이에 있는 것들로 우리들 개인과 사회의 역사적 공백을 신속히 메꾸었던 바로크의 예술, 즉 결핍과 필요에서 태어난 풍요의 예술, 불안에 기반한 풍성한 예술이었다.

역설의 예술, 풍요의 예술, 실제로 그 자신의 풍요로움에 빠져서 허우적거렸던 예술은 그러면서도 아무것도 소유하지 못한 사람 —— 성당의 입구에 앉아 구걸하는 거지들, 자신들이 키우고 있던 동물들이나 새들을 축복하고 1년 내내 힘들여 모은 저축이나 거둬들인 수확물을 그들 성인의 축일을 기리기 위해서 성당에 기부했던 농민들 —— 의 예술이 되었다. 바로크는 늘 변모하는 우리들의 정체성을 비쳐주는 거울처럼 변화의 예술이었다. 그것은 파괴된 인디오 세계와 유럽적이기도 하고 아메리카적이기도 한 세계 사이에 놓여 있는 새로운 아메리카 문화가 지닌 유일하고도 피할 수 없는 현실에 지배되었던 예술이었다.

전해져 내려오는 이야기에 의하면, 그 당시 페루 고원의 대(大)광산도시인 포토시의 한 인디오 마을에 열대저지대인 차코에서 온 인디오 고아가 살고 있었다. 이 어린이의 이름은 호세 콘도리였다. 그는 포토시에서 목공과 상감세공 및 가구 제조법을 배웠다. 1728년경, 이 독학의 인디오 건축가는 포토시에 장엄한 성당들을 지었다. 그것들은 두말할 나위없이 라틴 아메리카 바로크의 의미를 잘 말해주는 뛰어난 건축물들이었다. 산 로렌소 대성당의 정문에 새겨진 천사나 포도넝쿨 가운데에는 인디오 공주가 서 있는데, 그 모습은 패배한 잉카 문화의 모든 상징들을 통해서 새로운 삶에 대한 약속을 불러일으키고 있다. 인디오의 반월(半月)은 전통적인 코린트 양식에서 보이는 포도나무의 정일(整一)함을 어지럽히며, 아메리카 밀림의 무성한 나뭇잎들과 지중해의 클로버 잎들은 여기서 서로 결합된다. 「율리시스」에 등장하는 바다의 요정, 사이렌들이 페루의 기타를 켜고 있다. 그리고 고대 인디오 세계의 식물, 동물, 음악, 태양 등이 여기에서 강력하게 표현되어 있다. 이와 같이 인디오 선주민의 모든 상징들이 동등한 지위를 부여받지 못했다면 신세계의 유럽 문화는 존재하지 않았을 것이다.

용감한 신세계는 제국의 세계, 황금과 권력의 세계, 종교와 왕조간의 전쟁 저편에서, 아메리카인의 손과 목소리를 통하여 남북 아메리카에서 형성되고 있었다. 여기에 독자적인 언어, 관습, 요구를 가진 새로운 믿음, 즉 새로운 사회가 탄생하고 있었다. 이러한 현실로 인하여 스페인은 남북 아메리카에서 또다른 도전, 다시 말해서 이제까지 문화적으로 배타적이지 않고 통합을 특징으로 하던 그 자신의 문화적 사명을 새롭게 하지 않으면 안 되었다.

“도래하는 모든 시간을 위하여”

머지않아 또 하나의 새로운 문화가 문화의 통합을 시도하게 되었다. 최초의 흑인들은 종으로서 스페인 주인들을 따라서 서반구에 왔다. 오랜 기간 스페인에서 살았던 그들은 이미 기독교인들이었고 동시에 스페인화된 사람들이었다. 그러나 가혹한 노동과 질병으로 카리브 해 지역의 인디오들이 죽어감으로써 대부분의 흑인이주자들은 스페인을 경유하여 종으로 온 사람에서 아프리카, 특히 세네갈이나 앙골라에서 직접 온 노예들로 바뀌었다.

스페인 왕국은 자국의 이익을 위해서 노예무역을 관장했다. 1518년에

"브라질의 사탕공장에서 일하는 아프리카 노예들", 프란스 포스트 작, 1640년.

카를로스 1세는 플랑드르 태생의 한 총신에게 4,000명의 아프리카 노예를 스페인 식민지에 공급해도 좋다는 특허장을 부여했다. 그후 스페인계 아메리카의 흑인 인구는 매년 8,000명의 비율로 증대하여, 1620년이 되면 3만 명에 도달하게 된다. 거의 3세기에 걸쳐서 350만 명의 아프리카 노예가 대서양을 건넜다. 포르투갈은 수차례에 걸쳐서 인디오들이 원래 살고 있었던 브라질에 그들보다 더 많은 수의 흑인들을 데리고 왔다. 아프리카를 제외하면 현재 아메리카 대륙은 최대의 흑인 인구를 가지고 있다.

어느 곳으로 끌려갔든지 간에, 흑인노예들은 플랜테이션 경제, 다시 말해서 집약적이고 대규모적인 열대작물의 경작에 가혹하게 예속되어 있었다. 흑인 노예와 플랜테이션 경제라는 견고한 등식은 아프리카에서 유래된 노예무역과 신세계 산물의 자원을 누가 선점하느냐에 따른 열강들간의 대경쟁에 의해서 복잡한 양상을 띠게 되었다. 국제정치와 교역의 필요성에 의해서 내몰려진 흑인 노예들은 그들을 노예로 삼은 기독교인 주인의 양심에 호소조차 할 수 없었다. 아프리카 족장들은 돈을 벌 목적에 그들을 사냥해서 유럽의 노예상인들에게 팔아넘겼고, 유럽인들은 오로지 아프리카 부족들 사이에 일어난 폭력으로부터 노예들을 해방시켰다고 주장했으며, 기독교 교회는 그들을 이교신앙으로부터 구해냈다고 단순히 치부하면서 노예무역을 정당화했다.

그러나 이런 어마어마한 위선과 불법의 자행도 아메리카 흑인 노예의 창조적인 영혼과 반골의 정신을 누그러뜨릴 수는 없었다. 반란자, 도망자, 방해 공작자들로 불린 이들은 노예 신분으로부터 해방되기 위해서 일어났지만 그 시도는 대부분 실패로 끝나고 말았다. 그러나 그중에는 때때로 자유를 얻어 십장이나 직인, 자영농민이나 하역자 등으로 바뀐 자들도 있었다. 농장에서는 말할 것도 없고, 석공이나 보석 수공인, 화가나 목수, 재봉사, 구두수선공, 요리사나 이발사와 같은 직업에서도 그들의 노동은 언제나 강도 높은 것이었다. 신세계에서 흑인 문화의 흔적이 남겨지지 않은 노동과 생활모습을 상상한다는 것은 참으로 어려운 일이다. 브라질에서는 내륙 오지를 탐험하고 정복하는 데에 그들이 일조를 했다. 흑인 지휘자와 흑인들로 구성된 부대는 네덜란드 군에 대항해서 싸웠고 프랑스 군에 맞서 리우 데 자네이루를 방어했다. 그들은 브라질의 정복과 식민, 그리고 개발에 중요한 역할을 담당했다. 그러나 그들은 동시에 반란도 일으켰다.

노예들이 일으킨 최초의 반란 가운데 하나는 17세기 초, 멕시코에서 일어났다. 흑인 반란군 두목인 양가는 멕시코 만의 넓은 해안가 지역을 장악하여 부왕에게 협상을 강요하는 데에까지 이르렀다. 그러나 반란은 결국 무력으로 진압되고 말았다 그렇지만 이 반란에서 살아남은 자들은 허락을 받아 베라크루스 주에 산 로렌소 데 로스 네그로스 흑인마을을 건설했다. 베네수엘라는 18세기에 몇 차례나 흑인들의 반란무대가 되었는데, 그것은 1795년의 코로 반란으로 정점에 달했다. 아이티의 독립혁명, 그리고 뒤이은 흑인 공화국의 탄생과 맞물렸던 이 반란은 베네수엘라의 절박한 독립전쟁 기간 중 이 나라의 상층계급에게 파르도(pardo, 백인과 흑인의 혼혈)에 대한 어마어마한 공포심을 불러일으켰다. 게다가 카라카스에서 일어난 마누엘 에스피노사의 반란 기간 동안 흑인들은 완전한 권리를 요구했을 뿐만 아니라 그들의 옛 백인 여주인을 요리사나 세탁부로 그들에게 봉사하게끔 했다.

그러나 대부분의 경우에 반란자들은 단순히 도망하여 오지로 사라졌고, 그곳에서 킬롬보(quilombo)라는 촌락을 건설했다. 그 킬롬보 가운데 하나로, 브라질의 알라고아스 주에 있던 팔마레스는 17세기에 들어왔을 때까지 오랫동안 존속했다. 인구 2만 명의 이 촌락은 남아메리카의 심장부에 독자적인 아프리카 문화를 가진 하나의 아프리카 국가로 변했다. 그러나 인디오들과 마찬가지로 흑인들 역시 유럽인들과 접촉하는 가운데 혼합문화의 일원이 되었고, 신세계의 귀화인들로 바뀌어갔다.

노예가 감독관이나, 똑같은 흑인으로서 아프리카의 다른 지역에서 온 동료 노동자들, 특히나 새로 얻은 노예 출신의 부인 등과 서로 의사를 주고받으려면 급속히 변모하고 혼합되고 있는 문화에 발맞추어 하루라도 빨리 언어를 배우지 않으면 안 되었다. 그들의 자식들은 무슨 언어를 사용했을까? 물어볼 필요도 없이 스페인의 식민지는 프랑스나 영국의 식민지(크리올어나 피진어를 사용했다)보다도 더욱 강력한 공통어(스페인어나 포르투갈어)로 흑인 주민들에게 언어의 동질성을 부여했다. 이것은 스페인이나 포루투갈의 식민지 당국이 보다 관용적이고 유연했다는 것을 동시에 반영해준다. 이교신앙은 카리브 해의 프로테스탄트 식민지에서는 금지되었지만 가톨릭 국가의 속령에서는 물론 용인되었다. 아프리카와 신세계 사이의 정체성을 보여줄 수 있는 한 면이 존재한다면 그것은 바로 종교적인 면일 것이다. 특히 쿠바에서는 그 기원이 명백히 파악될 수 있다. 우리들은 그 기원을 오늘날의 나이지리아인 요루바 연방, 더 구체적으로는 울카미 왕국이 있었던 도시인 오요(Oyo)에서 발견할 수 있다. 이 유산은 "루쿠미(lukumi)" 문화로 바뀌어 오늘날까지도 종교나 미술, 그리고 몸의 율동에서 지속적으로 쿠바의 전통을 이루고 있다.

쿠바의 기독교와 요루바 신앙의 융합(Syncretism)은 멕시코나 페루의 기독교와 인디오 종교의 혼합처럼 열렬하게 전개되었다. 그러나 이 혼합 종교는 쿠바에서 산테리아(santería)라고 하는 독자적인 이름을 가지고 있었다. 쿠바 혁명이 일어났을 즈음, 쿠바 국민의 4분의 3은 이 신앙을 따르고 있었다. 멕시코에서 아스테카의 여신 토난친이 갈색 피부를 한 '과달루페의 성모'로 바뀐 것처럼, 쿠바에서는 아프리카 바다의 여신 예마야(Yemayá)가 뱃사람들의 수호여신, 특히 아바나 항구의 수호여신인 '우리들의 성모 레글라'로 바뀌었다. 한편 아프리카 대장장이의 신 오군(Ogún)은 성 베드로가 되었는데, 이 신앙에 의하면 성 베드로는 오군으로부터 천국에 들어가는 무쇠 열쇠를 받았다는 것이다. 이 종교의 혼합에서 보다 주목할 만한 동화(同化)는 구혼자로부터 도망쳐 승원의 탑 속에 갇힌 기독교 순교자 성녀 바르바라의 경우일 것이다. 칼데론의 희곡작품을 보면 그녀는 탑 속에서 꿈을 꾼 후 기독교로 개종했다. 로마 당국은 그녀의 아버지에게 그녀를 죽이도록 명령했다. 아버지가 딸을 죽이자, 그녀는 번개로 나타나서 아버지를 파멸시켰다. 수르바란의 회화에서 보듯이 그렇게도 아름답고, 칼데론의 연극에 나오는 주인공처럼 꿈에 잠긴 이 성녀 바르바라는 아프로-쿠바 종교 속에서 전쟁의 신 샹고(Xangó)와 합쳐졌다. 그것은 기독교의 유럽에서 성녀 바르바라는 번개와 결합되어 포병과 광부의 수호성녀로 바뀌었다는 데에 그 이유가 있다.

반란과 언어는 아프로-아메리카 문화를 지속시키는 요소들로서, 이 두 요소에 리듬감 있는 행동, 육체의 움직임, 육체의 미학, 음악과 춤의 표현 형식과 같은 찬란하고도 지속적인 아프리카적 정체성이 가해졌다. 처음부터 흑인 음악은 듣는 사람이나 춤을 추는 사람에게 개성적이고 즉흥적이며 자유롭고 반항적인 리듬을 부여하여, 전통적인 서양음악처럼 예측하고 미리 정해진 주조를 이루는 패턴에 종속되지 않았다. 아프로-아메리카의 음악은 하나의 주음(主音)이 곧 몇 개의 음으로 분절되어 그 음악을 듣는 사람들 각자에게 다양한 반응을 불러일으키는 현대음악의 형식을 이미 예고하고 실천하고 있었다. 다성음악은 아메리카 흑인 문화의 독창적인 춤이 지닌 상상력에 의해서 더욱더 풍부해졌다. 재현으로서의 춤과 축제으로서의 춤은 서로 구별될 수 없었다. 이와 같은 모든 지속성을 통해서 육체 자체는 가톨릭 크리오요나 메스티소 문화에서 볼 수 있는 육체에 대한 엄격한 제약 없이 현실과 미, 그리고 운동의 감각을 획득하는 것이다.

미국의 사회학자 프랭크 태넌바움이 지적한 바에 의하면, 이와 같은 육체의 열렬한 찬미, 끊임없는 언어의 창조, 율동의 미, 반항정신은 흑인 문화가 남북 아메리카에서, 그리고 모든 시대에 걸쳐서 존재했다는 중요한 정치적 사실에서 드러난다고 한다. 물론 우리들 남북 아메리카가 하나로 합칠 수 있는 흑인 문화가 공통적으로 확산된 해역 —— 미국 남부와 카리브 해 지역, 미시시피 강에서 오리노코 강과 아마존 강까지 해류 가운데 있는 섬들을 통해서 광범위하게 형성된 문화공동체 —— 의 상상력, 언어, 리듬처럼 미국과 라틴 아메리카를 동질시할 수 있는 것은 아무것도 없다.

한편 아프로-아메리카 문화는 아메리카에서 일어난 모든 부정의 중에서 최악의 것들을 목격한 고통스러운 문화였다. 흑인들의 행동이나 노동, 법이나 언어는 이제까지 신세계가 경험했었던 정의를 향한 강력한 흐름에 합류했다. 게다가 아메리카 대륙의 나머지 사람들은 아프로-아메리카 문화의 운명은 모든 아메리카 대륙에서의 정의의 질을 판단할 수 있는 공통의 기준이 된다는 것을 이해하게 되었다. 흑인 문화의 특성은 심층에서 획득되어야만 할 것이다. 그렇기 때문에 그 핵심을 이해하기란 참으로 어려운 것이다. 여기에 대해서 마르티니크의 흑인 시인 에메 세제르는 아프로-아메리카 문화의 특성은 "만물의 본질에 대한 무아경의 상태에 빠지고, 만물의 움직임에 사로잡혀 있고, 세계의 고동에 함께 고동치는" 민족으로부터 온다고 썼다. 그러나 이와 같은 특성을 수호하기 위하여 흑인 문화는 또한 정의의 실천을 통해서 신세계에서 가장 찬란했던 법, 정치, 의회의 정신 몇몇을 선사해주었다.

신세계의 문화 중 그 어떤 것도 노예선을 타고 이 땅에 온 흑인 남자나 여자, 그리고 아이들이 겪었던 고통과 슬픔 속에 태어나지 않은 것은 없었다. 대다수 흑인들은 배가 출항하기 전 이미 자살을 기도했다. 일단 배에 오르자 그들은 벌거벗겨졌으며 가슴에는 쇠로 달군 낙인이 찍혔고 2인 1조로 묶여졌다. 야드(yard)당으로 팔려온 그들은 무덤처럼 움직일 수도 없는 좁은 선창에서 묶인 채로 위생이라고는 전혀 무시된 채, 마치 정어리 통조림처럼 실려왔었다. 그곳에서 질식하여 죽거나 발광하는 것은 흔히 있는 일이었다. 심지어 몇몇 사람들은 다른 사람들에게 숨쉴 공간을 마련해주기 위해서 목을 매달아 자살했다. 반란도 일어나기는 했지만, 대부분 실패로 끝나고 말았다. 「카르멘(*Carmen*)」의 저자인 프로스페르 메리메는 「타망고(*Tamango*)」라는 소설을 썼는데 그것은 실제로 일어난 반란사건에 근거하고 있다. 그들은 반란에 성공하기는 하지만 배를 조종할 수 없어서 결국 표류하다가 죽고 만다.

이런 고난에서 탄생한 문화가 계승되어 신세계의 선주민 문화와 접촉하면서 재생되었던 것은 그 자체로서 살아남겠다는 의지, 즉 고통이나 당연히 품게 되는 원한에 의해서 이제는 더 이상 패배할 수 없다는 그들의 집념을 보여주는 하나의 증거였다. 인디오 문화와 마찬가지로 신세계의 흑인 문화 또한 바로크에서 그 표현양식을 발견했다. 스페인계 아메리카의 바로크가 인디오 문화와 유럽 문화 —— 멕시코의 토난친틀라에서 페루 고지의 포토시까지 —— 와의 만남을 통해서 탄생했던 것처럼 흑인 문화와 포르투갈 문화의 융합에 의해서 신세계 최대의 기념비 중의 하나가, 즉 아프로-포르투갈적인 모습을 띤 브라질 바로크가 18세기 세계 최대의 금 산출지였던 브라질의 미나스 제라이스(제라이스 금광) 시에서 탄생했다.

이 도시에서 알레이자지뉴(원래 이름은 안토니오 프란시스코 리스보

브라질 콩고냐스 도 캄포 교회의 예언자 상들, 알레이자지뉴 작.

아)라는 한 물라토(mulato, 백인과 흑인의 혼혈/역주)가 라틴 아메리카 바로크의 극치라고 간주되는 한 예술을 창조했다. 흑인 노예 여성과 백인인 포르투갈 건축가의 자식으로 태어난 알레이자지뉴는 양친으로부터, 또 그가 속한 세계로부터 버림을 받았다. 이 젊은이는 문둥병 환자였던 것이다. 그는 세간의 남녀들이 속한 사회와 절연하고는 석상의 조각을 통해서 바로크 사회에 입문했다. 그가 콩고냐스 도 캄포 교회 입구의 계단에 조각한 12인의 예언자 석상은 고전주의 조각이 지닌 균형성을 거부하고 있다. 베르니니의 이탈리아 조각상 인물들처럼(그렇지만 지리적으로는 얼마나 멀리 떨어져 있는가!) 알레이자지뉴의 조각들 또한 삼차원적으로, 그것들을 보는 사람들을 향해서 마치 폭포처럼 쏟아져 내려와 살아 움직이는 것처럼 보인다. 그것들은 신비스런 고뇌와 인간적인 분노로 괴로워하는 반항적인 조각상들이다.

바로크의 원형적(圓形的) 특성 —— 전이(轉移)에 의해서 모든 것이 결정되는 관점과 어느 누구에게도, 또 어떤 사물에게도 하나의 관점을 부여하지 않으며, 모든 것은 영원히 변한다는 주장, 그리고 소수의 인간들에 의해서 질서지어지는 세계와 다수에 의한 무질서한 세계 사이의 대립——은 이 물라토 건축가의 손에 의해서 식민지 브라질의 광산 수도였던 오루 프레투(Ouro Preto, "검은 금"이라는 뜻)에 세워진 '우리들 필라르 성모교회'에서 잘 표현되었다. 교회 외관은 완벽한 장방형의 건물이기는 하지만 내부는 모든 것이 곡선으로 이루어진 다각형에, 콜럼버스의 구형, 다시 말해서 이 발견자의 계란처럼 난형(卵形)의 모습을 띠고 있다. 이 세계는 둥글고 다양한 시점을 통해서 관찰할 수 있다는 알레이자지뉴의 이런 비전은 이베리아나 신세계의 인디오 아메리카 예술가들의 비전과 합치된다. 콩고냐스와 오우로 프레토에서 우리들의 비전은 서로 해후하게 되고 우리들은 두 눈으로 우리들의 육체가 완전해지는 것을 똑똑히 보게 된다. 그런데 역설적으로 이런 해후는 세상으로부터 절연된 한 남자, 타인의 눈을 피해서 오로지 밤에만 작업했다고 전해지는, 이 나병에 걸린 젊은이의 비전에 의해서 완성된다는 것이다. 그러나 브라질이라는 나라는 국민들이 잠자는 밤 사이에 발전했다는 말도 있지 않은가?

아마도 알레이자지뉴는 사람들이 잠자는 밤에 꿈에 둘러싸인 채 동시대인들의 꿈에 하나의 형상을 부여해주었을는지 모른다. 왜냐하면 돌의 침묵을 통한 예술말고 그가 인간에게 말을 걸 수 있는 다른 방법은 없었기 때문이다. 그가 자신만이 지닌 고유한 형식을 획득하는 동안, 바로크라는 아메리카의 새로운 문화, 즉 인디오와 아프리카와 이베리아의 새로운 혼합문화는 또 하나의 목소리를 찾고 있었다. 그리고는 식민지 아메리카 최고의 시인에게서 그 목소리를 발견했다.

"소르 후아나 이네스 데 라 크루스", 미겔 카브레라 작, 1751년.

"내 영혼은 찢겨지고 있어요"

식민지 멕시코라는 폐쇄된 세계의 한 수도원으로부터 17세기 최고의 바로크 시인——시대를 초월하여 최고의 시인 중의 하나로 많은 사람들에 의해서 평가받고 있는——이 하나 탄생하리라는 것, 아니 한 수녀의 목소리가 터져나오리라고는 그 누구도 상상하지 못했을 것이다.

1651년 중앙 멕시코에서 태어난 후아나 데 아스바헤는 정식으로 결혼한 부부의 딸은 아니었던 것으로 생각된다. 7세가 되던 해에 이 어린 소녀는 대학에 들어가 공부하고 싶으니 남장을 해달라고 어머니에게 졸랐다. 그녀는 총명한 지성으로 인해서 불과 10대의 나이에 부왕의 궁정까지 불려가게 되었다. 그곳에서 그녀는 라틴어에서 수학에 이르기까지 그녀가 가지고 있던 모든 지식을 보여줌으로써 참석한 대학교수들을 놀라게 했다. 그녀는 정치나 종교의 세계로부터 멀리 떨어져 고립되고 제약받으며 살았음에도 불구하고(아니면 반대로 그런 것들 때문에) 정말로 모든 것에 해박한 지식을 가지고 있었던 지성인 중의 한 사람이었다. 그녀는 칭찬과 명성을 한 몸에 받았지만, 한편으로는 식민지 멕시코에서 한 사람의 여성으로서 작가가 되는 것이 얼마나 어려운 것인지를 즉시 알아차렸다. 그녀는 남성의 반대와 교회의 감시를 받았을 뿐만 아니라 궁정에서 시간을 허비하고 심지어 자신의 안전마저 위협받고 있었다. 이런 이유로 언젠가 자신을 공격할 제도의 핵심 안에서 그녀는 자기 몸을 지킬 수 있기를 기대하면서 교회로 들어가는 길을 택했다. 산 헤로니모 수도원의 독방은 당분간 모든 위험을 막아주었다. 이곳에서 그녀는 4,000권이 넘는 장서, 문서들, 펜과 잉크, 악기들을 모아두었다. 또 이곳에서 그녀는 만족스럽고 규칙적인 생활을 하면서 상상력과 지식을 한꺼번에 발휘, 태양 밑에 존재하는 모든 것들을 써나갔다. 이 종교와 지성이 일시적으로 하나가 된 세계에서 그녀는 이제 소르 후아나 이네스 데 라 크루스로 불리게 되었다.

식민지 사회에서 여성만큼 침묵을 강요당한 사람은 없었으므로 그런 사회에서 목소리를 낼 수 있었던 여성은 아마도 소르 후아나 이외에는 없었을 것이다. 그러나 그녀는 자신의 감정과 지성의 구분을 명확히 알고 있었다.

혼란 속에서 내 마음은
두 개로 분열되어 있네 :
하나는 정열의 노예 ;
또 하나는 이성의 종.

정열이라고? 이성이라고? 노예라고? 아니 그러면 이성이나 정열이 아닌 종교계율에 대한 확신이나 신념, 그리고 맹목적인 순종은 어디로 가버렸단 말인가? 무엇보다도 자부심 강했던 수녀, 유럽에서 절찬받고 부왕의 부인과도 절친했던(아마도 육체적으로), 수도원의 자기 독방에서 행해진 재판에서 "나는 사랑하고 사랑받고 싶은 그 사이에서 고통받고 있다"라고 고백한 이 여자는 도대체 누구였던가?

결국 그녀가 머물던 수도원의 독방 또한 멕시코의 대주교 아기아르 이 세이하스(남성들이 지배하는 완고한 정통 기독교의 수호자)라는 박해자로 상징되는 종교 당국으로부터 그녀의 몸을 보호할 수 있는 장소가 되지 못했다. 40세가 되던 해, 그녀는 장서와 악기, 펜과 잉크를 박탈당했다. 그녀는 침묵 속으로 들어갔고, 1695년에 44세의 나이로 죽었다.

그렇지만 그녀는 그녀를 침묵시키려던 사람들로부터 최종적으로 승리할 수 있었다. 그녀의 바로크 시는 신세계의 풍부한 형식과 언어 —— 이전의 유럽인의 눈으로는 결코 볼 수 없었던 신세계의 새로운 이름들, 새로운 지리, 식물과 동물 —— 를 영원히 포용하는 힘을 지니고 있었다. 그녀 자신 자신의 시가 바로 이런 대지의 산물이 아니겠냐고 다음과 같이 물었다. "내 조국 인디오의 어떤 약초가 그 마법의 정령으로 나의 시에 영감을 뿌려놓았던가?"

성서에 기록되지 않은 것들

종교의 혼합주의, 아프로-아메리카의 바로크, 후아나 수녀의 유럽-아메리카적 시는 역사가 페기 리스가 "대서양의 교류"라고 부른 1492년 이래 유럽과 아메리카 대륙을 즉각 연결시켰던 무역, 문화, 정치의 네트워크가 한꺼번에 모두 나타난 것이었다. 이 "대서양 제국"의 기반에는 지금까지 유럽인들이나 아메리카인들이 전에는 한 번도 보지 못했던 신기한 물건들의 교류가 있었다. 1492년 이후 많은 동식물들이 한쪽 대륙에서 또 다른 대륙으로 때때로 놀라움을 동반하면서 옮겨갔다.

오늘날 토마토와 초콜릿은 누구나 알고 있는 흔한 것이지만, 당초 유럽인들은 토마토에 독이 있을 것으로 생각하여 그것을 꺼렸다. 그러나 후에 그들은 이 토마토가 대단히 맛있다는 것을 알게 되었다. 토마토의 어원은 아스테카어의 히토마틀(xitomatl)에서 유래하는데, 이탈리아인들은 아마도 낙원의 일화로부터 쾌락과 죄를 상기시켜주기라도 하듯이(그러나 이들은 구별된다) 이것에 가장 아름다운 이름인 포모도로(pomodoro, 즉 황금의 사과)라는 이름을 붙였다.

초콜릿 역시 쇼콜라틀(xocolatl)이라는 아스테카어에서 유래한 또 다른 아스테카 제국의 산물이었다. 아스테카 제국에서 초콜릿은 아주 값어치 나가는 귀한 물건으로 여겨졌고 또 동시에 풍부했기 때문에 어떤 때는 제국의 통화로 사용되기도 했다. 목테수마 황제는 이 코코아를 즐겨 마셨다. 처음 대부분의 유럽인들 입맛에 이 코코아는 너무도 쓴 음료였지만, 스페인의 귀부인들은 이 쓰디쓴 음료수에 홀딱 반했으며, 스페인 왕녀와 결혼했던 루이 14세는 마침내 베르사유 궁정에도 그것을 가져오도록 했다.

초콜릿은 멕시코에서 풍부했지만 설탕은 유럽에서 희소하여 저울에 주의 깊게 단 후에 고가로 팔렸다. 신세계에서 설탕은 열대지방에서 풍부하게 산출되어 번창했다. 오래 된 황무지는 개간되었고 곤살로 데 비보라와 같은 사람은 에스파뇰라 섬에서 설탕을 최초로 생산하여 많은 돈을 벌었다. 카리브 제도의 원주민 인디오 노동자가 죽어 전멸하자 흑인 노예들이 건너와 인디오들을 대신해서 새로운 사탕수수 플랜테이션에서 일했다.

담배를 피우는 남녀들을 최초로 본 사람은 물론 콜럼버스였다. 1492년 11월 6일, 바로 거기 쿠바 섬의 한 마을을 지나갔을 때의 일이었다. 신세계로부터 도래한 신기한 것들 중에서 이 이국적인 새로운 기호품에 구세계가 익숙해지는 데에는 그다지 많은 시간이 걸리지 않았다. 담배가 영국에서 받아들여지는 데에는 월터 롤리 경의 멋진 용기를 필요로 했다. 당시 국왕이던 제임스 1세는 이 담배잎을 가르켜서 "이것은 인간의 내장을 마치 부뚜막처럼 만들어버린다"라고 경고했다.

아메리카의 발견은 유럽인이 식탁에 더 많은 후추를 원해서 일어났던 결과였지만 신세계에서 발견된 유일한 향신료는 칠리, 즉 호세 데 아코스타 신부가 "모든 요리의 주요한 소스"라고 불렀던 매운 고추였다. 안데스

토마토와 고추의 그림.

의 고지를 헐떡거리며 올라갔다가 내려왔던 다혈질의 뚱뚱한 이 신부는 1590년에 쓴 「인디아스 제국의 자연문화사(*Historia natural y moral de las Indias*)」 속에서 고추를 언급하면서 "그들에 의하면 이 고추는 입에 들어가거나 나올 때 입을 태워버린다"라고 경고했다. 게다가 이 고추를 많이 먹으면 "성감이 자극된다"라고 그는 충고했다. 더욱더 흉물스러운 것은 안데스 각지에서 재배되는 코카 잎일 것이다. 아코스타는 "이 잎을 씹으면 아무 것도 먹지 않고도 이틀 동안 걸을 수 있다"라고 썼다.

독일의 오펜부르크 시에는 감자를 손에 들고 있는 프란시스 드레이크 경의 기념동상이 하나 서 있다. 비문에는 "서기 1586년에 유럽에 감자를 가져다준 프랜시스 드레이크 경에게"라는 글이 새겨져 있고 덧붙여 그를 "영원히 잊지 못할 수백만 농민의 이름으로"라는 헌사가 쓰여 있다. 그렇지만 유럽에 감자가 처음 들어왔을 때에는 더러운 것으로 생각되었고, 심지어는 남자의 고환이나 버섯(truffles, kartoffel)과 비슷하다고 말하는 사람들도 있었다. 그뿐만 아니라 러시아의 한 기독교 종파는 감자가 성서에 언급되어 있지 않다는 이유로 그것을 기형식물이라고 단정해버렸다. 그러나 그들은 감자를 발효해서 보드카가 만들어지리라고는 전혀 상상조차 할 수 없었을 것이다.

코르테스가 발견한 것들 중에서 아메리카 어디에서나 풍부하게 자라고 있는 식물 가운데 하나는 켓살코아틀 신이 내려준 선물인 신세계의 빵 옥수수였다. 아메리카는 그것을 유럽에 보냈고 유럽으로부터는 반대로 밀을 받았다. 오랫동안 유럽인들은 돼지 사료로 이 옥수수를 사용했는데 이것으로 사육된 돼지들이 도살자와 함께 신세계에 첫선을 보였다.

소나 말은 인디오들에게 아마도 가장 신기한 동물들이었다. 베르날 디아스 델 카스티요는 코르테스와 함께 멕시코에 몇 마리의 말이 왔는가(합계 16필)를 정확히 기술했는데, 수년 후 정복자들로부터 도망쳐나온 말들은 야생으로 돌아가서 거대한 무리를 이루어 콜로라도에서 파타고니아까지 그 광대한 지역으로 자유롭게 번식해갔다. 밀과 소는 아시아에서 온 고대부족들처럼 남으로 남으로 옮겨가서 우루과이, 브라질, 아르헨티나와 같은 코노 수르(Cono sur, 남봉) 지역에 거대한 농업자원의 기반을 마련했다. 들소는 영국이나 프랑스, 또는 네덜란드의 해적들, 즉 버커니어(buccaneer, 17세기 후반 동안 주로 카리브 해와 남아메리카의 태평양 연안에 출몰하여 스페인 정착지와 선박들을 약탈했음/역주)에 의해서 사냥되었다. 이 버커니어라는 이름은 그들이 고기를 말린 뒤 그것을 훈제로 만든 데서 유래했다. 카리브 해의 인디오들은 이 제조법을 "부칸"(bucan)이라고 불렀던 것이다.

그러나 만사가 이렇듯이 평화로웠던 것은 아니었다. 도주하는 인디오들, 그리고 흑인 노예들을 추적하거나 생포하기 위해서 마스티프종(種)이나 블러드하운드종의 사냥개들도 유럽에서 신세계로 건너왔다. 푸에르토리코에서 폰세 데 레온은 이런 개들을 너무도 중시하여 개에게도 음식이나 전리품을 나누어주었으며, 심지어 스페인 군인들이 받던 봉급을 개에게도 똑같이 지불했다. 그러나 이런 개들 또한 그들의 추적 대상이었던 인간들과 마찬가지로 도망을 가서 광대한 지역에 뿔뿔이 흩어짐으로써 들개의 무리로 바뀌었다.

신세계로 건너온 식물은 점점 뿌리를 내렸지만 어떤 식물들은 아주 엄중한 감시를 받았다. 올리브, 포도, 오렌지와 레몬은 유럽에서 아메리카 대륙에 들어온 새로운 식물 중의 일부였다. 식민지 시대의 포도나무는 칠레에서 대단히 귀하게 여겨져 무장한 사람들이 그것을 지켰다. 이런 훌륭

한 선견지명 덕분으로 칠레는 오늘날에도 라틴 아메리카 최고의 포도주를 생산하고 있다. 한편 야생 오렌지 밭은 곧 아열대의 토지로 확대되어갔다.

양은 열대지역에서는 죽었지만 놀랍게도 고지나 팜파스 평야에서 번식을 했다. 당나귀 역시 아메리카 대륙에 정착했다. 그러나 카스티야에서 온 이 당나귀의 멜랑콜리한 눈망울에는 아메리카 토착동물 ── 아코스타 신부가 언급했던 것처럼 노아의 방주에 타지 않았던 동물들 ── 의 놀라운 표정이 서려 있었다. 안데스의 높은 산 꼭대기에 살고 있는 비쿠나(vicuña, 남미 안데스 산맥에 사는 야생 라마의 일종/역주)나 과나코(guanaco, 비쿠나와 근연종인 야생 라마/역주)가 모습을 드러냈다. 그들 위로는 이제까지 유럽인들이 전혀 보지 못했던 새들 ── 가볍지만 강인한 콘도르나 빠른 날개와 예리한 눈동자를 한 부이트레 독수리 ── 이 하늘을 날다가 갑자기 내려와서 시체를 쪼아먹으며 도시나 거리들을 청소하고 있었다.

앵무새는 수다스러운 새였다. 아스테카의 구아홀로틀(guaxolotl)은 프랑스인들에 의해서 댕동(dindon, 인디아스 제도의 새)으로 불렸고 영국인들로부터 "터키"라는 엉뚱한 지명이 이름으로 붙여지기는 했지만 이 새는 맛있는 조류였다. 그리고 아름다운 켓살 새는 자유롭게 비상하는 것이 이 새의 천분이었지만 새장에 갇힌 채 쇠약해져 죽어갔다.

식탁에 놓여진 칠면조, 정원에서 지껄이는 앵무새, 새장에서 죽어가는 켓살, 지붕 위를 나는 독수리, 그리고 이 독수리 밑으로 아메리카의 새로운 도시들이 펼쳐졌다.

바로크 도시

포토시의 은처럼 새롭게 탄생한 도시들은 스페인계 아메리카 영토의 오지로 확장되었다. 아직까지도 아메리카의 농업 및 광산경제는 요소요소에 세워진 중심부, 즉 도시를 기반으로 발달되었고 그곳을 통해서 스페인은 그들의 권력을 확고하게 만들었다. 그러나 도시 내부에서는 극도의 불평등과 팽팽한 긴장상태가 빠르게 번져나갔다. 항구도시(아바나, 산 후안 데 푸에르토 리코, 카르타헤나 데 인디아스, 마라카이보, 발파라이소)

← "페루로의 말의 도입", 작자미상.

는 해외의 영향과 가두에서 보여지는 쾌활성의 영향으로 개방되어 근대적인 중상주의문명을 급속히 발전시켰다. 이런 도시들은 산중이나 고지의 도시(멕시코 시티, 보고타, 라 파스, 키토, 과테말라), 그리고 부왕이 있는 연안의 도시(리마, 부에노스 아이레스)와는 사뭇 달랐다. 후자의 도시에서는 궁정사회의 엄숙한 본능을 우선시함으로써 중상주의의 충동이 억제되었다.

궁정사회의 형성은 공언되지는 않았지만 수도에 살고 있던 대다수 사람들은 궁정사회를 꿈꾸었다. 또한 그것은 도시의 부에 기생하여 살고 있던 사람들의 허영심을 불러일으켰고 가진 자와 가지지 못한 자들 사이의 현격한 격차를 강조해주었다. 그 모든 부당함에도 불구하고 직업을 강조하고 또 상업활동을 통하여 중류계급의 대두를 가능하게 했던 대부분의 유럽 수도들에 비해서 스페인계 아메리카에서는 오직 도시의 이달고만이 교외에 광산이나 대농장을 소유했다는 이유로 신사가 될 수 있었다. 그들은 자기들 밑에 복종하는 사람들을 두고 있었고 또 그들로부터 봉사와 칭찬과 존경을 받았다. 이런 것들이 바로 스페인계 아메리카 이달고가 추구한 가장 중요한 삶의 목표였다. 그들은 이런 충성심을 보여주는 사람들에 의하여 둘러싸여졌다. 신세계에서 이런 봉건주의적인 존경을 획득하기란 지극히 어려운 일이었다. 많은 촌극들이나 풍자적인 인쇄물은 상류사회의 귀족들 ── 빈곤의 바다에 닻을 내린 ── 이 지닌 왕정시대의 야망들을 언급하고 조롱했다. 이제 특권계급은 소수였고 가난한 사람들이 대세를 이루었다. 이 양자 사이에서, 스페인의 황금시대의 바로크 도시의 주민들처럼 사기꾼이나 도둑, 매춘부나 동냥꾼과 같은 익살스런 배우들이 신세계 도시의 무대를 장식했다.

가진 자와 그렇지 못한 자, 유복한 이달고(hidalgo)와 가난한 이달고, 그리고 스페인 출신의 모든 이달고와 증오와 악의에 찬, 야심적이고 조소하는 듯한 메스티소 사이에 긴장이 존재했고, 이런 긴장은 상류계급과 하류계급 사이에 존재했던 엄연한 차이를 퇴색시켰다. 인디오, 흑인, 메스티소는 인구만 증가했던 것이 아니라 상류계급을 위협하는 요소로 등장했다. 초기 식민지 시대의 인디오의 봉기말고도 수많은 민중반란들이 계속해서 일어났다. 1624년에 멕시코 시티에 있던 부왕의 궁전은 압정에 항의하여 봉기했던 수도사들을 따르는 대규모 도시노동자들에 의해서 불타 버렸다. 1692년에는 식량부족과 물가앙등으로 야기된 그 유명한 "폭동"이 일어나 노동자들은 다시 부왕의 궁전과 다른 정부건물들을 습격했다.

신세계 최대의 바로크 도시의 생활을 가장 뛰어나게 묘사한 사람은 유년시절 멕시코로 건너와 1604년 「멕시코시티의 장려함(*La grandeza de la Ciudad de México*)」이라는 책을 쓴 스페인 시인 베르나르도 데 발부에나였다. 그는 "선물과 희열의 호기(好機)"의 장(章)에서 "파티와 천 가지 방법의 선물", 회화, 연회, 정원의 파티, 수렵, 야회, 음악회, 음악, 방문, "매일의 파티와 신작 희극", 새로운 습관, 신사들의 기호품, 마차의 권위자, 호화마차, 의자 및 가마, 여성들의 머리장식 및 공상, 남편들의 고통과 두통거리 등을 말하고 있으며, 이런 모든 것들은 금세공품, 수 , 금실 박은 옷, 보석, 보석상, 진주, 보석류, 작은 진주, 금, 은, 비단으로 휘감겨 있고 또 제복을 입은 한 무리의 하인들이 이들을 시중들었다고 밝히고 있다. 한편 위에 언급한 모든 것들은 상업적 루트의 교차점으로서 신세계가 가지게 되는 새로운 위치를 웅변해주는 증거물이었다.

> 너 신세계로 인해서 스페인과 중국,
> 이탈리아와 일본이 만나고,
> 마지막으로 온 세계가 교역하고
> 질서를 이룬다.

이런 전례 없는 사치는 또 다른 부왕의 수도 리마의 기록원들에 의하여 비판을 받았다. 마테오 로사스 데 오켄도는 "기지라고는 찾아볼 수 없는 수많은 시인들, 신의라고는 전혀 없는 궁정인들, 속이 엉큼한 다수의 트럼프 사기꾼들"로 둘러싸여 있던 리마의 과두정치를 조소했다. 부왕은 "부랑자나 싸움꾼들, 헤아릴 수 없는 도박사나 부정한 관리들"로 둘러싸였고, 한편 경찰은 "가장 악질적인 도둑들"이었다고 그는 말하고 있다. 그리고 그 도시, 즉 "혼탁한 태양, 어두운 탄생, 이것이 바로 리마이고, 그 일상적인 모습"이라고 말을 맺었다. 시몬 데 아얀케는 식민지 시대의 리마를 기록하면서 더 멀리, 더 위험스런 지경까지 나아갔다. 그곳은 "인디오와 삼보(인디오와 흑인의 혼혈/역주)와 물라토의 여자들, 치노, 메스티소와 흑인의 도시이고, 무슨 직업에서든지 치노(chinos, 토인과 흑인의 혼혈아/역주), 물라토 흑인은 있지만 스페인인은 거의 볼 수 없다. 대다수 인디오는 공납을 피해서 신사와 같은 사람으로 가장하기 위하여 산악지방에서 내려온다"라고 쓰고 있다.

타인과 비교하여 구별되거나 다른 어떤 인물이 되고자 했던 바람은 이 바로크 도시의 사회 ── 부자나 가난한 자, 대립하는 성직자단, 열광적인 섹스나 육욕의 엄격한 부정과의 사이에서 분열되어 있는 ── 의 특징 중의 하나인 것처럼 보인다. 청교도적인 엄격한 금욕주의와 방종의 확대는 이 식민지시대에 공존했었다. 롤랑 바르트는 새디즘은 특히 미개한 지역에서 많이 보여진다고 쓰고 있다. 즉 성적 폭력은 사회계층이 엄격히 정해진 사회에서 용이하게 실행된다. 즉 그런 곳에서 섹스 파트너는 쉽게 구할 수 있고, 특히 하인들의 사회에서 성적쾌락의 대상은 쉽게 버려지며 은밀한 장소에서 쾌락이 추구되지만 형벌은 받지 않는다. 식민지 시대 스페인계 아메리카의 도시는 이런 필요조건들을 모두 겸비했고, 거기에 덧붙여 종교라는 별도 차원의 세계(형벌이 면제된 은밀한 장소)인 교회나 수도원도 있었다.

멕시코 작가 페르난도 베니테스는 「수도원의 악마들(*Los demonios en el convento*)」이라는 흥미로운 저서에서 방탕자의 행동과 병행하여 그와는 정반대로 금욕적인 에로티즘과 관련하여 라틴 아메리카 사회에 횡행했던 많은 "정신착란적 이야기"를 언급하고 있다. 소르 후아나 수녀가 살았던 시대에 멕시코 시티의 대주교였던 아기아르 이 세이하스는 여성을 혐오하는 나머지 여자가 동석하는 것을 허락하지 않았고, 우연히 여성과 맞부딪히게 되면 재빨리 양손으로 얼굴을 가리고는 했었다. 물을 혐오하는 것(가톨릭 스페인의 또 다른 공포증) 또한 격렬했다. 이러한 사실은 지팡이에 의지하여 걷고, 지팡이를 맹렬하게 휘두르는 행위에 나타난 그의 격노한 모습을 통해서 볼 수 있었다. 예를 들면 소르 후아나의 친구이자 그녀의 보호자였던 카를로스 데 시구엔사 이 공고라는 신학논쟁중 대주교가 그의 안경을 깨뜨리고 얼굴을 때리는 행동에서 그것을 알아차렸다. 아기아르 이 세이하스는 또한 투계, 오락, 소설 등을 금지시켰음은 물론 있는 힘을 다 동원하여 여성들을 탄압했다.

소르 후아나의 몰락에 책임이 있는 이 완고한 대주교가 군림하던 이 시대에는, 이 주교보다 더 형편없으나 마찬가지로 질투심 많은 또 다른 엄격주의자들이 민첩하게 행동에 들어갔다. 바르시아 신부라는 인물은 17세기 말경 멕시코 시티에 있는 전여성들을 집합시킨 뒤, 그녀들을 벨렌 수도원에 집어넣었다. 그리고는 사회로부터 그녀들을 격리시켜 남성들의 눈에 전혀 띄지 않도록 했다. 물론 바르시아 신부가 잡아들일 수 있었던 여성들은 수많은 매춘부나 여배우, 서커스 단원뿐이었다. 그런데 그가 이 여성들을 수도원에 감금시키자, 이들의 애인이었던 남자들은 그녀들을 석방시키려고 시도했고, 심지어 바르시아를 죽이려고까지 했었다. 남성들이 수도원을 포위하고 여자들은 들고 일어나 여기가 천국이라면 차라리 지옥을 택하겠노라고 신부에게 대들자, 바르시아는 성수가 들어간 좌약을 항문 속에 집어넣으며 자살을 기도했다.

당시의 사회는 여전히 금지된 성, 그리스도를 남편으로 맞는 이상(理想), 그리스도를 처녀 잉태하는 이상과 같은 3중의 긴장에 의해서 지배되었던 사회였다. 이런 분위기에서 수많은 멕시코 수녀들은 자신의 육체를 바라보는 것을 두려워하여 붕대로 눈을 감았고, 또 육체에 관한 모든 것을 마주치지 않기 위하여 차라리 벙어리나 귀머거리가 되고자 하였다. 그녀들은 방바닥을 핥으며 침으로 십자가를 그려 기도했고, 하녀들을 시켜 매질을 하도록 했으며, 월경의 피를 자신들 몸에 바르기도 했다. 베니테스에 의하면 남자 승려와 사제들 또한 분명히 성 후안 데 라 크루스가 그랬던 것처럼 채찍질로 자기 몸을 학대했을 것이라고 한다. 그것은 갈보리 언덕에서 그리스도가 겪은 고난을 그들이 몸소 체험하면서 동시에 보상받을수 있으리라 믿었기 때문이었다.

최후의 유토피아와 최초의 반란자

신세계에서 유토피아의 마지막 전초지는 파라과이의 예수회 전도소였다. 예수회는 국왕의 칙령을 획득한 뒤, 허가를 받아 구아라니족 인디오들을 해방시켰고 이 기독교화된 촌락 —— 지상에서의 '신의 도시'와 유사한 —— 에서 그들을 다스리고 교육시켰다. 파라과이의 구아라니족은 다른 인디오처럼 강제노역과 천연두로 죽지는 않았었다. 그들은 화폐의 사용을 폐지하고, 공유재산제도를 세웠으며, 부의 공평한 분배를 통해서 만족할 만한 삶을 영위하고 있었다.

그러나 이런 유토피아적 공화국이 존속할 수 있었던 것은 오로지 지리적 고립성 때문이었고, 한편으로는 인디오가 그들의 토지와 목숨을 빼앗으려고 하는 탐욕스런 스페인이나 포르투갈의 다른 식민자들의 공격에 맞서 예수회 신부들이 무장하거나 아니면 인디오를 무장시킬 수 있는 권리를 국왕으로부터 부여받았기 때문이었다. 그렇지만 무장된 유토피아를 과연 진정한 유토피아로 부를 수 있는지 한 번 물어봄직하다. 1767년, 부르봉 왕조에 의해서 예수회 수사들이 스페인과 스페인의 속령으로부터 추방되었을 때 무기와 예수회의 보호를 박탈당한 구아라니족은 마침내 절망적인 노예상태의 인디오 집단으로 흡수될 수밖에 없었다.

그러나 이런 극적인 사건 속에서도 그들은 투팍 아마루의 반란을 통해서 그들이 지닌 하나의 목소리를 들을 수 있었다. 1780년 11월 4일, 안데스 지방의 투이타 주의 인디오의 지도자 호세 가브리엘 콘도르칸키는 잉카 최후의 황제 투팍 아마루의 이름을 취한 뒤, 이 인디오 군주의 후손임을 선언하면서 스페인 정부에 대항하여 무장반란을 일으켰다. 인디오 노새몰이꾼으로 구성된 군대를 거느린 투팍 아마루는 페루 전역에 걸쳐서 혁명을 확대시켰다. 그것은 폭력과 상징성으로 가득 찬 반란이었다. 스페인인은 정말로 황금에 굶주린 자들이였으므로, 투팍 아마루는 스페인 총독을 사로잡아 용해된 금을 먹도록 한 뒤에 처형시켰다. 그러나 인디오 군대는 결국 스페인 기병대에 의해서 진압되었다. 투팍 아마루는 1781년에 체포되어 처형되었다. 한 무명의 증인은 이 인디오 혁명 지도자의 죽음에 대해서 다음과 같이 기록하고 있다.

> 그는 광장 한가운데로 끌려나왔고, 처형인이 그의 혀를 잘랐다. 그리고 손발을 묶은 족쇄를 풀고는, 그를 땅바닥에 내동댕이쳤다. 처형인들은 그의 두 팔과 두 발을 네 개의 밧줄로 묶은 뒤, 그것을 네 마리의 말의 복대(腹帶)에 연결시켜 네 명의 메스티소로 하여금 네 방향으로 돌진시켰다. 그것은 이 도시에서는 전혀 볼 수 없었던 광경이었다. 말의 힘이 약해서 그랬는지, 아니면 이 인디오가 정말로 무쇠처럼 강해서 그랬는지 모르겠지만, 어찌되었든 그들은 그의 몸을 완전히 절단내버릴 수 없었다. 그는 거미처럼 공중에 매달린 채 있었다. 동정심에 마음이 움직였는지 순찰사(visitador)는 이 불쌍한 인간이 더 이상 고통받지 않도록 서둘러 군대에 명령했고 처형인으로 하여금 그의 머리를 베게 했다. 결국, 이렇게 해서 그는 처형되었던 것이다. 그리고 나서 그의 몸통을 교수대 밑에 놓고는 그의 수족을 절단했다.
>
> 이날 수많은 사람들이 몰려들었지만 그 많은 군중들 속에서 인디오들은 볼 수가 없었다. 적어도, 그들 고유의 복장을 한 사람들은 발견할 수가 없었다. 만약 몇몇 인디오들이 있었더라도 그들은 망토와 판초로 변장했을 것이다. 징조와 미신을 남용하는 인디오들을 확신이라도 시켜주듯이, 마치 악

> 마가 꾸미고 마련한 것과 같은 사건들이 때때로 일어난다. 내가 왜 이런 말을 하느냐 하면 그날은 청명했고 날씨는 건조했는데, 갑자기 태양이 사라지고 하늘은 어두워지면서 비가 쏟아질 것처럼 보였기 때문이었다. 그리고 말들이 이 인디오 남자를 끌고 가기 시작했던 정오에는 돌풍이 일어나면서 돌연 소나기가 쏟아지기 시작했다. 모든 사람들, 심지어 경비병까지도 급히 서둘러 자리를 떴다. 이것이 바로 지금도 인디오들로 하여금 하늘과 자연도 이 비인간적이고 냉혹한 스페인 사람들이 그렇게도 잔인하게 죽인 이 잉카 왕의 죽음을 함께 슬퍼한다고 말하게 하는 이유가 되었다. 결국 호세 가브리엘 투팍 아마루와 그의 부인 미카엘라 바스티다스는 이렇게 생을 마쳤던 것이다.

이 시대의 시인 파블로 네루다는, 안데스에서는 초목의 씨앗까지도 "투팍"의 이름을 침묵 속에서 반복하여 부른다고 썼다. 끝없는 반란과 끝없는 배반의 전통, 그리고 끝없이 유토피아를 갈망하는 또 다른 전통——설령 그것이 폭력적이었든 이성적이었든 간에, 이 모든 전통들——은 신세계의 스페인 영토를 지배했다. 스페인에서 부르봉 왕가의 군주가 합스부르크 왕가의 뒤를 이었을 때, 이것은 새로운 이성의 시대가 도래하리라는 것을 명확히 예고해주는 하나의 사건이었다. 그것은 또한, 이성의 잠이 괴물들을 산출할 것을 상상했던 한 화가의 시대이기도 했다.

제10장 고야의 시대

1700년 11월 1일 '사자(死者)의 날'에 스페인 합스부르크 왕가의 최후 군주였던 카를로스 2세는 적손을 남기지 못하고 세상을 떴다. 그는 이사벨 여왕의 딸 후아나 라 로카의 마지막 자손이었다. 그의 전기를 쓴 작가 중의 한 사람에 의하면 그가 죽기 100년 전에 이미 독극물에 의해서 그의 유전적 이상이 예정되어 있었다고 한다.

합스부르크 왕가의 기나긴 통치기간 동안 심어진 광기와 질병의 모든 씨앗은 이 가엾은 저능아의 한 몸으로 집중되었다. 그는 튀어나온 긴 턱을 한 번도 다물 줄 몰랐고, 7세가 될 때까지도 걷지를 못했다. 사람들은 그를 '백치왕'이라고 불렀고, 그가 그나마 생명을 부지할 수 있었던 것은 국가를 위해서 다시 말해서 스페인 제국이 군주를 옹립하고 있으며 유럽의 다른 왕국들을 여전히 제압할 수 있다는 것을 짐짓 보여주기 위해서였다고 말했다. 불길한 사고가 일어났다. 이 왕이 세고비아 근교에 있는 합스부르크 왕가의 이궁(離宮)인 라 그랑하 데 산 일데폰소를 방문했을 때 그곳이 눈깜짝할 사이에 불타버렸던 것이다.

이 이궁은 차기 스페인 국왕이며 프랑스 루이 14세의 손자였던 펠리페 5세에 의해서 마치 스페인의 베르사유 궁전처럼 프랑스 양식으로 재건되었다. 이후에 펠리페는 누가 스페인의 왕위를 차지하고 그 광대한 영토를 통치할 것인가를 놓고 프랑스와 영국이 싸웠던 스페인 왕위계승전쟁의 결과로 마침내 왕위에 올랐다.

스페인 합스부르크 왕가 최후의 국왕의 얼굴은 근대화를 일으키고자 했던 부르봉 왕조가 개혁하면서 버리려고 했던 모든 것들, 즉 편견과 왜

← "가스파르 멜초르 데 호베야노스 이 라미레스", 프란시스코 데 고야 작, 1798년.

곡을 일삼는 전통, 불관용, 근대화 열풍으로부터의 고립 등을 상징했다. 이제 18세기를 통해서 전통과 근대화 사이에서 스페인이 겪었던 기나긴 투쟁이라는 역사의 새로운 한 장(章)이 생생히 대두되어 스페인과 스페인계 아메리카의 역사에서 일관되게 존재해왔던 신구(新舊)의 대립을 다시 한번 여실히 보여주었다. 스페인 제국사의 권위자 존 엘리어트는 이 점에 대해서 다음과 같이 적절하게 지적했다. "유럽의 모습이 그 어느 때보다도 급격히 변화하고 있을 때 한때 최강의 세력을 과시했던 이 나라에서는 살아남기 위한 불가결한 요소 —— 변화에 대한 의지가 결여되어 있었음이 판명되었다."

계몽주의는 인류에게 새로운 시대를 예고했다. 과거는 대체로 불합리하고 야만적인 것으로 뒤에 버려졌고, 미래는 환호의 목소리로 받아들여졌다. 인간은 진보라는 사명을 위하여 그의 이성을 적용하는 것만으로 완전해질 수 있었다. 과학과 교육과 경제의 발전 덕분에 이 세계의 행복은 가능해질 수 있었다. 계몽주의는 유럽을 산업혁명의 문턱으로 밀어올렸다. 스페인은 이런 유럽의 대세에 합세할 것인가, 아니면 다시 한번 그 흐름 밖에 머무를 것인가? 스페인은 마침내 엘 에스코리알 궁전의 기나긴 밤의 어둠으로부터 저 '계몽의 시대(Siglo de Las Luces)'의 빛의 세계로 들어갈 수 있을 것인가?

이 문화의 무대 중앙에 두 남자가 서 있었다. 한 사람은 귀족 출신의 인문주의자이며 사상가이자 정치가였고, 또 다른 한 사람은 대중의 본능을 지니고, 예술적 재능을 맘껏 펼치면서 평민에서 최정점까지 오른 화가였다. 그 인문주의자의 이름은 가스파르 멜초르 데 호베야노스 이 라미레스였고, 화가의 이름은 프란시스코 호세 데 고야 이 루시엔테스였다.

"행복한 혁명"

1798년, 호베야노스는 고야의 그림을 위해서 포즈를 취했다. 그리하여 계몽주의 이상 —— 이성, 명료함, 관용 —— 을 전혀 의심치 않은 채 그것을 한 몸에 껴안은 철학자, 가장 눈부시고 또 가장 슬픈 18세기 빛의 인간의 초상화가 탄생했다. 그 초상화는 그 시선 안에 한 인간의 자태와 풍모, 그리고 그와 그 시대의 삶을 둘러싸고 있는 것들을 응축시킨 대걸작 중의 하나였다.

장자상속 사회하에서 아스투리아스 북부지방 명문가의 열한번째 아들로 태어난 호베야노스는 성직자 생활을 해야만 하는 운명을 타고 났지만, 신의 섭리였는지 교회법 시험에 낙방하고, 그후 때맞춰 마드리드로 가서 부르봉 왕조의 개혁 마차가 출발하기 직전에 올라탈 수 있었다. 그곳에서 그는 카를로스 3세가 정권을 위임한 유력한 재상 아란다 백작의 눈에 띄게 되었다. 23세부터 37세까지 14년간 호베야노스는 세비야의 형사 담당 판사에서 마드리드의 왕립학술원 회원으로까지 출세를 했다. 그는 교회법을 공부한 인연으로 "일천한 논리학과 빈약하고 혼란스러운 추상론"만으로 무장하고는 법조계로 들어갔다고 말했다. 그러나 당시 그의 친구들 중의 한 사람은 그를 "머리를 꼿꼿이 세우고 자신만만하고 의연하게 발을 디딘" 남자로 묘사했는데, 그것은 바로 그가 태어날 때부터 지녔던 성질이었다. 그러나 "몇몇 사람들은 그가 직위에 맞게 일부러 그런 포즈로 다녔다고도 생각했다."

호베야노스 판사는 안달루시아의 감옥을 개혁하고 고문의 관습을 없애도록 했다. 그가 재판관이 쓰던 전통적인 가발을 벗어던지고 맨머리로 입정했던 것은 바로 이와 같은 그의 개혁정책을 상징하는 것이었다. 그러나 다른 사람들이 복장과 같은 순전히 형식적인 문제를 기준으로 근대화의 싸움을 추진한 데에 반하여 호베야노스는 계몽주의란 단순히 복장의 문제가 아닌 그 이상의 어떤 것임을 확신하고 있었다.

스페인 부르봉 왕가가 급작스럽게 추진했던 근대화 운동은 1766년 종려나무주일에 일어난 반란에 이어 마드리드에서 일어난 이른바 스퀼라체 폭동이라는 민중폭동에 의해서 일시적으로 중단되었다. 성난 민중은 부르봉 군주 카를로스 3세의 각료였던 스퀼라체 후작의 집을 습격했다. 이탈리아 출신의 이 후작은 커다란 참베르고 모자와 긴 망토의 착용금지령을 추진했던 장본인으로 판명되었다. 당국은 범죄자가 모자와 망토로 몸을 감추고 쉽게 도망한다고 주장하면서 몸을 숨길 수가 없는 삼각 모자와 짧은 망토의 착용을 마드리드 시민에게 장려했던 것이다.

시민들이 명령에 따르지 않자, 특별 경찰부대가 대중이 보는 앞에서 가위로 모자의 챙을 잘라 결국 현상유지를 지지하는 불평분자들에도 불구하고 오늘날과 같은 모자가 나타나게 되었다.

폭동을 일으킨 시민들은 마드리드의 가두에 연일 나와서 왕궁까지 데모 행진을 했고 국왕과 그 일가를 도시에서 내쫓아버렸다. 이 보수적인

(그리고 기본적으로 외국인을 혐오하는) 민중의 분노는 스퀼라체가 경질됨으로써 수습되었다. 국제적으로 일어난 사건들 또한 개혁을 추진했던 부르봉 군주한테는 전혀 도움이 되지 않았다. 스페인은 7년전쟁에서 영국에게 패했다. 지브롤터는 이미 영국의 수중에 들어갔고, 지금의 아바나와 마닐라, 또한 흑심을 품은 앨비언(Albion)에게 탈취되어 후에 북아메리카의 플로리다와 미시시피 강 동쪽으로 스페인이 보유하고 있던 식민지 전영토와 교환함으로써 겨우 반환되었다.

정열적인 아란다 백작은 이런 불행을 극복하고 근대화의 개혁을 추진하도록 재상으로 임명되었다. 그는 그의 개인적인 두뇌 역할을 할 수 있는 사람으로서 아스투리아스 출신의 청년 판사인 호베야노스를 수석고문으로 등용했다. 호베야노스의 강연이나 저작, 행동에서는 계몽주의의 "행복한 혁명"이 지적으로 비약하고 있었고 실제적인 목적을 지향하고 있었다. 호베야노스는 스페인의 전영토에 "광명이 들어가도록 합시다"라고 외쳤다. 그리고 스페인이 필요로 하는 것은 "유용한 과학과 경제원칙, 그리고 계몽주의 정신 전반"이라고 주장했다.

호베야노스와 같은 교육자나 저술가, 그리고 아란다 백작과 같은 정치가는 스페인을 발전, 실용주의, 교통수단의 개선, 그리고 공공교육의 방향으로 이끌었다. 카를로스 3세의 통치기간 중에 보통학교를 보급시키기 위하여 10여 개의 협회가 설립되었고, 경제 근대화를 위하여 수천 개의 아이디어가 속출했으며, 계몽주의의 정신을 스페인에 이식시키기 위하여 수백 가지의 법령들이 쏟아져나왔다.

그러나 카를로스 3세가 죽자, 어마어마한 불행이 스페인을 기다리고 있었다. 왕위를 계승한 카를로스 4세가 아버지가 세운 공적을 하루아침에 무로 돌려버렸던 것이다 . 신중함이라고는 전혀 없는 그의 경박한 행위가 그와 같은 파괴에 결정적인 역활을 했다. 카를로스 4세의 관심은 좋은 교육보다는 좋은 생활에 있었다. 분칠한 가발 속의 머리는 텅텅 비었으며 '라 파르메사나(La Parmesana)'라는 치즈 이름과 같은 별명으로 불려진 색광의 왕비인 파르마 출신의 마리아 루이사에 의해서 그는 이리저리 조정되었다. 이 왕비와 밀통한 27세의 장교인 마누엘 데 고도이는 1792년, 재상으로 발탁되었고 1795년, 프랑스와의 싸움에서 패배한 뒤에는 국왕으로부터 '평화의 왕'이라는 칭호까지 부여받았다. 그의 이와 같은 행동은 정실과 총애, 그리고 부패가 만들어낸 최악의 폐해가 불행하게도 카를로스 3세의 계몽적 전제정치의 시도에 뒤이어서 일어났다는 것을 명백히 보여주었다.

호베야노스는 고뇌하지 않을 수 없었다. 그는 여전히 의연했지만, 카를로스 3세의 시대는 이미 끝났다는 것을 알고 있었다. 카를로스 4세가 계몽주의 시대 이전의 각료들을 박해하기 시작했을 때, 호베야노스는 그들 대부분이 자기 변호를 할 수 없었던 상황에서 그들을 계속해서 옹호했다. 우리들 시대의 사상적 탄압으로부터 익히 전율할 만한 결과를 예상하고 있는 것처럼, 고발당한 사람들의 대부분은 이전의 한 재상이 호베야노스에게 보낸 편지 속에서 드러냈던 것처럼 "나는 공포에 쌓여 있소. 감시당하고 있는 것 같소. 추방자들의 리스트에 끼어 있소. 난 영웅처럼 살고 싶지만 그럴 수가 없소. 나는 길을 잃고 헤매고 있소" 라고 생각했다. 이 편지가 던져주는 메시지는 명백했다. 그것은 "타인이 영웅이 되도록 내버려두어라. 분칠한 가발을 쓰든, 쓰지 않든 매카시즘은 전혀 새로운 사실이 아니다" 라는 것이었다.

그 이후 호베야노스만큼 자기의 신념을 관철하면서 또 신변의 안전을 지키고자 하는 딜레마를 구체화시킨 사람은 아무도 없었다. 그는 고향 아스투리아스로 돌아가 자신의 사상을 책으로 쓰고 그 사상의 뿌리를 자신의 토지에 두면서 도덕적으로나 지적으로 만족스러운 세월을 보내고 있었다. 아스투리아스는 농업에 좋은 풍부한 땅을 가지고 있었고 땅속에는 석탄이 풍부하게 매장되어 있었다. 그래서 호베야노스는 스페인의 이런 잠재적인 부를 사람들에게 인식시키고자 그 기회를 활용하기로 마음먹었다. 산업혁명이 눈앞에 임박해왔고 스페인은 또다시 뒤처질 수는 없었다. 호베야노스는 아스투리아스에 '광물학협회'를 설립하고, 에너지원으로 석탄을 이용하도록 권장했으며, 새로운 항구, 도로, 그리고 농업개혁이 시급한 스페인의 오지와 중심부를 연결시키는 도로를 건설했다. 그는 광대한 농지를 휴한지로 만들어버리는 관습, 즉 농지를 장악하고 있었던 소수의 부재지주에 의해서 작물을 생산하지 못하는 체제를 비판했고, 양들이 인간보다 더 보호받고 있는 비인간적인 농촌생활에 대해서 격분했다. 이것말고도 그는 학교나 고문서관, 관개시설, 그리고 도로건설을 위해서도 투쟁했다. 그는 선조들이 살았던 거칠고 고립된 오지를 돌아다녔고 사람들로부터 "계몽사상의 여행자"라고 불렸다.

'빛의 세기'에서의 스페인의 진보의 꿈은 기요틴에 프랑스의 군주들의 목이 잘리는 것을 본 스페인의 왕들이 자기들은 절대로 그럴 수 없다고 작정하면서 초반동적인 절대주의 체제로 역행함에 따라서 그 종말을 고하고 말았다. 스페인의 근대화의 과정은 프랑스 혁명 이후 실질적으로 멈췄다. 그런데 교육과 과학, 그리고 개혁은 바로 혁명의 무기였지 않은가? 가스파르 멜초르 데 호베야노스는 사회의 불의는 "부자로 하여금 빈자의 궁핍 위로 부를 쌓게하고 자국 동포의 억압 위에 국가의 행복을 세우게끔 한다"라고 목청 높여 절규하지 않았던가?

1794년, 호베야노스는 당시로서는 고령인 50세를 맞이했다. 궁정으로부터 멀리 떨어진 아스투리아스에서, 그는 자신이 품었던 진보의 이념을 지키기 위해서 조심성 있게 뒤에서 활동을 벌이는 것으로 만족해했다. 그 또한 자신의 많은 친구들처럼 정면으로 비판받고 벌을 받지나 않을까 두려워했다. 그러나 그가 지닌 교양이 적들의 잘못된 판단을 자극하기라도 한 듯이 1797년, 호베야노스는 고도이와 카를로스 4세의 독이 든 선물로 보이는 주러시아 대사로 임명을 받았다. 이런 공직의 요청에 대하여 그는 개인적으로 고민하지 않을 수 없었다. 이 직책을 받아들여야 하나? 이것에 대해서 그는 이렇게 쓰고 있다. "선을 위해서 살리라. 가능한 악은 피하리라." 그런데 카를로스 4세의 부패하고 경박하고 횡포스러운 정부에 협력하는 것은 자신에게 영원히 오점을 남기게 되는 것은 아닌가? 어떤 경우가 되었든 이 철학자는 결코 지나친 환상을 품지 않았다. "암울한 은둔생활 속에서도 내가 받았던 민중의 사랑과 의견을 계속 지킬 수만 있다면 그것 또한 나에게는 행운이리라."

공직과 내면의 고통 사이에서 그는 "짧고도 마음을 뒤흔드는 잠"을 잘 수밖에 없었다. 그 결과 그는 "돌맹이조차 나를 울린다"라고 했다. 그가 고도이로부터 점심식사에 초대를 받아 참석했을 때, 재상의 부인과 재상의 애인 중의 한 명인 페피타 투도도 동석해 있었다. 그 자리에 세번째 여자가 등장했다. 바로 왕비인 라 파르메사나였다. 호베야노스는 그의 일기에서 다음과 같이 고백하고 있다. "이 광경을 보고 도저히 참을 수 없었다. 아무것도 입에 댈 수 없었고, 그저 입을 굳게 다물고 있었다. 나는 도대체 어찌할 바를 몰라서 그 자리를 뛰쳐나왔다."

그러나 고도이는 이 똑똑한 쥐를 잡기로 작정했다. 아니 어쩌면, 고양이처럼 그를 가지고 노는 것을 즐겼는지도 모른다. 호베야노스가 돌연 카를로스 4세 치하의 스페인 내각에서 다섯 각료들 중의 하나인 법무장관직을 맡게 되었을 때, 거대한 권력의 전망이 그 철학자의 시야에 환히 열

“돈 마누엘 데 고도이(平和公)”, 고야 작, 1801년.

렸다. 8개월 동안 그는 열심히 일했다. 그의 적은 종교재판소였다. 그러나 권력의 맛을 한 번 본 뒤 얼마 되지 않아 그는 임명되었을 때와 마찬가지로 돌연 해임되었다. 호베야노스의 친구들과 그에게 동조했던 사람들이 중상모략을 당했고 음모의 희생물이 되었으며, 투옥까지 당하는 사태가 일어났다. 모든 것에 찬바람이 몰아쳤다. 히혼(Gijón)에 있었던 호베야노스의 테르툴리아(tertulia), 즉 지식인 모임은 사람들이 떨어져나가, 점점 더 초라해지고 쓸쓸해졌다. 이 철학자는 겁먹은 불쌍한 친구들이 그 모임에 언젠가 다시 돌아올 수 있을지 자문해보았다. "그래, 돌아올지도 모른다. 그런데 그게 이제 나하고 무슨 상관이 있단 말인가!" 라고 일기에 쓰고 있다. 그리고 난 뒤 그는 조만간 닥쳐올 운명을 맞이할 준비를 했다. 그는 자신의 행동이 성실하고 순수했었다고 믿었으며, 그렇다면 갑작스럽게 찾아든 모든 운명의 비극도 견딜 수 있으리라고 생각했다. 무슨 일이 일어나든 그는 자신의 양심에 의지하는 수밖에 없었다. 그는 말했다. "인간의 속성으로서 나의 나약함을 책할 수 있는 것이 있다면, 그것은 오로지 나 자신의 양심밖에 없다"라고.

이것이 바로 당시의 호베야노스, 즉 스토아적 스페인의 또 하나의 화신이었던 한 인물의 모습이었다. 그러나 고야가 그린 초상화에서 우리들은 금칠한 의자에 앉아 종이장을 든 손을 오른쪽 무릎 위에 놓고, 작업용 책상 위 —— 책과 서류들, 그리고 깃털 펜이 놓여 있고 지혜의 여신인 미네르바 조각상이 갑옷을 입은 자세로 이 현인을 내려다보고 있는 —— 에 왼쪽 팔꿈치를 받친 채 머리를 괴고 있는 그의 모습을 볼 수 있다. 그러나 금을 입힌 의자나 여신의 모습도 이 초상화에 등장하는 한 인물의 시민적 모습보다 더 강렬한 인상을 주지는 못한다. 그곳에는 가발을 쓰지 않은 한 남자가 평민의 반바지와 평민의 프록 코트를 입고 소박한 스타킹에 버클이 달린 구두를 신고 있다. 만약 호베야노스가 미국인이었다면 벤저민 프랭클린의 사촌 정도도 보였으리라. 그러나 사실 그의 초상은 엘 그레코가 그린 "가슴에 손을 얹은 기사"라는 훌륭한 초상화와 빼닮은 계몽시대의 초상화였다. 게다가 고야는 생생하고 잔인하고 악한적이며 강력한 스페인을 수정하곤 했다. 그의 그림은 또 하나의 측면, 즉 언제까지나 금욕적인 18세기 스페인의 모습이다. 확실히 그 그림은 소수의 횡포와 다수의 겸허함 사이의 절묘한 균형을 표현하고 있다. 그것은 모략과 반감과 타협이 난무하는 공해상에서 자신이 내면에 품은 가치관과 위엄, 그리고 그 자신의 확신을 부표로 삼고 떠돌아다니고 있던 한 인물의 초상화였다.

호베야노스라는 세네카의 마지막 지적인 후예는 그가 가진 모든 용기를 동원하여 이 심술궂은 운명에 맞서지 않으면 안 되었다. 1801년 3월, 그는 고향 아스투리아스에서 체포되었다. 그는 어떤 밀정에 의하여 "금서를 읽고 있다"라고 밀고당했다. 그 첩자는 "어느 누구도 그와 서신이나 기타 수단을 통해서 그와 연락하지 못하도록 그를 고향으로부터 멀리 떨어진 곳으로 유배시키자"라고 주장했다. 그리고 호베야노스의 사상을 추종하는 "헤아릴 수 없이 많은 무리"에 대한 본보기로 그를 이용해야만 할 것이라고 그를 밀고한 편지는 덧붙이고 있다. 동이 틀 무렵, 그의 집은 포위되었다. 호베야노스는 침대에서 끌려나왔고 서류들은 몰수되었다. 다음날 이 철학자는 4명의 무장 호위관들과 함께 추방길에 올랐다. 재판은 비밀리에 진행되었고, 이 "계몽사상의 여행자"는 카르투지오 교단의 한 수도원에 한동안 감금되어 있다가 다시 마요르카 섬의 벨베르 성에 수감되었다. 거기서 그는 7년이라는 기나긴 시간을 보냈다.

그 사이 속세(non sacta)의 삼위일체라고 불렸던 카를로스 4세, 라 파르메사나, 그리고 재상 고도이의 무능과 부패에 맞서서 황태자 페르난도를 옹립하려는 명분을 가진 반란이 일어났다. 아랑후에스의 시민폭동을 통해서 군중들은 카를로스 4세에게 압력을 가했고, 그는 부득이 아들에게 권력을 이양하지 않으면 안 되었다. 고도이는 이 소란 속에서 구사일생으로 살아남았다. 새 정부가 출범하여 내렸던 최초의 명령 중의 하나가 바로 성에 갇혀 있었던 호베야노스를 해방시키는 것이었다.

그러나 나폴레옹은 부르봉 왕조의 그 누구보다도 민첩하게 행동에 나섰다. 보나파르트는 새 왕인 페르난도 7세보다 먼저 마드리드에 들어가 카를로스 4세, 페르난도 7세 두 부자와 총애받던 고도이와 그의 애인이었던 마리아 루이사 왕비를 바욘에서 납치했다. 이어서 스페인에 자유헌법을 제정하고, 종교재판이나 내국세의 벽을 폐지했으며, 봉건제도의 귀족들과 교회로부터 많은 특권들을 박탈하고 인권을 선언했다. 그리고 난 뒤 형 조제프를 스페인 국왕으로 즉위시켰다. 그 뒤 보나파르트 형제는 호베야노스를 불러들여 마침내 스페인을 근대국가로 만들고자 하는 대사업에 합세시켰다.

호베야노스는 마드리드로 눈을 돌렸다. 그곳의 시민들은 프랑스 점령군에 대해서 폭동을 일으켰다. 프랑스가 역대 스페인 국왕이 행해왔던 전제정치 대신에 스페인 국민들에게 자유를 던져주었을 때, 그들은 "압제의 사슬이여, 이젠 영원히"라고 외쳤다. 그러나 그들은 자유를 얻는 대신 총살대로 끌려갔다. 고야는 이 잊을 수 없는 광경을 그림에 남겼다. 그것은 1808년 5월 3일 밤에 일어난 사건이었다. 드디어 호베야노스는 마음의 결정을 내렸다. 스페인을 위해서, 또 그 독립을 위해서 싸우리라. 이 우매하고, 부패하기 짝이 없고, 수뢰가 횡행했던 부르봉 왕조에는 결단코 가담하지 않으리라.

"1808년 5월 3일의 총살", 고야 작, 1814-15년.

스페인은 열심히 싸웠지만 보나파르트 황제의 군대에 의해서 번번이 패배했다. 호베야노스는 이제 모든 것이 끝났다고 생각하고, 아스투리아스의 고향집으로 돌아갔다. 사람들은 열광했다. 개선장군이라도 된 양 그들은 이 철학자를 집까지 동행했다. 그의 귀향을 축하하기 위해서 사람들은 횃불을 들고 나왔고, 환영의 표시로 집집마다 불을 밝혔으며, 그를 "조국의 아버지"로 불렀다. 그러나 그는 집, 책, 그림 등 모두가 네이 장군이 이끄는 프랑스군에 의해서 약탈당했다는 것을 알게 되었다. 프랑스군은 다시 한번 아스투리아스에 들어와 집집마다 돌아다니며 그를 찾고 있었다. 호베야노스는 폭풍이 몰아치던 밤에 가까스로 배에 올랐고, 항해가 불가능해지자 한 어촌에 상륙했다. 그곳에서 그는 폐렴으로 죽었다. 몽롱한 의식 속에서 그는 몇번이고 "국가에 지도자가 없어. 국가에 지도자가 없어"라는 말을 되뇌이고 있었다.

"자화상", 고야 작, 1786년경.

이성의 잠

이성의 힘과 예술적인 상상력의 표현에 의한 경고 사이에서 극적인 긴장을 되새기고 조성하기라도 하듯이, 호베야노스와는 보족적(補足的)이고 대조적인 모습을 지녔던 고야는 똑같이 계몽주의 시대의 스페인을 살았다. 두 사람 모두 카를로스 3세의 개혁정권이 절정기에 이르렀을 때 마드리드에 왔다. 호베야노스가 권위 있는 아스투리아스 지방의 귀족출신의 지식인이었다면, 고야는 거칠고 가난한 아라곤 지방의 평민 출신으로 본능적 감각을 지닌 남자였다. 수공업자의 아들로 태어난 그의 용모 또한 완전히 장인풍을 띠고 있었으며, 고향은 스페인의 오지였던 아라곤의 푸엔데토도스로, 항간에 의하면 때로는 "소름이 오싹 끼치는" 마을이었다. 물론 마을 사람들은 거칠고 완고했으며, 때로는 저속스럽기 그지없었지만, 그들 중에는 남모르는 몽상가들도 있었다(아라곤은 또한 현대 영화계의 고야라 할 수 있는 루이스 부뉴엘 감독의 작은 조국이기도 하다).

고야는 건장하고 머리숱이 많은 인물이었다. 그의 눈길은 꿈을 꾸는 듯했으나 예리한 광채가 번득이고 있었다. 평범하나 오뚝 선 코는 신비로웠고, 육감적인 입은 커다란 얼굴 한가운데에 마치 신장처럼 둥글게 튀어나왔다. 셔츠 앞은 활짝 열려져 남성의 매력적인 털북숭이 가슴이 드러났고, 그가 신었던 장화는 언제나 진흙과 배설물투성이었다. 사람을 좋아했던 그는 열린 마음씨를 가지고 있었고 마을 축제에 쉽사리 휩쓸리곤 했다. 사실, 그는 아라곤에서 마차들어올리기 시합에 나갔다가 한 쪽 귀의 청력을 상실했던 것이다. 무슨 일에 있어서든 노력을 다하는 그의 모습은 언제나 놀랄 만한 것이었다.

1786년 궁정화가로 임명되면서, 고야는 카를로스 3세에 뒤이은 부패와 기만으로 가득찬 부르봉 왕조의 퇴폐한 세계에 발을 내딛었다. 아름다운 귀부인들, 총명한 철학자, 바보 같은 왕자, 못생기고 부정한 왕비, 부패한 총신들이 있었고, 다른 한편으로는 허영과 자만심에 빠진 투우사, 여배우들이 그의 주위를 둘러싸고 있었다. 사기와 부패가 넘실대는 사회였지만, 거기에는 또한 우아함, 관능, 그리고 삶을 즐기려는 강렬한 욕구도 있었다. 스페인의 '빛의 세기'는 각광의 세기, 즉 투우장과 귀족의 떠들썩한 파티로 대변되는 세기였다. 고야는 바로 이런 세계를 그림으로 묘사했다.

행복과 빛의 세계를 그리라는 명령을 받았을 때, 물론 그는 거기에 순순히 따랐다. 프라도 미술관에 있는 커다란 태피스트리 밑그림은 축제로 들떠있는 마드리드의 청명한 여름 하늘과 그 뜨거운 그림자를 재현해주고 있다. 이런 즐겁고 햇빛으로 가득 차고 장난기 어린 광경을 묘사한 걸작 시리즈는 때때로 왁자지껄한 민중의 세르반테스 축제를 상기시켜주지만, 전체적으로 보면 부르봉 왕조의 진보적 정부 밑에서 발전하는 도시로서의 미관을 정비했던 마드리드의 분위기를 반영하고 있다. 마드리드에서 가장 수려한 기념물이나 몇몇 도로들, 그리고 프라도 미술관이나 넵튠, 아폴로, 키벨레의 분수들, 알칼라 문은 카를로스 3세때 건설되었다. 스페인에 새로운 도시 두 개를 세우는 것이 외국의 한 도시를 정복하는 것보다 더 좋고 경비도 덜 든다고 한 호베야노스의 말도 이런 면에서 다 일리가 있는 말이었다.

키벨레의 분수, 마드리드.

고야가 인상파화가들 이전에 묘사했던 달콤하기 그지없는 광경들, 즉 야외 피크닉, 마드리드의 산 이시드로 축제나 연인이 가려주는 양산 밑에 앉아 있는 아름다운 처녀 등을 그렸을 때에도 그의 의도는 이런 정경을 밝게 비추어 드러내는 것보다는 그런 것들을 단지 소개하는 데에 있었다. 고야는 민중이 귀족과 정중하게 만나도록 해주었다. 마차를 탄 귀부인이 좁은 길을 지나가며 물건을 파는 여인들에게 시선을 준다. 귀족은 투우사의 복장을 하고 거리를 활보하고, 여배우는 마드리드의 여왕마마이다. 무엇보다도 고야의 작품에는 남성이든 여성이든 마히스모(majismo), 즉 화려한 스타일이 배어있다. 내용보다 우월한 형식, 미와 젊음의 신봉, 몸짓이나 자태, 꾸며대는 언동의 숭배 등과 같은 것은 모두 대중의 에너지로부터 나온 것이었다. 상류계급사회는 점점 몰락하고 있었다. 마침내 고야는 알바 공작부인을 모델로 한 두 개의 위대한 초상화로 이 시대 최고의 미적 성과를 거두었다.

"옷 입은 마하(La maja vestida)"에서 우리들은 서민 출신의 소녀처럼

"산 이시드로의 축제", 고야 작, 1788년.

"양산을 쓴 여인", 고야 작, 1777년.

치장한 한 귀부인의 모습을 보게 된다. 또 다른 그림인 "나체의 마하(La maja desnuda)"를 통해서 고야는 공작부인의 옷을 벗기고는 그녀의 친밀함, 감미로운 핑크빛 젖꼭지, 시선을 끄는 은밀한 부분의 음영, 매끈하게 털을 깎은 대담한 겨드랑이를 우리들에게 보여준다. 그림 속에서 보이는 마하는 모델로서 신화에 등장하는 여신의 포즈를 취한 것은 아니었다. 이 여인은 귀족의 칭호를 가진 몸이었을 뿐만 아니라 평민으로 위장한 모습

"옷 입은 마하", 고야 작, 1800-03년.

"나체의 마하", 고야 작, 1800-03년.

도 가지고 있다. 그렇지만 결국 이 둘은 모두 위장된 것은 아닐까? 궁극적으로 보면 육체는 마음, 상상력, 두려움, 열망이라는 옷으로 덮혀 있는 것은 아닐까?

사회비판자로서 고야는 하층계급으로 위장한 귀족계급이 날뛰는 허위의 모습을 빛과 어두움을 통해서 신랄하고 예리하게 표현했다. 그의 작품

"이빨 사냥", 동판화, 고야 작("카프리초스" 중에서).

"모든 것은 전락한다", 동판화, 고야 작("카프리초스" 중에서).

"변덕스러운 인간들(Los caprichos)"은 인간의 광기, 위선, 허약함, 부패를 기록한 걸작이다. 고야가 취한 단순한 기법, 즉 백색과 흑색, 그리고 회색의 판화에서 나오는 아름다움은 그와 같은 정신적 고통의 장면을 도덕적으로 비난할 수 없을 정도로 잘 묘사하고 있다. "카프리초스"의 판화 시리즈는 고야의 작품 중에서도 가장 유명한 작품으로서, 마침내 이성에 대한 비판——비판 없는 낙관주의와 진보에의 끝없는 믿음에 대한 비판——을 떠올리고 있다.

나는 고야가 그린 호베야노스의 위엄 있고 얼추 시민적인 풍모를 띤 초상화와 "카프리초스" 중에서 가장 유명한 "이성의 잠이 괴물을 낳는다(The Sleep of Reason Begets Monsters)"라는 그림을 즐겨 비교한다. 한 손에는 종이를 들고 또 다른 한 손으로는 머리를 괸 채 작업용 책상 앞에

"이성의 잠이 괴물을 낳는다", 동판화, 고야 작("카프리초스" 중에서). →

El sueño de la razon produce monstruos

"이 대단한 용기를 보라!", 동판화, 고야 작("카프리초스" 중에서).

앉아 있는 이 이성의 남자가 지닌 본질을 포착한 초상화는 잠자는 이성의 변덕스런 공상으로 바뀌어 정신세계와 현실세계의 괴물들을 마구 풀어놓는다. 복장이나 장면설정은 두 초상화에서 똑같다. 그러나 동판화에서 완벽한 이성을 지닌 교육자 호베야노스는 고야가 그림을 끝낸 1분 후에는 마치 잠에 빠진 것처럼 보인다. 지금 이성의 잠에 빠진 이 철학자의 머리 위로 박쥐가 날아들어 춤을 추며, 가르고일(gargoyle, 고딕 건축 등에서 낙숫물받이로 만든 괴물 형상의 이무기돌/역주)과 부엉이가 그의 계몽주의적 진보의 꿈을 강탈하고, 이성은 무시무시한 괴물로 바뀐다. 그러나 이성이 자신의 한계를 망각한 채 이성에 대해서 그리고 자신의 산물인 진보에 대해서 비판하기를 멈출 때, 이런 악몽을 겪게 되는 것은 당연하다. 아마도 괴물들을 잠재우는 것만이 이성을 탄생시킬지도 모른다.

각성과 꿈, 깨어 있는 인간의 현실과 잠자고 있는 인간의 몽상 사이의 이 놀라운 극적대비를 통해서 고야는 그의 모든 회화작품 위로 거대한 빛

"카를로스 4세의 가족", 고야 작, 1800년.

(그의 예술에서 결코 분리될 수 없는 거대한 그림자 역시)을 던지고 있다. 그는 이런 식으로 태피스트리 밑그림의 빛나는 자유의 광경과 이제는 늙고 귀머거리가 된 만년의 무시무시하고 신랄한 "검은 그림들(black works)"을 결합시키고 있다. 후자는 그가 70대 —— 모든 축제는 끝나고, 카를로스 4세의 궁정이 빛의 세기의 의미를 더럽히고, 나폴레옹 군대가 스페인을 침범했을 때 —— 에 그린 것들이었다. 호베야노스는 일기의 마지막 페이지에 이렇게 썼다. "20일 화요일. 잠이 오지 않는다. 구름이 끼었고 날씨는 춥다."

이런 식으로 고야의 거대한 의도는 조금씩 조금씩 드러나서, 스페인적인 동시에 보편적이고, 과거의 것인 동시에 현대적이며, 카스티야의 여름 하늘처럼 빛나는 것과 동시에 추운 겨울의 황무지처럼 끔찍한 것으로, 마치 영화 필름이 돌아가는 것처럼 그렇게 화폭에 전개되었던 것이다. 역사가 시간과 공간 위로 그의 괴물 —— 권력, 허영, 영광, 용기, 살육 —— 을 피와 죽음으로 풀어놓고 자연의 영지를 파괴함에 따라서 고야가 최후에 묘사했던 것은 일견 미쳐서 날뛰며 사람을 삼켜버리는 사투르누스의 모습이었다. 그러나 이 역사의 괴물들과 자연의 영지 중간에서 고야는 비통하지만 한편으로는 장렬하게 예술의 답을 불러낼 수가 있었다.

1828년, 프란시스코 호세 데 고야 이 루시엔테스는 82세로 망명지인 보르도에서 객사했다. 나폴레옹이 스페인을 버리고 패배와 유형의 만년을 맞게 된 뒤, 초반동적인 페르난도 7세는 국왕으로 복귀하고는 마치 아무 일도 없었던 것처럼 활개를 쳤다. "부르봉 왕조는 아무것도 잊지 않았지만, 한편으로는 아무것도 배우지 않았다." 이 말은 프랑스 역사가 탈레랑의 명언이다. 페르난도 7세는 1812년에 제정된 자유주의 헌법과 호베야노스가 남긴 유산을 완전히 깔아뭉개버렸다. 고야는 스페인을 떠나야 했고, 결국 프랑스에서 서거하여 그 땅에 묻혔다.

스페인 정부가 이 위대한 예술가의 시신을 마드리드로 돌려달라고 요청했던 것은 1899년이 되어서였다. 보르도의 스페인 영사는 시체를 끄집어냈을 때, 그의 몸에 머리가 없다는 사실을 발견했다. 그는 즉시 마드리드의 외무성에 전보를 쳤다. "고야의 유해에 머리가 없음. 지시 바람." 정부는 발신 전보를 보냈다. "머리가 있든 없든 빨리 고야를 보낼 것."

"우리들 쇠사슬이여, 영원하라!"

고야는 상징적인 의미에서 살인자이다. 카를로스 4세의 궁정과 가족을, 그 우둔한 외견을 전혀 감춤 없이 사진보다도 더 리얼하게 묘사했을 때 말이다. 고야가 그린 고도이의 초상화 —— 수많은 군사활동을 나타내주는 표지물들로 둘러싸여 막사의 의자에 기대어 앉은 그의 모습 —— 에서는 이 인물의 게으른 특성이 강조되어 있으며, 부어 오른 신체는 푸석푸석하고 단정치 못하며, 필시 마늘 냄새를 풍기리라는 추측을 불러일으킨다.

고야는 또한 문자 그대로 그가 저지른 범죄에 불멸의 생명력을 불어넣었다. 그는 마드리드의 저항운동의 투사들이 프랑스군에 의해서 총살되는 장면을 그렸는데, 이 그림은 살인의 한 패러독스를 다루고 있다. 왜냐하면 이 프랑스의 혁명적인 군인들은 카를로스 4세와 고도이 같은 인물들로부터 스페인 국민들을 해방시키기 위해서 왔었기 때문이다. 그렇다면 어마어마한 애국적 긍지를 지닌 스페인인은 결국 프랑스인들에게 이렇게 대답하고 있는 것이다. "압제의 사슬이여, 이젠 영원히!"라고. 물론 그들은 이와 똑같은 애국주의, 똑같은 게릴라 전법, 똑같은 독립에의 절규가 머지않아 스페인 국왕에 대한 스페인계 아메리카의 봉기에 의해서 반복되리라고는 상상하지 못했을 것이다.

“쟝 자크 루소”, 알란 렘지 작, 1766년.

제11장 독립을 향하여

남북 아메리카 대륙 사이의 거리는 언제나 엄청났다. 제트기로 여행하는 시대인 오늘날에도 멕시코 시티에서 부에노스 아이레스까지 가려면 비행기로 족히 열여섯 시간은 걸린다. 1800년대, 아카풀코에서 남아메리카의 태평양해안을 타고 내려와 혼 곶(Cabo de Hornos)을 돌아서 다시 대서양해안을 타고 올라가 라 플라타 강까지 도착하려면 배로 몇 달이나 걸렸다. 그래서 1810년 한 해에 독립운동이 맹렬한 기세로, 당시의 누에바 에스파냐 부왕령(副王領, 현재의 멕시코)에서 리오 데 라 플라타 부왕령의 수도 부에노스 아이레스에 걸친 모든 지역에서 동시다발적으로 일어날 수 있었던 것은 매우 놀라운 일이 아닐 수 없다. 4월에 카라카스에서 혁명을 일으킨 사람들은 스페인 총사령관을 내쫓았고, 부에노스 아이레스의 시민들은 5월에 스페인 부왕을 추방시켰다. 9월 16일에는 이달고 신부가 멕시코의 스페인 정부에 대항해서 일어났다. 그리고 같은 해, 같은 달 18일에는 멀리 떨어진 칠레의 산티아고에서도 독립운동이 시작되었다.

통신수단의 부재와 거대한 물리적 거리를 감안할 때, 이런 동시성은 바로 경이로움 그 자체이다. 그것들은 독립운동의 부정적인 요인이었다. 그러나 멕시코에서 아르헨티나까지 공통의 언어와 공통의 애국적 움직임이 존재하여 스페인의 식민지 국가들 사이에 강력한 정신적, 지적 연대를 발전시켜본 것은 독립운동의 긍정적 요소들이었다. 이런 공동운명체의 의식이 독립 후 국가 정책과 지역간의 긴장으로 인해서 깨진 것은 별개의 문제이다. 1810년, 독립은 그 자체로서 친근한 어휘였다.

1492년 이후에 이베리아 반도와 신세계 사이에서 형성되어왔던 스페인의 아메리카 제국(帝國)이 그렇게도 오랜 세월 장수해왔다는 사실과 제국의 관습이나 충성심, 그리고 타성을 생각해볼 때, 독립운동이 일어났다는 사실 그 자체가 더욱더 놀라운 일이 아닐 수 없다. 19세기가 밝아올 때만 해도 아메리카 독립은 자명한 이치하고는 거리가 멀었다. 1801년 새해 첫날에 한 스페인계 아메리카인이 멕시코 시티나 카라카스, 아니면 부에노스 아이레스의 한 발코니에 서서, 1821년에 스페인은 신세계의 모든 영토――카리브 해의 두 개의 섬나라인 쿠바와 푸에르토 리코를 제외한――를 상실하리라고 예언했다면 그는 엄청난 도박에 돈을 거는 것과 마찬가지였을 것이다.

그러나 이런 정신적, 혈연적 유대감이 강했음에도 불구하고, 결국 그것들은 새로운 자기인식과 민족주의를 향한 의지, 그리고 스페인 본국과 식민지 사이의 이해관계의 분리라는 명분보다 약했고, 식민지는 독립의 거대한 흐름을 타면서 스페인계 아메리카 제국(諸國)의 탄생을 이끌게 되었다. 그렇다면 이런 새로운 자각은 어디에서 온 것일까? 그것은 어떻게 전개되었는가? 그리고 그것을 연기한 배우들은 누구였던가? 물론 여기에 숨겨진 질문은 누가 스페인계 아메리카인인가 하는 것이었다.

혁명이 분출한 1810년, 캘리포니아와 혼 곶에 걸쳐 있는 스페인 식민지에는 1,800만 명이 살고 있었다. 그 중에서 800만 명은 여전히 신세계 원주민인 인디오였다. 노예무역을 통해서 아프리카에서 온 순수한 흑인은 100만 명 정도였다. 그리고 백인인 이베리아 반도에서 태어난 스페인인과 크리오요(신세계에서 태어난 유럽인의 자손)는 다 합쳐도 고작 400만 명 정도였다. 크리오요의 대부분은 스페인계였지만 오이긴스(O'Higgins)나 오라일리(O'Reilly)와 같은 이름에서 보이듯이 그들 중에는 프랑스나 독일, 그리고 아일랜드 출신도 더러 있었다. 그들은 이베리아 반도 출신의 스페인인보다 아홉 배 정도 인구가 많았다. 그러나 스페인계 아메리카 백인들은 인디오, 흑인, 그리고 새로 태어난 혼혈인보다 수적으로는 훨씬 열세였다.

메스티소(mestizo)라고 불리는, 아마도 가장 독특하고 역동적이었던, 제4의 인종 그룹은 1810년쯤에는 그 수가 약 500만 명 정도였다. 메스티소는 세 개의 그룹 모두가 혼혈된 것을 지칭하는 말로 모멸적인 호칭으로 분류되었다. 메스티소는 백인과 인디오의 자식을, 물라토(mulato, 이 모멸적인 명칭은 물라〔mula, 노새〕에서 나왔다)는 흑인과 백인의 자식을, 삼보(zambo)는 인디오와 흑인의 자식을 지칭하는 말이었다. 테르세론

(Tercerón)은 물라토와 백인의 자식을, 쿠아르테론(cuarterón)은 테르세론과 백인의 자식을 지칭했다. 그리고 테르세론과 물라토는 텐테넬라이레(tentenelaire, 문자 그대로 공중에 붕 뜬 의미)의 범주에 들어갔고, 쿠아르테론과 흑인의 결합은 살타파트라스(saltapatrás, 인종적 후퇴를 의미하는 "뒤로 튄다"라는 뜻)라고 불렀다.

여기서 간과해서는 안 되는 두 가지 중요한 사실은 크리오요가 스페인인보다 수적으로 훨씬 많았고, 이 크리오요보다는 "유색" 인종의 인구가 더 많았다는 점이다. 이 두 가지 사실이 스페인계 아메리카인들의 독립의 성격을 결정지었다. 크리오요는 자신들이 사회계층의 상위에 있었지만, 존경심, 특권, 부의 획득, 공직, 그리고 정치적인 의사결정권 등에서는 이베리아 반도 태생의 스페인인보다 아래에 놓여 있기 때문에 부차적인 역할만을 한다는 것을 절감했다. 그러나 스페인의 합스부르크 군주정의 무관심(여기에 덧붙여 먼 거리)으로 그들은 그들만의 자립과 자치에 의하여 살아남을 수 있는 의식을 키울 수 있었다.

이것은 바로 부르봉 왕조의 군주 카를로스 3세가 열심히 추구한 개혁 정권하에서 일어난 변화였다. 합스부르크 왕조 최후의 수년간의 상황을 저울질해본 부르봉 왕조는 그들의 식민지가 영국이나 프랑스의 식민지와 비교해볼 때 본국에 대한 재정적 공헌도가 미약하다는 것을 깨달았다. 그러나 그 당시 스페인계 아메리카에서는 인구가 늘고 도시가 커짐에 따라서 광물자원, 농산물, 가축의 생산이 증대하고 있었다. 그렇다면 스페인 본국이 취할 수 있는 몫이 증대하지 않았던 이유는 무엇이었을까? 바꾸어 말하면 식민지 쪽에서 취하는 몫이 많았던 이유는 무엇이었을까?

스페인은 분명히 자국민과 아메리카 식민지의 국민 양쪽의 번영을 바랐을 뿐만 아니라 한편으로는 경제적 이권의 공유 또한 발전되기를 원했다. 이런 바람은 과거 3세기의 경험을 부정하는 새로운 정치철학을 배경으로 가지고 있었다. 스페인계 세계에서 최초도, 최후도 아니었던 이 개혁은 정부로부터 강요되어 나온 위로부터의 개혁으로서 통치받는 사람들의 의지나 토론과는 전혀 관계가 없었다. 이런 이유로 스페인 왕국은 식민지의 엘리트들이 왜 격분했는지 그 동기를 이해할 수 없었다. 부르봉 왕조는 개혁을 통해서 스페인계 아메리카 세계에 스페인과의 엄격한 유기적 통일을 강요하면서, 3세기에 걸친 식민지 지배기간 동안 발전하고 있었던 여러 가지 현지의 이익을 위협했고, 식민지인들이 운영하고 있었던 사업은 말할 것도 없고 그들의 자치의식, 더 나아가서는 그들의 정체성까지도 위협하고 있었다.

1801년, 부에노스 아이레스나 멕시코 시티의 상류계급인 전형적인 크리오요들이 이제부터는 자신이나 그들의 자손들이 하나의 계급으로 단순히 전락되는 것이 아닌지에 대하여 의구심을 가졌던 것은 어찌보면 당연하다. 그들은 하나의 '나라(nation)', 크리오요의 나라를 이룰 수가 없었던가? 어쨌든 그들은 스페인 군주가 어떤 때는 인간적이고, 어떤 때는 소원한 전통적인 온정주의(paternalism)로부터 열광적인 개입주의로 갑작스럽게 정책을 전환시키는 것을 보면서 초조했고 곤혹스러했으며, 한편으로는 격분하지 않을 수 없었다.

예수회의 추방

스페인계 아메리카 전역을 통해서 국가의식의 선양을 폭발시켰던 놀라운 사건은 스페인과 그 식민지로부터 예수회 수사들을 추방시키기로 한 1776년의 중대한 결정이었다.

부르봉 왕조의 민족국가 스페인은 그들이 지닌 권력이 교회를 포함한 다른 조직이나 카스티야나 안달루시아의 오래 된 귀족과 같은 특권계급이 지닌 과다한 권력과는 양립할 수 없다고 판단했다. 그러나 스페인 국왕은 그들을 직접 공격하기보다는 차라리 교회나 귀족 양측에 밀착했고, 강력하지만 모든 사람을 포용하지 않는 그룹을 선택함으로써 근대화를 성취하는데 국가주의의 규범을 보여주었다. 다시 말하면 강력한 교회나 귀족들에게 왕의 의도를 암묵적으로 전달할 목적으로 예수회가 표적이 되었던 것이다. 카를로스 3세와 그의 각료들은 1766년 '종려나무 주일'에 일어났던 스킬라체 폭동을 선동했다는 이유로 예수회를 비난하기로 작정했다. 그들은 이렇게 함으로써, 스페인 국왕이 예수회의 동맹자로 간주되었던 교황청으로부터 보다 독립된 입장을 획득할 수 있으리라고 믿었던 것이다. 그러나 그 결정은 예수회와 밀접한 관계를 맺고 있었고 부르봉 왕조의 개혁에 반대하고 있었던 낡고 보수적인 스페인의 귀족계급에도 타격을 주게 되었다. 예수회가 거의 독점하고 있었던 교육은 폐지되고, 보다 자유로운 교육제도가 채택되었다.

스페인 국왕이 예수회를 추방한 이유가 어디에 있었든 그 조치는 신세계에서 결정적인 반발을 불러일으켰다. 여기에 또 하나의 역설이 있다. 부르봉 왕조의 개혁은 스페인의 과학연구를 활짝 개화시켜주었지만 신세계에 진출한 예수회 또한 이전부터 그와 같은 근대적 연구를 고무시키고 있었다. 그들은 스콜라 철학에 전념하는 대신에 그때까지 성 토마스 아퀴나스의 가르침을 중심으로 정치사상을 지배하고 있었던 아퀴나스파로부터 학계의 권력을 빼앗아, 스페인계 아메리카의 엘리트층에게 데카르트나 라이프니츠의 사상을 듬뿍 안겨주었다. 사실 그들은 부르봉 왕조의 개혁정신을 스페인계 아메리카로 가져온 사람들이었다. 스페인 국왕의 정책은 실패했다. 왜냐하면 그것은 우선 교육에 대한 근대화노력이 주로 예수회 수사들에 의해서 추진되었다는 것을 국왕의 고문들이 인식하지 못했기 때문이었고, 보다 더 중요한 이유로서는 스페인계 아메리카의 근대화는, 단적으로 말해서, 스페인계 아메리카의 자기동일성을 의미했기 때문이다. 예수회는 그것을 이해했지만, 스페인 국왕은 그것을 미처 깨닫지 못했던 것이다.

18세기 후반까지 스페인계 아메리카는 이런 자기발견의 모험에 착수하면서 멀리 떨어진 마드리드에서 결정되어 추진되고 있었던 개혁을 금새 앞지르고 있었다. 예수회 수사들은 이런 자기발견이라는 혁신적 사상과 하나가 되었다. 이런 상황에서 예수회의 추방령이 식민지에 폭탄세례와 같은 충격을 던져주었고, 식민지와 국왕의 충돌을 이미 예고하고 있었던 것은 그리 놀라운 일이 아니다. 스페인계 아메리카의 전사회가 반란을 일으켰다. 예수회의 추방을 명령했던 멕시코의 부왕 크루와 후작은 형에게 보낸 편지에서 "그들은 이 광대한 제국에 사는 전주민의 마음과 지성을 사로잡고 있다"고 고백했다. 그는 이렇게 개인적인 입장을 표명할 수 있었다. 그러나 공식적으로는 스페인 군주제로 표상되는 엄한 전제정치가의 얼굴을 보여주면서 추방령에 반대하는 사람을 사형에 처했고 스페인과 식민지의 전주민에게 "스페인의 왕좌에 영원히 앉아 있는 위대한 군주에 속한 신민은 국가의 중차대한 문제에 관해서 논쟁을 벌이거나 의견을 표하지 않고, 입다물고 거기에 복종하기 위해서 태어났음을 인지해야만 할 것"이라고 경고했다.

이와 같은 가혹한 입장은 아메리카 식민지 전역에서 무소불위의 권력을 휘두르고 있었던 부왕의 빗나간 변덕에 기인한 것은 아니었다. 그것은 계몽군주 카를로스 3세가 바로 이 문제에 관해서 종교재판소에 현실적으로 처벌하라고 명령했던 것에서도 확실히 드러났다. "누구도 이 결정에 대해서 찬성한다든가 반대한다든가 하는 구실로 글을 쓰거나, 선언을 하거나, 소동을 일으키는 것을 엄금한다. 무엇보다도 먼저 이 문제에 관해서 짐은 신민 모두가 침묵해줄 것을 요구하며, 이와 같은 명령을 위반한 자들은 대역죄(lèse-majesté)로 처벌될 것이다."

포르투갈과 스페인, 그리고 이 두 나라가 지배하던 지역에서 추방된 예수회 수사들은 당연히 로마의 문전으로 모여들었다. 그러나 이베리아 군주들의 감정이 손상될 것을 두려워한 교황은 이 선한 형제들에게 대문의 빗장을 열어주지 않았다. 예수회 수사들 중 몇몇은 로마의 오스티아 항만에 정박한 배에서 몇 주일씩 뱃멀미와 구토로 고생하면서 교황이 동정을 베풀것을 고대하고 있었다. 스페인과 포르투갈이 예수회 수사들의 재능을 빼앗았다면, 교황은 그들을 왜 버려야만 했었던가?

그러나 이 희비극적인 사건의 진짜 승자는 교황이 아닌 바로 스페인계 아메리카로 돌아갔다. 왜냐하면 스페인계 아메리카의 예수회 수사들은 그들이 보호를 요청했던 로마에서 스페인 국왕에게 모반을 일으켰을 뿐만 아니라 자신들을 아메리카 독립이라는 대의와 동일시했기 때문이다. 그들은 식민지의 국사(國史)를 집필함으로써 스페인 국왕에 대한 그들의 적개심을 드러냈다. 칠레의 예수회 수사였던 후안 이그나시오 몰리나는 「칠레의 민족과 시민사(*Historia nacional y civil de Chile*)」를 (로마에서 이탈리어로) 썼고, 멕시코의 예수회 수사였던 프란시스코 하비에르 클라비헤로 또한 (역시 로마에서 이탈리어로) 「고대 멕시코사(*Historia antigua de México*)」를 집필했다.

이런 책들은 태동하고 있는 스페인계 아메리카 나라들의 구성원들——백인 엘리트층인 크리오요와 점차 대두하고 있었던 메스티소——에게 거대한 정체성의 의식을 부여했다. 이제 메스티소는 교육을 받게됨에 따라서 그들이 태어났던 토지와 그들을 점점 더 동일시할 수 있게 되었다. 그들은 아메리카의 현실, 아메리카의 역사, 아메리카의 지리를 통해서 자기 존재를 확인했다. 페루의 아레키파에서 태어난 예수회 수사인 후안 파블로 데 비스카르도 이 구스만은 1792년 망명중인 런던에서 콜럼버스의 발견 300주년을 기념하면서 다음과 같은 명문을 남겼다. "신세계는 우리들에게 조국이다. 그 역사는 바로 우리의 역사이기도 하다. 우리들은 우리들이 처한 현상황을 직시하지 않으면 안 된다. 바로 여기에 우리가 우리 자신의 권리를 지키기 위해서 동지가 되지 않으면 안 되는 이유가 있다.……과거 3세기 동안의 역사를 배은망덕, 불공정, 예속, 그리고 황폐라는 네 마디로 격하시켜서는 안 된다." 학자이자 잡지 편집자인 안토니오 데 알사테는 1788년 멕시코에서 「가세타(*Gaseta*)」를 발행하기 시작했고, 거기에 기고한 한 글에서 그는 "우리들 히스파노아메리카의 나라"에 빛을 던져주는 사람들의 기사를 실을 것이라고 약속했다. 그는 멕시코라는 나라에는 독자적인 문화, 독자적인 과거, 독자적인 전통이 있으며 그것들은 인디오적이면서도 동시에 유럽풍이었다고 썼다.

이처럼 그들이 살고 있었던 장소와 시간에 대한 새로운 인식은 독일인 과학자 알렉산더 폰 훔볼트 남작의 출현으로 인해서 커다란 자극을 받게 되었다. 훔볼트는 1799년에 시작한 스페인계 아메리카 탐사여행에서 식민지의 증대하는 부를 기록하면서, 그것이 스페인계 아메리카 현지보다는 스페인을 이롭게 하는 데에 대해서 개탄했다. 그는 스페인계 아메리카에는 감세, 무역증대, 중류계급, 그리고 무엇보다도 좋은 정부가 필요하다고 썼다. 그러나 이들 중의 어떤 것도 더 많은 자유가 보장되지 않으면 얻을 수 없다고 강조했다.

스페인계 아메리카의 크리오요 계급 또한 스페인 본국이 겪었던 것과 그리 다르지 않은 어려운 딜레마에 직면했다. 경제적인 부와 다양한 노동력이 증대하면서 사회는 점점 분화되어갔고 계급간의 적대도 커져만 갔다. 미국의 경제학자 맨커 올슨이 지적한 것처럼, 경제가 급성장한 뒤에는 정치적 불만도 따라서 팽배하게 된다. 아무리 파이가 크다고 하더라도 거기에 맞춰서 분배가 이루어지지 않으면 불만은 일어나게 되어 있다. 올슨은 보수파 경제학자이지만, 실제로 체제의 진보는 위기를 초래할 수 있다고 말했다. 즉 그는 "사회체제의 진보는 실패 이상으로 체제의 소멸을 가져다줄 수 있다"고 이해함으로써 마르크스적 입장에 선다. 이것은 스페인과 급성장하고 있었던 아메리카 식민지 양쪽에 전적으로 해당되는 말이었다.

크리오요의 나라

19세기의 첫날 아침, 모국 스페인의 국내에서는 부패의 증대라는 상황이 만연되어 있었고, 유럽 대륙과 신대륙에서 끊임없는 전쟁에 몰입하고 있었다. 그 결과 스페인의 자금은 고갈되었고 그것을 증세(增稅)로 해결하기 위해서 점점 더 아메리카의 식민지에 의존하지 않으면 안 되었다. 이제까지 누리고 있었던 것 이상의 특권을 식민지에게 부여하는 것은 각 사례별로 검토하여 스페인 본국에 이익이 된다고 여겨지는 경우에만 적용시켰다. 즉 스페인계 아메리카의 발전은 스페인의 필요성에 들어맞을 때에만 가능했었고, 식민지의 근대화와 자유화는 그것이 스페인의 재정과 대외채무에 대해서 이전의 혼란스러웠던 합스부르크 왕조시대에 기여했던 것보다 더 많은 공헌을 하는 경우에만 인정되었다.

전체적으로 볼 때 진보적인 냄새를 풍겼던 스페인 왕정의 담화 속에는 때때로 냉혹하고도 전제적이며 불필요한 표현들이 나타난다. 그것을 가장 함축적으로 보여주었던 것은 1794년에 멕시코의 부왕 레비야히헤도가 후임자에게 한 조언이었다. "여기는 식민지이고 모국 스페인에 의존하는 나라이오. 스페인으로부터 보호를 받으므로 스페인에 상당한 이익을 가져다주어야 한다는 것을 잊어서는 안 되오. 그러니 이런 의존을 확실히 하기 위해서는 정교한 수완이 필요할 것이오. 그리고 그것은 상호간의 이익이 되지 않으면 안 되오."

멕시코 시티와 카라카스, 그리고 부에노스 아이레스의 크리오요는 의회에서의 정당한 대표권이나 공직에 대한 임명의 보장 없이 오로지 세금만 많이 내는 것에 대해서 불만을 가지고 있었다. 부르봉 왕가의 자유무역 조치는 다른 국가들과 직접적인 교역을 더 많이 하고 싶어하는 크리오요의 의욕을 자극했지만, 동시에 그것은 스페인계 아메리카의 경제를 국제경쟁에 노출시키는 결과를 빚게 되었다. 아르헨티나 내륙부의 판초나 박차가 영국에서 수입된 것보다 싸지도 않고, 빨리 손에 넣을 수도 없으며, 게다가 양질도 아니라면 도대체 누가 그것들을 국내에서 살 것인가? 이러한 상황은 새로운 문제를 야기시켰다. 즉 스페인계 아메리카의 중상주의적인 이익은 국내의 상품을 희생시키면서 외국의 경합제품을 구입해야만 하는지, 아니면 국내의 상품이 외국과의 경쟁으로부터 보호받아야만 되는지를 아는 데에 있었다.

이런 선택과는 별도로 크리오요 계급은 이제 그들 자신의 단결과 생존이 수적으로 다수였던 비크리오요인인 인디오, 흑인, 그리고 메스티소 ── 베네수엘라에서는 파르도크라시아(pardocracia, 황갈색의 계급)라고 불려 공포감을 준다 ── 에 의해서 위협받고 있다는 것을 인식하게 되었다. 18세기에는 여기저기에서 민중의 반란이 일어났다. 때로는 흑인들이 주도했고, 어떤 때에는 인디오들이 궐기했다. 그 반란들의 대부분은 거의 단기간에 수습되었지만, 투팍 아마루가 이끌었던 인디오의 대반란은 전체 크리오요 계급의 등골을 싸늘하게 만들었다. 그러나 크리오요 계급을 정말로 경악시켰던 것은 베네수엘라의 흑인과 물라토가 일으킨 '코로'의 반란이었다. 1795년, 수천 명의 흑인들과 물라토가 봉기하여 그들이 일하고 있었던 아시엔다의 지주들을 살해했다. 그들은 프랑스 혁명의 선례인 "프랑스인의 법률"을 규범으로 삼아 "공화제와 노예해방"을 요구했었다. 그러나 반란은 무자비하게 진압되었다. 살아남은 사람은 도주하여 크리오요나 부왕령 당국의 손이 미치지 않는 밀림의 오지나 평야의 깊숙한 지역에 그들만의 자치공동체를 만들었다.

스페인 정부는 물론, 현지의 대다수 주민들로부터도 점점 고립되어 가고 있었던 스페인계 아메리카의 크리오요는 스페인 군주나 현지의 민중들에 의해서 파멸되기 전에 그들이 먼저 나서서 행동하는 것 이외에 다른 길이 없었다. 크리오요는 자신들의 혁명을 이끌고 나가지 않으면 안 되었다. 그들은 자신들의 이익을 위해서 스페인과의 이해관계를 끊는 동시에 인디오나 흑인, 물라토와 이해관계를 나누어가지는 위험 또한 피하지 않으면 안 되었다. 이 냉혹하고 적나라한 계산은 곧 이어 싹튼 국가의식이라는 따뜻한 외투, 즉 스페인의 제국주의와 평등주의라는 배타적 정치를 제거하고 역사와 지리가 제공하는 모든 것을 받아들이는 단결의식으로 감싸이게 되었다.

그래서 이 크리오요인들은 도덕적, 정치적, 법률적, 애국주의적, 심지어 감상적인 차원의 모든 정당화를 통해서 식민지를 계속 유지하고자 했던 스페인 왕국의 요구와 다수의 유색인종 사이에서 높아만 갔던 자유와 평등의 외침에 대응할 수 있으리라는 희망을 품으면서 크리오요 국가를 만들기 시작했다.

세계의 뉴스

스페인계 아메리카 세계에 세워진 요새의 벽들이 진동하는 소리가 울려퍼졌다. 아바나와 산 후안 데 푸에르토 리코의 성벽들(morros), 카르타헤나 데 라스 인디아스의 위용을 과시하는 흉벽들, 베라크루스의 산 후안

데 울루아 요새는 모두 외국의 공격으로부터 식민지를 지키고 또 외국의 영향을 차단할 목적으로 세워졌다.

그러나 이제 그 벽들은 여기저기 눈에 띠게 금이 갔고 그곳으로부터 세계의 뉴스가 쏟아져들어오기 시작했다. 그들은 자기의 정체성을 더욱더 예리하게 인식하고 있었다. 이미 법인형(法人型) 국가 스페인의 단순한 종속물로 전락되는 것에 점점 더 만족할 수 없었던 스페인계 아메리카 사회는 이 오래된 요새의 벽을 허물며 그곳까지 밀려들어온 세 가지의 국제적인 사건들을 접하면서 그들의 희망이 점점 더 진척되어가고 있음을 느꼈다. 그것은 바로 북아메리카의 독립전쟁, 프랑스 혁명, 그리고 나폴레옹의 스페인 침공이었다.

훔볼트의 탐사여행은 스페인계 아메리카의 크리오요에게 커다란 기대감을 불러일으켰다. 이 독일인 과학자는 스페인 왕국과 결별하느냐 아니면 계속 제휴하느냐 하는 것과 같은 실제적인 문제까지 포함하여 성공을 위한 처방(감세, 무역확대, 좋은 정부)을 그들에게 내렸다. 실제로, 훔볼트가 그 유명한 「누에바 에스파냐 왕국에 대한 정치 수필(*Political Essay on the Kingdom of New Spain*)」을 출판한 1811년, 서반구에서는 이미 새로운 국가가 탄생했는데, 그것은 훔볼트의 처방을 모두 답습한 결과였다. 다세(茶稅)를 둘러싸고 보스턴에서 일어난 폭동을 시작으로, 미국은 영국에 대항하여 반란을 일으키는 데에 성공했다. 미국은 개인의 자유와 좋은 정부를 기반으로 그들만의 독자적인 헌법을 제정했다. 미국의 중류 계급은(스페인 세계에서는 현저히 결여된) 산업과 교육, 그리고 근면의 정신을 촉진시켰다. 설상가상으로, 스페인은 마드리드 정부가 취한 반(反)영국 전략의 일환으로서 아메리카 독립을 지원하고 있었다. 독립전쟁중 스페인계 아메리카의 항구들은 미국 반란군의 배들이 드나들 수 있도록 개방되었다. 그 결과, 독립을 획득한 미국은 쿠바의 최대 통상 파트너가 되었고, 미국의 배는 스페인계 신세계의 태평양과 카리브 해 연안을 오르내리며 무역에 종사할 수 있었다.

이 새로운 북아메리카 공화국이 탄생한 초기 몇 년간 —— 동시에 그것은 아메리카 대륙에서의 스페인 제국 최후의 시대였다 —— 스페인계 아메리카인들의 미국 혁명에 대한 찬양은 어마어마했다. 그러나, 그들은 프랑스의 계몽사상가들로부터 사상적으로 더 큰 감화를 받았다. 그들의 위대한 사상은, 때때로 의식하지는 못했겠지만, 스페인계 아메리카 지식인의 마음 깊은 곳에서 우러나온 갈망을 채워주었다. 변호사, 관료, 교구의 신부, 교사, 학생, 이제 막 태어나는 과학자 등 모든 사람들은 가톨릭 스콜라 철학의 전통적 교의에 의해서 설명된 과거의 세계관을 대체할 새로운 세속적 세계관을 필요로 하고 있었다. 토마스 아퀴나스 대신에 토마스 페인과 토마스 제퍼슨, 성 아우구스티누스 대신에 시민의 성인인 몽테스키외, 볼테르, 루소가 있었다. 특히 제네바의 시민이었던 장-자크 루소는 "인간은 자유롭게 태어났지만, 어느 곳에서나 사슬에 묶여 있다"라고 외쳤다. 아마도 루소는 한 사람의 저술가로서, 스페인계 아메리카의 역사, 감성, 그리고 문학에 최대의 영향을 끼친 인물일 것이다. 그는 사회와 종교 조직의 새로운 원칙을 천명한, 다시 말해서 군주정과 교회와 왕권신수에 반대하고, 주권재민(主權在民)을 지지했던 계몽주의 저작가들을 대표였다.

이 계몽주의는 흡사 칵테일처럼 자그마한 촌의 신부나 지방도시의 변호사, 식민지의 옛 수도에 발흥하고 있었던 저술가들을 도취시켰다. 이들 모두는 오래된 부르고뉴 포도주를 음미하듯이, 이 계몽주의의 위대한 작가들을 맛보기 위해서 서둘러 프랑스어를 공부했다. 식민지에서 처음으로 볼테르의 책을 읽고 있었던 젊은 신학생이나, 루소의 힘차고 명쾌한 문장, 그리고 그의 도덕적 요구(그는 독자에게 행동할 것을, 말의 세계를 현실로 바꿀 것을 요구했다)에 의해서 한껏 달아오른 젊은 변호사를 상상해보라.

주권재민, 인권, 국가의 독립 —— 만인의 평등과 자유의 일반원칙으로 가득 찬 "국가의 안전을 위협하는 선동적 문장의 홍수"라고 종교 재판소가 공공연하게 항의의 목소리를 높이며 비난했음에도 불구하고 —— 이 세 가지 개념은 계몽된 크리오요와 메스티소 지도자에 의해서 수용되었다. 금서들은 기발한 방법으로 몰래 들어왔다. 당시 교회나 수도원은 세관의 검사를 면제받았기 때문에, 유럽의 계몽주의 성직자들은 성물상자나 성물(성병〔聖甁〕과 성체함) 속에 금지된 책이나 원고, 소책자 등을 숨겨서 가지고왔다. 「캉디드(*Candide*)」가 성체 속에 숨겨져서, 유럽을 건너 아메리카에 왔다는 사실을 볼테르가 알았더라면, "이 악명 높은 교회를 파괴하자(Écrasez l'infâme)"라고 외쳤던 그의 전투적 슬로건은 조금 부드러워졌을지도 모른다.

이런 책들의 독서를 통해서 불타오르고 있던 스페인계 아메리카 세계의 젊은 지식인들은 좋은 의미이든 나쁜 의미이든 간에 프랑스 혁명이 그들에게 준 교훈 이상의, 또 그것을 넘어선 그들만의 독자적 신조를 만들어냈다. 시대의 상징 —— 어떤 사건이나 사상에 대한 신중한 분석보다도 더욱더 강력한 효과를 발휘하는 —— 은 그들에게 기요틴과 공포정치, 국왕을 죽이는 대역죄, 그리고 추방이라는 이미지를 키웠고, 대중의 열광과 공화파의 3색기에서 보이는 영웅주의의 감성을 불러일으켰다. 그러나 혁명이 끝난 지 몇 달 지나지 않아, 프랑스에서는 정치적 권리가 유럽 역사상 최고로 확대되었고 아울러 재산제도에 관하여 이제까지 볼 수 없었던 획기적인 전환이 이루어졌다는 사실이 스페인계 아메리카에게는 고려되지 않았다. 1789년에서 1790년 사이에 400만 명의 새로운 유권자들에게 참정권이 부여되었고, 10만 명의 판사와 1만2,000명의 도시행정관이 함께 선출되었다. 봉건제도는 전복되어 세습귀족제도는 끝났고, 그것과 함께 대대로 물려내려온 죄악도 끝이 났다. 귀족만을 위한 특별재판소는 대체되어 만인을 위한 공동재판소가 설립되었다. 교회는 재산을 잃었고, 프랑스는 하나의 체제 아래 통합되어, 국내의 교역장벽은 붕괴되고 매상세는 철폐되었다.

나폴레옹과 같은 인물이 동시에 등장할 수 있었던 것도 바로 이와 같은 모든 요인들로부터 나온 결과였다. 그는 만인에게 출세의 길이 열려 있다는 것을 입증해준 인물이었으며 동시에 거대한 혁명의 물결을 타고 대두한 인물이었다. 그는 전쟁과 반동적인 유럽의 도전을 구실로 그의 전제정치를 정당화하기는 했지만, 항상 자신을 자유주의, 진보, 새로운 사상의 대변자로 생각했다. 심지어 전쟁을 수행하는 와중에도 새로운 법안을 기초해내기도 했다. 법을 만드는 데 기울였던 그의 노력은 정말로 인상적이었다. 그는 프랑스의 민법전, 근대적 세제, 형법전, 레지옹 도뇌르(Legion d'honeur) 훈장, 근대 교육과 행정제도를 만들었으며, 전시중의 균형예산까지도 직접 짰다. 나폴레옹은 한 부르주아 인간이 그의 힘과 의지, 또는 지성을 통해서 완벽하게 얻을 수 있는 모든 것을 몸으로 보여주었다. 그는 파리에 최초의 포장도로를 건설했고, 최초의 소방대를 만들었다. 심지어 이집트에도 우편제도를 도입시켰다. 스페인계 아메리카의 젊은 크리오요들은 이 모델 속에서 자신들의 모습을 보면서 불가능한 것은

"서재의 나폴레옹", 자크-루이 다비드 작, 1812년. →

없다고 꿈꾸었다. 그들은 새로운 계몽주의 법령을 공포하는 것만으로도 스페인계 아메리카의 얼굴은 바뀔 수 있으리라고 믿었던 것이다.

한편, 나폴레옹 전쟁은 식민지 아메리카로 하여금 새로운 통상관계를 숙고하게끔 해주었다. 스페인이 유럽의 분쟁 속으로 점점 더 휘말려듦에 따라서 스페인계 아메리카는 점차로 중립국들, 특히 이 시기에 급속히 발전하고 있었던 미국과의 교역에 그 의존도를 높였다. 그러나 교역이 확대됨에 따라서 경쟁은 격화되었는데, 특히 영국은 아르헨티나의 토착산업, 무엇보다도 라 플라타 강 인근의 산업을 위협하고 있었다.

1806년 영국이 부에노스 아이레스를 침공했던 것은 사실상, 라 플라타 강 연안에 상업적 교두보를 세우려는 기도가 그 동기였다. 스페인군과 부왕인 소브레몬테 후작이 공격을 피하여 도망친 사이, 산티아고 리니에르가 이끄는 지방민병대는 영국군을 몰아냈다. 이 극적인 장면은 다음해, 또다시 반복되었다. 이때, 지방민병대가 품었던 자긍심이 어떠했으리라는 것은 그리 상상하기 어렵지 않다. 아르헨티나는 항상 스페인으로부터 승리를 거두었던 영국을 무찔렀던 것이다. 그후 그들이 던져야만 했던 질문은 이런 것이었다. 이제, 우리 아르헨티나 —— 당시 아르헨티나에서는 국가의 개념이 커다란 힘을 발휘했었다 —— 는 바로 그 스페인을 무찌를 수 있을 것인가?

스페인과 아메리카 식민지 사이의 관계에서 표출되었던 감정, 희망, 이상, 그리고 두려움이라는 거대한 성좌가 유효한지 아닌지를 증명할 수 있는 기회는 나폴레옹이 —— 유럽에서의 승리로 최고조에 달한 그는 러시아와의 동맹에 의해서 동부전선은 안전하다고 확신하고 있었다 —— 부르봉 왕조의 스페인을 침공했을 때 비로소 왔다.

여기서 만일 스페인의 상황이 철저히 바뀌지 않는다면, 이제 4세기의 지배로 접어드는 신세계에서 독립운동을 지연시킬 수 있겠느냐고 그들은 반문해보았을 것이다. 711년, 이슬람에 침공당한 이래 스페인은 처음으로 외국의 침략을 받았다. 어리석기 그지없는 페르난도 7세가 왕위를 잃으면서, 보나파르트 형제는 스페인을 지배하기 시작했다. 왕위에 오른 나폴레옹의 형인 조제프는 술에 항상 취했던 인물로, 스페인 국민들은 그를 페페 보테야(Pepe Botella, 술독에 빠진 페페)라는 별명으로 불렀다. 스페인 국민들은 용감하게 프랑스의 침략에 저항했지만, 왕족은 나폴레옹에 의해서 바욘에 유폐되어 있었고, 스페인을 통치하는 것은 더 이상

스페인인이 아니라는 것, 그것이 스페인의 엄연한 현실이었다.

식민지의 반응은 어떠했을까?

3세기에 걸쳐 식민지배를 받은 후, 갑자기 들이닥친 예상치 못한 새로운 현실에 직면하여 스페인계 아메리카의 전주민들은 누구할 것 없이 어리둥절할 수밖에 없었다. 그 왕들이 교묘했든 미숙했든, 온정적이었든 전제적이었든 또는 초연했었든 쓸데없이 끼어들었든, 무관심했었든 열정적이었든가를 따지기 전에 이제 우리를 통치했던 군주는 없다!

거기에서 자연스럽게 다음과 같은 의문들이 나왔다. 스페인에 국왕이 없다면, 주권은 당연히 우리들한테로 돌아와야 하는 것이 아닐까? 정통성을 가진 스페인 제국의 정부가 존재하지 않는다면, 우리들은 사실상 독립한거나 다를 바가 없지 않는가? 아니면 우리들은 국왕의 이름으로 나폴레옹에 대항해서 싸워야만 하는가? 언젠가 스페인에 군주제가 복귀될 그때를 위하여 차라리 식민지를 그대로 남겨두는 것이 우리의 의무일까? 북아메리카와 프랑스 혁명이 보여준 예들이 이와 같은 상황을 직접적으로 고려하게끔 파급효과를 끼쳤다. 우리들 역시 그들처럼 식민지 지배세력을 몰아낼 수 있을까? 우리들 또한 군주제를 폐지하고, 공화제를 수립할 수 있을까? 모든 국가와 교역하고 종교재판소의 감시로부터 영원히 해방되어, 자유롭게 출판하고, 읽고, 말할 수 있는 근대적인 독립국가를 이룰 수 있을까?

스페인에서 일어난 일련의 사건 뒤 스페인계 아메리카에서 유일하게 발언력 있는 사회계층이 법의 테두리 안에서 행동하고, 스페인의 정세나 식민지의 장래를 협의할 수 있는 장소로 '카빌도(cabildos, 시의회)'가 갑자기 활기를 띠게 되었다. 예를 들면, 1810년 5월에 부에노스 아이레스에서 열린 카빌도에는 영국에 대하여 거둔 두 번의 승리로 자신만만했던, 지방민병대의 지도자와 군인들이 모였다. 처음으로 라틴 아메리카 지방군대는 승리와 국가의 정체성이 실현되는 것을 음미할 수 있었다. 이런 승리 덕분으로, 크리오요는 도주한 스페인 부왕 소브레몬테를 체포하고, 또 영국을 무찔렀던 것처럼, 스페인 지배의 사슬도 어렵지 않게 끊어버릴 수 있으리라고 확신했다. 이 카빌도를 묘사한 한 그림에는 볼테르나 루소의 책들을 읽고 기회가 주어진다면 거기에 나오는 자유나 일반의지, 만인의 행복이라는 일반개념을 자국민에게 적용시키고자 했었던 젊은 지성인들의 모습이 보인다. 이 인물들 중에, 다른 사람보다는 조금 떨어진 자리에 앉아 먼 곳을 응시하는 한 집념 어린 —— 좁은 캔버스의 그림에서는 그의 강렬한 시선, 치열한 정신이 제대로 나타나고 있지는 않지만 —— 젊은이의 모습이 보인다. 그는 열광적인 급진주의자로서, 지식인의 진보적 요구뿐만 아니라 아르헨티나 재계의 자유무역, 수출규제, 상선독립의 요망까지도 한 몸에 대변했던 마리아노 모레노라는 젊은이였다. 모든 사람들로부터 사랑을 한 몸에 받은 모레노는 31세의 나이에 죽었다. 그가 불러일으킨 존경심이 얼마나 컸던지, 화가들은 모레노의 젊은 미망인의 요구를 받아들여, 사후에 그려진 모든 그림에서 실제 곰보였던 그의 모습이 전혀 나타나지 않게 했을 정도였다.

한편, 스페인의 지배에 대해서 그들 나름대로 불만을 품고 있었던 하급성직자들도 있었다. 부르봉 왕조의 개혁을 향한 열의는 대단했지만, 1805년에 공포된 악법으로 최대의 타격을 입은 사람들은 바로 그들이었다. 이 법률은 그나마 성직자들이 지니고 있었던 빈약한 특권을 박탈했고, 모든 교회를 향해서 그들이 가진 농업자산을 담보로 바칠 것을 요구했다. 이렇게 가혹한 법을 시행했던 목적은 전비를 조달하고, 나폴레옹에게 금화 500만 페소의 보조금을 줌으로써 그의 손아귀에서 벗어나고자 하는 데에 있었다. 하지만 바로 그해, 스페인 해군은 트라팔가르 해전에서 격퇴되었고, 소위 '국민통합법(Ley de Consolidaciones)'을 통하여 교회로부터 모은 많은 자금은 부르봉 왕조의 궁정관리들 호주머니 속으로 들어갔다. 한편, 스페인계 아메리카의 하급성직자들 중에는 카밀로 엔리케스 신부처럼 「칠레의 여명(*La Aurora de Chile*)」이라는 선동적인 신문을 발행한 사람도 있고, 멕시코의 한 시골 신부 미겔 이달고처럼 문학모임을 가장해서 반란을 기도한 사람이나 부에노스 아이레스의 카빌도 집회에 참가한 사람도 있었다.

성직자, 상인, 지식인, 장교들은 모두 비상사태에 즈음하여 단결된 행동을 취하자는 결정에 찬성을 표명했다. 이제 그들에게 남은 것은 나폴레옹이 추방되고, 페르난도 7세가 복위할 때까지 스페인에 계속 충성을 맹세하면서 한 지방의 자치구역으로 남아 있느냐 아니면 스페인으로부터 결정적으로 분리독립을 하느냐 하는 선택의 길밖에 없었다. 존 린치는 라틴 아메리카 혁명사에 관한 그의 탁월한 연구에서 "아메리카는 이제 자기 자신의 운명에 눈을 돌리지 않으면 안 되었다"라고 지적했다. 독립의 물은 탁하기 그지없었고, 주인공들은 가면으로 위장한 채 독립운동을 시작했다.

제4부

자유의 대가

볼리바르와 산 마르틴의 만남.

제12장 볼리바르와 산 마르틴

이러한 급진적인 문제의식과 사건들은 신경질적이고 마음이 급했던, 이글거리는 듯한 검은 눈만큼 통찰력이 예리했던 베네수엘라의 한 청년 귀족에게 깊은 자국을 남겼다. 그의 이름은 시몬 볼리바르였다. 그는 금지된 철학서들을 탐독하며 자문해보았다. **도대체 우리들 자신은 스스로 무역을 하거나, 스스로 사유하거나, 스스로 자신을 통치할 수는 없는 것일까?**

볼리바르는 집안 대대로 지주에 장교를 지냈던 부자가문에서 태어났지만, 어린 시절에 슬픔과 고독이 무엇인지를 알게 되었다. 그는 세 살 때 아버지의 죽음을, 아홉 살 때 어머니의 죽음을 겪었다. 그 이래 그는 흑인 유모였던 이폴리타를 친부모로 생각하며 자랐다. 볼리바르의 혈통에 대해서는 지금까지 많은 논란이 있다. 볼리바르의 선조는 16세기 스페인의 바스크 지방에서 베네수엘라로 왔다. 프랑스의 역사가 장 데콜라의 지적에 의하면, 2세기에 걸쳐 이 스페인계 일족은 "나른한 인디오와 흑인 여인들 사이에서" 필연적으로 메스티소나 물라토가 되었다고 한다. 볼리바르의 초상화를 보면 그것은 인종의 혼합을 강조하거나, 이상화시키거나, 아니면 삭제하거나 은폐한다. 그러나 그와 이폴리타와의 관계는 이 사실을 무엇보다도 명백히 드러내준다. 베네수엘라의 작가 아르투로 우슬라르 피에트리는 라틴 아메리카인은 흑인 유모나 인디오 유모로 인해서 세 문화의 혼합을 가지게 되었다고 썼다. 비록 순수한 백인일지라도 그들은 흑인이고 인디오이다. 또 순수한 흑인과 순수한 인디오로 남아 있어도, 그들은 유럽 세계를 공유하고 있다. 다시 말해서, 이런 3차원의 문화주의는 인종상의 문제가 아니다. 오히려 문화는 인종주의를 초월한다.

1799년, 16세의 시몬 볼리바르는 상류계급의 청년들에게 정해진 코스인 유럽 대여행을 떠났다. 데콜라의 표현에 따르면, 그것은 "구세계의 발

시몬 볼리바르.

견"의 여행이었다. 왜소한 체격에 신경질적이었던 볼리바르는 왈츠의 명수로서, 고야가 묘사한 태양이 가득한 스페인의 세계 —— 마드리드의 산책길이나 극장에서의 밤, 부르봉 왕조의 하계 이궁 산 일데폰소의 라 그랑하 궁전에서의 야외 파티 —— 를 즐겼다. 그는 그곳에서 자신보다 거의 두 살 연상이었던 베네수엘라 출신의 젊은 여성 마리아 테레사 로드리게스와 사랑에 빠져 그녀와 결혼했다. 그러나 8개월 뒤, 이들의 로맨틱한 결혼생활은 비극으로 끝났다. 당시로서는 그저 "악성 열병"으로 알려진 병이 마리아 테레사의 목숨을 빼앗았던 것이다. '콜레라 시대의 사랑'은 이 19세의 볼리바르를 홀아비로 만들어버렸다. 그는 두 번 다시 결혼하지 않았다. 오로지 독립과 혁명만이 그의 영원한 신부였다.

청년 볼리바르는 나폴레옹이 노트르담 사원에서 자신의 대관식을 손수 행하기 바로 직전, 파리에 도착했다. 그는 나폴레옹의 이 행위를 프랑스 혁명이 표방한 평등과 자유에 대한 약속을 배반한 것으로 여기지 않을 수 없었다. 보다 중요한 것은 그것으로 인해 그의 공화제에 대한 열의가 흔들리거나 신세계에서 군주제를 수립하려는 유혹에 그가 결코 빠지지 않았다는 것이다. 어쨌든 볼리바르의 관심은 나폴레옹 치하의 유럽세계가 아니라 그의 고국 남아메리카가 처한 구체적 상황에 있었다. 프랑스 혁명에 어떤 모순이 있든지, 또는 한 인간으로서 혹은 황제로서 나폴레옹에 무슨 영광과 결점이 있었든지 간에, 볼리바르는 혁명의 대해로 출항하기 위하여 이런 모순들을 극적으로, 열광적인 웅변으로, 수사학적으로, 그리고 긍정적인 방향으로 무시했다. 로마의 사크로몬테 사원에서 그는 역사에 참가하고자 하는 그의 결의를 개인교사로서 그의 여행을 동반했던 시몬 로드리게스 앞에서 엄숙히 선서했다. "나 자신의 명예와 내 선조의 하나님의 이름으로, 그리고 내 조국의 이름으로 맹세한다. 나의 마음과 나의 팔뚝은 스페인의 권력이 우리를 속박한 그 사슬을 깨뜨릴 때까지 한시도 쉬지 않을 것이다."

그는 그때 한 서약을 지켰다. 스페인이 프랑스의 지배하에 있었을 때, 몇몇 사람들은 아메리카의 일시적 독립을 말하고 있었다. 그러나 볼리바르는 그 모든 허구를 벗기고는 베네수엘라에 돌아와서 스페인계 아메리카는 모국 스페인으로부터 근본적으로 독립해야만 하고 독자적 특성을 주장하지 않으면 안 된다고 선언했다. "어떤 두려움 없이, 남아메리카에 자유의 초석을 세웁시다. 우리가 망설이면 남는 것은 파멸밖에 없습니다."

이 남자, 평등을 위해서 싸웠던 이 귀족은 도대체 어떤 인물인가? 그는 대단히 부유했고 평생을 혁명에 바쳤으며 그의 적들만큼이나 냉혹하고 무정하게 전쟁을 벌였던 인도적인 몽상가였다. 또한 자신의 사상을 큰 목소리로 말하면서 역사를 살았던 철학자이자, 단기간에 그렇게도 많은 것 —— 민주주의, 정의, 심지어 라틴 아메리카의 통일까지 —— 을 달성하고자 했던 성급한 낭만주의자였다. 그러나 볼리바르는 무엇보다도 행동하는 인간이었고, 카리브 해에서 태평양, 그리고 페루의 고지까지, 나폴레옹의 유럽에 필적하는 광대한 전쟁터에서 싸움을 지휘했던 군사의 천재였다. 그는 패배하면 오뚝이처럼 다시 일어났는데, 심지어 자마이카에서 일시적 유형에 처해졌을 때도 그랬다. 그는 악랄한 스페인 사령관들 —— 태양이 내리쬐는 가운데에 포로를 기둥에 묶어 죽어가도록 내버려둔 —— 에 맞서서 "사생결단의 전쟁"을 벌였다.

볼리바르는 독립에 회의적이었던 사람들보다 스페인의 정세를 잘 파악하고 있었다. 페르난도 7세가 납치되어 스페인에 왕이 부재한다고 해서, 나폴레옹이 스페인의 식민지까지 효과적으로 통치할 수 있었던 것은 아니다. 스페인 식민지들의 권한은 부왕이나 총사령관 —— 퇴임할 의사도 없고, 머지않아 복귀하게 될 부르봉의 군주에게 지속적인 충성을 바칠 의

사도 없었던 —— 밑의 잘 정비된 스페인 군대의 손아귀에 있었다. 더군다나 나폴레옹의 침입은 스페인을 국왕 없는 나라로 만들었을 뿐만 아니라 이베리아 반도의 해방세력이 궐기하도록 자극했다. 프랑스가 스페인 게릴라들을 진압하는 사이, 그동안 잠자고 있었던 의회(Cortés)가 권력의 공백을 메꾸기 위하여 군주제에 기정화된 사실(fait accompli), 다시 말해서 자유헌법을 제출하기 위하여 소집되었다. 카디스의 회합에서 다시 새로워진 의회는 진정한 의미에서의 근대 스페인의 시작을 알리는 헌법의 초안을 준비했다. 다수의 스페인계 아메리카 식민지의 대표들도 이 회의에 참석했다. 멕시코 시티에서 카라카스, 칠레의 산티아고에 걸쳐 식민지 당국자들은 공포에 젖어 이 모임을 바라보았다. 스페인 국왕의 부재, 자유헌법, 아메리카의 독립은 '당신들의 시대는 끝났다'라는 경고문, 바로 그것이었다.

무모하게도 나폴레옹이 동쪽으로 방향을 돌려서 실패로 끝날 러시아 원정을 떠났을 때, 식민지의 스페인 관리들은 점점 더 폭력적인 공세—— 아마도 마드리드에 확실한 최고권력자가 있었다면 허락하지 않았을지도 모르는 —— 를 시작했다. 그들은 독자적으로 행동했으며 살아남기 위해서 싸웠다. 1814년, 권위적이고 반동적인 전제군주 페르난도 7세의 복위는 반란자들에 대한 폭력적 대응을 더욱더 고취시킬 뿐이었다. 왕위에 다시 오른 이 국왕은 카디스 헌법의 승인을 거부했고, 스페인을 유럽의 신보수주의의 아성으로 바꾸어버렸다. 그것은 곧 신성동맹으로 불려 빈 회의에서 축복을 받게 되는 것이다. 이런 상황 속에서, 스페인의 군사령관들은 반란 세력들을 말살하기 위하여 완강히 싸웠다. 볼리바르 역시, 똑같은 방식으로 응전하였다. 죽을 때까지 싸우겠다는 그의 선언은 정말로 타협의 여지가 없는 것이었다. "정당한 대의를 위해서 압정에 맞서 싸우지 않는 스페인인은 어느 누구라도 적으로 간주될 것이며, 조국에 대한 반역자로서 벌을 받게 될 것이다……그러니 스페인인들이여! 죽음이 그대들을 기다리고 있다는 것을 잊지 말라!……아메리카의 해방을 지지하여 적극적으로 참여하지 않고 단순히 중립을 지키는 사람 또한 죽음을 면치 못할 것이다."

볼리바르는 노예들이 그의 군대에 입대한다면 그 대가로 그들은 해방될 것이라고 선언했다. 그러나 스페인인은 똑같은 노예해방선언으로 볼리바르의 주도권에 대응할 수 없었다. 그렇지만 흑인들은 중립적인 입장을 취했다. 식민지의 존속보다는 흑인들과의 평등을 더 두려워했던 크리오요 계급의 토지소유자들은 경제적 자유를 획득하기 위하여 독립을 지지했지만, 흑인들에게 평등의 권리를 똑같이 부여하는 것에는 반대했다. 흑인들은 스페인이 그동안 자기들에게 아무것도 해준 것이 없었던 것처럼, 독립혁명 또한 그러리라는 것을 알아차렸다.

그럼에도 불구하고 볼리바르의 군대는 오리노코 강 유역의 불타는 평원 출신의 사람들(llaneros)——토지를 받는다는 조건으로 전쟁에 참가할 준비가 되어 있었던——로 구성된 연대를 조직한 카우디요(caudillos, 지방의 군사지도자)의 출현으로 강화되었다. 카우디요 중에서 가장 강력했던 인물로 호세 안토니오 파에스——볼리바르와는 정반대인 평원 출신의 인간으로, 볼리바르가 돈 키호테였다면 그는 종자인 산초 판사였다——라는 인물이 있었다. 그는 땅달막한 체격에 머리가 크고, 제대로 읽고 쓰지도 못했던 남자였지만, 토지와 민중에게 밀착한 그는 병사들을 계속해서 공급하겠다고 볼리바르에게 보장했다.

"자연이 우리들의 의도에 반대한다면, 우리들은 자연과 싸워서 복종시킬 것이다!"라고 볼리바르는 또 하나의 유명한 연설중에 외쳤다. 말과 행동에서 보였던 이와 같은 그의 낭만적 울림은 그가 "악동들(muchachos malvados)"의 군대를 이끌고, 안데스 산맥 꼭대기의 빙하를 넘어, 사람을 죽이는 독거미가 우글거리는 적도의 우거진 밀림을 헤치고 나와, 1819년에 보야카에서 콜롬비아를, 그리고 1821년에 카라보보에서 베네수엘라를 해방시켰을 때, 진실이 되고 말았다. 그는 가는 곳마다 열광적으로 환영받았고 모든 영광을 한 몸에 받았으며, '해방자'라는 환호의 목소리를 들었다. 스페인계 아메리카의 독립뿐만 아니라 그 통일을 꿈꾸었던 볼리바르는 자기 나라를 "축소된 인간의 세계, 즉 인종으로 이루어진 소우주"로 보았다. 그는 이렇게 말했다. "우리들은 인디오도 아니고 그렇다고 유럽인도 아니다. 우리들은 원주민과 스페인 사람들 사이의 중간인종이다."

볼리바르의 지성의 편린은 그의 자조적인 유머에 있었으며, 그의 과장된 진술 한 편에서 보이는 익살스런 자기비판적 태도는 그의 균형 잡힌 감각뿐만 아니라, 숙명과 비극적 실패에 대한 깊은 인식을 명료하게 보여주고 있다. "이 세상에는 가장 멍청한 바보가 세 명 있다. 첫번째는 그리스도, 두번째는 돈 키호테, 그리고 마지막이 바로 나이다."

안데스 산중의 전투

오리노코 강에서 라 플라타 강에 걸쳐 있는 아메리카 전대륙은 독립을 위해서 싸웠고, 스페인 왕당파를 몰아냈다. 그러나 각 지방의 군대를 통솔했던 새로운 실력자들이 스페인이 가고 난 빈 자리를 차지했다. 1806년, 아르헨티나의 지방민병대는 부에노스 아이레스 항구에 주둔하고 있던 영국 침략군을 몰아내면서 최초의 승리를 거두었다.

1810년 5월 25일, 카빌도의 집회 후 아르헨티나는 부왕을 추방하고, 지방민병과 지식인의 동맹을 결성하면서 재빨리 독립을 향한 발판을 강화시켰다. 이 동맹은 조화를 이루어, 팜파스를 넘어 저 멀리 페루 고지의 포토시 광산지역과 고대 잉카 제국의 마을로 혁명을 확대시켰다. 아르헨티나 혁명은 스페인계 아메리카에서 가장 과격했고, 유럽화된 도시 부에노스 아이레스를 거점으로 급속히 확대되면서 페루 고원지대의 마을에까지 계몽사상을 펼쳤으며, 또 남아메리카의 지붕인 이곳에서 조세의 지불을 정지시켰고, 토지를 분배했으며, 교육과 평등을 가져다주었다.

이러한 조치의 태반은 스페인어를 읽지도 쓰지도 못했던 고지의 인디오들에게 충분히 이해될 수 없었다. 더군다나 이런 혁명의 법은 스페인 왕당파의 군대가 남아메리카 대륙에서 가장 강력한 아성이었던 부왕령 페루와 그 장엄한 수도 리마에서 버티고 있는 한, 효력을 발휘할 수 없었다. 부에노스 아이레스의 혁명군은 페루 고지에서 리마의 왕당파군에 의하여 저지되었다. 이런 양측의 전선은 결국 수많은 게릴라 부대 ── 유능하고 야심 많은 지방의 카우디요가 이끄는 ── 가 끼어든 지구전으로 확대되었다. 이 "비적"들은 끈질기게 매복작전을 펼쳐서 때때로 스페인군을 괴롭히기는 했지만, 아르헨티나의 결정적 승리를 이끌어내지는 못했다. 게릴라전은 각지에 산재한 "레푸블리케타스(republiquetas)", 즉 소공화국의 독립파(Separatista) 지도자에게만 권력을 가지게 하는 결과를 빚었다. 이런 상황 속에서 미래의 스페인계 아메리카 공화국의 정치가들은 분열, 세분화, 중앙과 지방 정치세력간의 끝없는 항쟁의 위험성을 예견할 수 있었다.

그때, 남아메리카 독립전쟁의 위대한 두번째 지도자가 전쟁의 교착상태를 타개하기 위해서 등장했다. 아르헨티나군의 장교였던 호세 데 산 마르틴은 스페인 군대가 페루에 남아 있는 한, 독립혁명은 달성될 수 없다는 것을 깨달았다. 스페인에 있을 때, 스페인군의 일원으로서 프랑스군과 싸운 적이 있었던 이 39세의 산 마르틴은 칠레의 왕당군을 남측에서부터 기습, 공격하기로 결정을 내렸다. 물론 칠레는 안데스 산맥의 두터운 벽에 의해서 보호받고 있었다. 한니발조차도 이 금지된 장벽을 감히 횡단하리라고 마음먹지는 못했을 것이다.

1816년 말경, 산 마르틴은 아르헨티나 안데스 산지의 멘도사 시에서 군비를 조달하여, 서반구의 남봉(Cono Sur)으로부터 스페인을 축출할 군대를 창설했다. 그는 부에노스 아이레스로부터 멀리 떨어진 멘도사에서 정치적 음모에 휩싸이지 않은 채 그의 일에 전념할 수 있었다. 그는 모든 행동에 신중했고, 용맹스러웠다. 그는 가난한 사람들로부터는 셔츠와 폰초(Poncho)를, 부유한 사람들로부터는 보석을, 노병으로부터는 나팔을, 목장주로부터는 말을 징발했다. 그는 자신의 군대를 위해서 대포와 화약을 만들었고, 병사를 위해서 제복을 만들었다. 그리고 나서 첩자 한 명을 칠레에 보내어, 아콩카구아 산 정상의 남측 인디오 땅으로부터 공격할 것이라는 허위정보를 유포시켜서 스페인 군대로 하여금 그렇게 믿게끔 만들었다. 산 마르틴이 예상했던 것처럼, 인디오들은 이 소문을 즉각 스페인인에게 보고했다. 아르헨티나의 대통령, 후안 마르틴 데 푸에이레돈은 그에게 2,000개의 칼과 200장의 텐트를 보냈다. 그리고 산 마르틴에게 이렇게 편지를 썼다. "자네에게 세계와 인간과 악마를 한꺼번에 보내네. 제기랄! 이제, 더 이상 나에게 부탁하지 말라구."

산 마르틴은 그것만으로 충분했다. 그는 병사에게 그들 자신의 초병이 될 것을 명령했고, 성모를 "군의 총대장"으로 임명했다고 선언한 다음, 1817년 1월 18일, 드디어 안데스를 넘기 시작했다. 그는 5,423명의 병사, 노새, 말, 18문의 대포, 밀이 만재한 마차 한 대를 포함한 보급물자를 가지고 행군을 시작했다. 장기간의 강행군임을 이미 예견하고 있었기 때문에 그는 석공, 빵 굽는 사람, 다수의 랜턴, 물을 실은 마차, 지도를 잔뜩 실은 마차를 함께 데리고 갔다.

그들은 남아메리카의 최고봉인 아콩카구아 산을 통과하면서 바람과 얼음과 화산재와 맞서고, 협곡에서 왕당파군과 교전하여 그들 수비대를 생포하면서, 또 한편으로는 어지럽고 심한 고산병과 싸우며 4,000미터 이상의 정상에 오를 수 있었다.

호세 데 산 마르틴.

2월 12일, 산 마르틴은 마침내 환히 비치는 달빛 아래 안데스의 반대측에 도달했다. 새벽녘에 그는 스페인군을 급습, 차카부코의 결전을 치루었다. 교전이 끝났을 때, 들판에는 왕당파 병사 500명의 시체가 널려 있었다. 혁명군은 단지 12명의 사상자만 냈을 뿐이었다. 거기서 그는 맹우인 칠레의 사령관 베르나르도 오이긴스와 조우했다. 두 사람은 대서양에서 태평양까지 아메리카 대륙의 남쪽 지역의 반이 해방되었음을 알게 되었다. 드디어 칠레와 아르헨티나의 독립은 달성되었다. 이제 남은 것은 배를 타고 북쪽으로 출항하여 페루의 요새에 남아 있던 스페인인들을 몰아내는 일이었다.

안데스의 전투를 통하여 산을 넘었다는 그 물리적인 위대성뿐만이 아니라, 한껏 고양된 도덕적인 목표도 성취되었다. 산 마르틴의 행군과 전투는 스페인계 아메리카인도 스스로 자신들을 조직할 수 있고 적절한 시기에 맞춰 행동할 수 있으며, 또 용기와 인내심을 가지고 거대한 장애물들도 극복할 수 있다는 것을 몸소 보여주었다. 안데스 산맥을 넘었던 사건은 지금도 스페인계 아메리카인에게 긍지의 원천이 되고 있으며, 또 장래의 스페인계 아메리카를 헤아려볼 수 있는 하나의 본보기로 남아 있다.

산 마르틴과 볼리바르

산 마르틴은 페루를 해방시키기 위하여, 영국 해군제독 토마스 코크런 경이 이끄는 함대, 그리고 백색 제복을 착용하고 구레나룻을 자랑하는 한 무리의 영국 함장들과 함께 발파라이소 항을 출항했다. 1821년 7월, 산 마르틴은 리마에 입성, 페루의 독립을 선언했다. 그러나 그는 그곳에서, 깊이 뿌리박힌 식민지의 현실을 통감하게 되었다. 산 마르틴은 새롭게 독립한 공화국을 기다리고 있던 것이 기껏 좌절이라는 것을 미리 알게 되자, 쓴맛을 느끼지 않을 수 없었다. '페루의 보호자'로서 임명된 이 해방자는 인디오의 공납과 광산에서의 강제노동을 폐지하였다. 그러나 독립의 달성에 거의 기여하지 않았던 페루의 과두계급은 인디오에게 자유를 주면 그들은 광산이나 대농장을 이탈하게 될 것이고, 결과적으로 토지소유에 기반을 둔 식민지체제는 와해될 것이라고 주장했다. 이리하여 산 마르틴의 법령은 이전 스페인이 공포했던 인디아스법처럼 유명무실해졌다(독립 후 페루는 에이브러햄 링컨의 노예해방선언보다 7년 앞선 1855년, 노예제도를 폐지했다). 존 린치가 독립혁명을 다룬 그의 고전적 역사서에서 잘 지적한 것처럼, 페루의 상류계급은 "스페인 지배자의 특권을 질투하거나 그 밑의 학대받는 대중들의 처지를 인식하면서, 스페인이 계속 통치를 하든, 독립전쟁이 승리를 하든 전혀 관심이 없었고, 오로지 자신들이 어느 정권하에서 얼마만큼의 권력과 지배를 유지할 수 있느냐에 관심이 있었다."

1822년, 이 두 명의 위대한 해방자, 볼리바르와 산 마르틴은 에쿠아도르의 구아야킬 항에서 처음이자 마지막으로 대면을 했다. 그들 사이에 무슨 이야기가 오고 갔을까? 그것은 여러 가지 역사적 추측을 불러일으켰다. 그러나 대화의 중심 내용은 아마도 이 새롭게 해방된 나라들의 장래를 어떻게 할 것인가에 있었을 것이다. 두 사람은 독립, 그 자체에 대해서는 이의가 없었으나, 통치형태에 있어서는 의견이 서로 엇갈렸다. 혹시 산 마르틴은 군주제 통치형태에 마음이 끌렸던 것은 아닐까? 그래서 공화제를 완강히 지지했던 볼리바르를 설득할 수 없었던 것일까? 이것은 완전히 추측에 불과하지만, 결과로 보면 스페인계 아메리카에서 군주제의 부활이 막을 내렸다는 것만은 확실하다. 그러나 공화국을 어떻게 조직하는가 하는 방법상의 문제는 여전히 미해결로 남게 되었다.

한편, 두 지도자간의 협력의 문제도 남아 있었다. 연장자였던 산 마르틴은 볼리바르에 이어 자기는 2인자의 지위로 족하다고 제안했지만, 볼리바르는 이것을 받아들이지 않았다. 산 마르틴은 동등한 지위를 가진 두 사람 사이에서, 그가 혐오했던 정치적 투쟁이 필연적으로 일어나는 것을 두려워했다. 그는 더 이상 이 베네수엘라인과 경쟁하기를 원치 않았다. 산 마르틴은 볼리바르에게 말했다. "나는 내 과업을 완수했네. 뒤에 오는 영광은 다 자네 것일세. 나는 고향으로 돌아가야겠네."

산 마르틴은 군사정권이 통치하는 것에 대해서는 단호히 반대했다. 그는 강력한 지배자가 아닌 강력한 정부를 원했기 때문에 아르헨티나가 "행운을 가진 한 명의 군인"의 손아귀에 들어가는 것을 경고했다. "갑작스러운 군사독재자의 출현은 새롭게 구성되는 나라들에게는 두려운 존재이다. 내가 내 자신의 동포를 처형할 사람으로 보이는가? 그런 일은 결코 없을 것이다." 그는 전시중에 손을 더럽히지 않았다. 그런데 평화시에 그것을 더럽힐수 있단 말인가! 그의 입장은 완전히 도덕적인 것이었다. 그러나 이런 그의 입장에 대한 논란거리는 없는 것일까? 그의 조국의 역사에 그렇게도 해악을 끼친 군사독재정부의 위협을 물리치기 위해서라도 그는 위험을 무릅쓰고 아르헨티나를 통치했어야만 했던 것은 아닐까?

이제 우리들로서는 그것을 알 수 없다. 산 마르틴은 드디어 결심했다. "사람들의 손이 미치지 않는 곳으로 들어가 한 사람의 인간으로 살아야겠어"라고 말하며, 그는 멘도사의 농장으로 은거했다. 그러나 초창기 공화국 정부에 의해서 집요하게 시달림을 받고 감시당하자 그는 마침내 프랑스로의 망명길을 택했다. 산 마르틴은 그가 해방시켰던 땅에 두 번 다시 되돌아오지 못한 채, 72세의 나이로 망명지에서 그 생을 마감했다.

한편, 볼리바르는 독립을 성취한 후 스페인계 아메리카를 어떤 식으로 통치할 것인가 하는 문제로 고심했고 그것과 열심히 싸웠다. 이 남아메리카 해방자는 그 해결책을 찾기 위해서 부심했다. 1819년 헌법의 기초가 되었던 앙고스투라(Angostura)의 의회에서, 그는 극단적인 조치 ── 19세기 전기간과 20세기 초까지 결국은 스페인계 아메리카인들을 괴롭히게 될 ── 를 피하고자 노력했다. 전제정치로 갈 것이냐, 아니면 무정부상태로 갈 것이냐? "불가능한 것은 바라지 맙시다. 자유 위에 올라섰다가 다시 독재정부의 손에 떨어지지 않도록 합시다. 절대적 자유는 언제나 절대권력으로 전락합니다. 이 두 경계 중간에 바로 가장 높은 사회적 자유가 놓여져 있습니다."

이러한 균형에 도달하기 위하여 볼리바르는 인종적인 불평등이 횡행하는 그곳에 "효과적인 전제주의", 즉 법적인 평등을 강제할 수 있는 능력을 겸비한 강력한 행정기관을 제안했다. 볼리바르는 "지위, 직업, 부에 입각한 귀족정치"는 반대한다고 언명했다. "비록 그들이 자유를 말하고, 또 자유의 보장을 말하지만, 그것은 민중을 위한 것이 아니라 순전히 그들만을 위해서 오직 그것을 얻고자 함이다.……그들은 하층계급의 사람들과 같은 수준에 있고자 해서가 아니라, 자신들의 지위만을 높이기 위해서 평등을 원한다." 종국에 가서 볼리바르가 강력한 행정부와 계몽 전제주의 정치("공화국 대통령은 우리 헌법에서 마치 우주에 생기를 불어넣는 태양 같은 존재가 될 것이다")를 주장했다고 하더라도, 그것은 그가 스페인식 전횡정치의 전통에 빠졌다는 것을 의미하는 것이 아니라, 그의 프랑스적 사고방식으로 헌법을 조절한 것에 지나지 않았다. 그가 제도라는 것은 각국의 문화에 따라야만 한다는 몽테스키외의 주장을 받아들이기는 했지만, 그의 주장은 북아메리카의 연방주의자의 그것과는 엄연히 달랐다. 그는 이름만으로도 연방주의를 거부했다. 몽테스키외의 「법의 정신(*De l'esprit des lois*)」을 살펴보면 거기에는 "워싱턴의 정신"이 아니라고 되어 있다. 그에게 깊은 영향을 끼쳤던 또 하나의 인물은 루소였는데, 그의 사상과 그의 정치적 덕목에 대한 비전은 볼리바르로 하여금, 정치인의 네 번째 구비조건, 즉 도덕 ── 헌법에 딸린 부속물과 장래에 대한 성찰이라는 주제로서 ── 을 제창하게끔 했다. 현재의 "실행할 수 없는" 도덕적 권력과 대통령직의 "태양"사이에서, 볼리바르는 몽테스키외가 예상했던 시민사회를 찾지 못했다.

아마도 그는 야심 많은 지방의 정치 보스 '카시케(cacique)'가 권력을 이용해서 신생공화국들을 붕괴시키고 혼란스럽게 할 수 있다는 사실을 두려워했는지 모른다. 확실히, 그는 수많은 농촌사회에 남아있었던 문화적 동질성에 근거한 별도의 자치정부 모델은 고려하지 않았다. 그러나 이것과 동시에 볼리바르는 미래에 대한 약속과 변화하는 국제 정치의 현실에 눈을 돌린 변화무쌍한 라틴 아메리카의 통일에 대한 장대한 비전을 조성해주었다. 1826년에 열린 파나마 동맹회의에서, 볼리바르는 라틴 아메리카의 화해와 통일 및 협의의 수단을 강구하라고 호소했다. 그가 이 회의에 미국을 초대하지 않은 것은 의미심장한 일이다. 그는 아마도 토머스 제퍼슨이 1823년 제임스 먼로에게 쓴 편지 내용, 즉 미국이 국경을 넘어 급속히 팽창하여 "북아메리카 대륙 전영토와 아마도 남아메리카 대륙까지도" 장악하려고 한다는 내용을 알고 있었을 것이다. 그는 또 제퍼슨이 1817년, 프랑스의 라파예트에게 보낸 편지의 내용도 알고 있었을 것이다. 버지니아 출신의 이 민주당 대통령은 그 편지에서 "우리들의 남쪽 형제"는 아직 독립할 채비를 갖추고 있지 않다고 썼다. 그는 "무지와 편협성은 자치정부를 이루는 데에 적절한 기반이 될 수 없으며, 따라서 라틴 아메리카인들에게는 결코 자치능력이 없다"고 결론지었다.

볼리바르는 도덕의 힘을 제창함으로써 이에 대응했다. 그의 말을 빌리면, 도덕은 "전제정치와 전쟁이 우리에게 남긴 성격과 행동규범을 쇄신하는 것"이었다. 그의 생각은 도덕적 계몽이 스페인계 아메리카에서의 정치적 훈련 중 "제 1의 필수조건"이라고 고려하면서 "가장 먼 과거"로까지 거슬러 올라갔다.

실제로 스페인계 아메리카인이 제일 먼저, 그리고 지속적으로 필요로 했던 것은 독립적인 시민사회를 형성시키기 위한 사회적, 지적, 정치적, 경제적 활동의 자발적 다양성을 옹호하고 그 속에서 유연하고도 영속적인 민주적 제도를 키워나가는 것이었다. 그러나 다원적 시민사회와 민주적 제도장치가 결여되어 있었기 때문에, 볼리바르는 국가에 의해서 만들어진 "자유로운 국민"이라는 생각을 품게 되었다. 예컨대 국가가 민주적 시민을 교육하고 창조하는 것이었다. 그런데 힘의 행사 없이 이것이 달성될 수 있었을까? 그리고 힘을 행사해야 했다면, 결국 나라를 지배하는 힘은 군대가 아니었던가? 그렇다면 군대에 의해서 지배되는 나라가 자유롭고 민주적인 나라가 될 수 있었을까?

독립전쟁은 다양하고 새로운 사회세력을 해방시켰다. 그러나 이질적이고 미숙한 존재였던 이들은 볼리바르의 고뇌에 동참할 수 없었다(그들은 대부분 인디오나 흑인, 물라토 등으로서, 그들은 앙고스투라 제헌의회의 대표권 하나도 가지고 있지 못했다). 또 그들 중에는, 자신의 재산을 잃거나 갈색의 '파르도(pardo)'에게 권력이 넘어가는 것을 반대하여 독립을 지지하지 않았던 크리오요 지주들도 포함되어 있었다. 무엇보다도 중요한 것은 전시의 협력에 대한 보상으로, 볼리바르로부터 광대한 토지를 수여받은 사람들, 즉 파에스와 같은 새로운 군사지도자인 '카우디요'들이 그 속에 포함되어 있었다는 것이다. 이제 단결과 힘이 필요한 경우에는 '카우디요'가 나서게 될 것이었다.

이들 모두는 볼리바르에게 등을 돌렸고, 이 해방자를 길고도 외로운 죽음의 순례여행으로 몰아넣었다. 그러나 그 길 위에는 독재와 좌절이 그를 기다리고 있었다. 무정부주의와 파벌주의, 그리고 궁극적으로는 신생공화국의 붕괴를 두려워한 나머지, 볼리바르는 1828년, 통합이라는 명분하에 스스로를 대콜롬비아의 독재자로 공표했다. 이제 이 해방자는 사람들의 증오와 심지어 그를 죽이려는 의도에까지 직면해야만 했다. 1828년, 그를 암살하려는 기도가 있었다. 그러나 이 기도는 볼리바르의 오랜 애인이었던 마누엘리타 사엔스가 암살자들의 주의를 딴 곳으로 돌려서 그를 도망치게 함으로써, 실패로 끝나고 말았다.

볼리바르의 좌절감은 그를 완전히 소모시켰다. 그는 20년 가까이 한 손으로는 헌법을 기초하고, 또 다른 한 손으로는 칼을 휘두르면서 싸웠었다. "우리들은 혁명을 위해서 몸바치는 동안 배울 시간이 없었다." 완전히 지쳐버린 그는 이제 절망의 희생자로 전락해버리고 말았다. "베네수엘라는 내가 만든 법률에 의해서 희생되었다"라고 그는 절규했다. 그리고 "아메리카 대륙 전체는 피비린내 나는, 무질서가 난무하는 공포스러운 무대가 되고 말았다. 우리들의 대콜롬비아 공화국은 쓰러졌다 일어났다를 반복하고 있으며, 온 나라가 내전에 휩싸여 있다.……볼리비아에서는 5일 사이, 세 명의 대통령이 바뀌었고, 그중 두 명은 암살되었다"라고 1829년 그는 탄식했다. 볼리바르가 1830년 5월 8일 심야에 보고타를 떠났을 때, 사람들은 발코니에 요강을 들고 나와서 그의 머리에 쏟아 부었다. "자! 갑시다." 그가 부관에게 말했다. "사람들은 더 이상 우리를 원하지 않는 것 같소."

실제로 그들은 더 이상 그를 원하지 않았다. 중상모략으로 매도당하고,

독재의 야심을 가지고 있다고 비난받고, 고국 베네수엘라에서 고발당했던 볼리바르는 막달레나 강 연안을 거쳐 바다로 들어가는 길을 계속 따라서, 마치 자기의 삶을 지탱하는 것이 이 여행에 달려 있기나 한 듯이, 자신의 여로를 길게 뻗치고 있었다. 가브리엘 가르시아 마르케스는 이 최후의 여행을 상상적으로 재현한 그의 감동적인 작품 속에서, 이 해방자 볼리바르의 남은 몇 일간의 삶을 지탱시켜준 수많은 기억, 만남, 일화, 변명을 시각적으로 생생하게 묘사하고 있다. 그의 소설 「미로 속의 장군(*El general en su laberinto*)」을 관통하는 비전은 이제 더 이상 자기 의지대로 몸을 움직일 수 없는 한 인물에서 구현되는, 힘차고 창조적인 정신에 관한 것이다.

몇 주일 뒤, 산타 마르타의 한 침상에서, 볼리바르는 임종하면서 자신의 묘비명을 직접 구술했다. "아메리카는 이제 통치불능이다.……마치 혁명에 몸을 내던진 사람이 바다를 경작하고 있는 것처럼……" 젊은 이상가, 탁월한 군사령관, 실의에 빠졌던 이 정치가는 47세의 나이로 세상을 떴다.

독립한 다음 날

독립한 다음날, 우리들은 숙취상태에서 깨어나 이상과 행동 사이에 놓인 거리가 얼마나 먼지를 알게 되었다. 그리고 의사소통의 부족, 고립, 제도의 결여, 민주적 관행의 빈약성, 그리고 수도와 오지, 지방의 주도권과 중앙집권정부, 근대적인 것과 전통적인 것, 자유주의자와 보수파와의 깊은 분열에 의해서 독립의 이상이 얼마나 자주 무너지게 되었는지를 알게 되었다. 그렇지만 당시 보고타에서는, 자유주의자와 보수파와의 유일한 차이점은 전자가 오전 6시에 미사에 가고, 후자는 7시에 미사에 가는 것이라는 농담이 유행하고 있었다. 그러나 가장 고통스럽고, 잔혹하고, 심각한 분열은 계속된 사회적 불평등이었다.

이 모든 것들은 스페인계 아메리카인의 삶에 공백을 가져다주었다. 15년간 계속된 전쟁이 끝나자 사람들은 스페인의 군주제라고 하는 중요한 정치제도는 이제 부재한다는 것을 깨닫게 되었다. 실제로 군주제는 교회와 함께 스페인계 아메리카인들 사이에서 가장 오래되고 견고했던 제도였다. 스페인 군주정은 독립혁명을 막기 위해서 적절한 시기에 어떤 행동을 취할 수 있었던가? 그 조치로 나온 것이 우리의 옛 친구, 계몽주의를 신봉했던 아란다 공의 계획이었다. 그는 카를로스 3세에게 아메리카 식민지에서 폭동이 일어나려 한다고 경고했고, 그 문제에 대한 해결책까지 내놓았다. 그는 아메리카 대륙의 스페인어권 나라들을 하나의 연방으로 만들어 스페인과 연합시키고, 상호관계를 강화시키자고 제안했다. 그것은 훗날, 영국이 그들의 구식민지에 행했던 것과 똑같은 방법이었다.

그러나 아란다의 이런 조언에 귀기울이는 사람은 아무도 없었다. 카를로스 3세의 뒤를 이었던 카를로스 4세나 페르난도 7세의 맹목적인 정치로 인하여 연방구성에 대한 그의 대안은 미해결의 문제로 남게 되었다. 사실상, 스페인계 아메리카인들에게는 민족자결이라는 하중을 짊어질 준비가 안 되어 있었는지도 모른다. 심지어 산 마르틴조차도 영국인 사령관 윌리엄 바울스에게 보낸 편지에서 "하층계급의 위험한 혁명 경향"을 개탄하면서, 그들의 "교육과 일반적 지식의 부족함을 절감한다"라고 썼다. 볼리바르의 적이었던 산탄데르 장군은 콜롬비아 대통령으로 있으면서 이런 두려움을 우라이어 히프(찰스 디킨스의 소설 「데이비드 카퍼필드(*David Copperfield*)」에 등장하는 인물/역주)에 버금가는 위선을 동원하여 자신을 자비심 많은 인간으로 교묘히 바꾸어버렸다. "나는 이 촌스럽고 무지한 사람들을 수천 번이나 축복한다. 그들은 대단한 덕과 무엇보다도 최대의 찬사를 받을 만한 복종심을 겸비하고 있다."

이런 자세는 이후 1세기 반에 걸쳐서 점점 더 공허하게 울려퍼지며, 스페인계 아메리카인들을 정당화시키는 일부분이 되었다. 그들은 독립을 맞아들일 준비가 되어 있지 않았다. 민주주의에 대한 준비도 없었다. 평등을 향유할 준비도 갖추지 못했다. 그런데 진실로 그런 준비를 갖춘 나라가 존재했단 말인가? 아프리카? 인도? 솔직히 말해서, 미국은 그런 준비를 완전히 갖춘 나라였나?

물 속에 들어가지 않으면 누구도 헤엄치는 법을 배울 수 없다. 스페인계 아메리카가 배워야만 했던 것은 오로지 독립을 통해서만 가능했다. 그들은 이제, 국왕과 교회가 그들에게 가장 오래된 제도라는 것을 배웠다. 그들은 전자를 추방했다. 그리고 후자는 제위치로 원상복귀시켰어야만 했다. 우리들은 또한 우리들 자신의 가장 나약하고, 가장 새로운 현실이 시민사회라는 것도 배웠다. 또한 농촌공동체의 창조적인 능력을 희생하지 않으면서도 활력 있는 중류계급이 존재해야만 할 필요성도 배웠다. 유능한 기업가, 지식인 그룹, 정당은 이제 그들의 존재가치를 드러내기 시작했다. 그러나 사라진 군주정과 나약한 시민사회의 사이에서, 법적 국가의 외견과 실제 국가의 본질 사이에서, 그 공백의 틈은 벌어지기 시작했다. 이 공백은 결국, 산 마르틴이 그렇게도 두려워했던 인물 —— 재수 좋은 군인, 강력한 인간, 압제자 —— 에 의해서 채워질 것이었다. 바로 이 독재자가 그렇게도 장기간에 걸쳐서 스페인계 아메리카의 무대를 지배하게 되는 것이다.

제13장 독재자의 시대

1810년에서 1815년 사이, 아르헨티나의 독립혁명은 자유의 과격한 메시지와 함께 부에노스 아이레스로부터 퍼져나갔다. 1810년의 5월 혁명은 지식인과 군인들이 똑같은 목적 —— 이것은 「돈 키호테」에서 칼과 책의 연합이라고 불리는 —— 을 위해서 싸웠다는 것을 보여주었다. 이런 동맹은 현실적으로 일어날 수 있는 혁명사회의 전형적인 문제, 아니면 혁명을 저해할 수 있는 예상되는 위험을 저지하기 위하여 비민주적인 수단을 통해서 민주주의의 이상을 추구하는 것과 같은 문제에 직면하게 되었다. 부에노스 아이레스에서는 이러한 목적으로 공안위원회가 설립되어 반대파를 색출하고, 반혁명의 의혹이 있는 사람들을 고발했으며, 그들을 즉결처분했다. 1812년, 왕당파인 상인 마르틴 알사가와 공모자들에게 일어났던 사건은 그 예들 중의 하나이다. 그러나 이런 불관용의 씨만으로는 스페인계 아메리카의 독재정권의 대두를 설명하는 것은 충분치 못하다.

혁명은 자유론자들의 열광에 의해서 촉발되었다. 여기에 대해서는 아르헨티나의 경우가 좋은 예이다. 열정적이고 광신적인 부에노스 아이레스의 과격한 혁명가 후안 호세 카스텔리는 북부 페루에 프랑스 계몽주의 사상을 펼쳤다. 그는 케추아족과 아이마라족에게 루소와 볼테르의 복음을 설파했고, 인디오들에게 부과된 공납을 폐지하고, 토지를 분배하고, 학교를 건설하고, 평등을 부여할 것이라고 약속했다. "궐기하라. 모든 것은 끝났다. 우리들은 이제 평등하다"라고 그는 인디오 민중을 향해서 외쳤다.

그리고 나서 30년 후, 34세의 도밍고 파우스티노 사르미엔토라는 한 아르헨티나 작가는 망명지인 칠레에서 당시의 혁명을 이렇게 회상했다. "아르헨티나는 대담하게도 혁명을 시작하여 가는 곳마다 혁명을 일으켰

도밍고 파우스티노 사르미엔토.

으며, 그것을 천명이었다고 믿고 있었다.' 하늘로부터 보답을 받았는지 아르헨티나는 "14년 동안 영국을 혼내주었으며, 대륙의 절반 이상을 달려 10개의 군대를 정비한 뒤, 100여 전투에서 싸워서 모두 승리했으며, 모든 사건들과 연루되었고, 모든 전통들을 깨뜨렸으며, 모든 이론을 실험해보았고, 그리고 그 모든 것을 시도해보았다. 그리고 언제나 최고로 판명되었다." 이 활기차고 새로운 혁명공화국은 "살아 있었고, 풍요했으며, 그리고 스스로 개화하고 있었다"라고 그는 생각했다. 그러나 그는 부에노스 아이레스의 잔인한 독재자 후안 마누엘 데 로사스로부터 도망쳐 망명한 칠레에서는 이렇게 썼다. 위대함과 자유를 주겠다는 약속은 어찌 된 것일까? "혁명과 함께 군대와 영광이 왔다. 그리고 승리와 패배가 밀려왔다." 그러나 "반란과 쿠테타"도 동시에 왔다고 그는 쓰고 있다.

아르헨티나 북부 산 후안 출신의 촌사람인 사르미엔토는 총명한 소년으로서 독학으로 공부하여 젊은 시절에는 잠깐 동안 학교에서 문맹의 성인들에게 읽고 쓰는 것을 가르친 후, 정력적인 젊은 논객의 작가가 되었다. 19세기도 중반에 접어들 무렵, 그는 멕시코에서 아르헨티나까지 독립의 꿈이 왜 그렇게도 무참히 깨졌는지 의구심을 가지지 않을 수 없었다. 자유주의자들은 유럽과 미국의 법률과 문화를 모델로 하여, 이상적인 민주공화국을 제안하지 않았었던가? 사르미엔토는 그의 고전적 명저 「파쿤도 : 문명과 야만(*Facundo : civilizaciốn y barbarie*)」에서 "루소의 사회계약론은 이들 사이에서 널리 유포되었다. 로베스피에르와 프랑스 혁명의 회는 좋은 모델이었다.……부에노스 아이레스는 자신을 일컬어 유럽의 연장이라고 믿어 의심치 않았다."라고 기술하고 있다.

그는 무의식적으로 이러한 말 속에서 자신의 질문에 대한 해답을 제시하고 있었다. 혁명사상가나 자유주의 정치가들, 그중에서도 시몬 볼리바르는 스페인계 아메리카의 민주주의의 이상을 세웠고, 또 실제로 그것을 선언했다. 그러나 법률로 정해지고 위로부터 선언된 이 민주주의는 만약 민주주의란 시도 이상의 그 어떤 것이며 자유란 카스텔리가 인디오 집단에게 한 선언 이상의 어떤 것이라면 당연히 변했어야만 할 다양한 현실들을 무시했다.

돌연한 변화에 저항했던 인디오나 식민지의 옛 전통은 아무리 민주주의를 위해서라고해도 경시되면 안 되는 것이었다. 이전의 군주국과 똑같이, 새로 탄생한 공화국도 노동자나 농민의 구체적인 근심과는 동떨어져 있는 것처럼 보였으며, 또 자기들만의 권력과 특권이 강화되기를 바람으로써 그런 권리들을 노동자들에게 양도하지 않았던 지주나 지방의 정치 보스로부터도 멀리 떨어져 있었다. 독립국 아르헨티나가 열광적으로 부르짖었던 다른 혁명들과의 연대 —— 사르미엔토가 그렇게도 감격스럽게 일깨웠던 —— 는 결과적으로 역효과를 빚고 말았다. 파라과이에 급진적인 혁명을 이식시키고자 했던 아르헨티나의 움직임은 결과적으로 호세 가스파르 로드리게스 데 프란시아의 기이한 독재정권을 탄생시켰고, 그것은 곧 쇄국정책으로 이어졌다. 카스텔리가 페루에서 펼쳤던 급진적 혁명운동은 이 나라의 지방 과두정치가들에게 공포감을 불러일으켰다. 결국 그들은 친스페인파로 바뀌어 혁명군과 싸웠고, 최후에는 노동계급에 어떠한 양보도 거부한 채 그들만을 위한 독립을 선언하게 되었다.

이제, 전통적인 과두정치가들은 혁명전쟁에 참가한 대가로 토지를 획득하여 새로운 지주계급으로 바뀐 군장교들과 연합하면서 그들의 권력을 강화시켰다. 앞에서 언급했듯이, 1817년에 볼리바르는 베네수엘라의 공유지를 몰수했고, 그 땅을 공화파 병사들에게 수여한다는 명령서에 서명했다. 그러나 그후, 의회는 병사들에게 전후 언제쯤 상환되리라고 명시되어있지 않은 차용증으로 지불했다. 그 기일이 왔을 때 차용증서의 상환을 요구한 것은 글을 읽을 수 없었던 병사들이 아니라, 유력하고 승리를 과시했던 군장교들이었다. 베네수엘라의 평야 출신의 공화파 카우디요인 호세 안토니오 파에스는 이렇게 해서 아푸레 강 유역의 평원지방에 널린 광대한 토지를 차지하게 되었다. 그는 비록 분리주의적 공화국을 세우지는 않았지만, 카라카스 정부의 지배로부터 멀리 떨어져 독자적인 권력을 장악했다.

이런 식으로 독립전쟁은 보수적인 상류층의 권력욕과 카우디요의 야심을 부추켜 결국 이들과 새롭게 수립된 자유주의 정부 —— 멕시코의 비센테 게레로 정권에서 아르헨티나의 베르나르디노 리바다비아 정권까지 —— 와의 충돌의 길을 예비하고 있었다. 이 두 명의 대통령의 뒤를 이은 인물들은 반동적인 군사독재자였던 멕시코의 산타 안나와 아르헨티나의 로사스였다.

300년간의 지배 후, 갑작스런 식민지 당국의 부재는 권력의 공백을 가져왔다. 형식적으로는 자유주의의 중앙정부가 그 정치의 공백을 메꿨지만, 그들은 군인과 토지, 소, 말, 그리고 농민에 밀착하여 지방 내에서 자신들의 뜻을 관철시킬 수 있었던 지방의 카우디요에 비해서 즉각적인 힘을 발휘할 수 없었다. 바로 이 카우디요의 존재가 새롭게 수립된 정부에 대한 하나의 도전이 되었던 것이다. 주요 도시들을 통치하고 있었던 자유주의자의 정치적 이상주의와 순진함은 미쳐 날뛰는 이들의 힘을 막을 수 없었다.

중앙집권을 표방한 자유주의자들은 각자 자신들의 나라에 법에 의한 지배를 전국적으로 확립하고자 했다. 이것이 바로 베르나르디노 리바다비아의 정치이다. 그는 1820년대에 교육을 확대하고, 교회의 권력을 제한했으며, 근대적인 사유재산제도를 확립함으로써, 마침내 광대한 공유지를 개인의 사유지로 이전시킬 수 있었다. 이러한 계획의 가장 큰 아이러니는 그러한 공유지들이 당연하게도 광대한 소유지인 '에스탄시아(estancia)'에 권력을 집중시키고 있었던 소수의 농장주들에 의해서 독점적으로 구입되었던 데에 있다. 리바다비아가 타의에 의해서 퇴진했던 1827년, 2,100만 에이커에 달하는 아르헨티나의 공유지는 500여 명의 개인에게 양도되었고, 그 후 에스탄시아 제도는 확립되어 오랜 기간에 걸쳐 유지되었다.

리바다비아가 실각한 것은 순진하고 어수룩했던 자산법 때문이 아니라 그가 경직된 중앙집권정치 또는 "일원적" 정치를 하면서 각 지방의 자치보다도 부에노스 아이레스의 지배를 우선시한 데에 그 이유가 있었다. 그러나 중앙정부에 대한 모반을 포함하여 실제로 권력이 포진하고 있었던 곳은 바로 지방이었다. 당시, 지방에 군림했던 아르헨티나의 수많은 카우디요 중에서 라 리오하의 후안 파쿤도 키로가는 가장 두드러진 인물이었다. 파쿤도는 아르헨티나의 정치, 역사, 사회규범에 관한 사르미엔토의 유명한 연구서「파쿤도」의 제목이 되었던 인물로, 이 책에서 그의 풍모는 야만 그 자체로 묘사되어 있다. 검은 수염은 광대뼈를 휘감고, 검고 긴 곱슬머리는 마치 "메두사 머리의 뱀처럼" 이마 위로 흘러내려왔다. 사르미엔토에 의하면, 파쿤도는 발길질로 사람을 죽일 정도로 잔악했으며, 울음을 그치지 않는다는 이유 하나만으로 손도끼로 자기 아들의 머리를 깨버렸으며, 심지어는 그의 부모가 돈을 빌려주지 않았다고 해서 그들이 사는 집을 불태워버렸다고 한다. 그는 "신앙 아니면 죽음을"이라는 표어가 쓰여 있는 흑기를 게양했지만, 무릎을 꿇고 기도하거나, 고해하거나, 미사에 참석하는 일은 결코 없었다. 훌륭한 자유주의자인 사르미엔토는 잘못을 저질러도 아무 벌도 받지 않았던 야만적인 충동으로 가득 찬 키로가의 세계를 교육시키고, 문명화하고, 근대화시키려고 했었다. 그러나 문명의 정치는 야만인의 시대가 종말을 고할 때까지 기다리는 수밖에 없었다.

뜻밖에도, 리바다비아가 한정된 소수의 토지소유자에게 막대한 경제력을 인도한 뒤, 그들로서도 숙고하지 않으면 안 되었던 구체적인 문제가 있었다. 예를 들면 누가 과연 그들의 이익을 적절히 보호할 수 있을 것인가? 지방의 카우디요인가? 아니면 부에노스 아이레스의 중앙정부인가? 또 다른 고려사항 하나가 그들의 머리 속을 스치고 지나갔다. 아르헨티나 내륙부의 토지소유제도가 존속되고, 그것이 팜파스 지역까지 확대되기 위해서는 무엇보다도 독립혁명의 기반이었던 자유무역이 요구되었다. 토지소유자들은 유럽이나 북아메리카의 공업제품을 자유롭게 수입하고, 그것과 교환으로 아르헨티나의 밀, 양모, 피혁제품, 소고기의 수출을 용이하게 해달라고 요구했다.

스페인 왕국의 패배로 인해서 남겨졌던 공백의 내부에서 위험스럽게 소용돌이치던 이 오랜 요구는 라틴 아메리카의 전형적 독재자, 후안 마누엘 데 로사스가 어떻게 등장하게 되는지를 설명해준다. 사자와 여우의 모습을 지닌 이 마키아벨리적 인물은 아르헨티나에 명백히 존재하는 2원성을 재빨리 간파했다. 아르헨티나에서 중앙집권주의자들은 '우니타리오스(unitarios, 단일주의자)'라고 불렸다. 그들은 부에노스 아이레스와 주변 연안 지역의 실권을 잡는 것을 지지했다. 수도 부에노스 아이레스의 권력은 수출입업과 대목장 '에스탄시아'의 경영', 그리고 '살라데로(saladero, 목장에서 자란 소를 대량으로 처리할 수 있는 소금 절임 공장)'의 영향력에 기반을 두었다. 소위 아르헨티나의 "목축문명"은 이 세 개의 축에 의해서 유지되었다. 다른 한 편으로는 느슨한 연합을 지지하는 지방분권파인 '페데랄레스(federales, 연방주의자)'가 있었다. 그들의 권력은 물적 토대로서 광업과 토지를 가지지 못한 유목민에 기반을 두고 있었다. 유목민들의 생활기반은 소의 도로이송으로서, 그들이 북부의 변경지방에서 부에노스 아이레스까지 여행하는 데에는 세 달이 걸렸다. 이렇게 멀리 떨어진 주가 지방 카우디요의 권력기반이었던 것이다.

부에노스 아이레스 주의 부유한 대농장주(estanciero)인 로사스는 자기 주의 이익을 위해서 싸우는 일개 지방 보스에 불과한 것처럼 보였지만, 현실에서는 중앙집권을 확립하고 그것을 강화하는 교묘한 책략을 썼다.

그는 정치적으로 연방제도를 옹호한다고 주장했고, 단일주의자와는 죽을 때까지 싸우겠다고 맹세했다. 그러나 로사스는 아르헨티나에 찾아온 혼란을 틈타서 지방의 군사지도자들을 우선 부추긴 뒤, 그들을 타도하는 데에 성공했다. 키로가의 죽음으로, 로사스는 입으로만 맹세했던 연방주의의 기치 아래, 명실상부한 아르헨티나의 새 주인이 되었다.

토지소유자와 대목장주들은 로사스가 지도자로서 가장 적임자라는 것을 알아차렸다. 이 독재자는 부에노스 아이레스 권력의 축이었던 대목장과 살라데로에 특권을 보장했으며, 이들은 거래와 토지 양도를 통해서 거대한 토지를 축적해나갔다. 정부나 이들 지지자들의 수입은 부에노스 아이레스의 세관을 지배함으로써 확보되었다. 더군다나 로사스를 지지한 부유층은 정적의 재산몰수를 통하여 더욱더 부를 증대하게 되었다. 대토지 소유자들은 로사스에게 정말로 감사를 표하지 않을 수 없었다. 왜냐하면 인디오와의 지속적인 전쟁을 통한 로사스의 목장지 확장정책에 의해서 그들은 토지를 늘릴 수 있었기 때문이었다.

로사스는 말로는 열렬한 연방주의자로 자처하고 있었지만, 실제로 그는 중앙집권주의자들에게 권력을 양도했다. 이 모든 것은 이 아르헨티나 독재자의 정치수완이 얼마나 교활하고 민첩했는가를 잘 보여준다. 외국인들은 금발에 예리한 눈, 딱 벌어진 그의 몸매에 대해서 종종 언급하고는 했다. 1835년, 프랑스의 「르뷔 데 되 몽드(*Revue des Deux Mondes*)」지는 "로사스만큼 말을 잘 키우거나 야생마를 길들이거나 퓨마 사냥을 잘한 사람은 아무도 없었다"라고 쓰고 있다. 로사스는 인민주의를 가장한 그의 선동정치의 본성을 결코 숨기지 않았다. 그는 "리바다비아는 하층, 시골사람의 행색을 경멸했다. 그들은 행동하는 사람들이다. 그래서 나는 그 가난한 사람에 대한 영향력을 손에 넣는 것은 대단히 중요하다고 생각했다. 그들을 관리하고 지도하기 위해서 나는 모든 것을 다 바쳐서 그들의 영향력을 획득하고자 했다. 그래서 많은 노력과 재산, 돈을 바쳐서 내 자신을 그들 가우초(gaucho)처럼 보이게 하고는 그들과 말하고, 그들을 보호하고, 그들의 대변자가 될 수 있었다"라고 설명하고 있다.

이러한 말 속에는, 로사스를 추종하는 일부 아첨꾼들의 저작에는 없는 남의 마음을 끄는 일종의 냉소주의를 엿볼 수 있다. 그들 중의 한 사람은 "그의 재능과 해박한 지식, 정치수완과 지혜, 그리고 전쟁에서의 용기"를 침이 마르도록 칭찬한 뒤, 절도 없게도 "그것들이 그를 대담하고 기민한

후안 마누엘 데 로사스.

전사로서의 용기를 지니게 했다. 그는 유례 없는 최고의 정치가였다"라고 덧붙였다. 요약해서 말하면, 로사스는 "정치가, 영웅, 전사, 훌륭한 시민의 가장 완벽한 모델"이었던 것이다.

로사스가 장악하고 있던 신문 「라 가세타 메르칸틸(*La Gaceta Mercantil*)」지에 게재된 이런 혐오스런 절찬과 비교하여 대다수 외국인들의 평가는 상당히 비판적이었다. 한 프랑스 여행자는 로사스가 "이 나라를 집어 삼키고 있던" 무질서를 극복했다는 점은 인정했지만, 그의 승리에 대해서는 다음과 같이 혹독하게 비난했다. "불행하게도 그는 또 다른 극단으로 자신을 몰고갔다. 그는 기존의 제도 위에 자신을 올려놓고는 전국민으로 하여금 그의 초상화를 숭배하게끔 했고, 교회에서는 자신의 초상화 앞에 향을 피우도록 했으며, 여자들로 하여금 자신의 마차를 끌도록 했다."

로사스는 민중의 친구인 척 했지만 실제로는 소수의 토지소유자들의 이익을 증대시켰다. 사르미엔토의 신랄한 표현을 빌리자면, 그는 "목장에서나 통용될 법을 공화국 정부에 도입했다." 그러나 그는 실제 이 말보다도 더 좋지 않은 행동을 했다. 프랑스 외교관 알렉상드르 발레브스키 백작(나폴레옹 보나파르트와 폴란드 귀족 마리아 발레브스키 사이에서 태어난 자식)은 로사스는 "힘 이외에는 자기의 권력을 유지하는 방법을 알지 못했다"라고 예리하게 지적했다. "복수심에 불타오르고 오만했던" 로사스는 잔학한 행위를 무수히 저질렀으며, 그것이 마치 "공포의 후광"처럼 그를 둘러싸고 있었다. 그는 어떠한 반대도 용납하지 않았으며, 발레브스키가 제대로 본 것처럼, "자신의 적들을 처형하는 법적인 탄압제도"를 만들어냈다.

로사스는 적들을 침묵시키기 위해서, 아마 라틴 아메리카 최초의 살인부대일지도 모르는 '마소르카(mazorca)'를 창설했다. 사르미엔토는 마소르카의 지부장이었던 바르세나라고 하는 한 남자가 코르도바 시의 한 무도회에 나타나서 어떤 식으로 젊은이 세 명의 목을 잘랐고, 공포에 떨고 있던 가족이 보는 앞에서 그것들을 마룻바닥에 내던졌는지를 이야기해주고 있다. 과장이겠지만, 1835에서 1840년 사이에 "부에노스 아이레스 사람들 가운데 거의 모두가 한 번쯤은 로사스의 감옥에 들어갔었다"라고 사르미엔토는 쓰고 있다. 로사스는 문제로 삼을 만한 사람이 죄를 저질렀든 그렇지 않았든 조직적으로 "도시의 규율"을 바로잡았다.

무질서냐, 독재냐 하는, 우리의 정치적 삶 가운데서 좌우대칭운동을 하고 있는 이 우울한 진자는 현실에서 로사스의 힘의 행사를 정당화했던 근거가 되었다. 그는 나라를 통일시켰다. 사르미엔토도 이 점은 인정했다. 지방의 군사지도자들로부터 권력을 탈취함으로써, 로사스는 아르헨티나 공화국이 분열되는 것을 막았다. 그는 여러 가지 아르헨티나의 청사진 중에서, 다른 어떤 것보다도 부에노스 아이레스가 이 나라의 중심적 역할을 떠맡지 않으면 안 된다는 것을 재빨리 알아차렸다. 왜냐하면 이 도시가 이 나라와 외국을, 그리고 이 나라의 상업 중심지와 내륙부의 생산품들을 연결시켜줄 수 있는 유일한 통로였기 때문이었다. 로사스는 자신의 정치극을 교묘히 연출했다. 그는 겉으로는 연방주의를 표방했지만, 실제로는 중앙집권주의자였고, 이 두 그룹의 대립을 이용해서 그의 반대파 대부분을 죽였고 자신에게 모든 권력을 집중시켰다.

1829년부터 1852년까지 로사스는 23년간 최고권력자의 자리를 유지했다. 그에 대한 평가는 지금도 여전히 아르헨티나 국민들 사이에서 활발히 논의되고 있다. 국가의 통일, 무질서의 종식, 적극적인 국제무역의 확대, 애국주의, 외국 간섭의 배제, 거기에 더해서 국내 생산력의 육성을 달성했던 것은 그의 공일 수도 있지 않은가? 이것이 바로 로사스를 변호하는 측의 주장이다. 그러나 질서를 가장한 무법, 잔혹, 공포가 과연 자유의 대가로서 지불할 만한 가치가 있었던 것일까?

독재자들 —— 순결이냐 난교냐

아르헨티나와 국경을 이루는 파라나 강 저편 언덕에서는 또 하나의 카우디요가 1814년에서 1840년까지, "영원한 독재자"로서 파라과이를 지배하고 있었다. 호세 가스파르 로드리게스 데 프란시아 박사는 그의 독재를 위해서 애국주의를 철저히 이용하고 있었다. 브라질과 아르헨티나의 야심 사이에서 그는 우루과이처럼 남아메리카의 두 거인 사이에 낀 완충국의 통치자로서 만족하지 않았다. 파라과이가 스페인을 대신해서 브라질이나 아르헨티나의 지배를 받을 수 없다는 전제하에 프란시아 박사는 외국과의 모든 접촉을 단절시켰다.

남아메리카의 한가운데에 고립된 파라과이는 일찍이 식민지 예수회의 아성이었다. 그러나 이제 야심찬 이웃들에게 둘러싸이게 되자 이 나라는 곤경에 빠졌다. 프란시아 박사는 마지못해 이런 파라과이의 고립을 국가주의를 고양시키는 구실로 삼았다. "최고권력자(El Supremo)"라고 자임했던 그는 요새국가 파라과이와 외국 사이의 무역이나 여행, 심지어는 우편마저도 금지시켰다. 어떻게 해서 파라과이에 들어갔던 외국인들은 마치 이블린 워가 쓴 소설 속의 인물처럼 이 나라에서 영원히 빠져나올 수 없었다.

프란시아 박사는 철의 배타주의에 인민주의의 망토를 입혔다. 이 폐쇄된 공화국은 불가피하게도 독재국가가 되어 자급자족경제를 형성했고, 독재자의 지도 아래 선동적 우민정치를 지지했으며, 교회를 공격하고, 약화시켰다. 그럼에도 불구하고 파라과이 또한 아르헨티나처럼 결국에 가서는 신구(新舊)를 포함한 과두계급의 이익을 보호하고 강화시키지 않을 수 없었다. 프란시아 박사의 장기집권은 때때로 우리가 무시하고 지나치는 사실, 즉 라틴 아메리카의 애국주의는 그 기원이 우익에 있다는 것을 실제적으로 입증시켜주었던 반면, 전제적 인민주의는 설사 독재자가 사회를 정체시킴에도 불구하고 진보를 가장하고 있다는 일반적인 개념을 명확하게 보여주었다. 그것은 움직이고 있는 듯한 인상을 주었지만, 실제로 변하는 것은 아무것도 없었다.

프란시아 박사의 순결하기 그지없는 이 "지고의 독재(dictadura suprema)"는 1840년, 그가 74살의 나이로 죽었을 때 막을 내렸다. 그는 신생국 파라과이를 끊임없이 계속된 전쟁과 불행으로부터 구해내지 못했다. 1865년에서 1870년까지 파라과이는 브라질과 아르헨티나에 대항해서 싸웠고, 이 전쟁에서 이 소국의 남성 대다수가 전사하는 결과를 빚었다. 파라과이는 차코 밀림을 둘러싸고 볼리비아와 영토분쟁을 계속하고 있었으며, 지금까지도 끝없는 독재정권에 시달리고 있다.

로사스, 그리고 프란시스 박사와 비견될 수 있는 동시대의 인물로, 멕시코의 안토니오 로페스 데 산타 안나 장군이 있다. 그는 이 두 사람에 비해서 그렇게 행운을 지녔던 인물은 아니었다. 아우구스토 로아 바스토스가 쓴 대작소설의 주인공이었던 프란시스와는 달리, 그는 이제까지 문학에서 한 번도 본격적으로 취급된 적이 없었다. 실제로 산타 안나의 삶은 소설가가 상상하는 것 이상으로 소설적인 허구에 가깝기 때문에, 작가들의 손길로부터 벗어나서 문학적으로 재창조되지 않는 것 같다. 그의 전기를 보면 사실이 허구를 능가한다. 그는 디에고 리베라가 그린 벽화 속에 등장하는데, 이 벽화는 그 자체로서는 짐짓 영광을 찬양하는 듯한 우스운 만화처럼 보인다. 그러나 그것은 라틴 아메리카 독재자들이 벌이는 우스꽝스러운 소가극 무대의 전형적 배우라고 할 수 있는 산타 안나에게도 완벽하게 맞아떨어진다. 이 교활한 플레이보이는 이런 그의 성격에 대담함과 뻔뻔스러움을 적절히 배합시켜, 1833년에서1853년까지 무려 11번이나 멕시코 대통령직에 오를 수 있었다. 투계꾼에 여자를 밝혔던 이 그로테스

안토니오 로페스 데 산타 안나 장군, 석판화, 작자미상.

크한 인간은 심지어 쿠테타를 자작, 자연하기도 했던 인물이었다.

1838년, 산타 안나는 프랑스와의 '파이 전쟁(La Guerra de Los Pasteles)'——이 명칭은 멕시코 시티에서 일어난 폭동으로 빵가게를 약탈당한 한 프랑스인의 청원을 들어주기 위해서, 프랑스 군함이 베라크루스 항을 포격한 데에서 유래했다——에서 다리 하나를 잃었다. 그는 절단된 다리를 대주교의 축복 속에 멕시코 시티의 대성당에 장엄하게 안치했다. 그 다리는 산타 안나가 실각했을 때마다 노한 폭도들에 의해서 끄집어내어져서 거리로 굴러다녔고, 그가 권력을 다시 잡았을 때 예전과 똑같이, 장엄과 축복 속에 다시 안치되곤 했다. 그런데 그 다리는 언제나 같은 다리였을까? 아니면 마지막엔 예사 연극에서 쓰던 소도구였을까?

프란시아 박사가 금욕적이고 순결한 처녀와 같은 독재자라고 한다면, 산타 안나는 방종하고 희극적인 독재자였다. 그가 우둔한 실책으로, 제일 먼저 텍사스 북부지역을 잃고, 이어서 아리조나, 뉴 멕시코, 콜로라도, 네바다, 캘리포니아, 유타의 일부를 포함한 멕시코 북부지역의 전영토를 젊은 거인, 미국에 빼앗겼을 때만해도 아무도 그를 비웃지 않았다. 그 당시 미국은 "명백한 운명(manifiest destiny)"의 당위성과 함께 제국주의의 길을 택함에 따라서, 한창 태평양으로 확장일로에 있었다. 당시 비판자들로부터 "포크 대통령의 전쟁(Polk's War)"으로 불렸던 대(對)멕시코 전쟁을 미의회에서 유일하게 반대했던 인물은 에이브러햄 링컨이었다. 한편, 철학자 헨리 데이비드 소로는 베트남 전쟁중에 에드먼드 윌슨이 그랬던 것처럼 전비로 충당될 세금을 내는 것을 거부했다. 그러나 1848년, 멕시코는 국토의 절반을 잃었고, 리오 그란데 강 연안에 새로 생긴 국경은 수많은 멕시코인들에게 절개된 상처로 남게 되었다.

산타 안나는 로사스와는 달리 한 번도 애국자로 대접받지 못했다. 대외적으로 영향력을 끼친 그의 유일한 요구는 텍사스를 잃은 후에 백악관에서 앤드루 잭슨 대통령을 만나기 위해서 기다린 것 뿐이었다. 방에 들어온 아담스라는 미국의 기업가는 산타 안나가 뭔가를 딱딱 씹고 있는 것을 보았다. "씹고 계신 것은 무엇입니까?"라고 그가 묻자, 산타 안나는 즉시 입안의 껌을 쭉 잡아당겼다. "이것은 치클레(Chicle)라는 것인데, 내 열대 아시엔다에서 생산하고 있습니다." 그는 아마 이렇게 대답했을 것이다. 아담스는 여기에서 아이디어를 얻어 치클릿(chiclets)이라는 상품명으로 최초로 그것을 제조하여 판매했다.

산타 안나는 어리석기는 하지만 정직했었다는 것이 그에 대한 너그러운 평가이다. 오랜 망명생활 후 70대가 다 되어 멕시코에 돌아왔을 때 그는 정부로부터 소액의 연금을 지급받았는데, 그의 부인이 그것을 거지에게 주었다는 것이다. 이 일화에 의하면 거지들은 산타 안나를 만나기 위해서 참을성 있게 기다렸으며, 당시 그는 누더기옷을 입고 의족을 한 애처로운 모습이었다고 한다. 이렇게 그는 거지들로부터 "대통령 각하"라는 호칭을 들으면서 공허한 자존심을 유지했던 것이다.

자유당의 반동 : 베니토 후아레스

1854년, "전하"라고 자칭했던 산타 안나는 흰색 담비 망토를 입기 시작했고 궁전 근위병을 위해서 황색의 공단 제복을 파리에 주문하는 등 많은 국고금을 낭비했다. 그는 그에게 반감을 품고 국가의 위신을 세우고자 했던 자유당이 이끄는 반란에 의해서 실각되었다. 이 대열 가운데에는, 가슴에 훈장을 치렁치렁 단 독재자와는 영 딴판이었던 인물 하나가 있었는데, 그는 다름 아닌 베니토 후아레스였다.

"베니토 후아레스", 호세 클레멘테 오로스코 작, 1948년.

사포테카 인디오 출신으로, 오아하카 주에서 변호사를 하고 있었던 냉정한 성격의 후아레스는 어린 시절 교육을 받지 못한 채 양치기로 보냈다. 12살이 되었을 때, 그의 누나는 후아레스를 그녀가 하녀로서 일하고 있었던 오아하카 교구의 한 사제의 집으로 데리고 왔다. 거기서 그는 스페인어를 읽고 쓰는 것을 배웠다. 명석했고 큰 뜻을 품은 소년이었던 그는 그의 보호자인 프란시스코 교단의 살라누에바 신부를 언제나 "대부"라고 불렀다. 그러나 그는 살라누에바 신부가 기대했던 것과는 달리, 사제가 되기 위한 공부를 하지 않았다. 1828년 스물 두 살이 되자, 이 인디오 청년은 그 신부의 집을 떠나 법조계로 들어갔다. 이 청년이 훗날 19세기 멕시코의 위대한 개혁자, 자유주의 대통령이 되는 것이다.

오아하카의 교회 본당을 떠났을 때, 이 청년의 가슴 속을 휘젓고 있는 불길이 어떤 것이였는지는 능히 상상할 만하다. 그는 숙명론을 믿는 그의 인디오적 기질로 인해서 수많은 패배에도 불구하고 인내심을 발휘할 수 있었다. 그가 이와 같은 사람이 된 것은 가난한 가톨릭 성직자의 집에서 형성되기도 했지만, 그는 변호사 활동을 통해서 불굴의 의지를 몸에 익혔고, 자신의 직업을 이용하여 멕시코가 근대적 독립국가를 이루려는 데에 방해가 되는 장애물을 극복했다. 그중에는 과도한 교회의 권력도 포함되어 있었다.

후아레스가 법무부장관으로서 최초로 행한 것은 교회와 국가의 분리였다. 그는 개혁법(Leyes de Reforma)을 통해서 교회가 소유하고 있는 광대한 미이용지(未利用地)를 몰수했다. 그는 그때까지 존재하고 있었던 귀족계급을 위한 특별재판소를 폐지했고, 민법을 제정하여 전시민에게 그 법을 적용시켰다. 그러나 이 개혁법 전체는 보수당에 의해서 곧 배척당하기 시작했다. 후아레스와 자유당원들은 명쾌한 해결책을 선택했다. 즉 교회와 군을 국가에 종속시키고, 그 국가를 포함한 모든 것을 법에 따르도록 했던 것이다.

보수당은 3년 동안 후아레스와 그의 개혁에 반대하는 내전을 벌였다. 1860년 마침내 전쟁에서 패배하자, 보수파는 해외에 눈을 돌려 나폴레옹 3세의 프랑스 궁정의 지원을 얻게 되었다. 인도차이나를 막 정복했던 나폴레옹 3세는 이번에는 프랑스 제국의 세력을 아메리카 대륙에까지 확대시키려는 꿈을 품고 있었다. 그것은 부인인 스페인인 황후 에우헤니아 데 몬티호에 의해서 조장된 것으로, 그녀는 아메리카 대륙에 라틴 제국을 건설하여 미국의 영향력과 힘에 대항하고자 꿈꿨던 것이다. 그 당시 미국은 남북전쟁으로 분열되어 있었다. 나폴레옹 3세는 이름에 걸맞게, 삼촌이었던 대(大) 나폴레옹의 위엄을 쫓기라도 하듯이 이를 좋은 기회로 삼았다.

이 소(小) 나폴레옹의 후원을 받은 멕시코 보수주의자들은 아드리아 해에 면한 미라마르의 성을 방문했다. 그곳에는 막시밀리안 대공이 형인 오스트리아 황제 프란츠 요제프를 대리하여 트리에스테의 총독으로 근무하고 있었다. 이 성에서 그들은 막시밀리안을 멕시코 황제로 맞고 싶다고 청원했다. 금발에 수염을 한껏 기른 이 장신의 매력적인 청년 막시밀리안은 우유부단한 인물이었다. 그러나 야심 많고 정치적 후각이 뛰어났던 그의 부인 다시 말해서, 벨기에의 레오폴 국왕의 딸이었던 샤룻테는 황제직을 수락하라고 남편을 졸랐다.

막시밀리안과 프란츠 요제프, 이 두 형제의 정치이념은 서로 달랐다. 비엔나의 프란츠 요제프는 1848년 자유파 애국자들이 일으킨 반란을 진압한 후, 합스부르크가 전통의 전제정치를 행했다. 한편, 막시밀리안은 형과는 달리, 전임지 롬바르디아에서처럼 트리에스테에서 자유주의 개혁에 동정적이었고, 교회와 제국의 근대화(aggiornamento)를 지지했었다. 그러나 1862년에 미라마르에 나타났던 멕시코 보수주의자들은 이런 정치적 세부사항을 묵살하고는, 야만적이고 무질서한 혁명가들을 진압하고 질서를 회복하기 위해서 멕시코는 그를 필요로 한다고 주장했다. 멕시코 국민은 그가 멕시코에 오기를 간절히 기다리고 있으며, 지금까지 멕시코를 계속 점령하고 있는 프랑스군 또한 멕시코에 평화를 가져오기 위해서 막시밀리안을 필요로 하고 있다고 말했다. 프랑스인들이 조정했던 국민투표에서 멕시코 국민은 군주제와 막시밀리안의 황제즉위를 택했다. 더군다나 막시밀리안과 샤롯테가 오스트리아 제국을 통치할 가능성은 없었다. 프란츠 요제프의 얼굴을 부끄러움으로 빨갛게 달아오르게 했던 일종의 계몽적 근대 군주제는 어찌되었든 간에, 이렇게 해서 멕시코에서 탄생했다.

트리에스테, 비엔나, 브뤼셀, 그리고 후에 멕시코 사이를 왕래했던 서간에서 드러나는 것처럼 형제간의 대결의식을 불러일으킨 것이 샤롯테의 수법(modus operandi)이었다. 그녀는 이 멕시코의 기회를 영영 놓치게 된다면 평생 그는 황제가 될 기회가 없을 것이고, 그저 황제에게 봉사만 하게 될 것이라고 막시밀리안을 설득했다.

샤롯테는 야심과 아버지인 레오폴 왕으로부터 받은 정치교육의 진지한 필요성을 증명하고픈 생각으로 눈이 멀기는 했지만, 그녀가 타고 온 노바라 호가 베라크루스 항에 도착하여 인디오들로부터 받은 개선 아취와 꽃다발, 그리고 저 너머 해안에서 수도로 이어지는 그 가파르고 험준한 길을 바라보았을 때, 그녀의 두 눈은 휘둥그레지지 않을 수 없었다. 코르테스도 350여 년 전 똑같은 길을 걸어서 멕시코 시티로 향했다. 그러나 막시밀리안의 선조였던 카를로스 1세는 멕시코를 지배하기 위해서 신세계에 직접 온 적은 한 번도 없었다. 막시밀리안과 샤롯테는 에르난 코르테스도 아니었고 심지어 카를로스 1세도 아니었다. 커다란 바퀴에 금도금을 한 왕실 전용마차를 타고 멕시코의 시골길을 힘겹게 올라가고 있었던 그들의 여정은 마차가 고장나고, 진흙길에 미끄러지고, 심지어 전복되는 등 재난의 연속이었다.

그들의 황제 연대기는 코믹한 사건들로 시작된다. 멕시코에 도착하면서 이들 황제 부부는 예전 산타 안나가 쓰던 궁전의 한 방을 그들의 숙소로 정했다. 그러나 빈대들이 너무 들끓어 그들은 침대로부터 쫓겨나 첫날밤부터 당구대 위에서 자야만 했다. 그러나 그들은 곧 쾌적한 차풀테펙성으로 옮겼다. 그러나 그들은 이곳이 바로 얼마 전까지만 해도 군사학교였으며, 또 여기서 여섯 명의 젊은 사관생도들이 침략자 미군에 항복하기를 거부하고는 국기로 몸을 휘감고 뛰어내려서 자살했다는 사실은 몰랐을 것이다.

외국의 간섭에 대한 반감이 이제 모든 계층의 멕시코인들을 단결시키기 시작했다. 그러나 강경하고 비타협적이었던 보수파——물론 여기에는 교회조직도 포함되어 있었다——만은 예외로서, 그들은 막시밀리안의 도움으로 자유주의파에 의해서 몰수된 토지를 되찾으리라는 기대에 부풀어 있었다. 그러나 막시밀리안이 자신의 자유주의 이상을 증명하고, 국사에 자신의 개성을 남기기 위해서 베니토 후아레스의 개혁법안을 유지하기로 결정을 내렸을 때, 할리스코 주의 대농장에서부터 산 페드로 교회의 낭하까지 전국 곳곳에서 분노의 함성이 울려퍼졌다. 그가 멕시코에 온 것은 특권을 유지하기 위해서이지 그것을 폐지하고자 해서 온 것은 아니었다. 바로 이 사실을 막시밀리안은 잊어버리고 있었던 것일까? 그는 후아레스에게 제국 정부의 수상이 되어달라고 제안했지만 후아레스는 그것을 거부했다. "당신이 민주주의를 원한다면 당신의 형 프란츠 요제프의 신민들부터 해방시켜 오스트리아나 그것을 가지도록 해보시요. 멕시코는 프랑스 점령에 맞서 싸울 것입니다"라고 후아레스는 말했다.

오늘날 차풀테펙 성에 가보면 그곳에는 막시밀리안이 타고 다녔던 금도금된 마차 옆에 후아레스의 소박한 검은색 마차도 놓여져 있음을 볼 수 있다. 멕시코의 법문서를 휴대한 채 후아레스는 이 마차로 북부의 사막지방을 횡단했고, 또 프랑스군을 맞아 게릴라 전쟁을 벌였다. "저 버려진 산꼭대기, 그곳에 한 뼘의 국토가 남아있는 한, 나는 조국의 산하를 되찾기 위해서 싸우러 나갈 것이다"라는 자신의 말에 충실하면서. 이 달리는 마차의 집무실 안에서 후아레스 자신은 바로 인디오의 숙명론, 로마의 법개념, 스페인의 금욕주의의 화신이 되었다. 그는 이전에 볼리바르와 산 마르틴이 꿈꾸었던 독재자가 아닌 강력한 제도와 아무도 법 위에 군림할 수 없는 시민정부를 실현시키고자 했다. 그러나 이 남자, 즉 인디오 소년에서 곧바로 프랑스 문명의 이상을 교육받은 한 변호사로 성장한 그가 바로 그 문명이 그 자신에게 등을 돌리고 멕시코 독립의 권리를 부정하는 것을 돌연 보게 되었을 때 느꼈을 감정을 다시 한 번 상상해보자. 또 마차 외에는 집무실도 없었던 그가 어떤 대가를 치루더라도 멕시코를 최후까지 지키려 했으며, 어떠한 외국 세력도 이 라틴 아메리카 국가의 지배를 결정할 권리는 없다는 원칙을 세웠던 이 후아레스의 의지를 기억해보자.

멕시코 황제 막시밀리안과 황후 카를로타.

프랑스군의 총사령관 아쉴 바젠은 멕시코군의 힘과 저항의 강도를 재보고는, 후아레스의 군대와 그의 공화주의 추종자들을 패배시키지 않으면 평화는 보증될 수 없다는 것을 막시밀리안에게 주지시켰다. 바젠은 막시밀리안으로 하여금 무기를 소지한 자는 누구를 막론하고 사형에 처한다는 법령에 서명하게 했다. 이것이 바로 '암흑령(Decreto Negro)'으로 알려진 법이었다. 1865년 10월 2일, 이 법에 서명한 막시밀리안은 사실상 자신의 죽음을 보증하는 서류에 서명한 꼴이 되었다.

유령의 궁정에 군림하는 막시밀리안과 샤롯테(이제는 스페인식 이름 카를로타로 알려진)는 실제 수중에 아무것도 없었고, 또 후아레스를 타도할 아무런 수단도 가지지를 못했다. 막시밀리안의 자유끼 서린 변덕스러움은 웃음을 자아내기에 충분했다. 실제로 그는 자유롭지 **못한**, 기껏 프랑스 군대의 총칼 지원이나 받았던, 나폴레옹 3세의 꼭두각시나 다를 바 없었다. 1867년, 이 프랑스 황제가 막시밀리안를 버리기로 결정했을 때, 그의 몰락은 피할 수 없게 되었다. "소(小) 나폴레옹"—— 적이었던 빅토르 위고에 의해서 ——이라고 불린 이 남자의 머리 속에는 보다 더 긴박한 다른 문제들이 있었던 것이다.

미국의 남북전쟁은 끝났다. 나폴레옹은 남부를 지원했고, 남부는 나폴레옹을 지원했다. 이 둘은 멕시코에 봉건적 대농장제도를 도입시키려고 했다. 그러나 링컨과 북부가 승리했다. 반면, 프랑스의 국경 동쪽에서는 비스마르크가 프러시아의 헤게모니하에서 독일을 통일했고, 더 많은 승리와 정복을 기대하는 듯이 서쪽을 향해서 시선을 주고 있었다. 낮에는 농부로, 밤에는 병사로 바뀌었던 멕시코의 농민(campesinos) 게릴라들은 비리아토의 반(反) 로마 저항의 전통을 이어받은 듯이, 신출귀몰하면서 막시밀리안과 프랑스군에 쉽게 굴복되지 않았다. 프랑스 국내에서도 멕시코의 전쟁에 반대하는 일반 시민의 불만이 일어나 신문이나 대중 집회를 통해서 공격의 목소리가 끊이질 않았고, 멕시코의 유혈사태를 종식시킬 것을 요구했고, 관에 실려 고향으로 돌아오고 있었던 수천 명의 젊은 프랑스 병사의 죽음에 항의하는 목소리도 높아지고 있었다. 그러나 나폴레옹의 눈에는 오로지 제국의 반짝이는 별만이 빛나고 있었다. 그는 이미 통킹 만에서 메콩 삼각주에 이르는 동남아시아를 정복했었다. 100년 뒤 인도차이나의 후아레스가 똑같은 전쟁을 치뤘는데, 그의 이름은 호치민이었다.

프랑스군이 멕시코에서 철수하자, 카를로타는 서둘러 파리로 되돌아왔다. 그녀는 튀예리의 궁전에서 나폴레옹을 만나 그가 약속을 지키지 않은 것을 비난했지만, 아무 소용도 없었다. 한편, 얼마되지 않는 일단의 충성스런 장교들로부터 보호받은 막시밀리안은 1867년 5월 15일, 결국 항복했다. 후아레스는 그를 사면하라는 국제적인 요구에 끄덕하지 않았다. 암흑령에 희생됐던 수많은 멕시코인들이 온정을 베풀어 처형을 면하게 해달라고 청원했지만, 막시밀리안은 '종의 언덕(Cerro de las Campanas)' 가까운 곳에서 총살당했다.

그 사이 카를로타는 유럽에서 구명운동을 계속 펼쳤다. 로마 교황 피우스 9세에게 남편의 구출을 탄원할 때 그녀는 중병에 걸려서 바티칸에서 하룻밤을 보내야만 했다. 공식적으로 보면, 그녀는 바티칸에서 숙박한 최초의 여성으로 남게 되었다. 이 젊은 황후는 드디어 실성했다. 27세에 그녀는 고향인 벨기에의 부슈 성에 은둔하게 되었고, 그곳에서 사랑하는 남편 막시밀리안에게 계속 편지를 써 보냈다. 그녀는 남편이 이미 죽었다는 사실을 알지 못했던 것이다. 나폴레옹이 자신에게 독을 넣어 죽일지도 모른다고 확신한 그녀는 오로지 견과류만 먹었고 또 샘물만을 마셨다. 아주 드문 경우이기는 했지만, 그녀는 장례식과 같은 공식행사에 모습을 드러냈다. 그러나 그녀는 갈수록 오그라들고, 작아졌으며, 점점 더 멍해져갔다. 1915년 그녀의 사촌인 독일 황제 빌헬름 2세는 벨기에를 침략하면서, 이 "멕시코 황후폐하"를 보호하기 위해서 성에 호위병들을 붙여 놓았다. 1927년 마침내 카를로타는 87세의 나이로 세상을 떴다.

막시밀리안의 처형.

사진이 하나 붙어 있는 그녀의 관에는 머리에는 헤어네트를 쓰고, 손은 묵주로 덮혀 있는, 그녀의 죽은 모습이 보인다. 그것들은 그녀가 지녔던 욕구, 순결과 기묘한 배합을 이룬다. 이 늙은 여자의 모습과 화가 빈터할터의 훌륭한 초상화에서 묘사된 제국시대 황후의 모습 —— 호박(琥珀) 장식과 베일을 쓴, 윤기 흐르는 피부, 검은 머리, 오만스러울 정도의 차분함, 번뜩이는 지성, 따뜻한 시선을 지닌 —— 과는 얼마나 큰 차이가 있는가?

이제 막시밀리안 역시 비엔나의 합스부르크가의 지하 납골당에 영원히 누워 있다. 멕시코의 총살 집행대는 그의 눈 하나를 날려버렸다. 시체를 방부처리 하던 사람은 케레타로 주의 모든 곳을 뒤져보았지만 푸른색 의안을 구할 수가 없었다. 그래서 결국에는 케레타로 지방의 한 교회에 있던 성모 상으로부터 흑색의 눈을 빼내어 이 총살당한 황제의 안공에 끼워 넣었다. 그는 지금 카프치노 교회(Kapuzinergruft)의 지하 묘소에서 오스트리아인의 푸른 눈과 인디오의 검은 눈으로 죽음의 세계를 보고 있는지 모르겠다. 1521년 멕시코를 정복한 합스부르크 왕가는 결국 이 목테수마의 옛 제국에 또다시 끼어든 셈이 되었다. 막시밀리안은 카를로스 1세와 펠리페 2세를 대변했던 그의 아이러니한 역할에 대해서 다시 한번 심사숙고해야만 했었다. 그러나 머나먼 선조였던 스페인 군주들에게 서사시로 남아 있는 땅인 멕시코는 이제 그들의 후손인 막시밀리안에게는 비극의 무대로 바뀌고 말았다. 멕시코 극작가 로돌포 우시글리가 명명했던 것처럼 그가 쓴 왕관은 바로 그림자의 왕관이었다.

공화제 복귀와 기다리는 문화

1867년, 베니토 후아레스는 환호 속에 멕시코 시티에 다시 입성하여 자유주의 공화국을 회복했다. 개혁법, 문민정치, 민주주의 체제, 삼권 분립, 언론의 독립, 그리고 자유로운 기업 활동은 이제까지 존속해온 인디오 전제나 스페인의 식민 지배, 그리고 공화주의 독재라는 무거운 유산들을 극복할 수 있을 것인가? 멕시코에서 베니토 후아레스가 권력을 획득한 것과 거의 동시에, 아르헨티나에서는 1852년 로사스의 실각 후, 2인의 문민 대통령이었던 바르톨로메 미트레와 도밍고 파우스티노 사르미엔토가 연속 취임해서, 통신과 교통수단, 교육의 확대, 그리고 대대적인 이민을 통하여 지방의 카우디요를 제거하고 내륙의 오지에 사람들을 정주시키는 정책을 펴기 시작했다. 사람들은 스페인계 아메리카 최대의 이 두 국가에 후아레스와 사르미엔토라는 대통령이 탄생함과 동시에, 민주주의에 의한 안정과 경제적 번영의 꿈이 실현되기 일보직전이라고 생각했다. 그렇지만 이런 정치적 이상은 또 하나의 요인 —— 서서히 등장하고는 있었지만 모든 것을 포괄하고 있었던 —— 에 달린 것이었다. 그것은 즉 문화적 삶에 대한 인식 —— 서서히 변화하면서 정말로 모든 근저에서 사회를 규정하는 신념, 습관, 꿈, 기억, 언어, 정열 —— 이었던 것이다. 우리들, 멕시코에서 아르헨티나에 걸쳐 살고 있는 라틴 아메리카인들은 문화와 정치가 민주사회 속에서 진정으로 일치될 때까지 우리들 자신에 대해서 더 많은 것을 배우지 않으면 안 되었다.

제14장 독립의 문화

독립한 스페인계 아메리카인은 문화에 관련하여 자기들이 받은 흑인이나 인디오의 문화적 유산을 "야만적"이라고 여기어 등을 돌렸고, 그들 사이에서 스페인의 전통에 대한 의견은 분명하게 나뉘어졌다. 대다수 스페인계 아메리카인은 자기들이 가진 모든 악폐의 근원은 스페인에 있다고 규탄했다. 즉 식민 모국인 스페인은 종교의 자유에서부터 경제적 부, 정치적 민주주의에 이르기까지, 근대 유럽이 대표하는 모든 것을 식민지에서 박탈했던 것은 아닐까? 그렇다면 스페인은 도그마와 복종을 스페인계 아메리카인들에게 짊어지움으로써 특권이 행동의 규범이 되고 자비는 예외가 되는 데에 대하여 혹시 책임은 없는 것일까? 스페인으로부터 이러한 모든 불행이, 심지어 전투적인 교회의 유산까지도 우리에게 전해졌다. 다시 말해서, 유럽이 근대화를 해나가면서 받아들일 수 없다고 판단했던 모든 것들이 스페인을 통해서 스페인계 아메리카에 전해졌던 것이다. 정치적인 면에서는 민주주의가 부재하고, 사람들은 시민으로서의 권리를 행사하지 못하고, 법률과 그것을 운용하는 데에, 그리고 통치하는 사람과 통치를 받는 사람 사이에는 거리감이 존재한다.

이런 이유로, 대다수 스페인계 아메리카 엘리트들이 스페인의 전통에 등을 돌리고 여기저기에서 그 이유를 거침없이 명쾌하게 표명했다는 것은 이상한 일이 아니다. 사르미엔토는, 공정하지는 않지만 열정에 차서, 스페인에는 "작가, 과학자, 정치가나 역사가는 물론이려니와 특별히 언급할 만한 것이 없다"라고 말했다. 그의 이런 말은 대다수 스페인계 아메리카인의 마음을 대변했다. 칠레의 역사가 호세 빅토리노 라스타리아는

← "알라메다 공원의 일요일 오후의 꿈"(부분), 디에고 리베라 작.

콜럼버스에서 볼리바르 사이의 시대에 스페인계 아메리카에는 오로지 "암흑의 겨울"만이 있었다고 썼다. 또 아르헨티나의 낭만파 시인 에스테반 에체베리아는 "우리는 독립한 나라의 시민이지만 자유는 없다. 스페인 군대는 더 이상 우리를 억압하지는 않지만, 그 군대의 전통은 여전히 우리들을 지배하고 있다"라고 주장했다. 그리하여 스페인계 아메리카 사회가 해방되기 위해서는 스페인의 유산과 절연해야만 한다고 그는 덧붙였다.

자신의 과거에 대한 이와 같은 전면적 부정은 군주제의 소멸이 정치에 커다란 공백을 남긴 것처럼 아메리카 독립의 역사에도 똑같은 공백을 당연히 남겨놓았다. 여기에서도 마찬가지로 우리들은 이 공백을 다시 메꾸지 않으면 안 되었다. 당시 스페인계 아메리카의 대다수 사람들은 북쪽의 미국에 눈을 돌렸다. 이 신대륙의 젊은 공화국이 곧바로 성공을 거두었다면 스페인계 아메리카는 실패만 거듭하고 있었다. 남아메리카의 자유주의자들은 미국과의 오래 되고 굴곡 많았던 그 불가피한 관계가 최초로 시작된 이래, 그 나라에 대한 열렬한 예찬자들이었다. 그들은 북아메리카의 민주주의가 가진 활력, 정치제도, 근대화의 기세에 박수를 보냈다. 그러나 같은 이유로, 라틴 아메리카의 보수주의자들은 미국에 반대했다. 미국이 저질렀던 가장 나쁜 죄악은 보수주의에 반(反)한 민주주의, 자본주의, 프로테스탄티즘, 종교적 관용, 언론의 자유였다. 그러나 라틴 아메리카의 보수주의자들은 무엇보다도 이 젊은 앵글로계 국가가 분명히 팽창주의를 향해서 나아가고 있다는 것을 알고는 두려워했다. 한마디로 말해서, '명백한 운명'의 개념은 이미 토머스 제퍼슨이나 존 퀸시 애덤스에 의해서 세워진 것이었다. 애덤스는 1821년에 헨리 클레이에게 띄운 한 서간에서 "이 대륙의 나머지 지역이 우리에게 속하는 것은 피할 수 없는 사실이다"라고 썼다.

1846년에서 1848년, 미국과 멕시코 사이에 벌어진 전쟁과 그 결과로서 멕시코 영토의 절반이 미국으로 넘어갔다는 사실에서, 대다수 자유주의자들은 미국의 영토적 야심에 관해서는 보수파의 생각이 옳았다는 것을 절감했다. 그러나 문화적인 문제에 대한 해결책은 그리 용이한 것이 아니었다. 그런데 미국이 아니라면, 우리는 어디에서 그 모델과 영감을 찾을 수 있을 것인가? 19세기 라틴 아메리카인은 곧 그 해답을 프랑스, 특히 보들레르가 "19세기의 도시"라고 불렀던 파리에서 찾았다. 당시 파리의 영향은 헤이그에서 알제, 상트 페테르부르크, 카이로에까지 미쳤다. 그러나 멕시코 시티나 보고타, 부에노스 아이레스는 스페인의 부재로 생긴 문화적 갈망을 만족시키고 그 문화적 공백을 메꿔야만 했다.

스페인으로부터 멀어지는 것은 자유, 취미, 낭만주의, 그리고 일체의 미덕에 관한 공급원으로서의 프랑스를 받아들이는 것을 의미했다. 전형적인 예를 들면, 칠레의 역사가 벤하민 비쿠냐 막켄나는 1853년, 프랑스의 파리에서, "나는 파리, 세계의 수도이자 인류의 심장인 이 축소된 우주에 있었다"라고 썼다. 브라질의 귀족이었던 에두아르도 파르도는 "두말할 필요 없이, 파리는 바로 세계 그 자체이다"라고 경탄했다. 16세기 스페인계 아메리카는 유럽의 유토피아였다. 이제 우리들은 똑같은 찬사를 유럽에 돌려주고, 그곳을 스페인계 아메리카의 유토피아로 간주한다. 과테말라 시티는 "중앙 아메리카의 파리"로 자칭했지만, 스페인계 아메리카인이 은근히 바라는 것은 물론 언젠가 파리가 '유럽의 과테말라'라고 불리는 것이다.

칠레의 작가 클라우디오 벨리스가 그의 저서 「라틴 아메리카의 중앙집권주의 전통(*La tradición centralista de Latin América*)」에서 지적한 바에 의하면, 이 걱정스럽기 그지없는 유럽 예찬의 병폐는 생산양식 뿐만 아니라 소비행태에도 확대되었다고 한다. 라틴 아메리카의 상류계급은 돈 쓰는 방법, 의복, 생활양식, 건축양식뿐만 아니라 문학에 대한 애호, 그리고 사회적, 정치적, 경제적 개념의 유행까지 유럽의 감각을 모방했다. 그들이 모방하지 않은 것은 오로지 유럽의 생산수단뿐이었다.

우아한 유럽풍의 오페라 극장은 라틴 아메리카 근대성의 상징으로 변모했다. 멕시코의 광산도시 과나후아토에 있는 신고전 양식의 후아레스 극장에서 부에노스 아이레스의 우아한 콜론 극장까지, 그 어디에서든 금분의 장식과 붉은 벨벳, 무대막의 배경화, 긴 막간, 화려한 이브닝 드레스의 모습이 보였다. 1840년대에 보고타에 최초로 마담 고트롱이라는 한 프랑스인 재봉사가 왔을 때, 그것은 이 콜롬비아의 수도 보고타가 근대적 도시라는 것을 오랫동안 증명하는 기념비적인 사건으로 여겨졌다. 콜롬비아 기자들은 보고타가 뒤쳐진 촌구석에서 세련된 국제도시로 변모하면서 보고타의 상류층의 기호 —— 1810년대, 인디오와 메스티소가 마시던 전통적인 초콜릿으로부터, 40년대의 프랑스의 커피, 그리고 60년대는 영국의 홍차로 —— 에도 변화가 있었다고 덧붙였다.

프랑스의 사회학자 가브리엘 타르드가 말한 이런 '초논리적인 모방'은

부에노스 아이레스의 콜론 극장.

부에노스 아이레스의 레콜레타 묘지.

무엇보다도 라틴 아메리카 도시에 생기 있는 모습을 가져다주었다. 19세기의 라틴 아메리카는 죽음에서조차 유럽을 모방했다. 부에노스 아이레스의 중심에 있는 레콜레타 묘지는 사후 생명의 포템킨 마을(Potemkin village, 바람직하지 못한 일이나 상태를 감추기 위한 번지르르한 겉치레/역주) 또는 사자(死者)를 위한 디즈니랜드이다. 아르헨티나 과두지배층에 속한 명문가 사람들이 이곳에 묻혔다. 그들은 이곳을 통해서 이 지상의 모든 부를 다른 세계로 **가지고 갈 수 있으리라고** 믿었다. 유명인사인 부르주아 상인들의 가슴 위로 천사들이 춤을 추고, 한 아르헨티나 장군의 유서 깊은 묘 위로 가브리엘 천사의 트럼펫이 영원히 연주되고 있었던 이 초화판의 우울한 기념비 하나를 세우기 위해서, 얼마나 많은 소의 머리와 우유, 그리고 피혁이 필요했는지 묻지 않을 수 없다.

레콜레타 묘지는 목축과 상업을 기반으로 이룩한 부유한 삶의 연장으로서 천국의 비전을 보여준다. 그러나 한편으로 아시엔다(hacienda)로 눈을 돌리면 라틴 아메리카는 정치적 자유주의의 생활양식은 지니지 못한 채 경제적 자유주의의 생활양식을 유지하는 모든 것, 즉 설탕, 면화, 양모, 목화, 피혁, 생고무, 밀 등을 계속 공급하고 있었다. 라틴 아메리카

(브라질을 포함해서)는 원자재를 공급하면서 19세기 자본주의 세계로부터 이익을 얻을 수는 있었지만, 투자와 저축을 위한 자본은 축적하지 못했다.

경제생활은 대외무역에 중점을 두고 있었지만, 그것은 라틴 아메리카의 주도권과는 전적으로 관계없는 요소, 즉 서유럽과 미국의 가속적인 경제성장 요인에 의해서 필연적으로 결정되었다. 무역은 라틴 아메리카의 발전 기반이었지만, 유럽이나 미국에서처럼 인구의 증대, 공업화, 상업의 발달, 교육의 확대, 도시화, 정치제도의 발전 등은 볼 수 없었다. 즉 라틴 아메리카는 이 모든 영역에서 선진국의 주변부로 종속되었다. 증기선은 이런 무역의 주요 추진력이 되었던 운송수단이었다. 1876년, 최초의 냉동선이 냉동 소고기를 싣고 부에노스 아이레스 항을 출발, 유럽을 향해서 떠났다. 같은 70년대에 아르헨티나의 밀이 대서양을 건너 최초로 수출되었다. 독립 직후에는 영국이 라틴 아메리카의 대외무역을 지배했고, 19세기 후반에는 미국이 라틴 아메리카의 주된 무역상대국이었다. 그러나 이 두 강대국은 똑같이 경제력의 행사라고 하는 수단을 활용했다. 즉 자국의 상인들을 위하여 융자와 신용, 투자에 유리한 조건을 설정했으며, 앵글로-아메리카의 발전에 필요한 광물, 농산물, 천연자연을 라틴 아메리카가 수출하도록 하는 경제정책을 폈다. 그리고 특권을 가진 현지의 소수파 엘리트로 하여금 수출이나 내륙부의 주요 도시 사람들이 필요로 했던 유럽과 북아메리카산 공업제품의 수입에서 중개인 역할을 맡겼다.

라틴 아메리카가 근대적인 국제통상관계에 편입함에 따라서 라틴 아메리카의 상인들은 식민지 시대로부터 지속되어온 농업과 광업의 경제구조에 의존하게 되었다. 그 결과, 광대한 아시엔다, 광물의 집중적 채굴, 저임금의 노동력이 증대되었다. 그런데 이런 것들이 독립의 진정한 의미였던가? 토지와 광산의 소유자가 막대한 이익을 거두고 있는 한편에서, 대다수 사람들은 점점 더 빈궁 속으로 빠지게 되었다. 19세기 말, 라틴 아메리카 대부분 지역의 평균 수명은 27세 이하였고, 그중에는 문맹률이 98퍼센트에 달하는 지역도 있었다. 인구의 절반 이상이 촌에 거주했으며, 그들 대부분은 극심한 빈곤에 시달리고 있었다. 클라우디오 벨리스가 "자유주의의 휴지기"라고 칭했던 독립시기의 생활상은 실제로 라틴 아메리카 시민의 태반을 식민지 시대의 빈곤으로 붙들어매는 결과를 빚었다.

19세기 라틴 아메리카는 주변부 자본주의의 고아로 전락해서 오로지 중상류층의 소비 패턴을 유지하기 위해서 유럽과 미국과의 무역에 열심히 종사했다. 그리하여 늘상 그래왔듯이 대다수 사람들의 부를 증대시킬 수 있는 합리적이고도 획기적인 고려는 뒷전으로 미루어놓았다. 유럽과 북아메리카의 유력한 자본가들은 생산력을 신속하게 높임으로써 이익을 거머쥐었고 저축을 증대시켰다. 유럽과 북아메리카는 자신들의 잔치판을 열었고, 라틴 아메리카는 그들에게 디저트로 초콜릿, 커피, 설탕, 과일, 담배를 제공했다. 이런 의미에서, 알폰소 레예스의 "라틴 아메리카는 문명의 잔치에 늦게 도착했다"라는 표현은 참으로 적절한 것이다.

새로운 사회

자유주의 개혁, 외국의 개입, 시민의 항쟁, 보수적인 전통, 대외무역이 서로 충돌하여 스페인계 아메리카 식민지 사회를 동요시키고 새로운 힘을 풀어놓음으로써, 토지소유자나 상인, 정치가와 같은 상류층은 점점 더 자신들의 입지를 확고히 했고, 한편으로는 근대적인 중산층이 서서히 부상하게 되었다. 그중에는 법률가나 기업가도 포함되어 있었다. 스페인계 아메리카와 다른 국가들, 도시와 지방, 그리고 급성장하는 도시의 다양한 사회계층간에 형성된 경제관계는 그들의 서비스를 필요로 했다.

독립이 선포된 1810년에 인구 4만4,800명이었던 부에노스 아이레스는 1870년에는 18만 명을 포용한 도시로 발전했고, 제1차 세계대전이 시작된 1914년에는 주로 유럽으로부터의 대량 이민으로 인구가 160만 명으로 증대했다.

태평양 무역뿐만 아니라 혼 곶을 돌아 대서양 무역의 중심이었던 칠레의 발파라이소 항은 1856년에서 1876년까지 20년 사이에 인구가 5만2,000에서 10만 명으로 두 배나 증가했다. 막시밀리안 황제가 실각한 당시(1867년/역주)에 멕시코 시티의 인구는 고작 23만 명이었지만 ── 이 숫자는 목테수마의 아스테카 제국이 붕괴했던 직후의 인구보다도 적은 수였다. ── 포르피리오 디아스가 몰락한 해인 1911년에는 약 50만 명으로 늘었다. 1870년에서 60년이 지나는 동안 산티아고와 카라카스의 인구는 5배, 보고타는 8배, 몬테비데오는 4배로 늘었다.

저널리스트, 지식인, 교사, 관료, 상인들, 그리고 그들의 가족은 라틴

"돈 마누엘 데시데리오 로하스", 에르네메힐도 부스토스 작, 1885년.

"마리아 데 로스 레메디오스 바라하스", 에르메네힐도 부스토스 작, 1892년.

아메리카 도시에 활기와 토론의 열기, 성장을 가져다주었다. 도시의 냄새가 물씬 풍기는 이 사람들은 모두 독재와 무질서라는 두 개의 유혹에 라틴 아메리카인들이 쉽게 빠지는 것에 대해서 자신들이 좋은 방패물이라는 것을 보여주었다. 안정은 중산층의 최고의 목적이 되었다. 19세기 초의 라틴 아메리카 해방자들은 이런 시민사회의 존재를 알 수 없었기 때문에 정치적 행동강령을 세우지 못하고 그저 정치적인 추상론에 빠질 수밖에 없었다. 그러나 지금 정치와 경제 분야에서 두 가지 구체적 사실이 드러났다. 즉, 도시의 중산층과 국민국가가 대두하게 된 것이다. 이 둘은 19세기를 통해서 정체성을 함께 추구했다. 중산층은 초상화를 그리는 것에서 그들의 정체성을 발견했다. 이제 초상화의 대상은 더이상 국왕이나 귀족들에만 한정된 것은 아니었다. 의사, 주부, 아이들, 심지어 우편배달부 사이에서도 초상화는 유행했다. 그러나 초상화를 지닌다는 것은 단순히 유행을 넘어선, 그들의 존재를 드러내주는 하나의 증거물이었다. 멕시코에서는 후안 코르데로가, 아르헨티나에서는 프릴리디아노 푸에이레돈이 도시 중산층의 모습을 포착했고, 에르메네힐도 부스토스라는 멕시코의 과나후아토 출신의 우편배달부는 지방도시를 돌며 지위가 낮은 시민들의 초상화를 그렸다. 마침내 라틴 아메리카의 중산층은 서서히 그들의 얼굴을 가지게 되었다. 설사 이런 사람들이 자신들을 이상화시켜서 남들에게 잘 보이게끔 했다하더라도, 그들이 새롭게 발견한 정체성이나 긍지를 획득하고 무명에서 이름을 가진 사람으로 부상하고 있었던 것을 과연 누가 시기할 수 있었던가? 이런 사회적 사실은 독립혁명을 정당화하는 데에 충분치 않았던가?

19세기 라틴 아메리카에서 부르주아의 성공을 가장 잘 보여주는 예는 멕시코나 리마와 같은 스페인 제국의 대도시보다는, 지리적으로 멀리 떨어져 자립하기에 여의치 않았던 칠레에서 나타났다. 캘리포니아와 오스트레일리아의 골드 러쉬는 태평양 연안에 위치한 칠레의 농산물 시장에 커다란 수요를 창출했다. 한편 유럽은 칠레의 초석과 구리 광산을 개발하여 그것들을 대량으로 가지고 갔다. 국가의 운명에 대한 의식은 칠레를 페루와 볼리비아 연합국과의 부도덕한 전쟁 —— 아타카마 사막에 매장되어 있는 초석을 둘러싼 —— 으로 몰고갔다. 그 결과, 볼리비아는 바다로 나가는 출구를, 페루는 남부지역을 상실했다. 자유항 발파라이소를 중심으로 태평양 무역을 지배하게 된 칠레는 이제 국가적으로 거대한 부를 얻었고 그것을 통해서 남아메리카 대륙에서 아주 독특한 정치제도를 창출해냈다.

그러나 결국, 이러한 확장의 대가는 비쌌다. 칠레는 양대 산물인 구리와 초석에 과도하게 의존하게 되었던 것이다. 세계 시장의 가격변동에 따라서 칠레의 운명 또한 부침(浮沈)했다. 독립국 칠레는 세계시장이 칠레에 의존하는 것 이상으로 점점 더 세계시장에 의존하게 되었고, 뒤에 독일에서 인공 질산염의 생산이 시작되면서 칠레는 거의 붕괴 직전에 이르렀다.

결국 세계 대공황이 일어나기 10여년 전인 1918년에 칠레는 파산했다. 그러나 자유무역의 시대였던 19세기 최전성기에 칠레의 정치는 그 경제발전과 상응하면서 놀라울 만큼 발전을 이루었다.

1830년대에 디에고 포르탈레스가 최고 정치지도자가 된 후부터 1880년대의 호세 마누엘 발마세다 정권까지, 칠레는 라틴 아메리카를 통틀어 정치적으로 가장 정돈된 사회를 지닌 나라였다. 물론 자유라는 것은 중상류층만을 위한 것으로서, 농민과 노동자 계급에게까지는 미치지 못했다. 그러나 이러한 한계 안에서, 칠레는 다양한 엘리트주의의 원칙에 기초하여 균형 있는 정치제도를 세웠다. 동시대의 멕시코나 아르헨티나가 산타 안나와 로사스의 폭정 밑에서 억압당하고 있던 반면, 칠레는 의회의 힘과 행정부의 힘과 공업화와 농업화, 민영과 국영 사이의 갈림길에서 정치적 선택을 할 수가 있었다.

실제로 칠레는 로사스의 탄압으로부터 망명한 아르헨티나인들의 피난처가 되었다. 또 이 나라는 아르헨티나의 사르미엔토나 베네수엘라의 안드레스 베요와 같은 위대한 교육자들을 초치(招致)함으로써, 라틴 아메리카 최상의 교육제도를 갖추게 되었다. 칠레의 사상가로서는 자유주의자에 반교회파였던 호세 빅토리노 라스타리아와 프란시스코 빌바오가 있었다. 또 역사가였던 벤하민 비쿠냐 막켄나와 디에고 바로스 아라나는 이제까지 라틴 아메리카가 배출한 최고의 학자들이었다.

그들 모두는 칠레를 라틴 아메리카 최초의 상당히 앞선 근대국가로 변모시켰다. 이 젊은 라틴 아메리카의 나라에서 보이는 근대성의 최초 징후는 독립문학 —— 소설과 시뿐만 아니라 저널리즘과 역사학에서 —— 의 등장이었다. 19세기 최대의 문화논쟁은 중산층이 점점 출현하고, 읽고 쓸 줄 아는 인구가 증가하고, 엘리트의 자유를 우대하는 제도를 가지고 있었던 칠레에서 일어났다. 종교재판소의 검열로부터 마침내 자유로워진 저널리즘은 그중에서도 가장 획기적인 것이었다. 19세기 당시의 2대 신문인 「라 프렌사(*La Prensa*)」지와 「라 나시온(*La Nación*)」지는 1869년과 1870년, 넉 달의 간격을 두고 각각 창간되었다. 라틴 아메리카인들은 프랑스의 시인이며 정치가였던 라마르탱의 "신문은 현대 문명의 중심 수단이다"라는 유명한 말을 자랑스럽게 인용하곤 했다.

그렇지만 19세기 문화논쟁의 중심은 문명을 어떻게 정의하느냐에 있었다. 라틴 아메리카인들이 바라는 근대적 삶과, 번영의 대명사와 동일시되는 개화된 문명의 세상은 무엇이었을까? 배타주의를 통해서 문명화라는 것은 인디오나 흑인, 또는 스페인인이 되는 것을 의미하는 것이 아니라고 단정지었다. 그 대신에 라틴 아메리카인들은 유럽인, 그중에서도 특히 프랑스인이 되기를 원했다.

이런 식으로 라틴 아메리카의 엘리트 층이 지녔던 근대화의 열망은 자멸로 끝나고 말았다. 왜냐하면 그들은 라틴 아메리카 문명을 구성하는 모든 요소들을 인위적으로 나누어, 사르미엔토가 쓴 「파쿤도」의 부제목에서 보이는 것처럼 '문명과 야만' 사이에서 하나를 선택해야만 했기 때문이다. 「파쿤도」에서 그는 "새로운 호기심, 풍부한 사상, 진보가 케케묵은 전통, 무지한 관습, 그리고 정체된 사고를 최후에 가서 극복하는 것은 인류의 법칙이다"라고 설명했다.

문명과 야만

이런 "문명화" 사상이 지닌 진정한 "야만"성은 문명의 개념 속에 현지의 모든 기존 모델을 제외하고 있다는 점이었다. 인디오, 흑인, 원시 공산주의적 공동체, 그밖에 자유주의 경제가 중요시하지 않는 모든 소유형태는 문명 속에 포함되지 않았다. 그중에서도 특기할 만한 것은 수백 년에 걸쳐서 지속되었던 멕시코의 '에히도(ejido)'와 페루의 '아이유(ayllu)'와 같은, 농산물이나 토지의 공유제도에 기반한 생활양식이 제외되었다는 점이다. 이와 같은 대체문화는 도시의 문화와는 다른 가치관을 기반으로 하고 있었다. 전통, 공통의 지식, 공동사회 —— 마을 주민들이 서로 알고 자연에 밀착되어 그것을 적절히 이용할 줄 알며, 위로부터 부과된 추상적인 법률을 의심했던 —— 의 자치 능력은 19세기 진보의 개념에 의해서 부정되었다. 이와 같은 철저한 무시는 20세기에 스페인계 아메리카의 적대적 요소의 부활, 즉 유령과 같은 옛 사회의 출현을 다시금 부르짖게끔 만들었다. 멕시코의 농민 지도자 에밀리아노 사파타가 제안한 또 하나의 사회 모델은 가장 대표적인 예일 것이다.

그러나 이와 같은 인디오나 흑인들의 대체문화는 이른바 "과학적" 사상을 신봉했던 19세기 자유주의 엘리트들로부터 진보를 방해하는 장애물로 여겨졌다. 그들의 이런 생각은 바로, 인류의 역사는 예측 가능하고 보편적인 단계로 발전한다고 하는 오귀스트 콩트의 실증주의 철학을 반영하고 있었다. 라틴 아메리카의 나라는 오로지 진보를 향한 전세계적인 운동에 접목되기 위해서, 자국이 지금 어떤 단계에 와 있느냐 하는 것을 과학적으로 알기만 하면 족했다. 실증주의 철학의 모토인 "질서와 진보"는 근대화를 목표로 삼고 있던 19세기 라틴 아메리카의 모든 정부의 발상의 원천이 되었다. 심지어 브라질 국기 한가운데에 그려진 도형은 콩트로부터 받은 영향의 증거물이다.

실증주의는 라틴 아메리카의 '현실 정치(realpolitik)'를 주재했던 지도자들로 하여금 애국주의의 국기뿐만 아니라, 과거의 형이상학적 철학의 안개를 깨끗이 거두어준 이 철학에 휘감기도록 만들었다. 이 철학은 과학적으로 사회의 움직임을 예측할 수 있고, 변화를 용이하게 통제하고, 따라서 변화를 가로막는 요인들을 제거할 수 있었기 때문에 그 첫번째 타깃은 바로 인디오 인구였다. 아르헨티나의 작가 카를로스 분헤는 「우리의 아메리카(*Nuestra América*)」라는 악명 높은 저서에서 아메리카 대륙의 인디오나 아프리카인을 멸절시킨 이유로서 알코올 중독이나 천연두, 결핵을 찬미했다.

이와 같은 반(反)인디오 선전의 이면에는 인디오 대신에 백인 유럽 이주민을 라틴 아메리카로 받아들이려는 열렬한 바람이 들어 있었다. 또 인디오가 살인자이고 도둑이라는 고착된 이미지는 오랫동안 지속되었다. 아르헨티나의 언론인이자 교육자였던 후안 바우티스타 알베르디는 "통치라고 하는 것은 사람을 이주시키는 것이다"라고 썼다. 그러나 그전에 먼저 주민 수를 명백히 줄이지 않으면 안 되었다. 1879년, 훌리오 로카 장군 지휘 아래 아르헨티나 남부의 인디오 토벌의 명을 받은 군대가 부에노스 아이레스를 출발했다. 인디오의 목축지는 문명을 위해서, 즉 유럽 이주민을 위해서 필요했었다. 로카 장군은 "사막의 전쟁"이라고 칭한 이 토벌을 성공리에 마쳤고, 그 보상으로 아르헨티나의 대통령에 두 번씩이나 선출되었다.

칠레에서는 스페인 정복자에게도 결코 굴하지 않았던, 아주 맹렬한 독립심 강한 인디오 아라우코족이 증기 기관차와 라이플 총에 의하여 제압당했다. 1880년의 군사공격 뒤, 그들은 지정된 거류지에서 살아야만 했다. 멕시코에서는 과학을 신봉하고 실증주의 철학에 감화되었다고 자칭했던, 사포테카 인디오 혈통의 독재자 포르피리오 디아스가 멕시코 북부, 소노라, 시날로아, 치와와 각 주에서 선조의 땅을 고수하고 있던 인디오들을 향하여 잔학한 군사 공격을 감행했다. 디아스는 이들 영토를 자신에게 충성하는 신흥지주들, 특히 리만투르 일족과 미국의 기업, 예를 들면 로스 앤젤레스의 리처드슨 건설회사나 애리조나 주 피닉스의 휠러 토지회사에게 넘겨주었다. 그는 치와와 주에서 토모칙족의 반란을 유발시켜 야키족과 마요족을 공격했으며, 마요족의 지도자들을 쇠사슬로 묶어 군함에 태운 뒤 태평양 앞바다에 던져버렸다. 야키의 반란 지도자들은 살해당했고, 야키족의 주민 3만여 명 가운데 절반은 추방당해서 유카탄 반도를 향하여 고난의 여행을 떠났다. 남편과 강제로 헤어진 여자들은 중국 노동자들과 결혼해야만 했고, 자신의 가족과 인디오 전통을 잊지 않으면 안 되었다.

그런데 이런 만행은 어디서 유래하는 것일까? 도시인가, 아니면 농촌인

우루과이의 가우초, 1990년.

가? 한 가지 확실한 것은 진보라는 이데올로기가 모든 반대를 억눌렀다는 것이다. 인디오들은 바로 여기에 희생된 사람들이었다. 그리고 정복은 분명히 끝나지 않았던 것이다. 지금, 독립한 스페인계 아메리카인들은 새로운 정복자로서, 바로 코르테스와 피사로의 후예처럼 똑같이 행동했다. 오로지 제복만 바뀌었을 뿐이었다.

그러나 농촌에서는 "퇴행"과 "야만"의 요소가 별도로 존재하고 있었다. 멕시코에서는 '차로(charro)', 칠레에서는 '구아소(guaso)', 아르헨티나에서는 '가우초(gaucho)'라고 불리는 사람들은 독자적인 언어와 심상을 키우고, 도시의 문화와는 다른 또 하나의 문화에 목소리를 내고 있었다. 그들은 촌사람들로서 억세고(macho), 난폭하고, 말도적떼였으며, 사람 없는 자연 속에서 외롭게, 그리고 남의 간섭을 받지 않고 살았다. 그들의 사회적 삶에는 언제나 폭력이 개재되어 있었다. 그들의 생활 이야기 속에는 토지 강탈, 강간, 불타는 오두막, 또는 어디에서든 간에 카우디요의 무장봉기, 외세의 침략이라는 것이 꼭 등장한다. 그 이야기 속에서 차로나 가우초는 게릴라 병사로 전락하는 벼랑 끝에 몰리게 되어, 어떤 대의도 없이 맹목적으로 혁명의 "구렁텅이로 빠지는 문"을 언제나 바라보고 있다. 전통적으로 차로도 가우초처럼 노래를 통해서 그들의 이야기를 말한다. 차로의 노래는 '코리도(corrido)'라고 불린다. 이것은 중세와 르네상스의 스페인 '로만세(Romance)'에서 파생된 8음절의 담시로서, 끊임없이 수정되어 풍부해진 구전의 전통 안에 끼워졌다.

차로는 가우초와 마찬가지로, 라틴 아메리카 전원 서사시의 헥토르나 아킬레스로서 진보와 문명의 전통적인 형식으로부터는 거리가 먼, 말과 행동에 의한 제2의 역사를 이야기해주고 있다. 가우초도 차로처럼 그들 자신의 이야기를 노래한다. 팜파스의 음유시인을 뜻하는 '파야도르(payador)' 또한 다른 어떤 전달수단도 가지지 않은 채, 그들에게 부여된 능력만 가지고 노래함으로써 우리의 마음을 움직인다. 파야도르의 주제 가운데 하나는 가우초가 어머니의 뱃속에 있을 때부터 노래를 부르기 시작한다는 것이다. 즉, 그들은 노래하면서 태어나고 노래하면서 죽는다. 물론 그들이 노래하는 것은 자신의 고통이다. 노래만이 그들의 고통을 달래줄 수 있다.

파야도르의 노래는 팜파스의 소식통이다. 그것은 가우초의 유일한 역사서이며, 마침내 19세기 스페인계 아메리카 문학의 최고 걸작인 호세 에르난데스의 시 "마르틴 피에로(*Martin Fierro*)"의 제재가 되었다. 에르난데스는 팜파스에서 얼마간 지낸 도시의 작가였으며, 그는 도시와 농촌, 그리고 문명과 야만이라는 두 가지 사이에서 하나만을 잘라서 선택해야만 한다는 사르미엔토의 주장에 반대했다. 1868년에 사르미엔토가 아르헨티나의 대통령에 선출되었을 때, 그는 절제를 잃은 채 가우초에 대한 경멸을 이렇게 표현했다. "나는 가우초의 피를 보호하지 않으려고 한다. 그들이 나라에 유용한 것은 그들의 피뿐이다. 그리고 피만이 그들이 인간이라는 존재를 알려준다."

에르난데스는 도시의 착취와 오만으로부터 농촌세계를 지키려고 했다. 마르틴 피에로는 진보를 방해하는 장애물이 아니라 "그들의 약함과 고립된 상태를 악용했던 오만한 소(小)카우디요의 변덕"에 희생된 사람이었다고 에르난데스는 주장했다. 그의 시 속에서 마르틴 피에로는 자유인으로서 자신의 삶을 회상하면서 군대와 부패한 지방 보스의 손에 당한 고통을 이야기하고 있다. 그는 강제로 군대에 소집된 후 탈영하여 감옥에 들어갔다가 다시 고향으로 돌아온다. 그러나 그의 이타카(Ithaca, 오디세우스의 고향/역주)는 폐허로 변해 있었고, 그의 페넬로페는 강간당한 뒤 납치되었다. 이 아르헨티나의 오디세우스가 여행을 지속할 바다는 더 이상 없다. 그는 오로지 이 광활하고 무법천지인 팜파스에 남을 수밖에 없다. 마르틴 피에로는 "짐승보다도 더 사납게 되리라 맹세했다"라고 하면서 범죄자로서의 길을 걷기 시작한다.

실제로 가우초라는 말의 어원은 안데스 산맥 너머의 칠레의 '우아소(huaso)'와 마찬가지로 아라우코족의 '구아초(guacho)'에서 유래하는데, 이 말은 아버지 없는 고아나 사생아를 의미한다. 고아나 사생아에 대한 이런 의식은 스페인과 인디오 세계의 자손들을 억누르고 있었던 정복의 낙인이었다. 그러나 그 낙인은 지금 아메리카의 산과 평원의 고독한 난폭자가 지닌 비밀의 표적으로 다시 등장하는 것이다.

탱고를 추는 두 사람

도시가 발전함에 따라서 목장, 팜파스, 아시엔다, 평원으로부터 점점 더 많은 사람들이 몰려들기 시작했다. 부에노스 아이레스에서는 이런 현상이 일찍부터 나타나, 세기의 전환기에 이 도시는 라틴 아메리카의 다른 도시들보다도 급속히 성장하면서 대량의 이주민을 불러들이게 되었다.

1869년에 아르헨티나의 인구는 거의 200만에 육박했다. 1880년에서 1905년 사이, 거의 300만의 이주민이 유럽에서 아르헨티나로 건너왔다. 1900년에는 부에노스 아이레스 인구의 3분의 1이 외국에서 태어난 사람들이었다. 19세기 말이 되자 국내나 해외로부터의 이주민의 유입, 즉 시골에서 올라온 가우초와 유럽에서 온 이주민들이 부에노스 아이레스의 변두리에서 서로 만났다.

"팜파스에선 별들만이 가우초의 유일한 안내자라네"라고 마르틴 피에로는 말한다. 별들에 인도되어 도시로 들어온 가우초는 말에서 내렸지만, 도시의 뒷골목에서 망연자실했다. 무법자에, 토지도 없고, 동료도 없었던, 이 내륙에서 들어온 옛 가우초들은 부에노스 아이레스의 거리에서 길

탱고.

을 잃고 방황했다. 그들은 선술집이나 매음굴에서 유럽에서 온 이주민들과 합류했다. 여기는 외로운 남자들의 도시, 여자 없는 남자들의 도시였다. 그들은 과도기에 있는 이 고독한 도시 이주민들의 음악인 탱고에서 서로를 확인했다.

탱고는 우리에게 좌절, 향수, 허무, 불안의 이야기를 들려준다. 호르헤 루이스 보르헤스는 탱고를 "부에노스 아이레스의 위대한 대화"라고 불렀다. 그러나 탱고의 발생은 무엇보다도 강력한 성적(性的)인 사건이다. "two to tango"라는 영어 표현에서처럼, 탱고를 추기 위해서는 두 사람, 즉 서로 껴안을 남자와 여자가 필요하다. 그리고 탱고를 추면서 그들은 상대를 알고, 서로에게 공통된 운명과 그것을 조절하려 해도 뜻대로 안 된다는 것을 알게 된다. 따라서 작곡가 디스세폴로는 탱고를 '춤출 수 있는 슬픈 마음'이라고 적절히 정의했다. 탱고의 기원은 탱고 그 자체만큼이나 불분명하다. 그러나 그 기원이 아프리카가 되었든, 지중해가 되었든 간에 "잡다", "다가가다"라는 뜻을 나타내는 흑인의 언어 '탕(tang)'과 "만지다", "접근하다", "두드리다"라는 의미를 가진 라틴어 동사의 원형 '탕게레(tangere)'와의 사이에는 언어상의 접점이 있다. 물론 이것들은 모두 스페인어의 '타네르(tañer)', 즉 연주하는 것, 특히 기타를 뜯는 것을 의미하는 언어에도 반영되어 있다.

어원이야 어떻든 간에, 탱고는 세기의 전환기에 부에노스 아이레스의 사창가에서 파리의 살롱으로 건너가 유럽에서 대선풍을 일으켰다. 그것은 우리들이 수출했던 또 하나의 디저트(초콜릿, 커피, 설탕, 담배와 더불어)였을까? 어찌되었든 그것은 유럽에서 대유행을 했고, 남녀가 공개적으로 껴안고 추었던 최초의 춤이었다. 교황 피우스 10세는 탱고를 "야만적인 춤"이라고 칭하고는 금지시켰다. 바이에른의 루트비히 국왕은 대신들에게 탱고를 추지 못하도록 금지시켰고, 노퍽 공작부인은 영국인의 국민성이나 관습에 반하는 춤이라고 단언했다. 그렇지만 1914년, 영국의 남녀는 밤마다 런던의 사보이 호텔에서 열리는 '탱고의 만찬회'에 밀려들었다.

이런 국제적인 성공에도 불구하고, 탱고는 언제나 발상지인 부에노스 아이레스와 라틴 아메리카 도시들의 신비나 비애, 그리고 잡다한 군중의 틈 속에서 살아가는 인간의 고충들을 일깨워주는, 탱고 본래의 역할로 돌아갔다. 도시나 농촌에서도 복잡한 만남으로 형성된 혼합의 문화가 얽히고 섞여 언어, 음악, 몸짓, 꿈, 기억, 욕망 속에서 그 모습을 드러내었다. 스페인계 아메리카인이 점차 깨달았던 것은 전통을 잇느냐 아니면 근대성을 취하느냐 하는 단순한 선택이 아니라, 창조적 긴장 속에서 이 양쪽을 어떻게 살아 있는 것으로 계속 유지시키는가 하는 것이었다.

그것은 물론 문화의 정체성의 추구가 국제주의냐 맹목적 애국주의냐, 화합이냐 고립이냐, 문명이냐 야만이냐 하는 양극단 사이에서 피폐해져 사라지는 것이 아니라, 라틴 아메리카가 세계로부터 받았던 것을 다시 세계로 되돌려줄 수 있는, 지적이고도 충분히 배려된 균형을 강조하고 있음을 의미한다. 독립기의 문화적 논쟁은 이런 모든 딜레마를 겪었다. 라틴 아메리카는 프랑스나 미국 또는 영국을 지향하지 않으면서도, 독자적인 길을 가는 데에 대해서 두려움을 느끼고 있었다. 이러한 딜레마는 라틴 아메리카가 세계 속에 자리잡고, 세계를 인식하고, 또 세계로부터 인식받는 데에서 느꼈던 어려움을 반영한다. 라틴 아메리카인들은 그 시대에 어떻게 대처해야 하며, 그리고 과거를 후진성으로, 미래를 진보로 오해하는 위험 속에 빠지지 않고, 그 맥락 속에서 어떤 식으로 살아야 할 것인지에 대해서 고군분투했다.

엘리트와 대중, 중산층과 최하층을 포함한 모든 수준에서의 문화의 발전을 통하여, 우리가 진실로 역사적이기 위해서는 시간은 언제나 과거와 미래 양쪽을 다 포함해야 하며, 이 둘은 현재라는 시간 속에서만 각각 다른 모습으로 나타난다는 것을 알게 되었다. 근대 라틴 아메리카의 훌륭한 예술가들은 시간을 그렇게 이해했다.

20세기 멕시코의 화가 디에고 리베라는 1940년에 멕시코 시티의 알라메다 공원 앞의 프라도 호텔에 벽화를 하나 그렸다. 그는 그 벽화에서, 정복에서 혁명에 이르기까지 멕시코의 모든 역사적 인물들이 등장하는 꿈의 이야기를 묘사했다. 그는 거기에서 우리의 꿈을 투영해줄 뿐만 아니라, 동시에 우리의 정체성에 관한 심원한 논의도 제기하고 있다. 예컨대, 우리의 문화는 토착적인 것인가, 수입된 것인가? 인디오, 스페인, 북아메리카 또는 프랑스로부터 온 것인가? 쿠바의 애국자이며 작가였던 호세 마르티는 그러한 딜레마는 거짓이라고 대답했다. 그는 벽화 속에서 알라메다 벽화 앞을 산책하고 있는 귀부인들을 향해서 모자를 들며 정중하게 인사하고 있다. 마르티는 더할 수 없이 겸손한 방법으로 우리들의 해묵은 딜레마를 풀 수 있는 해답을 제시했다. 그는 무비판적으로 발전 모델을 수입하는 데에 따르는 위험에 대하여 경각심을 불러일으켰을 뿐만 아니라 진보의 개념을 국민이 실제로 필요로 하는 것과 국민의 실제적인 부의 원천, 그리고 라틴 아메리카의 실제적인 사회구성에 강력히 연결시켰다.

마르티는 부의 원천을 중시하고, 또 사람, 필요성, 문화, 전통을 중시하라고 일렀으며, 이 모든 것을 통해서 국가발전 모델을 뽑아내라고 제안했다. "정부는 국민으로부터 나와야 한다. 그리고 정부의 정신과 형태는 그 나라의 헌법에 부합되어야만 한다. 정부는 그 나라의 여러 자연요소의 균형, 바로 그것이 되지 않으면 안 된다"라고, 마르티는 「우리의 아메리카(*Nuestra América*)」에서 말했다. 이러한 기반 위에서 우리는 진정한 민주주의에 도달할 수 있게 될 것이다. 또한 그는 "공화국이 팔을 벌려 모든 것을 감싼 뒤, 함께 전진하지 않으면 그 공화국은 파멸하고 말 것이다"라고 말했다. 자기를 아는 힘을 기반으로, 국제사회에 자주적으로 참여하기 위한 라틴 아메리카의 능력에 대해서도, 마르티는 예견했다. "죽고자 하는 국민은 오로지 한 사람만을 팔아넘기지만, 살려고 바둥대는 자는 다수의 국민을 팔아버린다. 자유를 확보하기 위해서 우리는 무역의 균형을 이루지 않으면 안 된다."

마르티의 이 해결책은 지금도 여전히 최선의 방책이다. 그것을 통해서, 한 국가는 국내의 기대를 만족시키고 21세기에 우리를 기다리고 있는 다극화된 상호의존의 세계에 완전히 참여할 수 있게 된다. 이것은 또한 가장 궁극적으로 요구되는 해결책인 것이다. 마르티는 그 어떤 것도 잊지 말고, 또 어느 누구도 망각하지 말라고 우리에게 요구한다.

이 모든 것들을 포용하고자 했던 문화는 스페인계 아메리카인이면서 동시에 유럽인 시인이었던 니카라구아의 루벤 다리오와 같은 작가나, 세기의 전환기에 멕시코의 유명한 판화가였던 과달루페 포사다와 같은 예술가에게서 그 본연의 모델을 곧 찾았다. 마르티이든 포사다이든, 루벤 다리오이든 시인인 소르 후아나이든, 아니면 조각가 알레이자지뉴이든 간에 이들 모두는 다행스럽게도, 라틴 아메리카의 존재를 구성하는 위대하고 풍부한 전통으로부터 그들의 독창적 작품들을 추출할 수 있었다. 이렇듯이 문화의 다양성은 라틴 아메리카의 위대한 예술가들에게 커다란 부담으로 작용했던 것이 아니라, 바로 창조력의 원천 그 자체가 되었던 것이다.

자전거를 탄 해골

호세 과달루페 포사다는 멕시코 시티에 있는 자신의 인쇄소 창문 너머로 바라본 세상을, 센세이셔널하고도 주목을 끄는 판화를 통해서 시사성 있는 뉴스로 기록한 사람이었다. 그곳에서 그는 매일같이 일어나는 사건들에 대하여 보다 직접적이고 자극적인 보도를 요구하는 사람들, 즉 누가 누구를 살해했는지, 누가 머리를 둘 가진 아이를 낳았는지, 누가 대통령 선거에서 이겼는지, 언제 우리들 머리 위로 혜성이 날아갈 것인지를 알고자 했던 대중을 위해서 포스터나 가두신문을 인쇄했다.

포사다는 대중의 언어를 통하여 배우지 못한 도시의 대중이나 시골에서 올라온 문맹자들을 위해서 세속의 봉납물이라고 불리는 것 —— 보통

"알라메다 공원의 일요일 오후의 꿈", 벽화, 디에고 리베라 작, 1947년.

주석이나 나무 판에 그려진, 멕시코의 교회에서 볼 수 있는 제단화(역사 화첩)나 민중의 또 다른 종교적 표현 ── 을 제공했다. 신심이 깊은 사람들은 성당에서 성모나 수호성인의 가호에 감사를 드렸다. 성사(聖事)와 관련된 멕시코 농민문화에서 유래한 호세 과달루페 포사다의 판화는 북아메리카 도시들 ── 뉴욕에서 로스 앤젤레스까지 ── 에서 볼 수 있는 현대의 낙서문화의 선구자가 되었다.

낙서나 포사다의 판화는 다같이 가난한 자들의 목소리를 대변한다. 포사다는 분명히 이런 보편적인 문화의 형태, 즉 위험하고 기발하고, 극단적으로 비정형적인 문화를 표현했던 희귀한 유형의 예술가였다. 이러한 의미에서 포사다는 스페인의 고야나 부뉴엘의 계보에 속한다. 그의 예술 역시 기발한 것을 보편적인 것으로 만든다. 이런 이유로, 포사다는 글자와 목소리 없는 길거리의 문화와 긴밀하게 연결되어 있다.

포사다의 그림에는 살인 장면이 많이 등장한다. 가장 흥미로운 작품들 가운데 검고 긴 드레스를 입은 상류층의 여성들이 서로 총질을 하는 광경이 보인다. 그는 자살, 살인, 교살 장면을 주로 그렸다. 한 젊은 여성이 멕시코 시티 대성당의 높은 탑 위에서 투신한다. 투우사가 소의 뿔을 향해

백묵으로 그린 낙서화를 배경으로 서 있는 거리의 갱들, 로스엔젤스, 1989년.

"일곱 개의 대죄로 괴로움을 당하는 부자", 판화, 포사다 작.

서 돌진한다. 재봉사가 한 여성의 목을 잘랐다는 죄로 사형을 선고받는다. 그의 판화에는 또 섹스, 연애의 유희, 음주, 춤에 관한 그림도 많다. 여장한 41명의 동성애자가 비밀 무도회에서 몸을 돌리는 장면, 기형으로 태어난 인간들 —— 엉덩이에 머리가 있는 어린아이나, 양팔 대신에 다리가 붙어 있는 남자, 사람의 얼굴을 한 돼지 —— 의 모습 등.

그러나 포사다는 이런 것말고도, 그로테스크한 불행의 얼굴을 꿈이나 악몽으로 묘사했다. 이런 재앙들은 인간 자신의 마음 속에서 일어나는 것으로, 외부세계의 사건들이 아니다. 고야의 "카프리초스"처럼 포사다의 "악마들(Demonios)"에서 그가 묘사했던 배회하는 공포나 악마나 괴물들(탐욕, 사치, 권태, 질투 등으로 불리는)은 우리를 물어뜯고 끌어당긴다. 뱀들이 우리를 칭칭 감아서 죽이고, 유령들은 자정에 나타나 길모퉁이의 불쌍한 양초가게 점원인 도냐 파치타 아줌마를 놀라게 한다. 유령과 악마, 박쥐나 용들은 포사다의 별난 인쇄소에 몰려 있다. 그 안의 야외 시장판에서 사람을 끄는 소위 '환상극장'으로 들어가는 입구에는 어금니가 삐죽 솟아 있는 악마가 입을 커다랗게 벌리고는, 「햄릿(*Hamlet*)」에 나오는 "무시무시한 죽음의 수문장"이 경호하는 최후의 광경, 그 "미지의 나라"를 바라보려고 들어가는 관객을 삼키기 위해서 기다리고 있다.

죽음은 야외시장에서, 사회계층과 정치적 허구를 뒤엎는 카니발에서

"멋을 부린 부인", 판화, 포사다 작.

우리를 기다린다. 이것은 무대와 객석, 배우와 관객, 보는 자와 보이는 자 간의 경계를 깨뜨리는 위대한 평등주의의 대광경이다. 이 "카니발적" 만남, 이 태고 이래의 권위를 파괴하는 그 위대한 힘은 포사다를 상상할 수 없을 정도로 즐겁고도 아이러니컬한 죽음의 비전으로 몰고 간다. 포사다의 "칼라베라스(Calaveras, 해골들)"는 "만령제(萬靈祭)"와 "사자(死者)의 날"을 위해서 준비한 삽화이다. 포사다의 해골의 예술은 당시 가장 근대적인 운송수단이었던 자전거가 유령의 묘지에 갑자기 출현했을 때, 그 절정에 오르기 시작했다. 자전거는 1890년에 멕시코 시티에서 대유행했지만 그것은 다른 수많은 진보의 증거물들 —— 1898년에 세워진 최초의 전기공장, 1902년 기구에 의한 호아킨 데 라 칸토야의 멕시코 시티 상공비행, 수년 후 비행기를 이용한 브라니프의 최초의 항공비행 —— 과 그렇게 동떨어진 사건이 아니었다. 그러나 이런 "근대적인" 사건들도 과거의 짐들로부터 결코 벗어나지 못했다. 포사다의 판화는 진보와 더불어 미신, 무지, 무장 도적의 습격으로 야기된 죽음의 하중을 상기시켰다.

번뜩이는 대담한 재능을 통해 포사다는 이런 모순을 자전거를 탄 사신(死神), 즉 새것과 옛것을 융합시키면서 피할 수 없는 죽음의 모습으로 응축시켰다. 자전거는 멋쟁이 남자나 살인자도, 국회의원이나 가짜 의사도,

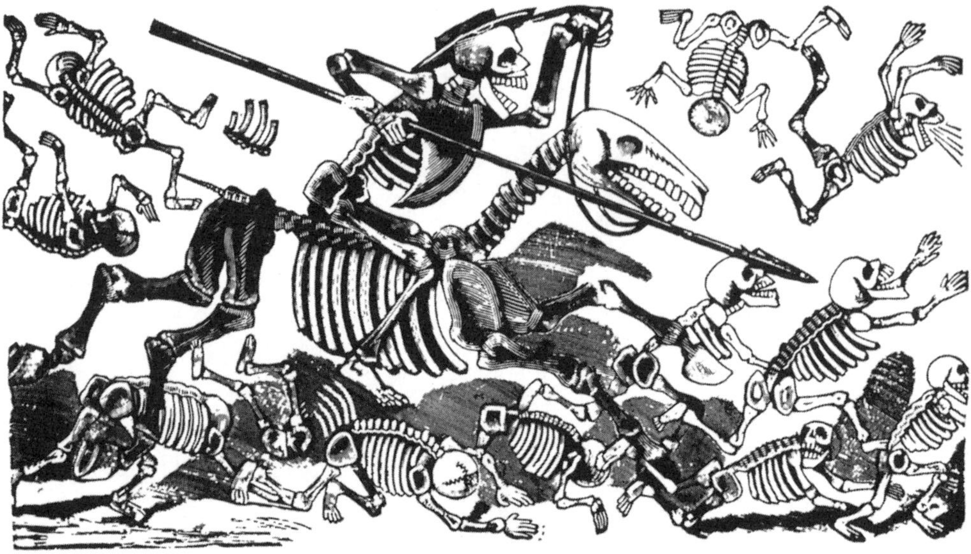

"해골의 돈 키호테", 판화, 포사다 작, 1887년경.

악덕 변호사나 판사도, 신심 깊은 나이든 귀부인이나 양키 착취자도 다 실어나른다. "자전거를 잘 타는 이 그링고(gringo, 멕시코 사람들이 미국인을 폄하시켜서 칭하는 말 /역주)들을 조심해야 한다"라고 포사다의 또 다른 판화는 이야기하고 있다. 농민도, 도시인도 피할 수 없는 죽음의 거리로 페달을 밟고 질주하지 않으면 안 된다. 그것은 물어볼 것도 없이 익살스러운 죽음의 신, 입에 시가를 물고 있거나, 멕시코의 하라베(Jarabe) 춤을 추고 있는, 특히 일종의 해골의 매이 웨스트(Mae West)처럼 19세기 말의 귀부인으로 치장하고 켓살코아틀의 숄을 걸치고, 대머리에 호화로운 파리풍의 챙 넓고 꽃으로 장식된 모자를 쓰고는 "이리와. 언젠가 날 볼테지"라고 말하는 그런 죽음의 신이었다. 작품 그 자체로 볼 때 그의 이런 비전은 훌륭하기 그지없지만, 그것은 전통에 새로운 것이 더해지는 것처럼 옛 전통에도 많은 것을 빚지고 있다. 모든 예술가의 경우가 그렇듯이, 포사다에게도 창조라는 것은 전통을 전진시키기 위하여 잠깐 멈춰서는 하나의 정지였다. 천재적인 번뜩임 속에서, 그것은 전통을 인지하거나 초월하며, 그것을 거부하거나 풍부하게 한다.

여기에는 홀바인이 그의 불후의 명작을 통해 완성시켰고 후에 포사다가 재창조한 중세 "죽음의 무도회(danse macabre)"의 전통이 살아 있다.

"위대한 전기의 해골(묘지는 최근에 들어온 전차에 희생된 사람들로 가득하다)" 판화, 포사다 작, 1907년.

실제로 여기에는 고야의 "카프리초스"와 보마르소에 있는 해골 유원지 ── 오르시니 공의 묘가 그 아가리를 벌리며 죽은 자들을 맞고 있는 ── 가 있다. 여기에는 또한 아스테카의 코아테판틀리(coatepantli), 즉 멕시코 시티의 마요르 대사원(Templo Mayor)에서 최근 발견된 해골의 벽이나, '사자의 날'에 멕시코 어린이들이 먹는 해골 캔디의 전통이 스며들고 있다. 포사다의 그림은 또한 영화 몽타주 기법의 선구이다. 세르게이 에이젠슈테인은 그의 영화 "멕시코 만세!(Que viva México!)"에서, 포사다가 "사자의 날"을 주제로 포착한 판화의 장면에 많은 빚을 졌다고 인정했다.

이 통찰력은 그 자체로서도 대단한 것이지만 그것은 모든 이미지, 특히 죽음의 이미지가 폭력과 죽음으로 집약되는 역사관을 의미하는 혁명의 비전으로 흘러갈 때 더욱더 독특한 것이 되었다. 소란스럽고, 활기차고, 유쾌한 포사다의 예술은 무시무시한 모습을 비쳐주는 거울을 사회에 제공할 뿐만 아니라 폐허로서의 역사라는 고야식의 잠 못 이루는 악몽을 제시한다. 포사다는 또한 라틴 아메리카인으로 하여금 자신의 문화의 연속성을 비판적으로 볼 수 있게끔 도와준다. 우리는 역사와 행복이 동시에 일치한다는 잘못된 믿음을 위하여 비싼 대가를 치러왔다. 모든 행복은 상대적이다. 행복에는 절대적인 것이 없다. 역사는 절대적 성공, 완벽한 성취의 약속으로 우리를 속이지 않을 때 비로소 역사가 된다. 인생은, 포사다가 보여준 죽음의 비전을 포함해서, 비극적인 인식을 피하지 않을 때 비로소 살 만한 가치가 있는 것이다.

포사다에게 독립한 문화의 모순은 위험과 혁명, 삶과 죽음이라는 두 대극적인 것들의 비장하고 위험스러운 만남으로서 표현되었다. 20세기의 여명이 밝아오자, 라틴 아메리카인들은 —— 만약 그들이 자신들의 진정한 모습을 보거나 과거의 전체상을 파악하거나 그 과거와 대립되지 않는 미래를 마음 속에 그려보았다면 —— 이와 같은 위험에 직면하지 않으면 안 된다는 것을 알게 되었다. 폭력에 의했든 이성에 의했든, 혁명적이었든 평화적이었든 간에, 이제 라틴 아메리카의 역사는 인디오 시대와 식민지 시대 이래 직면했던 가장 집요한 딜레마, 즉 다수파에 의한 토지의 소유와 다수의 권리라는 문제에 시선을 주지 않으면 안 되었다. 이것과 관련하여 멕시코 혁명 —— 새로운 세기에서 일어난 최초의 대규모 사회봉기 —— 만큼 폭력을 통해서 사람과 토지를 결합시킨 예는 어디에도 없었다.

제15장 토지와 자유

멕시코 혁명은 사실상 두 가지 성격의 혁명이었다. 첫번째는 북부의 판초 비야와 남부의 에밀리아노 사파타와 같은 민중 게릴라 지도자들이 이끌었던 혁명으로서 그 목적은 지방자치를 기반으로 한 사회정의였다. 두 번째 혁명은 전문직에 종사하는 사람들이나 지식인들, 농장주, 그리고 상인들이 이끌었던 것으로 그들은 강력한 중앙집권정부를 축으로 근대적이고 민주적이고 진보적인 멕시코를 세우는 것을 목표로 했다.

농민운동의 지휘자든 중산층의 지도자든 그들은 포르피리오 디아스라는 한 개인의 장기 집권에 의해서 자신들의 희망이 얼마나 오랫동안 좌절되었는지 절감하고 있었다. 디아스는 1877년에서 1911년까지 대통령으로서 멕시코를 통치했다. 베니토 후아레스 밑에서 프랑스의 간섭에 맞서 싸웠던 이 용감한 게릴라 전사는 라틴 아메리카의 자유라는 깃발 아래 대통령직에 올랐다. 하지만 포르피리오적 개념에서 볼 때 그가 내건 "질서와 진보"라는 구호 속에는 민주주의나 사회정의는 포함되어 있지 않았다. 그것은 단순히 엘리트층만을 우대하고 비민주적 수단을 정당화하면서 경제를 급성장시키는 것만을 의미했다.

처음에 디아스는 19세기에 자연스럽게 형성된 중류층을 구슬렸다. 그가 석유, 철도, 토지개발에 외국 투자를 장려하자, 기업가, 관리, 농장주 출신의 신흥세력들이 무대 전면에 등장했다. 포르피리오 체제하에서 멕시코 철도의 총연장 거리는 1880년 1,661킬로미터에서 1900년에는 1만4,573킬로미터로 늘어났다. 그러나 이런 정책은 다수의 농민이나 수공업자들을 농업 및 산업노동자로 변모시켰다. 반면, 자유주의 개혁법 아래서 활기를 되찾은 아시엔다 제도는 스페인 국왕이 명한 법에 의하여 그때까지 전통적인 농촌사회에 남아 있었던 선조 전래의 최후의 토지를 강탈해버렸다.

포르피리오 디아스.

토지와 물과 숲은 새롭고 강력한 토지단위였던 아시엔다에 의해서 흡수되었다. 농민들이 점점 더 토지를 잃어버림에 따라서 그들은 사실상 광대한 대농장의 노예로 전락하고 말았다. 그와 같은 아시엔다 중의 하나로 치와와 주의 테라사 가문의 농장은 벨기에와 네덜란드를 합친 것보다도 컸고, 그 부지를 횡단하는 데에는 기차로 꼬박 하루가 걸릴 정도였다. 외국인의 소유지도 마찬가지로 광대했다. 1910년까지 미국인들이 멕시코에서 소유하고 있었던 토지는 아주 쓸모있는 광업, 농업, 임업 용지의 태반을 포함해서 거의 1억 에이커에 달했고, 그것은 멕시코 전체 면적의 22퍼센트를 점하고 있었다. 신문재벌로 대실업가였던 윌리엄 랜돌프 허스트의 소유지만 하더라도, 그것을 다 합치면 거의 800만 에이커에 육박했다.

멕시코의 아시엔다 농장은 바로 농업노동에서 식민지 시대로부터 내려왔던 착취의 형태 ── 처음에는 엔코미엔다 제도, 그 다음에는 레파르티미엔토 제도 ── 를 대체한 페온(péon) 제도라고 하는 완성된 형태였다. 사실상 빚은 농민을 얽어매는 주요 수단이었다. 그들은 농장주의 '직영상점(Tienda de raya)'에서 돈을 빌렸는데, 이 빚은 대대로 이어져 내려왔다. 1910년까지 멕시코 농경지의 98퍼센트가 아시엔다의 소유였고, 멕시코 농민의 90퍼센트는 토지를 소유하지 못했다. 그 농민들이 인구의 80퍼센트를 점하고 있었고, 읽고 쓸 수 있는 자는 10퍼센트도 채 못 되었다. 그러나 디아스의 개발정책으로 인해서 수많은 농민과 전통 수공업자들은 농업노동자나 산업노동자로 바뀌었다. 디아스는 그들의 노동조합을 탄압하고 파업을 분쇄하고 값싼 노동력을 확실히 유지하기 위해서 강력한 국가 보안군을 창설해야만 했다. 한편 디아스의 국내 지지자층이나 점증하는 외국기업 또한 급성장하고 있던 멕시코 경제로부터 그렇게 이익을 얻지 못했고, 투자도 하지 못했다.

이런 불만과 반란은 산업노동자와 농업노동자의 쌍방에게 피할 수 없는 것이 되어버리고 말았다. 디아스는 그들에 대해서 잔인하고 공격적으로 대응했다 : "그놈들이 달아오르면 죽여버려." 6개월 사이에 두 번에 걸친 산업노동자들의 파업은 포르피리오 디아스의 정권을 동요시켰다. 1906년 6월에는 카나네아의 동광(銅鑛) 노동자가 이 멕시코 독재자 그리고 그와 손을 맞잡은 외국인을 향해서 반기를 들었다. 디아스는 "미국인들의 생명과 재산을 지키고" 광부의 폭동을 진압하기 위해서 미국 애리조나의 무장순찰대(Arizona Rangers)가 출동해줄 것을 요청했다. 같은 해 12월, 베라크루스 주 리오 블랑코의 한 방직공장에서 '자유노동자연합'이 반란을 일으켰다. 그들은 직영 상점에의 전면적인 의존, 열악한 주거환경, 공장 내의 신분증명서의 휴대와 사용, 그리고 독서물 자료의 검열 등을 포함한 현상에 불만을 터뜨렸다. 이번 경우에 디아스는 폭력적인 외국 군대 대신에 연방군을 출동시켜 노동자들을 향하여 총알 세례를 퍼부었고, 시체들을 화물차에 실어 베라크루스까지 운반한 뒤, 바다에 던져 버렸다.

기본적으로 농업중심적이던 사회에 가해진 디아스의 정책은 더없이 강력한 지주계급과 허약한 부르주아 및 억압받는 농민, 그리고 노동운동의 탄압을 야기시켰다. 그러나 결국 그 체제가 만든 새로운 사회 그룹을 흡수하는 데에 실패한 디아스 정부는 완전히 고립되었다. 당초, 디아스에 의해서 우대받았던 중산층도 이 체제로부터 점점 떨어져나가기 시작했다. 멕시코로의 수출만을 중시하고, 멕시코 국내시장의 확대에는 무관심했던 외국기업에게 대부분의 이익이 넘어가고, 자신들의 이익은 점점 더 줄어들었던 것이다. 억압, 성공의 기회의 결핍, 국제적인 경제위기에 좌우되는 취약성, 오래 전부터 내려왔던 토지소유의 요구, 민족주의 감정, 그리고 권력을 요구하는 새로운 목소리가, 드디어 농민, 노동자, 중산층, 지방 엘리트층을 억제할 수 없는 혁명운동으로 향하게끔 하나로 결집시켰다. 때때로 드러나듯이, 사회가 국가보다 커졌음에도 불구하고, 국가는 그것을 알지 못했다. 그러나 멕시코나 다른 라틴 아메리카의 모든 나라들은 근대화가 전통적인 농업사회에서 어떤 기준이 될 수 있는지 그 가치에 대해서 점점 의심을 품기 시작했다. 근대화는 경제적 성장, 정치적 자유, 또는 문화의 지속성을 더욱 가져다줄 것인가?

멕시코에 불어닥친 폭풍

1900년대 초에 찍은 뉴스 영화에 보이는 포르피리오 디아스와 그의 측근들의 모습은 아메리카 세계보다는 차라리 카이저가 지배하는 독일제국의 분위기를 띠고 있다. 고령의 각료들(대부분 70대, 80대였다)은 자신들을 "시엔티피코스(científicos, 과학자)"라고 부르며, 실증주의 철학자 오귀스트 콩트의 추종자로 자처했다. 콩트에 의하면, 진보는 신학적, 형이상학적, 실증적인 세 가지 단계로 발전하는데, 인간은 이 최후의 단계에 도달하면 미신이나 이상적인 해석을 벗어나 마침내 현실을 대면하게 된다는 것이다. 그러나 "시엔티피코스"가 직면했던 현실은 분열되었다. 그들이 눈으로 보았던 절반의 현실은 진보와 근대화의 시혜를 바라는 것이었지만, 나머지 절반은 그것과는 너무나도 다른, 대다수의 사람들이 겪고 있었던 불공정한 현실이었다.

1910년 9월, 디아스는 멕시코 독립 100주년 기념식에서 세계각국으로부터 축하를 받았다. 특히 유럽은 멕시코에 평화와 진보와 안정을 가져다준 이 강력한 독재자를 칭송했다. 디아스가 그의 국제적 이미지를 더욱 빛내려는 듯이, 미국인 기자와의 한 회견에서 "멕시코는 마침내 민주주의를 실천할 만반의 준비를 갖추게 되었습니다"라고 말했을 때, 국민들은 그의 말을 진심으로 받아들였다.

1908년, 당시 35세였던 프란시스코 마데로라고 하는 지주 출신의 한 무명 변호사가 민주주의에 대한 디아스의 약속을 상기시키며 「1910년의 대통령 계승(*La sucesión presidencial en 1910*)」이라는 제목의 소책자를 출간했다. 거기서 그는 거침없이, 자유선거와 계속된 디아스의 재선 저지를 호소했다. 인구의 90퍼센트가 글을 읽지 못했던 이 나라에서, 주목받지 못하던 한 남자가 쓴 이 작은 책은 포르피리오 추종자들의 오래되고 마른 숲, 즉 그의 독재정권에 불을 지필 적절한 성냥이 되었다. 글을 읽을 줄 아는 사람들 모두는 그 책을 읽었고, 그것을 읽은 사람은 모두 마데로의 메시지를 널리 퍼트렸다.

멕시코 남부에서는 이미 한 청년이 고향 모렐로스 주의 농민대표단을 이끌고 상경하여 디아스 대통령에게 민중의 불만을 탄원하고 있었다. 그는 모렐로스로 귀향하자마자, 그에 대한 보복으로 연방군의 군대에 강제로 징집되었다. 1909년, 그들의 권리획득을 위하여 의연히 싸우던 여러 마을들은 당시 30세였던 에밀리아노 사파타를 지도자로 선출했다. 사파타는 말과 노새를 능숙하게 다루었다. 그의 강렬하고도 꿰뚫는 듯한, 그러나 한편으로는 꿈꾸고 있는 것처럼 보이는 눈길은 그를 만났던 모든 사람들에게 깊은 인상을 주었다.

북부에서는 또 한 명의 민중대표가 왔다. 그는 이전에 아시엔다의 일용노동자로서 때때로 반역자로 소도둑 생활을 했던 도로테오 아랑고라는 인물이었다. 그는 목동이나 농장노동자, 직인들을 모아, 독재정권을 타도시키기 위한 군대를 훈련하면서 "판초 비야"라는 이름을 썼다. 이 대투쟁의 중심에는, 완전무결한 민주주의를 약속한, 후에 '민주주의의 사도'라고 불린 겸손한 프란시스코 마데로가 있었다.

물론 디아스는 그의 권력에 도전하는 것을 용납하지 않았다. 마데로는 이 늙은 독재자의 재출마 의지를 문제 삼았다가 투옥되었다. 덕분에 그는 금새 영웅이 되었다. 그가 옥중에 있었을 때, 디아스는 재선했다. 마데로는 탈옥하여 민중에게 무장봉기를 일으키라고 외쳤다. 합법적인 수단은 더 이상 없었다. 북부에서는 비야, 남부에서는 사파타가 이끄는 게릴라 부대가 한꺼번에 반란군에 합류하여 연방군의 노지휘관들을 함께 쳐부수었다. 1911년 5월 10일, 연방군 총사령관은 텍사스 주 엘파소와 리오 그란데 강에 면한 국경도시 후아레스(치와와 주의 주도)에서 항복을 했다. 이 도시가 반란군의 수중에 떨어지자, 포르피리오 디아스는 그의 시대는 이미 가버렸다는 것을 깨달았다. 디아스는 "마데로는 호랑이를 한 마리 풀어놓았지. 그가 그 호랑이를 길들일 수 있는지 한 번 봅시다"라고 경고하면서, 죽음이 기다리는 파리로의 망명길에 올랐다.

마데로는 열광하는 인파 속에서 대통령에 선출되었다. 수도로 개선하던 도중, 군중들은 기차역마다 갈채하며 그를 맞았다. 멕시코 시티로 입성하자, 시민들은 구세주의 강림을 목격하고 있다고 믿었다. 그날 강력한 지진이 이 도시를 엄습했고 환호의 분위기를 더해주는 것처럼 보였다. 실제로 마데로는 멕시코에게 뭔가 소박한 것, 그러나 아스테카 제국과 스페인 부왕령 시대로부터 내려온 전제주의적 전통을 고려해보면 거의 기적으로 보일 수 있는, 기능하는 민주주의를 주고 싶어했다. 그는 언론의 자유를 확립했고, 의회에 행정부를 비판할 수 있는 독립적인 권한을 부여했으며, 시민들이 정당을 결성하는 것을 허용했다. 마데로는 이런 모든 것들을 멕시코에 주었지만, 불만의 근본 원인에는 주의를 기울이지 않았다.

오래된 관료제도는 여전히 남아 있었고, 아시엔다 쪽에는 손을 대지 않았다. 농민들은 그들의 토지를 되찾지 못했고, 독재자 시대의 군대는 계속 존재하여 삶의 조건을 바꿔보고자 했던 사람들을 진압할 준비를 갖추고 있었다. 농민군은 마을과 지방도시들을 침공하기 시작했다. 노조와 경찰 사이에는 시가전이 벌어졌다. 마침내 사파타는 마데로를 배반자라고 비난하면서 계속 투쟁하기로 결심했다. 멕시코의 정정 불안과 함께 미국의 불안도 커져만 갔다. 라이벌이었던 장군들이 구체제를 부활시키고자 다시 무기를 들고 일어났다. 기업도 공포감으로 싸늘해졌다. 마침내

"프란시스코 마데로의 멕시코 도착", 판화, 포사다 작, 1911년경.

1913년 2월, 멕시코 시티의 거리는 10일 동안 —— "비극의 10일" —— 전쟁터로 바뀌었다. 호랑이가 제멋대로 날뛰고 있었다.

지지자들을 만족시키기 위한 개혁은 너무도 지지부진했고, 적들에 대해서는 지나치게 무기력했던 마데로는 결국 군과 대토지소유자, 그리고 미국 대사였던 헨리 레인 윌슨이 개입한 공모로 인해서 무너지고 말았다. 멕시코 시티에서 벌어진 반란이 최고조에 달했던 때, 마데로에 의해서 사령관으로 임명된 빅토리아노 우에르타 장군이 그를 배반했다. 그것은 멕시코인을 "성숙이 덜 된 인간", "감정적인 라틴계 인종"이라고 업신여기며 그들의 판사를 자임했던 윌슨 대사의 지원에 의해서였다. 그러나 미국의 태프트 행정부가 무능한 마데로 이상으로 두려워했던 사람은 모든 토지를 재분배하고 농업사회의 직접적 자치를 단호하게 요구했던 민중의 지도자 비야와 사파타였다.

허약한 마데로는 우에르타에 의하여 냉혹하게 살해되었다. 미국의 한 저널리스트의 말을 빌리면, 마데로는 그의 목숨의 문전에 귀머거리에 장님인 보초를 세워놓고는 "이상 없음"이라는 보고를 듣고 있었던 것이다. 마데로가 잔인하게 살해된 사건은 멕시코를 다시 단결시켰다. 우에르타는 꼬냑을 너무나도 찾는, 무능하고 그저 피에 굶주린 독재자임이 드러났다. 우에르타는 국민의 분노에 직면했다. 모든 반란 그룹은 베누스티아노 카란사 —— 포르피리오 디아스 치하에서 상원의원을 지냈고 북부 코아우일라 주지사로 있었던 —— 밑에 집결했다. 카란사가 대표했던 것은 지방의 상류층으로서, 이제 그들은 기업가나 전문 직업인, 그리고 소규모 시골 지주들 —— 장기간에 걸친 디아스 정권 밑에서 정부로부터 소외받아왔던 사람들 —— 의 기대에 부응하여 강력하고도 민족주의적이고 진보된 국가를 원하고 있었다.

세 무장세력이 우에르타에 대해서 봉기했다. 남부에서는 에밀리아노 사파타가 우에르타의 초토화 작전에 대항하여 아시엔다를 불태우면서 보복했다. 북부에서는 판초 비야가 강력한 북부사단(División del Norte)을 조직하고 '황금의 남자들(Dorados)'을 휘하로 두면서 연방군과 싸워 계속 승리를 거두었고 아시엔다를 탈취하고 대토지소유자나 대금업자들을 타도했으며, "최초의 혁명지도자"라고 불리던 카란사를 위협하고 있었다. 비야가 중앙 멕시코의 광산도시인 사카테카스를 탈취할 즈음, 카란사는 혁명전쟁중 가장 유능했던 사령관 알바로 오브레곤에게 지원을 청했다. 오브레곤은 소노라 출신의 농민으로서, 그의 사단에는 디아스의 인디오 근절령에 복수를 맹세하고 전쟁에 참가했던 용감한 야키족의 전사들이 있었다.

1914년에 우에르타는 패배하고, 혁명군은 이제 멕시코 시티로 들어갈 준비를 갖추었다. 그러나 승리가 달성되면 혁명은 그 자신을 배반하게 된다. 즉 멕시코 혁명은 실제로 이 장의 첫부분에서 언급했던 대로 두 가지 성격을 띤 혁명이었다. 비야와 사파타가 이끈 농민운동은 대중적인 우상의 이미지로서 영구히 그들의 마음에 남게 되었다. 그것은 지방에 근거를 둔 반란으로서, 그 목적은 토지나 물, 그리고 숲에 대한 마을의 권리를 되돌려주고자 하는 것이었다. 그리고 오랫동안 사람들이 공유했던 비중앙집권적 공동체 자치사회의 민주주의를 지지했다. 이전부터 내려오는 농민의 가치관을 계승하는 것을 목표로 했던 운동은 많은 점에서 보수적인 혁명이었다. 또 다른 혁명은 우상적 이미지로서 그렇게 강력한 인상을 남기지 못한 국가주의적, 중앙집권주의적 근대화를 위한 혁명이었다. 그 혁명은 카란사로부터 출발하여, 최종적으로는 두 명의 강력한 정치가였던 오브레곤과 그의 후계자 플루타르코 엘리아스 카예스에 의하여 완성되었다. 그들은 1921년부터 1935년까지 멕시코의 정치를 지배했다.

멕시코 시티의 대통령궁의 판초 비야(중앙)와 에밀리아노 사파타(큰 모자를 무릎에 얹고 있는), 1916년경.

이런 혁명의 양대세력의 충돌은 구질서를 파괴하는 혁명 이상으로 유혈을 불러일으켰다. 아마도 모든 혁명은 본질적으로 단결한 민중이 부패한 독재에 대항하여 궐기했던 거대한 서사적 이야기일 것이다. 그러나 그 뒤 혁명과 혁명이, 형제와 형제가 서로 반목하고 합치지 못할 때, 그것은 비극적인 이야기로 바뀌게 된다.

카란사는 잠깐 동안 사파타와 비야가 주도한 혁명에 의해서 멕시코 시티로부터 축출되었다. 이 두 명의 민중지도자들은 함께 수도로 입성했다. 사진 속의 비야는 대통령의 의자에 앉아서 만면에 웃음을 띠고 있다. 그 옆에는 더 침울해 보이는 사파타가 모자를 벗어들고는 눈앞에 펼쳐지는 멕시코 시티를 무표정하게 바라보고 있다. 이 두 남자의 고향은 여기 이 고지에 있었던 것이 아니라 저 아래 시골 마을 깊은 곳에 있었다. "이 도시는 보도로 가득 차 있군." 사파타가 비야에게 말했다. "걸을 때마다 넘어진단 말이야."

그들은 고향으로 돌아와 토지를 분배했고, 학교를 세웠으며 발전대체 모델을 제시했다. 실제로 에밀리아노 사파타와 모렐로스의 주민들은 단 1년(1914-15) 만에 중앙정부의 간섭 없이 자치를 이루어, 이제까지 라틴 아메리카에서는 결코 볼 수 없었던 사회를 창출해냈다. 토지는 각 촌의 선택에 따라서 공유지나 개인의 사유지로 분배되었다. 농업은 이전의 상태로 회복되었을 뿐만 아니라, 그것을 넘어서서 현저하게 확대되었다. 물론 사파타와 그의 동료들은 이전의 촌사람, 농민, 소작인으로 돌아갔다. 사파타의 권한은 지역협의회로부터 나왔고 그것들은 그들이 현실 속에서 엄밀히 시행하고자 했던 법을 준수함으로써 유지되었다. 그 법들을 기반으로, 소위 신뢰의 정치라는 것이 형성되었다. 존 워맥은 사파타주의 운동의 역사에 관한 권위 있는 저서에서 "중요한 것은, 사파타는 결코 국가경찰을 조직하지 않았으며 게다가 각 촌의 의회가 법을 유연하게 집행했다는 것이다"라고 지적하고 있다. 군사지도자는 마을의 문제에 개입하는 것이 금지되었고, 사파타 자신도 지역의 분쟁을 중재하지 않으면 안 되었을 때라도 언제나 그 역할을 마을 사람들이 이미 독자적으로 취한 결정에 따르는 것으로 한정시켰다.

모렐로스 주의 주민들은 사파티즘(Zapatismo)의 기치 아래 목숨을 걸고 싸워서 쟁취한, 그들이 그렇게도 바라던 소박한 꿈을 실현했다. 그들은 체념의 절망적인 상황에 안주하기를 거부하고는 농촌문화가 당연시해왔던 운명을 깨뜨리고, 지방을 기반으로 하여 인간적인 모습을 띤 기능적인 경제-사회 조직을 실현할 수 있다는 것을 증명해주었다. 그들은 또한 멕시코인들이 민주적으로 자치를 달성할 수 있다는 것도 보여주었다. 그러나 이러한 사파타의 가치체계, 바로 그것이 사파타의 자멸을 초래하게 된다. 이상향 모렐로스는 국가의 의도에 반하는 것이었다. 멕시코라는 국가의 비전은 실질적으로 지방의 특색을 해소하고 훨씬 더 큰 국가적 사업을 우선하는 것을 전제로 했던 것이다. 조그만 모렐로스는 거대한 멕시코, 즉 카란사와 그의 야심적인 지휘관 오브레곤과 카예스를 중심으로 형성되어 있었던 역동적이고, 책임능력이 있고 무절제한 이 중앙집권 세력에 의해서 희생되지 않으면 안 되었다.

국가적 혁명은 지방적 혁명과 대결했다. 후자가 모든 사람들에 의해서 받아들여진 공통의 전통기반에서 수립되었다면, 전자는 진보를 위한 국가적 계획을 입안하여 그것을 실행하지 않으면 안 되었다. 사파타주의는 문제가 생기면 즉각 그것을 해결할 수 있었다. 지방의 관습에 근거한 윤리관은 단순하고 명쾌하여, 한번 내려진 결정은 취소될 수 없었다. 또 그 문화가 동질적이고 전원이 서로를 잘 알고 있다는 것은 직접민주주의에 유리하게 작용했다. 반면에 국가적 혁명은 서로 이질적인 사회를 번영시키기 위해서, 통신 수단이나 전력이나 행정능력이 없는 나라에 근대적인 사회간접자본을 창출하여 한 나라의 모든 역량을 한 곳으로 집중시키는 것이 지상명령이라고 생각했다. 한편 모렐로스 주의 혁명은 국제관계에 무관심해도 좋았지만, 국가의 혁명은 북아메리카 대국의 끊임없는 압력과 외국의 개입이라는 명백한 위협에 또다시 맞서야만 했다.

통제할 수도 없고 더군다나 이해할 수도 없는, 국경 남쪽에서 일어난 혁명으로 곤혹스러워진 워싱턴의 우드로 윌슨 행정부는 1914년에 베라크루스를 점령했으며, 1916년에 존 퍼싱 장군(통칭 블랙 잭)에게 명령을 내려 치와와로 가서 미국 영토인 뉴 멕시코에 침입했던 판초 비야를 응징하도록 했다. 그러나 이 두 군사행동은 모두 실패로 돌아가고 말았다. 베라크루스의 점령은 멕시코 민족주의라는 이름하에 독재자 우에르타의 입장만을 강화시켜준 결과를 가져왔고, 퍼싱은 도망가는 데 귀신이었던 판초 비야를 사로잡을 수 없었다. 한편, 윌슨은 혁명으로 타격을 입은 미국 기업(미국 군대의 침략을 찬성한)으로부터 혁명의 와중에 있던 멕시코 영토를 미국에 병합시키라는 강력한 압력에 직면해야만 했다. 제1차 세계대전이 끝났을 때 승리를 거둔 미국에는 100만 명의 군인과 무기가 남아 있었고, 미국의 이익을 위하여 멕시코를 침공해서 자국의 문제를 해결하려고 했던 세력이 있었다. 만약 멕시코가 분단된다면 지금의 레바논처럼 곪을 대로 곪은 상처투성이의 나라가 될 것이었다. 이리하여 혁명은 진정되어야 했고, 지방의 게릴라 지도자들도 제거되고 국내의 문제에 대한 법적, 정치적 타협이 모색되어야만 했다. 이제 비극이 시작되었다.

사파타의 죽음

두 혁명간의 최후의 결전이 임박했다. 1915년에 셀라야 평원에서 카란사 군의 총사령관 알바로 오브레곤은 판초 비야에게 결정적인 타격을 입혔다. 이 게릴라 대장은 어떤 전투에서든 승리를 위해서는 언제나 기마병력에 의지했다. 오브레곤은 이 사실을 잘 알고 있었다. 그는 진영 맨 뒤에 화기들을 배치한 뒤 비야가 말을 타고 돌진해오기만을 기다렸다. 야키족 병사들은 평원에 구덩이를 파고 거기에 몸을 숨겼다. 마침내 비야의 기병대가 그들의 머리 위로 지나가자, 총검을 들어 이 날렵한 말들의 복부를 찔렀다. 창자가 터져나오고 피가 여기저기서 솟구쳐 나오며 연기가 자욱한 가운데 전투는 끝났다. 오브레곤 장군은 이 전투에서 오른팔을 잃었다. 시체가 얼마나 많이 쌓였던지 그는 떨어져 나간 팔을 찾을 수가 없었다고 한다. 그러자 오브레곤은 금화를 공중에 던졌는데 예상했던 대로 곧 그의 팔이 이 주화를 줍기 위해서 뛰쳐올라왔다고 한다. 덧붙여 말하면 오브레곤 장군은 자신의 명예를 걸고 이것이 사실이라고 했지만, 사실 이 에피소드는 그가 일부러 지어내어 퍼뜨린 것이다.

오브레곤은 "어떤 멕시코 장군이라도 5만 페소짜리 포탄을 맞고 쓰러지지 않을 장사는 없다"라고 말했다. 카란사 역시 이 사실을 잘 알고 있었다. 그는 혁명을 통일하기 위해서 심상치 않은 도전자, 이 불굴의 사파타를 없앨 계략을 꾸미고 있었다. 이제 민중에 의하여 뽑혀서 "토지와 자유"의 기치를 내걸고 싸웠던 사파타만이 홀로 남았다. 그의 생애를 지배했던 무기에의 호소가 이제 거꾸로 그의 운명을 결정했다.

1919년 4월 10일, 에밀리아노 사파타는 정부군을 이탈한 장교 헤수스 과하르도 대령을 만나러 말을 타고 치나메카 농장으로 갔다. 오후 2시, 그가 농장의 대문에 들어서자 과하르도의 호위대가 그에게 총을 들이댔다. 그러자 나팔 소리가 울려퍼졌고 동시에 그 호위병들은 사파타를 향하여 근거리에서 두 방을 쏘았다. 이 게릴라 지도자는 이내 쓰러졌고 다시는 일어나지 못했다. 8월이면 그의 나이 마흔 살이었다.

후에 드러났지만, 그 대령은 변절자가 아니라 정부의 사파타 암살계획에 가담했던 자였다. 혁명의 기치를 결코 내려본 적이 없고, 방어의 자세를 풀지 않았던 이 불굴의 용사, 반대파에게는 불편하기 그지없었던 사파타는 토지와 자유의 요구가 엄격히 실행될 수 있도록 마지막까지 싸웠다. 과하르도 대령은 이 공적으로 장군으로 승진했고, 알바로 오브레곤 장군이 앞서 언급했던 포탄 값, 즉 5만2,000페소의 포상금을 받았다.

사파타의 시체는 노새 등에 실려서 쿠아우틀라로 옮겨져 도로 한복판에 버려졌다. 그의 얼굴 위로 플래시가 터졌고 수없이 사진이 찍혔다. 이런 식으로 그들은 사파타의 신화를 깨뜨리고자 했던 것이다. 사파타는 죽었다. 그러나 이 분지의 마을 사람 그 누구도 그가 죽었다는 것을 믿지 않았다. 사파타는 죽을 수가 없었다. 그는 매복에 빠져 살해되기에는 너무도 빈틈없는 사람이었기 때문이다. 그의 백마도 산꼭대기에서 하염없이 그를 기다리고 있지 않은가? 이 모렐로스 분지에 사는 모든 주민들, 혁명에 참가했던 노병사로부터 학교에 다니는 어린아이들까지 어느 한 사람도 빠짐없이 사파타는 여전히 살아 있다고 믿고 있다. 아마 맞는 이야기일지도 모른다. 왜냐하면 민중이 그의 깊은 신념과 문화적 가치관을 좇아서 자치를 위한 투쟁을 계속하는 한, 사파타가 보여준 대의는 영원히 살아남을 것이기 때문이다.

문화혁명

베누스티아노 카란사의 운명도 예외는 아니었다. 그 역시 1920년, 혁명 내부에서 일어난 또 하나의 불화를 피해서 도주하다가 누군가에 의해서 암살되었던 것이다. 혁명으로 가득 찬 신세계의 떠오르는 별, 알바로 오브레곤은 1917년, 모든 반란세력이 다듬은 혁명헌법을 농업혁명에 적용함으로써 사파타파(派) 세력을 규합하려고 했고, 판초 비야를 회유하기 위해서 북부 멕시코의 한 목장을 그에게 선물했다(여기서 이 게릴라 지도자는 1923년에 암살되었다). 오브레곤은 토지 분배와 지하자원의 개발에 관하여 보다 급진적인 법률의 시행을 연기하라는 미국의 압력에 맞섰다. 그러나 오브레곤 정권의 주목할 만한 점은 정력적인 문교부 장관이었던 작가 호세 바스콘셀로스의 지휘 아래 종합적인 국가교육계획이 시작되었다는 점이다.

초창기의 시골 학교 교사들이 옛 아시엔다로 가기 위해서 멕시코 시티를 빠져나왔다. 그들 가운데 많은 사람들은 농장에 도착하자마자 살해되었다. 죽음을 면한 사람들도 아시엔다의 사설경찰에게 코와 귀가 잘려진 채 도시로 되돌아왔다. 그러나 어떤 사람들은 지방의 학교들을 지키면서 처음으로 젊은이들과 노인들에게 알파벳을 가르칠 수 있었다. 오브레곤 치하에서 바스콘셀로스는 멕시코의 공공건물에 벽화를 그리도록 화가들에게 공간을 제공함으로써 멕시코뿐만 아니라 라틴 아메리카 전체를 통틀어 예술부흥의 선구자가 되었다. 멕시코 혁명의 여파 속에서 바스콘셀로스의 행동은 대다수 라틴 아메리카인들로 하여금, 마침내 윤리적 요소,

문화적 요소의 그 어느 것도 제외되지 않고, 그들 자신의 풍요로운 전통을 조화시키고 합치하는 단계에 와 있는 것이 아닌지 자문하게 했다. 왜냐하면 멕시코에서의 문화혁명은 농민의 자식에게 읽고 쓰는 것을 가르치는 가장 기초적인 단계에서부터 예술창조라는 가장 높은 단계로까지 확장되는 것처럼 보였기 때문이다.

그러나 멕시코와 라틴아메리카에 산적되어 있던 경제 및 정치문제들은 20세기 대부분을 통해서 문화의 현실을 뒷전으로 돌리고 감춰버렸다. 그러나 한 세기가 끝나가는 지금, 그 문화의 현실은 궁극적으로는 라틴 아메리카 국가의 정치와 경제에 영향을 미치게 될 것이다. 스페인계 아메리카 제2의 역사, 때때로 묻혀져 있던 문화의 역사는 멕시코 혁명의 투쟁 가운데서 폭발되었고, 멕시코인들은 고립의 벽을 허물면서 사실상 이 혁명을 문화혁명으로까지 이끌어갔다. 산과 사막과 협곡이라는 지리적인 장애물이나 단순히 멀리 떨어져 있다는 이유로, 고대 이래 개개의 집단이 서로 고립되어 있었던 이 나라는 북부에서 왔던 판초 비야가 이끄는 어마어마한 기마대가 남부로부터 온 에밀리아노 사파타가 이끄는 부대와 만났을 때 하나가 되었다. 이 혁명의 포옹 속에서 멕시코인들은 마침내 다른 멕시코인들이 어떻게 말하고, 노래하고, 먹고, 마시고, 꿈꾸고, 사랑하며, 또 어떻게 울고, 싸웠는지를 알게 되었다. 그런데 이 혁명이 멕시코에서 일어났다면, 마찬가지로 베네수엘라나 온두라스, 아르헨티나나 콜롬비아에서는 왜 일어나지 않았을까? 반드시 폭력적 혁명을 통해서가 아니라, 문화의 창조과정에 동참하여 그 문화적 경험을 정치와 경제의 과제에 결합시키는 것과 같은, 라틴 아메리카가 절실히 요구하는 것에 대한 의식적인, 그러나 정력적인 접근을 통해서 말이다.

멕시코에서, 스페인계 아메리카 국가는 처음으로 자기의 실제 모습, 어떤 때는 잔인하고, 또 어떤 때는 참을 수 없을 만큼 부드러운 모습을 감춤없이 그대로 드러내 보여주었다. 우리들은 마음 깊은 곳으로부터 개인의 존엄과 죽음에 대한 단호한 경멸 의식을 공유했다. 카사솔라 형제가 찍은 멕시코 혁명 사진들은 멕시코인의 정체성을 정의하는 데에 변화가 왔음을 잘 보여준다. 예를 들면 에밀리아노 사파타의 군대가 1914년에 멕시코시티로 입성하여 도망간 디아스 추종자의 귀족관을 점거한 뒤 타인의 거울에 비친 자기들의 모습을 처음 보았을 때 그 정체성은 갑작스럽게 드러났던 것이다. 사진에 보이는 남자와 여자들의 얼굴 모습은 이제는 더 이

La Despedida del Soldado

Número 22

Adiós, adiós, lucero de mis noches,
Dijo un soldado, al pié de una ventana,
Adios, adiós, no llores angel mio,
Que volveré mañana ...
Ya la luna se oculta tras el monte,
Por el Oriente ya se divisa el alba;
Y en el cuartel, tambores y cornetas,
Están tocando diana ....
Horas después, cuando la negra noche
Cubrió de sombras el campo de batalla,
A la luz de una fogata pálida
Un joven expiraba ...
¿En dónde estás?, le dijo el centinela;
Cuando lo vió .... tiró el fusil
Y le cerró los ojos ....
Y se enjugó una lágrima ...
Todo acabó ... cesaron ya tus penas;
Y cuando asome por el orienté el alba
En el cuartel, tambores y cornetas
Estarán tocando diana ...
Y en esa alba, una misteriosa sombra
Va y se detiene al pié de una ventana ....
Y murmura, ¡No llores angel mio,
Que volveré mañana!

EL CHAUFFEUR

Este era un chauffeur
Muy vacilador,
Que por andar vacilando
Se le paró el motor.
En un baile chic
De una vecindad
Lo dejaron sin linterna,
¡Qué barbaridad!
De un buen bofetón
Que le dió el papá,
Por andar con su hija
En la intimidá.
Hay que verlo, sí,
Dando sensación,
Metiendo la pata
En cualquier reunión.
Aunque no le digan
Pase por aquí,
En oyendo ruido
Se cuela por allí.
Y enamora a todas
Las de la reunión
Ofreciendo amable
Darlas un volteón.
Tiene su automóvil
Que es de marca «Ford»,
Y gana carreras
Que es admiración.
Si hay una muchacha
Que oiga su razón
Luego se la lleva
Con satisfacción.
Y a Chapultepec
Y a San Angel Inn,
Se van al momento
En su palanquín.
Y atropella gente
Que dá compasión,
Dejando asustada
A la población.
Eso no le importa
A nuestro chauffeur,
Que él se cree más diablo
Que el Lucifer.
Y sigue corriendo
Con su rabia loca,
Que a mala gente
Eso no le importa.
Este es el chauffeur
Que es admiración
De las niñas cursis
De esta población.

PRECIO, 5 CENTAVOS

Registrado conforme a a Ley bajo el núm. 410, en enero de 1918, por la Testamentaria de A. Vanegas Arroyo.—2ª de Santa Teresa 40 —México

"병사의 해고", 포사다 작, 1887년경.

상 가면의 모습이 아니다. 그것은 바로 마을을 떠나 어떤 때는 기차로 또 어떤 때는 걸어서 남편을 따라가던 여자들의 얼굴, 산본스 레스토랑에서 아침을 먹고 있는 흉터투성이인 게릴라 병사의 무서운 얼굴, 전쟁중에 고향에서 멀리 떨어진 곳에서 태어난 아이들의 얼굴이었다. 그들은 혁명과 새로운 국가 —— 그때까지 존재했던 모든 것, 즉 인디오와 스페인인과 메스티소, 가톨릭과 자유주의, 전통적인 것과 근대적인 것, 옛것과 새것, 인내와 반항, 그러나 그 뿌리에 있어서는 영원히 변화하지 않는 것을 구현하고자 했던 —— 의 완전한 시민이었다.

이 나라는 풍부한 문화가 지닌 모든 면을 분명히 드러내주었고, 이제까지 물려받았던 모든 모순과 격렬하게 싸웠으며, 이제 새롭고 완전히 근대적 —— 자신들이 가지고 있었던 모든 것을 숙고하고, 그 문화의 어떤 요소들도 제외시키지 않을 때에만 가능할 수 있었던 —— 인 스페인계 아메리카 사회가 탄생하리라는 조짐을 보여주었다. 그러나 이런 문화의 현실은 급박하고 때때로 애매모호해졌다. 근대사회로서의 스페인계 아메리카의 성공은 이제 분열된 정치와 총체적인 문화와의 사이에 어느 정도의 거리가 있는가를 측정하는 척도가 되었다. 이제 라틴 아메리카인들은 그들의 정치적 요구와 문화적 가치를 점점 더 그들의 것으로 통합시킬 수 있을 것인가?

멕시코 혁명이 라틴 아메리카인들을 위해서 20세기의 막을 열었을 때, 그들은 이런 물음에 대한 답을 예상할 수 없었다. 라틴 아메리카인은 수많은 위기를 겪으며 살아왔다. 때때로 정치와 문화는 엄격히 분리되기도 하고 어떤 때는 서로 가깝게 만나는 것처럼 보인다. 그러나 커다란 희망과 만연된 폭력의 세기를 맞는 이때 라틴 아메리카의 정치와 문화의 통합은 이제 미완의 작업으로 남게 되었다.

제5부

미완의 작업

제16장 라틴 아메리카

멕시코의 화가 호세 클레멘테 오로스코는 캘리포니아 주의 포모나 대학교 건물에 벽화를 그렸다. 그 프레스코화에 등장하는 인물인 프로메테우스는 고대 그리스-로마로부터 시작되는 인류의 비극적 비전을 상징한다. 인간들에게 지식과 자유의 불을 줬다는 이유로 제우스 신으로부터 형벌을 받은 그 영웅은 바위에 묶인 채 매에게 영원히 간을 파먹히는 고통을 당한다.

오로스코의 또 다른 위대한 벽화 —— 뉴 햄프셔 주의 다트머스 대학교 베이커 도서관에 그려진 작품 —— 에 등장하는 깃털 달린 뱀신 케찰코아틀의 신화는 지중해의 프로메테우스의 신화를 방불케 한다. 신세계에 있어 인류의 창조주이자 농업과 예술의 발명자였던 이 신은 추방당하게 되는데, 이유는 그가 인간의 얼굴을 가졌고, 또 자신의 마음 속에 인간의 고뇌와 기쁨이 보인다는 것 때문이었다.

그러나 세번째 걸작으로 꼽히기에 충분한 또 하나의 작품 —— 멕시코 과달라하라에 있는 카바냐스 병원의 원형 천장에 그려진 대작 —— 에서 오로스코는 지중해의 영웅 프로메테우스와 인디오-아메리카의 영웅 케찰코아틀의 두 모습을 하나의 우주의 이미지 —— 화염의 인간, 즉 자신의 창조물인 화염 속에서 영원히 다시 살아나도록 운명지어진 인물 —— 로 표현하고 있다. 오로스코의 작품 속에서 신구 두 세계인 유럽과 아메리카는 화염의 뜨거운 불덩이, 적막하고 청명한 고산, 대기 속에서 하나로 융합된다. 이러한 자연의 위협적 요소들은 인간화된다. 이런 요소들은 만나서 포용하는 가운데 보편적인 것으로 바뀐다. 오로스코의 예술은 이

← "케찰코아틀의 전설"(부분), 벽화, 디에고 리베라 작.

"프로메테우스", 벽화, 호세 클레멘테 오로스코 작, 1930년.

"켓살코아틀의 도래", 호세 클레멘테 오로스코 작, 1932-34년("아메리카 문명의 서사시" 중에서).

"불길 속의 인간", 호세 클레멘테 오로스코 작, 1939년.

세계에서 인디오-아프로-이베로-아메리카의 문화만큼 지속성을 띤 문화도 없다는 것을 완벽하게 보여준다. 문화와 비교해 볼 때 정치나 경제의 분야에서 지속성이 없다는 바로 그 사실로 인해서 라틴 아메리카는 깊은 고통을 받기도 한다.

물론 문화의 지속성은 그 미학적 행위를 위하여 정치의 지속성을 반드시 요구하지는 않는다. 프로메테우스나 켓살코아틀의 신화, 고야나 오로스코의 그림은 그 자체로 존립할 수 있는 예술품이다. 그러나 그것들은 또한, 인간의 존재방식 —— 사고하고, 입고, 먹고, 사랑하고, 가구를 갖추고, 노래하고, 싸우고, 꿈꾸는 것들 —— 을 시사해준다. 하나의 문화적 행위는 이런 인간의 존재 전반을 상징하고 그것에 여러 가지 변형을 가한다. 한 점의 그림, 한 편의 시나 영화는 우리가 어떤 존재이며, 무엇을 할 수 있고, 이곳에서 무엇을 해야만 하는지를 가르쳐준다.

문화라는 것은 존재의 도전에 대한 응답으로서, 결국 문화의 창조는 정치와 경제를 창조한 바로 그 사람들 —— 공공시민, 즉 시민사회의 일원들 —— 에 의해서 이루어지는 것이다. 그렇다면 왜 문화는 그 자체 내에서 정치적, 경제적 삶과의 일체감을 우리에게 제공할 수 없는가? 우리들은 다가오는 세기, 문화의 통일을 기반으로 라틴 아메리카의 정치와 경제의 통합을 끌어낼 수 있는 우리들 삶의 세 요소를 통합할 수 있는가?

500주년을 보내고 새로운 세기를 맞이하는 지금, 우리들은 우리들 앞에 놓인 구체적인 문제들을 명확하게 주시함으로써 그 물음에 대한 답을 찾을 수 있다. 우리들의 문제점들은 해결책을 기다리고 있다. 문화의 지속성은 어떠한 영속적 사회체제에서도 그 전제조건이고 과제이다. 우리들의 문제의 해결은 아직은 미완의 작업이다. 그렇기는 하지만 아메리카 대륙에 있는 남녀 모두는 아직 미완의 인간이지 않은가? 이런 이유로 인해서 우리들 가운데 그 누구도 결론을 입에 올리지 못했던 것이다.

미완의 작업

멕시코 시티에는 아직까지도 완공을 보지 못한 초고층 빌딩이 하나 있다. 해를 거듭할수록 이 빌딩의 높이는 올라가지만 콘크리트 골조 사이로는 언제나 텅 빈 공간이 보인다. 이 호텔은 언제쯤 완공되어 미래의 손님을 받을 수 있을까?

아마도 이 빌딩은 성장은 계속하면서 완성되지 않는, 에너지는 충만하지만 일견 해결 불능의 문제들을 잔뜩 안고 있는 라틴 아메리카의 현상황을 적절하게 상징하고 있다. 제2차 세계대전 이후 30년 동안 라틴 아메리카는 경제성장을 이룩했다. 그 동안 생산은 200퍼센트 증가했지만, 1982

년에는 종막을 고했다. 그뒤 10년간 마이너스 성장으로 돌아섰고, 국민 일인당 소득은 해마다 줄어 누계 20퍼센트로 감소했으며, 실질임금은 1960년 수준으로 떨어졌다. 이런 현재의 위기로 야기된 사회적 결과는 누가 보더라도 명백하다 : 식량 부족, 주택과 교육 및 의료, 그리고 기타 공공 서비스 부문의 질적 저하, 범죄, 좌절한 중산층, 슬럼화된 도시의 갈 곳 없는 수백만 명의 빈곤층. 이런 상황에도 불구하고 이 지역의 정부들은 1982년 이래 대외채무의 이자만으로 연간 450억 달러씩을 지불하여 그 누계액은 총 4,500억 달러를 넘어섰다. 라틴 아메리카 GNP(국민총생산)의 7퍼센트는 매년 해외로 이전되는데 그 금액은 이곳 국민소득의 50퍼센트에 상당하는 것이다. 그러나 이러한 문제는 거대한 변화와 엄청난 성장의 결과라는 사실을 우리들은 또한 잊어서는 안 된다.

콜럼버스로부터 500년이 경과하고 21세기를 목전에 둔 지금, 라틴 아메리카의 인구는 1970년의 2억에서 오늘날 4억으로, 근 20년 사이에 두 배로 증가했다. 2000년이 되면 라틴 아메리카의 총 인구는 미국의 2배가 될 것이다. 그 인구의 절반은 15세 이하의 젊은 층으로서, 고용, 교육, 사회 서비스를 절실히 필요로 하는 인구이다. 서기 2000년에 직업을 구하게 될 모든 라틴 아메리카인들은 이미 태어난 것이다. 그리고 라틴 아메리카 역사상 처음으로, 인구의 과반수가 도시산업사회에서 태어났다. GNP상으로 보면 브라질은 세계 제8위의 경제 대국으로, 멕시코는 세계 제13위의 국가로 변모했다. 현재 라틴 아메리카 젊은이들 2억 명 가운데 절반은 피델 카스트로가 1959년 쿠바에서 집권한 이후에 태어났다. 그리고 지금부터 2000년까지 태어날 라틴 아메리카의 어린이들 모두는 외국 은행에 1인당 1,000달러의 빚을 안고, 이 세상에 나올 것이다.

머지않아 그 아이들은 성장하여 그들을 둘러싼 세상을 보게 될 것이다. 그때, 이 젊은이들은 이런 문제들에 대한 답을 찾고 라틴 아메리카 최근의 역사를 비판적인 시선으로 바라볼 것이다. 왜 우리들은 우리 자신의 기본적인 문제, 다시 말해서 민주정치 아래서 경제개발과 사회정의를 양립시키는 문제를 해결할 수 없었을까? 왜 우리는 문화에 존재하는 연속성을 정치나 경제에는 부여할 수가 없었을까?

이런 물음에 대한 답은 라틴 아메리카 사회가 엄청나게 변화한 것만큼이나 다양할 수 있다. 19세기 라틴 아메리카는 원료를 조달하고 공업제품과 자본을 수입함으로써 세계시장에 편입했다. 이런 방법으로 거대한 부가 창출되었다. 상층부에 집중된 부는 조만간 조금씩이나마 밑으로 내려가리라고 우리는 기대했다. 그러나 이런 일은 결코 일어나지 않았다.

자유주의 경제정책이 안고 있는 이러한 불균형을 보완하기 위해서 각국은 공공부문을 확장했고, 교육을 떠맡았으며, 사회복지와 여러 계층이 수혜를 받을 수 있는 공공복지법을 추진시켰다. 그러나 1929년에 불어닥친 대공황은 유럽이나 북아메리카의 대도시 못지 않게 라틴 아메리카를 강타했다. 이제 각국의 정부는 새로운 개선책을 모색해야만 했다. 혁명을 거친 멕시코는 또 다른 사회혁명을 통해서 토지를 재분배했고, 기간자원들을 국유화했으며, 국민들을 교육시키고, 또 사회간접자본(infrastucture)을 건설하는 등 자본주의 발전의 토대를 마련해갔다. 칠레는 다원적 정치와 의회정치, 그리고 노조를 강화했으며, 유복한 중류층이 존재한 과두지배 나라로서의 19세기의 비상한 경험을 살렸다. 우루과이는 수출에서 얻은 수입을, 고도로 도시화되고 관료제도에 의해서 보호받는 복지국가를 건설하는 데에 쏟아부었다. 한편 아르헨티나는 농산물과 목축업, 그리고 수출로 계속 부를 쌓고 있었다.

제2차 세계대전으로 구리, 주석, 고무, 육류, 양모, 에네켄(henequén, 열대 용설란과의 식물로 주로 로프를 만드는 데에 사용/역주)의 가격은 상승했고, 라틴 아메리카는 대공황으로부터 벗어날 수 있었다. 그리하여 대다수 마야 농민들은 성당에 가 이 전쟁이 영구히 지속되기를 무릎 꿇고 기도했던 것이다. 라틴 아메리카는 수입을 줄이고, 국내의 산업을 육성하고, 그것을 유지하기 위해서 필요한 산업기반을 구축했으며, 한편으로 최저한 교육이나 사회복지의 확충을 시도할 수 있었다. 경제성장은 신흥중산층과 투자의 증가, 그리고 도시의 확대를 가져왔다. 교육은 국민에게 경제가 줄 수 있는 것 이상으로 물질적, 정치적으로 많은 것을 약속했다. 각종 사회적 요구들은 정치와 경제가 실제로 대응할 수 없을 정도의 빠른 속도로 분출되었다. 그 결과가 어떤 때에는 사회를 억압하는 독재정부로, 어떤 때는 혁명으로, 또 어떤 때에는 민주주의 운동으로 나타났다. 그러나 반란이나 억압, 민중운동, 대중주의, 선거 또는 혁명을 통해서 1960년대 신세계의 스페인의 옛 식민지들은 몰라볼 정도로 변모했다.

확산되는 중산층과 전투적인 노동자계급은 기본적으로 더 많은 부와 정의를 위한 움직임을 가속화시키라고 요구했다. 일부 어떤 나라들은 다른 나라들에 비해서 혜택을 받았다. 베네수엘라는 오랫동안 계속된 군부

독재에도 불구하고, 석유나 철과 같은 막대한 천연자원으로 생긴 부를 통해서 경제성장을 이룩했다. 1950년대, 베네수엘라는 마지막 군사정권을 추방한 이래, 경제성장과 민주정치를 하나로 결합시킬 수 있었다. 그러나 1980년대의 경제위기는 이 이상적인 커플을 갈라놓았다. 이와는 대조적으로 코스타리카는 필요에 몰려 천연자원의 부족함을 현명하고 민주적인 통치 노력으로 상쇄함으로써 소박한 번영을 이룩할 수 있었다.

이처럼 발전에 대한 확실하거나 보편적인 공식은 없으므로, 각국은 그들 나름의 역사적 경험으로부터 자기들의 진로를 찾아나가는 노력을 하지 않으면 안 된다. 스페인계 아메리카의 두 대국인 아르헨티나와 멕시코는 비교연구에 가장 좋은 대상으로서, 그 국토의 면적, 인구, 부의 크기로 인해서 지금도 아주 대조적인 나라들로 남아 있다. 그들의 차이점은 역으로 리오 그란데 강에서 파타고니아 고원까지 두루 펴져 있는 라틴 아메리카의 공통점을 잘 말해주고 있다.

거인 골리앗의 머리

세기의 전환기에 아르헨티나는 자유주의 원칙에 입각하여 부유하고 안정된 국가를 건설함으로써, 라틴 아메리카의 빛나는 희망의 별로 떠올랐다. 로사스의 실각 이후, 아르헨티나는 급속한 근대화를 목전에 둔 국가들의 모델이 되었다. 그러나 근대화를 이룩하면서 누렸던 갖가지 이점들 못지않게 수많은 결점들이 지평선으로부터 쏟아지는 밝은 빛들을 흐리게 하고 있었다.

"진보"라는 미명하에 세워진 변경지방은 인디오 토벌전쟁을 통해서 확대되었지만, 대규모 토지소유제도 또한 급속한 확장일로에 있었다. 파쿤도 키로가 같은 구식의 카우디요는 사라졌지만, 친분관계에 입각한 파로돈의 정치가 개혁되지 않자 즉시 새로운 카우디요가 등장했다. 수출입은 몇배로 증대되었지만 아르헨티나는 여전히 원자재를 수출하고 공업제품과 자본재를 수입하는 나라로 남아 독자적인 산업기반을 육성시킬 수 없었다. 확실히 통신수단은 마련되었지만, 그것들은 대부분 영국인의 수중에 놓여 있었다. 이렇게 해서 대부분의 상업활동은 영국의 지배하에 놓이게 되었고 라 플라타 강 유역은 대영제국의 반(半)식민지로 전락되고 말았다. 아르헨티나는 팜파스에 사람들을 이주시키고 그것을 개발시키려는 생각에 문호를 개방, 수백만 명의 유럽 이민자들을 받아들였다. 그리고 그들 대부분은 도시에 정착하여 그곳에서 자신들에게 유용한 직업과 업종들을 창출했다. 그러나 농촌지역은 시대착오적이고 봉건적인 관계 속에 계속 침체되어 있었다.

이렇게 해서 결국 근대화를 통하여 아르헨티나가 거둔 이익의 대부분은 허약한 정치제도, 문화적 동질성의 미확립, 해외 요인에 대한 지나친 의존도로 인해서 감소하고 말았다. 국내에서는 근대적이고 활력적인 대도시 부에노스 아이레스와 내륙부인 팜파스와의 멀리 떨어진 거리로 인해서 도덕적, 정치적으로 깊은 균열이 생겼다. 에세키엘 마르티네스 에스트라다는 이 상황을 가르켜 아르헨티나라는 다윗의 허약한 몸에 부에노스 아이레스라는 거인 골리앗의 머리를 하고 있다고 시각적 이미지로 표현했다.

기묘하게도 이 거대한 나라는 엄청난 부, 라틴 아메리카 제일의 비옥한 경작지와 목축지, 그리고 동질적 성격에 교육받은 인구를 가졌으면서도 그 약속을 실현시키지는 못했다. 그것은 다른 라틴 아메리카 국가들처럼 과거의 커다란 문제들이 아직까지도 미해결인 채로 남아 있었기 때문만은 아니었다. 아르헨티나에서는 이민, 도시화, 교육, 경제성장을 통해서 사회가 급격히 변모했지만, 정치제도는 거기에 상응하는 수준으로 변화하지 못했고, 문화적 정체성의 문제 또한 해결되지 않은 채 흐지부지하게 남아 있었다. 그러나 근대화된 아르헨티나의 모습은 오랫동안 세계를 놀라게 했다. 부에노스 아이레스는 도시로서 갖추어야 할 모든 면에서 근대적이고 유럽적인 도시였으며, 마치 유럽의 파리, 마드리드, 바르셀로나에 비견될 만했다. 그러나 아르헨티나 근대화의 시도는 도시와 농촌 간의 인위적인 분리에 근거하여 하나를 희생시킴으로서, 즉 문명사회는 유럽으로, 내륙부의 농촌사회는 미개함으로 동일시한 문화의 속성에 의해서 자체적으로 깨어질 수밖에 없었다.

1916년, 활력 있는 중산층이 주도하던 아르헨티나 시민사회는 과격한 정치적 권력을 요구하기 시작했다. 중산층은 그들의 사도 역할을 맡고 있던 청렴결백한 정치지도자 이폴리토 이리고옌을 대통령으로 뽑았다. 그러나 이리고옌은 아르헨티나 국민의 기대에 부응하지 못했다. 상대적 의미에서 보았을 때 그의 통치는 농업과 상업에 입각한 이전의 과두지배층에 비해서 비효율적이었을 뿐만 아니라 더 억압적이었다는 사실이 드러났다. 1929년에 아르헨티나에 대공황이 들이닥치자, 군부는 민선정부에 반대하여, 최초의 쿠데타 —— 향후 계속 이어질 —— 를 일으켰고 이리고옌을 축출시켜버렸다.

제2차 세계대전중 아르헨티나는 전쟁으로 황폐해진 유럽 경제에 막대한 수출을 함으로써, 엄청난 무역 흑자를 보았다. 황금시대는 다시 도래했다. 군부의 통치와 수출의 호황으로 아르헨티나는 다시 한번 과두지배의 천국으로 바뀌어 마치 레콜레타 묘지의 묘 —— 비교적 유복하고 만족한, 먹는 일에 곤란을 겪지 않고 글을 읽을 수 있는 백인노동자들을 굽어보면서 사람들의 눈을 끄는 —— 처럼 영원히 지속될 것처럼 보였다. 그러나 그후, 갑작스레 일어난 변화들을 상징이라도 하듯이 한 여성이 상류계급으로 뛰쳐들어가 정부의 최고 자리에 올라앉았다.

그녀의 이름은 에바 페론이었다. 이제 그녀는 한때 그들로부터 모욕을 당하여 그 때문에 그녀가 아주 혐오했던 과두지배층의 묘지 레콜레타에 편히 잠들어 있다. 그러나 이 묘지에 안장되기까지 에바 페론의 삶의 여정은 다난했다고 말할 수 있다. 1952년, 33세의 나이에 암으로 죽었을 때 대중으로부터 성녀로 추앙받았던 그녀는 아르헨티나를 위시하여 라틴 아메리카에서 가장 유력한 여성이었다. 그녀의 유해는 방부처리된 뒤 노동총동맹의 본부에서 성대하게 매장되었다. 남편인 후안 도밍고 페론 대통령이 1955년에 실각하자 그 시신은 누군가에 의해서 도난당했다. 추정해보건대 그 주모자는 페론주의의 신화를 깨고자 했던 군사평의회였다. 그들은 11개의 관을 골라서, 그중 10개의 관에는 돌을 채우고 마지막 남은 1개의 관에는 에바 페론의 진짜 유해를 넣은 뒤, 모든 관에 '에비타의 유해'라는 라벨을 붙여서 세계 전역으로 보냈다. 에바의 진짜 관은 밀라노까지 가 그곳에 안장되었다. 1974년에 페론이 권좌에 복귀하면서 그 관을 되찾았고, 그것을 다시 레콜레타 묘지에 안장했다.

시골 출신의 2류 배우였던 한 여성에게는 정말로 대단한 여정이었던 것이다. 그녀는 1945년에 전도가 양양한 페론의 부인이 되었고, 동시에 아르헨티나 국민들과 영원히 결혼함으로써 페론주의의 신화에 공헌했다. 페론주의는 제2차 세계대전중 무역 흑자로 축적된 부를 생산적 의미 없이 그저 시혜적으로 국민들에게 분배했던 인민주의의 한 형태였다. 이런 조치는 사람들을 고무시키는 일반 사회복지법들을 동반했지만, 페론주의는 탄탄한 산업기반을 세우지는 못했고, 강력한 정치제도의 육성이

대통령에 재선된 뒤의 후안 도밍고 페론과 에바 페론, 1952년 6월.

나 생산성과 기술력의 향상에는 기여하지 못했다. 아르헨티나에 잠재되어 있는 엄청난 부는 선동주의와 방종한 정책으로 인해서 낭비되었다. 페론주의로 인해서 그 동안 눈에 띄지 않았던 상당수의 아르헨티나 빈민층——'데스카미사도스(descamisados)', 즉 셔츠를 입지 않은 사람들——이 드러났을 때(이 나라를 지배했던 무역관계자나 목장주라는 상류층의 눈으로 보자면 너무나도 쉽게 드러난) 그들이 새로 발견한 자긍심과 정체성의 의식도 그들의 이러한 열기를 쏟아부을 정치적 제도의 결여를 메꾸지 못했다.

이것이 바로 아르헨티나의 역설이었다. 광범한 중산층이 형성되어 있고, 라틴 아메리카에서 가장 잘 먹고 있으며, 최고의 옷차림에 교육도 잘 받았고, 가장 동질적인 부유한 국가였지만, 진실로 자국을 대표할 수 있는 정치제도를 수립할 수는 없었던 것이다. 따라서 허약한 이 나라는 노조, 중산층, 군부, 기업가, 그리고 외국 채권자의 요구에 한 번도 부응하지 못한 채, 결국에 가서는 일부 과두지배자들에게 굴하고 마는 것이다.

페론은 국민과 대중, 즉 사회로부터 잊혀지고 소외당하고, 무시당하고, 힘없이 냉대받던, 부와 정치로부터 농락당하고 있던 사람들에게 몸을 바쳤다. 이로부터 그에 관한 불멸의 신화와, 입법에 관한 그의 영원한 공헌 —— 여성 참정권, 이혼, 사회보장, 유급휴가, 지방의 노동자나 임금노동자 또는 수공업자의 보호(심지어 가정부까지도), 그리고 물론 민주주의에 기반한 노조의 활성화 —— 이 탄생했다. 그러나 그의 지도력은 정당이나 의회정치의 결핍으로 국가통제주의의 관료적인 면모를 드러내주었다. 그러는 동안, 군부는 점점 더 강력해져갔다. 페론 역시 군부가 배출한 인물이었다. 이 강력한 지도자가 유약한 정치제도를 남기고 실각했을 때 강력한 군부가 사회계층간의 투쟁과 맞물려 다시 권력을 장악했던 것은 너무도 당연했다.

이렇게 역사의 주기는 숙명적으로 우울하게 돌아가는 것이다. 허약한 문민정부는 새로운 군부 쿠데타에 의해서 전복되고, 혼란 뒤에 독재정권이 탄생하고, 또 독재에 의해서 또 다른 혼란이 뒤따른다. 레콜레타 묘지는, 작가인 토마스 엘로이 마르티네스가 지적한 것처럼, 시체애호증이 있는 한 나라의 상징이었다. 아르헨티나에서 가장 화려한 시체는 아마도 아르헨티나 자신일 것이다.

제도로서의 혁명

이와는 아주 상이한 예가 여러 점에서 아르헨티나와 정반대를 이루고 있던 나라 —— 스페인과 인디오의 전통에 깊이 뿌리박고 있고, 유럽의 이민은 거의 없으며, 수출 붐도 일어나지 않았고, 문맹률은 높으며, 영양상태가 불량하고, 출산율이 현저히 높다는 점 등 오래된 약점들로 인해서 많은 문제들을 안고 있던 메스티소의 나라 —— 인 멕시코에서 나타나고 있었다. 현재 멕시코는 8,000만 명의 인구를 보유하고 있지만, 1910년에는 1,500만 명에 지나지 않았다. 반면, 아르헨티나의 현재 인구는 3,500만

명으로서 1910년에 비해서 고작 1,500만 명이 증가한 것에 그쳤다. 아르헨티나가 독립 이래 한 번도 혁명을 치러보지 못한 반면, 멕시코는 20세기 라틴 아메리카에서 처음으로, 아마도 나라 전체를 뒤흔들었을 민중봉기를 겪었다.

멕시코 혁명은 1910년에 자유선거를 치르기 위한 정치적 움직임에서부터 시작되었지만, 그 열기는 더 많은 정의와 발전을 획득하기 위한 사회운동으로 바뀌어졌다. 멕시코의 혁명정권은 농민을 만족시키고자 아시엔다 제도를 무너뜨렸으며, 그들을 채무반제의 노예노동으로부터 해방시켰고, 그들에게 토지를 배분했으며, 그들이 도시나 새로운 산업중심지—— 이곳에서 그들은 라사로 카르데나스 대통령이 1938년에 석유를 국유화한 이후 급격히 성장한 새로운 산업을 위해서 저임금 노동자가 된다 —— 로 이주하는 것도 허용하였다. 그 개혁은 새롭게 태어난 노동자 계층에 활기를 불어넣었으며, 노조는 정부의 비호 아래 놓이게 되었다. 모든 계층, 특히 중산층이 교육 확대의 혜택을 받았고, 기업가들도 값싼 석유와 노동력, 국내시장(비록 멕시코 자체 안에서 머물렀지만)의 확대에 따른 정부 보조금도 기대해볼 수 있었다. 플루타르코 엘리아스 카예스 대통령이 추진한 강력한 공공사업정책은 이 나라를 처음으로 하나로 연결시켰고, 도로, 병원, 전신, 관개시설 등의 혜택을 제공했다.

이 개발에 대한 대가를 지불했던 것은 정치로서, 물론 그 대가는 비쌌다. 멕시코 혁명은 대통령과 제도혁명당(PRI, Partido Revolucionario Institucional)을 중심으로 운영되는 "독자적인(sui generis)" 정치제도를 창출했다. 이 둘은 국민국가를 강화시켰고, 그것이 멕시코를 내정의 무질서와 외부의 압력으로부터 구하고 균형 있는 개발을 가능하게 했다. 물론 그 대가는 민주주의의 후퇴였다. 카르데나스는 1936년, 한때 멕시코의 최고 권력자였고 정가의 막후 실력자였던 카예스를 추방한 뒤 멕시코 대통령제도의 조건을 정했다 : 최고 권력자에게 전권을 위임하지만, 임기는 6년에 한하고 재선은 금한다. 최고 권력자는 재선할 수는 없지만 새로운 권력자로서 그의 후계자를 지명할 권리를 가지고 있다. 이렇게 무한히 지속될 체제가 멕시코에서 확립되었던 것이다.

아르헨티나가 강력한 정치제도 없이 강력한 시민사회를 만드는 동안, 멕시코는 허약한 시민사회를 대통령과 정당이라는 두 개의 제도로 통치되는 강력한 정부로서 대체시켜버렸다. 그러나 경제발전과 교육에 의해서 사회가 강화되면서 멕시코의 이런 제도는 내부로부터 필연적으로 도전을 받을 것이 분명했다. 경제개발과 정부지원 간의 교환거래가 지속되면서, 멕시코는 라틴 아메리카의 안정의 모델이 되었다. 그러나 위기가 닥쳐와 이 나라를 심각한 불황으로 몰아넣자 혁명의 아들딸들, 즉 멕시코 시민들은 경제성장의 회복을 요구했다. 그러나 이번에는 민주주의와 사회정의의 실현 속에서였다. 혁명과 자유, 민주주의 이상 밑에서 교육받은 멕시코 시민은 이제 그와 같은 이상들이 거리나 공장, 그리고 선거투표소에서 실현되는 것을 바라고 있었다.

국가의 탄생

멕시코 벽화작가들의 예술적 대응은 금세기 스페인계 아메리카의 정신구조와 정치구조를 아는 데에 도움을 준다. 디에고 리베라의 작품은 신정정치를 행했던 인디오 세계와 스페인 세계의 질서와 조화에의 향수를 표현하고 있다. 그는 멕시코 시티의 국립궁전 계단 벽에 멕시코의 역사를 묘사했다. 그 거대한 벽화 중의 인디오 패널은 피라미드의 정상에 앉아 있는 황제와 그 위에 있는 태양의 이미지에서 완성된다. 그 옆으로는 십자가가 서 있는 가톨릭 교회의 벽화가 있다. 이 연작의 벽화는 가톨릭 교회의 십자가나 원주민의 태양 대신에, 꼭대기에 낫과 망치를 건 공산주의 "교회"가 그려진 세번째 패널로 그 클라이맥스를 이룬다. 디에고 리베라가 우리에게 약속하는 것은 물론 종국에 가서는 만사가 잘될 것이라는 것이다.

반면, 호세 클레멘테 오로스코는 이와는 정반대로 회의적이고 냉소적이다. 그는 악한과 도둑, 부패한 관리들이 열을 지어서 걷고 있는 모습과 심지어 그것을 보고도 못 본 척 슬며시 빠져나가는 판사의 모습을 주시하면서, 우리에게 윙크와 으쓱하는 몸짓을 하고 있다. 이 화가는 우리에게 "너 자신을 속이지 말아라. 만일 우리가 눈을 떠 비판하고 경고하지 않고, 현실이 어떤지 제대로 보지 못하면 세상일은 결국 실패하고 만다"라고 말하는 듯하다.

마지막으로, 이탈리아 미래파의 진정한 문하생처럼 보이는 다비드 알파로 시케이로스는 스페인계 아메리카의 현실이 지닌 풍부한 에너지를 축복하고 있다. 그가 멕시코 시티의 예술궁전(Palacio de Bellas Artes)에

"켓살코아틀의 전설", 벽화, 디에고 리베라 작, 1929년.

"새로운 민주주의", 다비드 알파로 시케이로스 작, 1944-45년.

그린 벽화를 보면, 자유의 여신은 마치 출산할 때의 경험처럼 환희와 고통이 섞인 표정으로 쇠사슬을 끊고 있다. 벽화에 이은 벽화는 이 메시지를 반복하여 전하는데, 그것이 의미하는 바는 명백하고도 강력하다. 즉 그것들은 국민의 탄생을 기리고 있다.

라틴 아메리카는 당초, 기능하는 국민국가를 만듦으로써 국가와 안정에 대한 19세기의 허약한 의식에 대응하고자 했다. 여러 차이점이 있기는 했지만, 대통령으로 재직했던 멕시코의 라사로 카르데나스(1934-40), 브라질의 제툴리오 바르가스(1930-45), 아르헨티나의 후안 도밍고 페론(1946-55)은 공통적으로 이러한 목표를 가지고 있었다. 멕시코나 브라질이 그것을 강화시켰다면, 아르헨티나는 그것을 낭비해버렸다. 그렇지만 라틴 아메리카의 대국인 이 세 나라에서는 교육과 민중선동, 그리고 경제개발이, 비록 불공정하게 실시되었을지는 몰라도, 근대적인 시민사회를 창조하는 데에는 기여했다. 물론 멕시코에서는 강력한 국가 아래서, 아르헨티나에서는 허약한 국가 아래서, 브라질에서는 상징적으로 형태를 변화시킨 거의 초현실적인 국가 아래에서였다. 그러나 라틴 아메리카의 기타 약소한 나라들에서 가장 시급히 요구되었던 것은 이전에는 전혀 가져본 적이 없는 최소한의 기본적인 제도와 지정학적인 조건으로 인해서 불가능했던 최소한의 국가적 독립을 달성하는 것이었다.

중앙 아메리카와 카리브 해 연안의 나라들이 바로 이런 나라들이었다. 그들의 숙적은 1898년에 스페인 제국이 마지막으로 함락됨으로써 그 남겨진 공백을 채울 새로운 제국, 다름 아닌 미국이었다.

지킬 박사와 하이드 씨

미국에 대해서 라틴 아메리카가 일관되게 가지고 있는 견해는 국내적으로는 민주주의 국가이지만 대외적으로는 제국인 마치 지킬 박사와 하이드 씨와 같은 것이다. 라틴 아메리카는 미국의 민주주의를 칭찬해왔고 그들의 제국주의에 탄식해왔다. 그리고 '명백한 운명', 커다란 곤봉, 달러외교, 문화의 사치스런 이름하에 라틴 아메리카의 생활에 끊임없이 개입해왔던 이 나라의 행동으로 고통을 받아왔다.

먼로주의는 1823년에 공식적으로 선언된 이래, 그 일방적이고 위선적인 정책으로 인해서 라틴 아메리카로부터 거부당했다. 그것은 서반구에서 일어난 사건에 대한 유럽의 간섭은 금지한 반면, 라틴 아메리카에 대한 미국의 간섭은 당연히 배제하지 않았다. 제임스 포크 대통령이 1846년 멕시코를 침략하고 멕시코 영토의 절반 이상을 획득했을 때, 라틴 아메리카는 미국의 침략으로부터 스스로를 지킬 수 있는 것은 아무것도 없다는 사실을 깨닫게 되었다. 이후 멕시코 혁명중인 1914년, 미국은 베라크루스를 점령했고, 그때 바로 우드로 윌슨 대통령은 "나는 라틴 아메리카인들에게 어떤 인물을 대통령으로 뽑아야 하는지를 가르치려고 한다"라고 선언했다.

그러나 카리브 해 연안만큼 미국의 간섭을 심하게 받은 지역은 아무 데도 없었다. 푸에르토 리코는 스페인의 지배로부터 해방되자마자 미국의 사실상의 식민지가 되었고 지금까지도 그러하다. 쿠바는 형식상으로 독립은 부여받았지만, 플랫 수정조항(Platt Amendment)의 적용을 받아, 그것으로 미국은 이 섬의 내정에 간섭할 수 있는 권리를 획득했다. 그리고 시어도어 루스벨트는 콜롬비아로부터 파나마 지역을 별 어려움 없이 빼앗아서 그 지역을 독립국가로 만든 뒤, 즉시 국토를 파나마 운하와 미국이 관리하는 운하지대로 양분했다. 루스벨트는 라틴 아메리카에 대하여 "이 당치도 않은 소(小)공화국들이 나를 몹시도 괴롭혔다"라고 말했다.

아이티, 도미니카 공화국, 온두라스에 대한 군사개입과 점령은 전적으로 안정, 민주주의, 법과 질서, 그리고 미국인의 생명과 자산(특히 당시 거대한 농산물 사업에 종사했던 유나이티드 프루트 사)을 보호한다는 명목하에 수행되었다. 그러나 이 지역에서 오랫동안 굴욕을 맛본 나라는 그 어떤 나라보다도 중앙아메리카의 니카라구아였다. 니카라구아는 1855년에 미국의 해적 윌리엄 워커에 의해서 처음으로 점거된 후, 1909년에서 1934년까지 거의 지속적으로 미국의 침략을 당했고 그 점령하에 놓이게 되었다. 1934년에 민족주의 지도자인 세사르 아우구스토 산디노가 암살되었고, 그를 살해했던 아나스타시오 소모사가 미국 해병대의 지원을 등에 업고 니카라구아에서 정권을 잡았다. 소모사와 그 일족은 1979년 산디니스타 혁명으로 타도될 때까지 이 나라를 통치했다. 소모사 일족은 40년 이상을 집권하면서, 미국 정부로부터 원하는 것은 모두 다 손에 넣었다. 프랭클린 루스벨트 대통령은 그를 가리켜 이렇게 표현했다. "소모사는 개새끼였지만 **우리의** 개자식이다."

그렇지만 루스벨트는 또한 미국의 전통적인 대 라틴 아메리카 정책에 커다란 전환점을 가져다준 인물이었다. 라틴 아메리카와 미국의 관계에 촉매역할을 한 것은 멕시코 혁명이라는 사건이었다. 베라크루스의 점령과 프란시스코 비야에 대한 다분히 처벌적인 의도를 띤, 퍼싱 장군의 원정과 같은 물리적 개입에 뒤이어, 멕시코의 혁명법과 정책, 특히나 멕시코 내의 미국 재산에 피해를 주는 농지개혁법에 반대하는 정치적, 외교적 캠페인이 잇따랐다. 멕시코는 인도주의에 대한 범죄의 심판대에 올라, 쿨리지 행정부의 국무장관인 프랭크 켈로그는 이를 규탄했으며 본래 미온적이었던 쿨리지 대통령도 1927년 의회에서 "멕시코는 중미의 볼셰비키 파괴활동의 원천"이라고 비난을 퍼부었다. 그러나 멕시코와 미국과의 관계에서 야기되었던 가장 심각한 위기는 1938년, 멕시코의 카르데나스 대통령이 외국의 석유사업을 접수하고 국유화했을 때 일어났다. 워싱턴의 루스벨트 대통령은 멕시코와 국교를 단절하고 제재를 가하며 심지어는 멕시코를 침략하라는 압력까지 받았다. 그러나 그는 이런 모든 압력을 물리치고는 멕시코와의 협상 테이블에 앉았다.

루스벨트는 이 두 나라의 관계에 새 시대의 막을 열었다. 그가 칭한 "선린외교(good neighbor policy)"는 라틴 아메리카 각국의 국내 노력과 각 지역의 독자적 해결을 존중하는 데에 그 의미가 있었다. 그가 니카라구아의 소모사 일족, 도미니카 공화국의 트루히요, 쿠바의 바티스타를 지원한 것은 분명하지만, 카르데나스 치하에서 이루어진 멕시코 혁명의 대담한 내부 변혁이나, 칠레의 급진파 사회주의자와 공산주의자의 연합에 의해서 선출되었던 인민전선의 정책, 심지어는 브라질의 제툴리오 바르가스에 의한 파시스트적 반(半)독재의 '신국가(Estado Novo)' 체제에 대해서 그는 반대하지 않았다. 그리고 루스벨트 대통령은 그가 진정으로 필요로 했던 라틴 아메리카의 지원을 제2차 세계대전중에 받을 수 있었다. 친독일, 친일본의 감정이 이 지역에 퍼져 있었지만, 루스벨트 대통령 덕분에 라틴 아메리카는 전쟁중 연합국 측에 설 수 있었다.

그러나 라틴 아메리카는 또한 자신이 절실히 원했던 것, 즉 미국과 라틴 아메리카 사이에서 비개입, 민족자결, 교섭에 의한 분쟁해결의 원칙을 준수하는 일련의 법률조약을 얻어낼 수 있었다. 그렇지만 이곳에서의 로마법의 장구한 전통은 다시 한번 앵글로-아메리카의 실리적 '보통법(common law)' 전통과 첨예하게 대립하지 않을 수 없었다. 아이젠하워 행정부에서 국무장관을 지냈던 존 포스터 덜레스는 라틴 아메리카에서 미국이 우선시하는 것은 우호관계가 아니라 오로지 이해관계뿐이라고 선언했다.

제2차 세계대전이 끝나고 냉전이 시작되자 루스벨트와 트루먼 행정부가 나름대로 얻었던 성과는 무로 돌아갔다. 과테말라와 칠레의 민선정부는 좌익으로서 소련의 서반구 상륙거점이 되리라는 이유로 미국의 지원과 승인 아래 전복되었다. 대신에 군사독재정권이 이들 나라에서 탄생했고, 반공을 구실로 고문과 살인이 자행되었다. 아르헨티나의 역대 군사정권이 공공연히 자행했던 탄압활동은 이 과정에서 희생된 사람들을 '데사파레시도스(desaparecidos, 실종자들)'라고 부르는 것에서 가장 잘 드러난다. 그러나 실제로 실종된 것은 아르헨티나라고 하는 국가 그 자체였다. 자국민을 죽이는 데에는 그렇게도 능란했던 아르헨티나 장군들은 말비나스(포클랜드) 제도에서 영국군을 쳐부수는 데에는 완전히 무능함을 드러내었다. 그 결과 그들은 무대로부터 사라졌다. 그리고 허약한 문민정부가 또다시 군부의 위협에 맞서 싸우는 과정에서, 아르헨티나는 사실상 사라지고 말았다. 라울 알폰신 대통령의 문민정부 이래 아르헨티나가 직면한 현안 문제는 말비나스에서의 패배와 "더러운 전쟁"으로 위신이 추락한 군부를 이 문민정부가 시간을 가지고 무력화시킬 수 있느냐 하는 것이다. 한편 칠레에서는 살바도르 아옌데의 사회주의정권이 1973년에 아우구스토 피노체트 장군이 주도한 군사쿠데타에 의해서 전복되었다. 야만적인 행위 속에서 아옌데 추종자들은 체포되어 경기장에 집어넣어졌고, 거기서 대량으로 살해되었다. 강제수용소로 보내진 사람도 있고 국외로 추방된 사람도 있다. 그중에는 해외에서 살해된 자도 있었다. 피노체트는 민주주의와 반공의 명분하에 이런 만행을 저질렀다. 칠레가 이런 잔인한 독재시대를 견디고 살아남아 1990년에 민정에 복귀한 것은 이 나라의 민주주의 전통이 얼마나 강한가를 보여주는 예이다.

그러나 어찌되었든 이런 나라들은 미국의 직접적인 침략은 겪지 않았다. 반면에 카리브 지역은 그렇지 않았다. 미국은 쿠바의 혁명정권에 노골적으로 반대했다. 피델 카스트로는 쿠바와 미국과의 종속관계를 단절시켰고 대신에 또 하나의 초강대국이었던 소련과 새로운 종속관계를 맺었다. 미국의 정책, 그중에서도 1961년의 피그스 만 침공사건과 지속적인 대 쿠바 금수조치는 실패로 돌아갔다. 그러나 그것들이 카스트로 정권에 커다란 타격을 준 것만은 확실하다. 그럼에도 불구하고, 이런 정책들로 쿠바에서의 반체제인사에 대한 대규모 탄압, 표현의 자유의 결핍, 경제부진을 설명할 수는 없다. 또 혁명의 진정한 성과——문맹퇴치, 교육기회의 확대, 제3세계 최고의 의료제도, 기술, 특히 의학분야에서의 괄목할 만한 첨단기술의 개발 등——를 한 사람의 카리스마적 지도자에 대한 심취나 변덕스러운 복종을 넘어서 기능하는 객관적 민주제도로 발전시키지 못했던 쿠바의 무능력으로 설명하는 것은 더욱 그렇다. 미국측의 외교자세에서의 유연함과 관대함의 결여, 그리고 쿠바 측의 정치적 유연함과 효율적 경제의 부재는 여전히 양국을 유혈전쟁으로 몰아넣을 수 있다. 로마군단에 대항하여 최후의 일각까지 몸을 바쳐 수호했던 이베리아 반도의 도시, 즉 포위와 집단 자살의 고대도시 누만시아의 그림자가 지금 쿠바 위로 드리워져 있다. 라틴 아메리카는 양국이 교섭할 수 있도록 도와주어야 한다. 그리고 쿠바 국내외의 모든 젊은이는 이 두 나라의 대립을 부추키고 있는 그들 부모세대의 말을 뛰어넘어서, 쿠바 독립의 여명기에 호세 마르티가 그렇게도 갈구했던 "공화국이 그의 팔을 벌려 모든 이를 감싸고 그들과 함께 전진하지 않는다면 공화국은 죽는다"라는 명제를 실천하지 않으면 안 된다.

니카라구아에서는 새롭게 태어난 빈약한 혁명이 미국으로부터 자금원조를 받은 반혁명세력의 방해와 저지, 공격에도 불구하고 그들의 독립을 유지했다. 이처럼 깊어진 골 사이에서 레이건 행정부는 이 매사추세츠 주만한 정도의 크기를 가진 나라(미국의 저널리스트 월터 리프만은 이 나라에 대해서 "로드 아일랜드 주처럼 독립지향적"이라고 기술했다)의 혁명을 말살하기 위해서 갖은 노력과 자금, 정치적 공세를 쏟아붓고 심지어는 국제적인 신용의 실추도 감수했다. 미국 정부는 유엔 안전보장이사회의 결의나 국제사법재판소의 결정에 반발하면서까지 이란-콘트라 사건과 같은 후안무치한 불법작전을 저질렀다. 미국의 이런 행동은 1909년 이래 미국의 암묵적인 식민지로 남아 있었던 니카라구아가 미국에 감히 도전을 하고 독립의 길을 걷기 시작했다는 단순한 이유 때문이었다. 미국이 만든 하수인인 콘트라반군은 학교와 농작물을 파괴하고 어린아이들의 수족을 자르는 등 만행을 저질렀다. 그렇지만 그들은 니카라구아 혁명체제가 지닌 역동적 힘을 깨뜨리지는 못했다. 혁명은 국민을 교육시켰다. 또 이전에는 없었던 제도를 만들어 모든 사회세력을 풀어주었다. 극좌에서 극우까지 15개의 정당들이 폭넓게 조직되었고, 그 결과 1989년 니카라구아에서 행해진 자유선거에서 이들은 승리하여 산디니스타 권력을 몰아내고 이 나라에 언제나 결여되었던 민주정치의 한 전범을 보여주었다. 이러한 모든 것이 바로 산디니스타 혁명이 가져다준 성과였다. 그 과정에서 중앙 아메리카는 워싱턴으로부터 외교의 주도권을 잡을 수 있었다. 코스타 리카의 오스카르 아리아스 대통령이 보여준 평화교섭 노력은 그중의 하나로서 그는 1987년에 노벨 평화상을 수상했다.

문화의 여명

냉전이 종결되었을 때 라틴 아메리카는 또 다른 위기에 직면했다. 그들은 라틴 아메리카의 상황에 비추어볼 때 자본주의든 사회주의든 대다수 민중을 비참한 상태로부터 해방시킬 수 없다는 것을 알아차렸다. 라틴 아메리카의 정치 및 경제에서 좌우익의 모델들은 그들의 머리 위에서 우르르 무너지고 있었다.

그런데 그것들은 진정 라틴 아메리카의 모델이었다고 할 수 있을까? 독립 이래 라틴 아메리카는 권위 있는 외국의 경제 및 정치 모델을 끊임없이 모방만 해왔던 것은 아니었을까? 라틴 아메리카가 '시카고 학파(Chicago Boys)'의 경제학자와 마르크스주의자와의 사이에서, 다시 말해서 난폭하고 규제할 수 없는 자본주의를 택하느냐, 아니면 비능률적이고 중앙집권적인 관료적 사회주의를 택하느냐의 문제에 사로잡혀 있었던 것은 아니었을까? 라틴 아메리카는 자신의 과거와 현재, 그리고 미래에 당연히 그렇게 되어야만 할 모습과 진정으로 어울리는 독자적인 개발 모델을 만들 수 있는 전통이나 지식, 조직과 지적 능력을 갖추고 있지 못한 것은 아닐까?

라틴 아메리카인들은 외채(Debt), 마약(Drugs), 개발(Development), 민주주의(Democracy)라는 "4D"의 위기 속에서, 위의 문제에 답할 수 있는 것은 오로지 그 내부로부터, 다시 말해서 그들의 문화 안에서만 찾을 수 있으리라는 것을 새삼 깨닫게 되었다. 확실히 라틴 아메리카의 정치는 발칸 제국처럼 분열되어 있고, 경제 시스템은 실패했으며, 거대한 사회적 불평등을 가지고 있다. 그러나 라틴 아메리카인들은 동시에 놀랄 만한 문화의 연속성을 이루어나갈 주체로서 이런 정치, 경제의 전반적 위기 속에서도 굳건히 일어설 수 있으리라는 것도 알았다.

냉전이 끝났을 때, 라틴 아메리카는 강대국의 압력, 즉 적이냐 동지냐라는 단순한 선택으로부터 벗어나리라고 기대했다. 미국이 간섭하면서 주요 구실로 내세웠던 반공주의는 구소련 제국이 해체되면서 사라진 것처럼 보인다. 그러나 이런 사건들은 그 어느 때보다도, 라틴 아메리카가 정보의 동시전달과 지구촌적 통합의 세계에 연결되어 있다는 사실을 상기시켰다.

라틴 아메리카인들은 이제 자신의 집을 제대로 정돈하지 않으면 안 된다. 그러나 이를 위해서는 그들 자신의 문화, 과거, 전통을 새로운 창조의 원천으로서 알고 이해하지 않으면 안 된다. 그러나 만약 그들이 타자의 문화——특히나 그들 자신을 크게 반영하고 확장시키는 유럽의 스페인과 미국의 히스파닉 사회가 가진 두 문화——를 이해하지 못하면 그들 또한 자신들을 이해할 수 없게 된다.

20세기 비극의 역사가 전개되면서, 스페인계 아메리카는 또다시 스페인으로 눈을 돌리고 그곳에서 유럽이라는 '신세계'의 해안을 발견하게 되었다. 지중해, 즉 우리들의 바다 '마레 노스트룸'에는 아메리카 대륙을 바라보는 것처럼 보이는 미완의 탑이 하나 서 있었다.

제17장 현대의 스페인

항구도시 바르셀로나와 지중해를 굽어보고 있는 안토니오 가우디의 성 가족 성당(La Sagrada Familia)의 속죄전 첨탑들은 하늘뿐만 아니라 땅도 가리키고 있다. 그것은 바로 스페인의 성향을 말해준다. 그 첨탑들은 기교의 극치이지만, 한편으로는 석순이나 적막한 산맥의 깎아지른 암벽이나 벼랑과 닮아 있다. 그 탑들은 부르고스와 콤포스텔라에 있는 고딕 양식의 대성당처럼 견고한 것처럼 보이지만, 실은 녹아 흘러내리는 양초처럼 가볍고 속이 비어 있는 구조물이다.

1세기 이상 성 가족 성당은 중단과 재개를 반복하면서 계속 세워졌었다. 그 동안 이 건물은 끝없는 논쟁과 격렬한 열정의 원천이 되었다. 자신만의 복잡하고 관능적이며 혁명적인 스타일을 바르셀로나 전역에 각인시켜놓은 가우디는 이 도시를 **자신의** 도시로 만들어버렸다. 1926년에 그는 전차에 치어 죽었다. 그의 나이 74세였다. 그의 시신이 시체안치소로 옮겨졌지만 이 사려 깊고 겸허한 그를 알아보는 사람은 아무도 없었다. 그는 정말로 미완의 인간이었다. 콤포스텔라의 성당과 톨테카의 피라미드를 세웠던 무명의 장인처럼 그는 이루지 못한 약속의 사자(使者)였으며, 죽음으로 인해서 꿈을 단절시킬 수밖에 없었던 인간의 한 전형이었다.

이런 이유로 성 가족 성당 역시 스페인이나 스페인계 아메리카처럼 미완의 선언, 계획, 약속으로 남아 있다. 하지만 우리의 삶을 미완으로 만드는 것은 죽음이 아니라 삶 자체, 즉 역사적 삶이다. 바르셀로나, 수천 년에 걸쳐서 지중해 상업활동의 중심지였고 카탈루냐라는 지역에 깊은 뿌

← 성 가족 성당, 가우디 작.

리를 가진 이 항구도시에서, 우리는 발굴된 거울 앞을 행진한 인물들——이베리아나 켈트의 건국자들, 페니키아나 그리스의 항해사나 상인, 로마 군단의 병사, 야만족 침략자, 이슬람 군대, 엘 시드와 콜럼버스, 신세계를 향하여 떠났던 정복자, 합스부르크가의 왕족, 황금시대의 작가와 화가들——을 다시 한번 떠올릴 수 있다. 그들은 모두 스페인과 스페인계 아메리카는 바로 이런 문화들이 만나서 이루어진 결과라는 것을 상기시킨다.

성 가족 성당의 전망대에서 지중해를 향하여 눈길을 돌려, 자신의 과거를 현명하게 수용한 듯이 자랑스럽고 진보적이며 민주적인 신생 스페인을 바라보면서, 라틴 아메리카인들은 스페인어권의 모든 사람들을 향해서 진보를 제안할 수 있을까? 역사의 의미, 즉 뿌리를 잃지 않은 채 우리는 지역촌에 속하여 살면서 동시에 지구촌에 속할 수 있을까? 가우디가 완성하지 못한 성당은 스페인계 아메리카인으로 하여금 그들의 정체성과 미래, 즉 우리는 누구이고 어떤 존재로 변모하게 되는지를 자문케 한다. 스페인뿐만 아니라 스페인어권의 전체 세계에 남은 미완의 작업은 과연 무엇인가?

옛 스페인 제국——신세계 전역에 걸쳐서 그 자취가 발견되는 이 제국——에게 이 질문은 너무도 당연하다. 스페인은 자신을 가리켜서 "장엄하고 실제적이며 현실적이고 영원하다"라고 말했다. 그 선언은 1492년 콜럼버스가 서인도 제도에 발을 밟은 뒤부터 1898년 신흥제국인 미국에게 이 노쇠한 제국이 패배할 때까지 4세기 동안 지속되었다. 미국은 「뉴욕 저널(*New York Journal*)」지——윌리엄 랜돌프 허스트가 사주였던——와 같은 신문이 주도했던 보도로 자극받아, "메인(Maine)을 잊지 말자! 스페인을 지옥으로"라는 외침에서 분명히 보이듯이 소란스러운 애국주의하에서 미서 전쟁을 치렀고, 스페인으로부터 쿠바, 푸에르토 리코 그리고 필리핀을 탈취했다. 자신의 의용기병대를 이끌고 몸소 그 전쟁에 참가했던 시어도어 루스벨트의 말을 빌리자면, 그것은 "화려한 소(小)전쟁"이었다.

"여기에 누워 있는 것은 스페인의 반신이다"

태양이 결코 지지 않았던 카를로스 1세와 펠리페 2세의 제국에 이제 남아 있는 것도 아무것도 없었다. 그러나 태양은 "졌고", 이 충격이 스페인

$50,000 REWARD.—WHO DESTROYED THE MAINE?—$50,000 REWARD.

NEW YORK JOURNAL
AND ADVERTISER.

DESTRUCTION OF THE WAR SHIP MAINE WAS THE WORK OF AN ENEMY

$50,000!
$50,000 REWARD!
For the Detection of the Perpetrator of the Maine Outrage!

Assistant Secretary Roosevelt Convinced the Explosion of the War Ship Was Not an Accident.

The Journal Offers $50,000 Reward for the Conviction of the Criminals Who Sent 258 American Sailors to Their Death. Naval Officers Unanimous That the Ship Was Destroyed on Purpose.

$50,000!
$50,000 REWARD!
For the Detection of the Perpetrator of the Maine Outrage!

NAVAL OFFICERS THINK THE MAINE WAS DESTROYED BY A SPANISH MINE.

Hidden Mine or a Sunken Torpedo Believed to Have Been the Weapon Used Against the American Man-of-War---Officers and Men Tell Thrilling Stories of Being Blown Into the Air Amid a Mass of Shattered Steel and Exploding Shells---Survivors Brought to Key West Scout the Idea of Accident---Spanish Officials Protest Too Much---Our Cabinet Orders a Searching Inquiry---Journal Sends Divers to Havana to Report Upon the Condition of the Wreck. Was the Vessel Anchored Over a Mine?

"메인을 기억하자", 1898년 2월 17일자「뉴욕 저널」.

내부에서 놀랄 만한 반동을 야기시켰다. 대국의 꿈은 사라졌고 스페인은 비웃음을 샀다. "작년에 만든 둥지에 금년에 온 새는 머물지 않는다." 돈 키호테는 고향으로 돌아와 죽으면서 이렇게 우울하게 말했다. 스페인 제국의 종말은 이미 두 명의 문학적 인물, 즉 폐쇄되고 멍한 스페인 전역을 떠돌아 다녔던 돈 키호테와 산초 판사에 의해서 예견된 것처럼 보였다.

하지만 이것이 환상이었다면 그 나라의 현실은 무엇이었던가? 역사의 거울에 비친 자기의 모습을 직시하면서 스페인은 감춰진 것을 발견할 수 있었던가? 스페인은 그 정치적 나약함으로 인하여 카디스의 자유헌법(1812년)에서 구체화된 민주주의와 근대화의 기회를 가질 수 없었다. 이 법조문은 스페인과 라틴 아메리카의 근대화에 대한 한 세대의 스페인계 시민들의 희망을 구현하고 있었다. 그러나 이 카디스의 헌법은 다른 수많은 법들과 마찬가지로, 스페인 역사를 통해서 세습적이고 편협하며 때때로 추잡했던 관습이나 이해관계라는 현실이 엄습하는 바람에 실시되지 못했다. 반면, 나폴레옹의 침략 이래 국민의 신임을 잃었던 국왕은 전제적인 합스부르크 왕가나 온정주의적인 부르봉 왕가의 옛 에너지를 더 이상 가지고 있질 못했다. 이런 지도자의 부재로 인한 정치는 종종 내분을 초래하여, 19세기의 저널리스트 마리아노 호세 데 라라는 다음과 같이 탄식하지 않을 수 없었다. "여기 스페인의 반신이 누워 있다. 또 하나의 반신이 그것을 죽였다." 그러나 라라도, 블랑코 화이트 같은 공법학자도, 베니토 페레스 갈도스 같은 소설가 —— 그는 사회의 모든 부류의 인간들을 망라한 거대한 서사집을 통해서 스페인의 인간 희극을 썼다 —— 도, 레오폴도 알라스(클라린) —— 그는 억제되고, 감미롭지만 쓰디쓴 소설 「라 레헨타(*La Regenta*)」를 썼다 —— 처럼 대단히 아이러니한 작가도, 지적 기반이 허약한 스페인을 구원할 수는 없었다. 이 나라는 바로 사상이나 정치, 그리고 과학이나 경제 각 분야에서 서양의 중심 흐름으로부터 벗어나 있었던 것이다.

"불쌍한 스페인!" 시인인 안토니오 마차도는 이렇게 외쳤다. "어제 너는 제국의 힘이었다. 하지만 오늘 너는 누더기를 걸친 불쌍한 스페인. 네 자신의 처지는 모르고 그 모습만 경멸하고 있구나!" 그것은 쓰디쓴 회한의 묘비명이었지만 그만이 이렇게 홀로 탄식한 것은 아니었다. 마차도의 목소리는 "너를 개혁하라. 네 자신을 알라. 너를 근대화시켜라"라고 스페인을 향하여 부르짖었던 한 세대 —— 스페인 제국이 상실되었던 해인 1898년에 등장한 소위 98세대 —— 의 힘찬 목소리 중의 하나였다. 극작가였던 라몬 델 바예 잉클란은 스페인을 향하여, 우선 네 모습을 쳐다보라고 외쳤다. 그는 「신성한 말들(*Divinas palabras*)」에서 스페인을 하나의 허깨비, 그로테스크한 실재, 그리고 이 세상에서 가장 아름다운 모습도 우스꽝스럽게 보이는 일그러진 거울로 이루어진 출구 없는 골목으로 묘사했다. "스페인인의 삶의 비극적 의미는 체계적으로 왜곡된 미라고 할 수 있다"라고, 그는 썼다. 다른 사람들로부터는 보기 어려운 곤두선 머리털에 염소 수염을 하고 케베도가 썼던 것 같은 두꺼운 안경을 썼으며, 한 손이 없었던(노상에서 벌어진 한 싸움에서 상대가 휘두른 지팡이가 마침 셔츠 주머니에 넣어둔 안경을 깨뜨렸고, 그 파편들이 살 속으로 들어가 곪는 바람에 그는 결국 손을 절단해야만 했다) 이 바예 잉클란의 말에 대해서, 살라망카 대학교의 철학자 미겔 데 우나무노(신선과 같은 하얀 수염에 짧은 머리, 마치 그림 속의 살쾡이처럼 이글거리는 눈을 가지고 있었던)는 아니라고 단호하게 말했다. 스페인은 실제로 삶의 비극적 의미를 가지고 있다. 그것은 지나간 세기의 고통과 영광 속에서 부동의 시선을 가지고 있기 때문이라고, 그는 말했다. 지금, 스페인의 현재를 규명하기 위해서는 그 과거를 되돌아보는 것이 필요하다. 전통이 존재하는 유일한 목적은 현재를 조명하기 위해서이다. 흔히 과거라고 부르는 것은 존재하지 않는다. 다시 말해서, 그에 의하면 스페인의 전역사는 오로지 내부의 역사(intrahistoria)로서, 상상력이나 감성, 삶을 통해서 나타나는 동시성을 띤 순간의 연속으로서 이해될 수 있다는 것이다.

이에 대해서, 세번째로 등장한 철학자 오르테가 이 가세트(골초에 대머리였으며, 시간이 지남에 따라서 피카도르[picador, 투우가 처음 시작될 때 말을 타고 들어가 창으로 황소를 찌르는 사람/역주]처럼 둥글넙적한 얼굴을 확연히 띤) 또한 우나무노의 의견에 동조했다. 그러나 모든 사람들은 근대적 국가를 이룩하여 인류 보편사에 참여할 수 있게끔 노력해야만 한다. 스페인은 거짓 낙원 속의 식물들처럼 척추 없이 흐물거리는 나라, 바로 그 자체이다. "깨어나라, 그렇지 않으면 근대성을 향한 도정에서 뿌리째 뽑히든가 짓밟혀버릴 것이다"라고 그는 외쳤다.

그리고 나서 스페인이 마닐라 만과 산티아고 항구에서 패배했던 바로 그때, 예상할 수 없었던 사건이 터졌다. 오르테가 이 가세트와 일련의 과학자, 교육자, 예술가들이 스페인을 20세기의 유럽으로 이끌었을 때, 그 유럽과 20세기는 스페인이 제국을 상실했던 것보다도 더 커다란 파국 한가운데로 빠져버렸다. 1914년에서 1918년 사이에 일어난 제1차 세계대전은 유럽의 환상——인간은 완전하고, 진보는 필연적이며, 해외에서의 식민주의와 국내에서의 자유주의를 기반으로 하여 목가적 안정을 이룩하리라는——을 여지없이 깨뜨려버렸다. 참호 속의 전쟁에서 벌어진 대살육, 한 세대의 유럽 젊은이들이 완전히 목숨을 잃은 것(2,100만 명 부상, 1,000만 명 사망 ; 4개월간 벌어진 프랑스의 솜 전투에서만 42만 명의 영국인, 19만4,000명의 프랑스인, 그리고 44만 명의 독일인이 전사했다)에 비해서 중립을 지켰던 스페인이 고립되어 겪었던 고통은 오히려 보잘것없는 것이 되고 말았다.

스페인은 제1차 세계대전의 소용돌이 속으로 휩쓸려 들어가지는 않았지만, 두 가지 여파를 피할 수는 없었다. 첫째로, 부패하고 전쟁으로 피폐되어 환멸만이 남은 전후 유럽의 모든 대립과 위협적 상황이 스페인으로 흘러들어갔다. 둘째로, 스페인은 스페인 이외의 세계 또한 그들이 생각했던 자신의 모습만큼이나 똑같이 비극적인 모습으로 일그러져 있다는 것을 알아차렸다. 그것은 바로 살바도르 달리의 풍경화에서 볼 수 있는 녹아 흘러내리는 시계처럼 뒤틀려 있고, 루이스 부뉴엘의 영화 "안달루시아의 개(Un Chien andalou)"의 첫 장면에 등장하는, 칼로 찢겨진 눈의 영상처럼 충격스럽기 그지없는 것이었다. 안달루시아의 나른한 아름다움을 읊은 시인 페데리코 가르시아 로르카 또한 스페인 밖으로 나가자마자 이 세계를 황폐하고 잠 못 이루는 지옥으로 보았다. "바깥 세상에서는 어느 누구도 잠을 자지 않는다. 어느 누구도"라고 그는 시집「뉴욕에 간 시인(*Poeta en Nueva York*)」에서 썼다. 그리고는 수세기를 격한 시간을 뛰어넘어서 마치 칼데론 데 라 바르카에게 대답이라도 하듯이 이렇게 썼다. "인생은 꿈이 아니다. 조심해! 조심하라구!"

그러나 스페인 국내에서도 방심은 금물이었다. 가르시아 로르카의 희곡과 시에는 숙명이 촉촉히 스며들어, 전반적으로 죽음의 그림자가 드리워져 있다. 자신이 죽기 1년 전에, 투우사 이그나시오 산체스 메히아스의 죽음을 슬퍼하면서 쓴 한 걸작시에서 가르시아 로르카는 이 투우사가 언제나 가슴 속에 지니고 있었던 죽음에 친숙해지도록 그의 얼굴을 덮지 말기를 간곡히 기원하고 있다. "안토니오 엘 캄보리오의 죽음(Muerte de Antoñito el Camborio)"에서, 이 시인은 "죽음의 목소리가 과달키비르강 주위에서 울려퍼지고" 있는 것을 듣고 있을 뿐만 아니라, 시 속에서 자신을 3인칭으로 등장시켜서 "오 페데리코 가르시아여, 치안 경비대를 불러라!"라고 외치며, 훗날 그를 죽이게 될 살인자들을 부르고 있다. 이 시인은 38살의 나이에 총살당했다. 그 자신의 죽음을 예견한 것처럼, 그는 스페인이 겪게 될 어마어마한 고통도 예견했다.

스페인이 자신들의 질문에 대해서 지적인 분야에서 이렇게 시적으로 답을 했지만, 정치 분야는 그것에 똑같이 대응하지 못했다. 체제의 정점에 서 있었던 국왕은 스페인 국민들로 하여금 존경을 불러일으키지 못했다. 이 체제 저변에는 지방의 정치 보스가 문맹과 '라티푼디스모(latifundismo, 대토지 소유제)', 그리고 가난한 농민들의 절망적인 상황 속에서 스페인의 각 농촌지방을 다스리고 있었다. 마드리드에서는 보수파와 자유주의파가 그럴싸한 말의 성찬만으로 서로 번갈아 정권을 차지하고 있

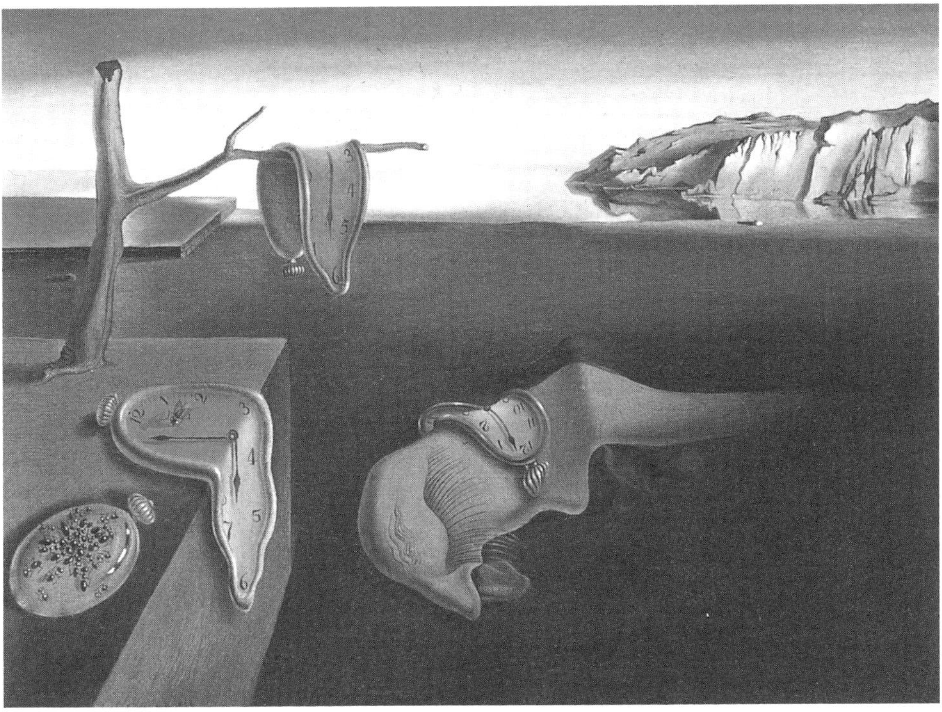

“기억의 지속”, 살바도르 달리 작, 1931년.

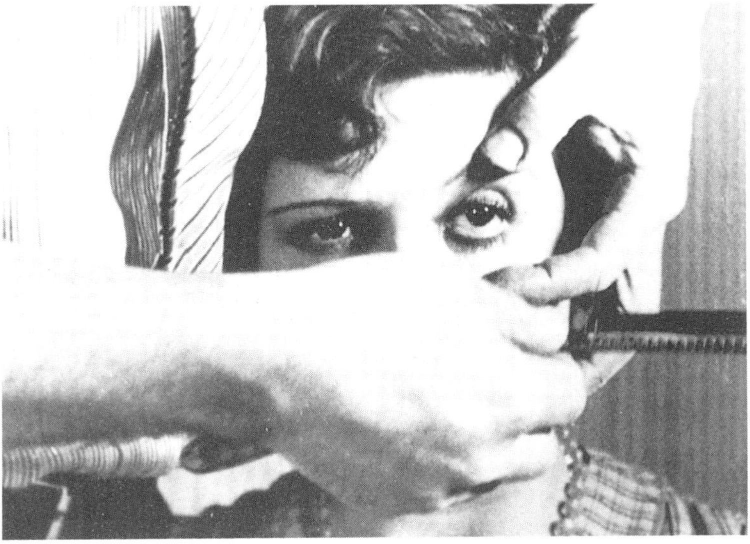

루이스 부뉴엘의 영화 “안달루시아의 개”의 한 장면.

었고, 한편으로 식민지시대 후기에 일어났던 모로코 출병사건은 스페인에 패배를 안겨줌과 동시에 커다란 타격을 입혔다. 1920년대 미겔 프리모 데 리베라의 '딕타블란다(dictablanda)', 즉 온건한 독재는 마드리드의 대로에 떠도는 사르수엘라(zarzuela, 스페인 형식의 오페레타/역주)의 감미로운 음악처럼 달콤하기 그지없었다. 그러나 국왕 알폰소 13세는 1930년, 프리모 데 리베라를 해임했는데, 그것은 단지 자신의 무능력만을 증명하는 결과를 빚었고, 결국 그는 1931년 퇴위할 수밖에 없었다. 이 나약한 군주제의 뒤를 이어 똑같이 나약한 공화국이 등장했다. 그럼에도 불구하고 "어린아이 같은 이 공화국"은 수백만 명의 시골 사람들에게 읽고 쓸 수 있는 능력과 인간의 존엄을 가르쳐주었다. 로르카 자신도 자신의 극단 "라 바라카(La Barraca)"를 이끌고 잊혀진 시골 마을로 순회공연을 떠났다. 그러나 무지하고 근친상간을 저지르는 잔인한 농촌의 공포스런 삶을 날카로운 시선으로 묘사했던 부뉴엘의 영화 "빵 없는 대지(Las hurdes)"는 공화국 정부에 의해서 상영이 금지되었다.

공화국 정부는 스페인에 일련의 근대적 법률을 부여했다. 국가와 교회를 분리했고, 이혼법을 공표했으며, 보통 교육을 시행했고, 노동자들에게 조합결성의 자유를 부여했다. 그러나 스페인은 대규모 파업과 프롤레타리아 폭동의 무대로 바뀌었으며, 특히 아스투리아스 지방에서는 그것들이 격렬하게 일어나고 있었다. 또한 공화국 정부는 문화 전체에 활기를 불어넣어 주었지만, 정책의 남용, 특히 반교권운동은 전통 보수 그룹과 개혁적인 정부 사이에 대결을 불러일으켰다. 그리하여 공화국 정부는 강력한 행정력의 부재로 인해서 이제까지 스페인 역사상 볼 수 없었던 미해결의 문제, 극단적인 파벌싸움 등과 같은 일련의 사회긴장으로 시달리지 않을 수 없었다. 남부의 봉건적 대토지 소유자와 번창하는 북부의 근대적 농가와의 대립, 그리고 땅을 소유하지 못했던 남부의 급증하는 프롤레타리아와 공업화와 금융의 발전을 추구했던 북부와의 갈등은 날로 심각해져갔다. 기업은 정부로부터 거액의 보조금을 받았고, 비능률적이었으며 생산비용은 높았다. 두 지역 중 어느 하나가 상대 지역을 깔아뭉갬에 따라서, 두 파벌간의 이데올로기는 사태를 더욱더 복잡하게 만들었다. 계몽적이고 친유럽적인 지향은 지방의 고립주의 전통과 충돌했고, 정교분리를 주장했던 자유주의는 되살아난 전투적 가톨릭과 충돌했다. 그리고 스페인처럼 전제적인 사회가 아니었다면 그렇게도 과격한 형태의 무정부주의가 키워질 수가 없었다. 파시즘과 공산주의라는 두 개의 전체주의 사상이 마누엘 아사냐 이 디아스 대통령 정부가 들어서면서 지적으로 총명하고 선의를 띤 점잖은 정치가들, 그리고 나약한 공화정권 위로 그 힘을 과시하려는 듯이 무대 뒤에서 기다리고 있는 것처럼 보였다.

이 모순적이고 전도가 양양하고 끓어오를 듯한, 그러나 실제로는 흐물흐물했던 스페인 공화국은 마침내 1936년 7월 18일, 무장 봉기한 프란시스코 프랑코와 그의 장군들이 이끄는 반란군에 의해서 전복되었다. 스페인의 허약한 의회 민주주의에 대해서 우나무노는 "극단적인 세력들을 더욱더 드러내라. 그러면 그 싸움의 결과로 중도가 생겨나게 될 것이다"라고 말했다. 그러나 현실은 그렇지 않았다. 우나무노가 살라망카 대학교에서 강의중, 포악한 파시스트 장군 미얀 아스트라이가 들이닥쳤다. 그는 들어오면서 "인텔리를 죽이자"라고 외쳤다. 우나무노는 이에 대해서 "자네는 승리할걸세. 하지만 나를 설득시킬 수는 없지"라며 위엄있게 대답했다. 몇 달 후, 우나무노는 세상을 떴다. 아마도 그의 심장은 내전의 참화로 파멸되었을 것이다. 파시즘 탄압의 첫 희생자 중 하나였던 가르시아 로르카도 그랬었는데, 그는 38세의 나이로 자신이 태어난 고향 그라나다에서 냉혹하게 암살당했던 것이다.

얼마 지나지 않아, 스페인 내전은 국제적인 분쟁으로 바뀌었다. 프랑코나 공화파 양측은 모두 외국의 원조를 받았다. 공화파는 소련의 무기와 멕시코 카르데나스 정부측의 연대 지원, 그리고 세계 각국의 지식인들로부터 공감을 받았다. 몇몇 작가들 —— 조지 오웰, 앙드레 말로, 어니스트 헤밍웨이 —— 은 심지어 전투에 참가하기도 했다. 국제 여단은 용감하게 싸웠고, 20세기의 국제 연대에서 가장 감동적인 모습을 보여주었다. 그 중에서도 미국의 링컨 여단은 가장 뛰어났다.

이들은 스페인에서 불길한 일들이 벌어지고 있다는 것을 알아차렸다. 새로운 세계 전쟁의 예행 연습이 카스티야의 평원과 강 곳곳에서 행해지고 있었다. 나치 독일과 파시스트 이탈리아는 프랑코 반군에게 정치, 군사 양면에서 전면적인 지원을 했다. 1937년 4월 26일, 히틀러의 급강하 폭격기 슈투카(stukkas)가 3시간 가까이, 바스크 지방의 한 마을 게르니카를 무차별 폭격했다. 물론 그곳에 군사적 목표물은 없었다. 그 폭격은 오로지 주민들에게 공포감을 주기 위한 연습행위에 지나지 않았다. 게르니카는 런던 대공습과, 코번트리의 파괴의 전조였다. 이후 무죄한 사람들이 전쟁의 첫 희생물이 되었다.

그러나 이 게르니카의 살상으로부터, 스페인 근대의 가장 위대한 화가 파블로 피카소에 의하여 20세기를 상징하는 회화 "게르니카(Guernica)"가 재현되어 나왔다. 그는 우리들에게 스페인의 영원한 상징인 투우장과 갈갈이 찢겨지고 산산히 흩어지는 황소와 말을 통해서 고통과 죽음을 바라보라고 호소하고 있다. 역사의 참화를 예술의 승리로 변용시키는 스페인의 고통스러운 재능은 이 회화에서 뚜렷하게 드러난다. 그러나 이제 우리들을 지켜줄 수 있는 것은 아무것도 없다. 우리는 알타미라 동굴 밖에 있다. 우리는 '라스 메니나스(Las Meninas)'의 방으로부터 멀리 떨어져 있다. 우리는 도시의 거리에 무방비로 서 있다. 하늘에서는 폭탄이 떨어지고 있으며, 우리에게 남은 것은 이제 황폐와 비참밖에 없다. 다시 한번 우리들은 태어날 때처럼 그 어느 곳에도 몸을 피할 수 없다. 이런 인간의 인위적인 역사가 만들어낸 폐허, 그 인간의 페허는 유일한 기술의 창조물이었던 전구에 의해서 빛나게 되었다. 가로등은 밤을 낮으로 변화시키고, 폭탄은 삶을 죽음으로 바꾸어버린다. 우리는 예술의 단편들을 모아 세계를 재구축할 수 있을까?

유럽의 민주국가들, 특히 프랑스나 영국의 근시안적 태도와 두려움으로 인해서 방기되었던 스페인 공화국은 히틀러와 무솔리니의 지원을 받고 있었던 파시스트 반란군과 대치했다. 그러나 여기에서 화해의 기미는 전혀 없이 적대하고 있었던 것은 바로 투우장의 어둠과 빛, 그림자와 태양처럼 두 개의 스페인이었다. 피레네 산맥을 넘어 망명길에 올랐던 죽음을 눈앞에 둔 시인 안토니오 마차도는 이렇게 탄식했다. "오, 이 세상에 태어나는 어린 스페인인이여! 신의 가호가 있기를! 두 스페인 중의 하나가 너의 심장을 얼게 할테니까!"

프랑코는 승리 이후, 엘 에스코리알 궁전 가까운 곳에 그 자신의 웅대한 무덤 ——'전몰자 기념비(Monumento de los Caídos)'—— 을 만들었다. 바위를 폭파하고 거대한 동굴을 파서 그것을 건설하는 데에는 16년 이상이 걸렸다. 그 작업에 동원된 사람들은 주로 정치범들이었다. 그 무덤은 히틀러가 제2차 세계대전에서 승리하면 자신을 위해서 지으려고 했었던 파시즘적 악몽 바로 그것에 지나지 않았다.

프랑코는 제2차 세계대전에서 승리하지도, 패배하지도 않았다. 그는 약삭빠른 책략가였다. 히틀러는 그를 전쟁으로 결코 끌어들이지 않았다.

프란시스코 프랑코, 1944년경.

종전이 되고 평화가 다시 찾아왔을 때, 프랑코는 전시중에 보인 중립입장을 서방 연합국과 교섭하는 데에 하나의 전략상의 이점으로서 활용했다. 그는 지중해의 관문을 위해서 미국에게 공군기지를 제공했다. 그의 반공에 대한 신념은 확고했다. 그는 나치식 거수경례로 히틀러를 맞이했지만, 새로운 동맹 관계를 위하여 아이젠하워 대통령을 마드리드에서 맞이했을 때는 그 습관을 버렸다.

프랑코 정권하의 스페인의 모습은 전몰자 기념비처럼 거대하고 획일적이었다. 그러나 나라는 가난했다. 스페인은 관광과 무역, 투자와 차관을 필요로 했다. 그러나 스페인은 북대서양조약기구(나토)의 예비역 보초 역할을 떠맡음으로써 그것들을 손에 넣을 수 있었다. 프랑코 시대에 스페인은 경제적 발전을 이룩했지만 정치적 자유는 존재하지 않았다. 이것은 새로운 일이 전혀 아니었다. 한국에서 칠레까지 근대에 등장했던 독재정권은 모두 프랑코의 전례를 따랐던 것이다.

문화에 의한 구제

내가 정말로 중요하다고 생각하는 것, 심지어 기이하다고까지 생각하는 것은 프랑코가 전체 스페인 문화를 결코 없애지 않았다는 점이다. 히틀러는 독일 문화를 완전히 파괴했다. 그의 국가사회주의체제에 찬동하지 않는 사람들은 추방당하거나 살해당했다. 그리고 나치 독일 내에서는 정통에서 벗어난 작품들은 어떠한 것도 제작될 수 없었다. 그러나 스페인 문화는 36년간의 프랑코 정권 동안, 그 강인한 저항성을 입증하여 다시 한번 위험하기 짝이 없는 거의 이단에 가까운 영역을 창조해내었으며, 스페인의 풍부한 문화원천으로부터 다시 한번 더 비정통의 광맥을 캐내고 있었다. 물론 그것들은 망명자들 사이에서 활발히 이루어졌다. 그러나 국내에서 그 맥이 끊어진 것은 결코 아니었다. 시, 소설, 지하 신문, 불법 정치 조직, 그리고 영화 등이 스페인에서 꽃을 피웠다. 블라스 데 오테로나 호세 이에로의 시에서 후안 고이티솔로나 라파엘 산체스 페를로시오의 소설, 그리고 마르셀리노 카마초의 노동자 위원회로부터 펠리페 곤살레스가 이끄는 사회당의 개혁까지, 스페인 문화는 그 정치적인 불행에도 불구하고, 그들의 영속성을 지키고 확고히 하기 위한 목적에서, 이 거대하고 풍부했던 그들의 전통을 다시 끄집어내어 거기에 동화시키면서 그 교훈을 배우는 것처럼 보였다. 이런 경향의 대부분은 영화 속에서 다시 등장하기 시작했다. 후안 안토니오 바르뎀의 "한 자전거 선수의 죽음(La muerte de un ciclista)"에서 볼 수 있는 프랑코주의 속에서 출현한 신흥부자들의 부패한 내부 모습, 루이스 베를랑가가 감독한 "환영합니다, 미스터 마샬(Bienvenido Mr. Marshall)"에서 마샬 계획으로 잔뜩 바람이 든 가난한 농촌이 구제되리라는 허망한 기대, 카를로스 사우라의 "사냥(La caza)"에서 보이는 자기 파멸적이고 끝없는 인간 사냥의 모습을 드러내는 프랑코 치하의 스페인, 또는 그의 또 다른 영화인 "열락의 정원(El jardín de las delicias)"——한 부유한 가족이 전신마비로 움직이지 못하는 아버지로부터 스위스 은행의 비밀구좌번호를 캐내려고 안간힘을 쓰는 내용——에서도 스페인의 썩은 모습이 똑같이 풍자적으로 묘사되고 있다.

그 때 마지막 탕자가 집으로 귀환했다. 루이스 부뉴엘의 영화 "비리디아나(Viridiana)"는 고통스럽지만 희망으로 가득 찬, 그리고 비판적이면서 비정통적인 스페인 전통 문화의 찬란한 부활 그 자체였다. 그 전통은 세르반테스와 악당들, 돈 후안과 성 후안, 육체와 정신의 전통으로서, 부뉴엘은 세상에서 소외된 자, 힘없는 자, "망각된 사람들(Los Olvidados)"을 감싸안기 위한 수단으로 영화를 이용했다. 부뉴엘의 영화가 가진 힘은 우리가 좋아하든 싫어하든 간에, 언제나 그가 다루는 주제와 깊은 관련을 맺고 있다는 점일 것이다.

스페인은 프랑코주의자들의 동면으로 인하여 자기를 돌아볼 기회를 가질 수 있었다. 스페인인들은 과거에 저질렀던 잘못을 반성하고 권위주의와 억압의 전통을 한탄하면서도 그들 또한 독자적인 민주주의 전통을 가졌음을 떠올렸다. 중세 도시사회의 자유로부터 카스티야의 도시동맹의 반란, 카디스의 자유헌법, 좌절된 공화제의 실험까지 스페인은 민주주의의 자양분을 취할 수 있는 모든 것을 경험했다. 이것이 바로 1975년 프랑코 사후, 이 나라를 단결로 향하게 했던 민주주의의 전통인 것이다. 그러나 다른 세계 사람들의 마음 속에서는 다음과 같은 질문이 떠오른다. 이 젊고 활기찬 민주주의가 어떻게 해서 그 기나긴 파시스트 독재정권의 타락을 딛고 일어설 수 있었을까? 그 답은 스페인인들의 생활 속에 간직된 민주주의 성향인 중재의 전통과 프랑코 시대에서조차 문화적으로 살아남을 수 있었던 절충의 전통, 그리고 1975년 이후 모든 계층을 망라하여, 스페인인들이 보여주었던 신선하고도 직접적인 정치적 기량의 전통에 있었다.

이 해, 스페인의 경제적 발전과 정치적 정체(停滯) 사이에는 뚜렷한 괴리가 있었다. 경제발전에 맞추어 합당한 제도를 창출하는 것이 스페인 민주주의의 사명이었다. 이 진정한 정치혁명인 민주혁명을 통해서 스페인인 모두는 책임을 지고 각자의 역할을 떠맡았다. 젊은 후안 카를로스 국왕은 이 모든 것을 하나로 결합시켰던 중추적 요인이 되었다. 그는 옛 군부의 쿠데타를 막았고 과거의 상처를 치유했다.

젊고 민주적인 신생 스페인은 지금 유럽의 일원으로 반종교개혁의 시대로부터 시작되었고 18세기 호베야노스와 같은 인물이 타파하고자 했던 고립적 상황에 종지부를 찍었다. 그러나 스페인이 유럽에 기여한 문화적 공헌이 대륙에서 인식되지 않음으로써 스페인은 유럽으로부터 여전히 소외되었다.

오늘날 피레네 산맥은 관통되었다. 스페인은 유럽에서 최고의 경제성장률을 과시하고 있다. 이제 스페인 시민들은 가장 폭넓은 정치를 선택할 수 있다. 그것은 성숙되고 결코 편향되지 않은 민주적 삶의 당연한 결과일 것이다. 위험은 상존한다. 그것은 스페인이 유럽 공동체에 가입함으로써, 너무 번창하고, 너무 편안하며, 너무 소비로만 치달려 자기 비판을 하지 못할 것이라는 우려이고, 스페인의 또 하나의 얼굴인 스페인계 아메리카를 망각하지나 않을까 하는 우려이다. 스페인은 명실상부, 유럽의 한 나라이다. 하지만 스페인은 니카라구아 시인 루벤 다리오가 우리들을 일컬어 "스페인 사자의 새끼들"로 불렀던 것처럼, 스페인계 아메리카 제국의 일원이라는 사실을 또한 잊어서는 안 된다.

스페인 없이 우리가 존재할 수 있을까? 우리 없이 스페인이 존재할 수 있을까?

제18장 미국과 히스파닉

멕시코와 미국 사이의 2,000마일에 걸쳐 있는 국경은 선진 세계와 발전도상 세계 사이에 놓여진 눈으로 볼 수 있는 유일한 경계로, 그것은 또한 앵글로-아메리카와 라틴 아메리카의 경계이다. 하지만 이것은 불완전한 철책, 도랑, 장벽, 철조망 —— 소위 토르티야 장막(Tortilla Curtain)이라고 불리는 —— 으로 만들어진 미완의 경계로 북아메리카가 히스파닉 이민을 막기 위해서 급히 건설했다가 도중에 중단되어, 아직까지도 완성되지 않은 채로 남아 있다.

수심이 얕은 리오 그란데 강이나 인적이 드문 산중을 통해서 국경을 넘는 것은 용이하지만, 북쪽으로 들어가는 것은 어렵다. 양 국경 사이에는 무인지대가 있고 그곳에서 이민들은 미국 국경순찰대의 감시의 눈을 피하지 않으면 안 된다. 그렇지만 이민 노동자들의 의지는 확고하다. 그들 대부분은 멕시코인이지만 중앙 아메리카나 콜롬비아, 그리고 카리브 지역의 사람들도 들어간다. 때때로 정치적 불만을 가진 사람들도 포함되겠지만, 이민들은 주로 —— 특히 멕시코 이민의 경우에는 —— 경제적인 이유 때문에 미국으로 들어가고 있다.

미국에 있는 불법 노동자의 수는 거의 600만 명을 헤아린다. 그들은 국경 바로 남쪽에 있는 작은 호텔에 모여서, 그들의 친구나 가족들과 함께 국경을 넘을 호기를 기다린다. 순찰대는 그들의 입국을 저지하기 위하여 밤낮으로 경계를 게을리하지 않는다. 감시경찰은 현대의 기술을 동원한 여러 이기들을 가지고 있지만, 이민의 강점은 그들의 수에 있고, 또 그들 배후에는 수백만 명의 압력이 있다. 어찌되었든 간에 그들은 그곳으로 가야만 한다. 어쩌면 그들은 멕시코에서 가장 용감하고, 가장 단호한 사람들일 것이다. 왜냐하면 그들은 용기와 강한 의지로 끝없는 빈곤의 굴

“두 사람의 프리다”, 프리다 카흘로 작, 1939년.

레를 끊기 위해서 북쪽의 국경을 건너야 하는 위험스런 도박에 모든 것을 내던져야 하기 때문이다.

국경순찰대의 헬리콥터와 서치라이트가 전체 그룹의 길을 막는다. 많은 사람들이 체포되고, 반대편 국경 너머로 송환된다. 그러나 1년에 50만 명 정도는 입국에 성공한다. 그리고는 이미 그곳에 있는 600만 명의 밀입국 노동자 그룹에 합류한다. 그들은 완전한 희생자들이다. 그들은 낯선 이국 땅에 있으며, 영어를 못한다. 그들은 노천에서 자며 수중의 돈을 움켜쥐고 있다. 그리고 당국의 눈을 무서워한다. 악덕 변호사나 고용주들의 손아귀에 그들의 삶과 자유가 맡겨져 있다. 때때로 그들은 난폭한 대우를 받기도 하고, 또 어떤 때는 살해되기도 한다. 그러나 그들은 범죄자가 아니다. 그들은 단지 노동자일 뿐이다.

그들은 미국 노동자의 일을 뺏고 미국의 경제, 심지어 국가에 타격을 주고 있으며, 문화적 통합을 위협한다고 비난받는다. 그렇지만 그들은 계속 들어오고 있다. 왜냐하면 다른 무엇보다도 미국 경제가 그들을 필요로 하기 때문이다. 금세기 말쯤 되면, 미국은 수백만 명의 노동자를 필요로 할 것이다. 이 나라에 오는 사람들은 어떤 미국인도 하고 싶어하지 않는 일을 도맡아서 한다. 농업 노동은 물론이고, 점점 더 많은 사람들이 운수, 호텔, 수선, 병원 등 서비스 부문의 일에 종사하게 될 것이다. 이런 모든 부문들은 이민들의 공헌이 없다면 멈추게 될 것이다. 그들이 없다면, 미국의 전체 고용체제는 격변할 것이고, 급여수준은 계층별로 하락하여 수백만의 노동자와 그 가족들은 고통받게 될 것이다.

한편, 이민들이 몰려오는 것은 미국의 노동시장에 새롭게 편입된 젊은 계층의 노동자가 부족하기 때문이다. 이민은 미국의 인구 구성에 변화가 계속 일어나면서 발생한 간극을 메꾼다. 냉전에서 평화시기의 경제로 전환하면서 미국에는 비숙련 노동자뿐만 아니라, 야금, 건설, 공예와 같은 분야의 숙련 노동자들도 부족하다. 이민 노동자들 덕분에 이 나라는 이런 저런 분야에서 경쟁력을 유지하고 있다. 그렇지 않으면, 이런 산업들은 해외로 이전되어, 자국에서는 더 많은 고용기회가 사라지게 될 것이다. 이민 노동자들은 물가를 싸게 안정시키고, 대량소비를 유지시키는 데에도 기여한다. 그들이 일부 미국 노동자들의 일감을 빼앗기는 했지만, 그 수는 테크놀로지와 외국과의 경쟁에 의해서 발생하는 고용 상실과는 비교도 되지 않는다.

그러나 이민 노동자들은 이런 모든 경제적 요인을 넘어, 미국 사회 내의 스페인계 아메리카 문화의 지속성에 아주 중요한, 광범위한 사회적, 문화적 변천 과정을 대변해주고 있다. 이런 이유로 멕시코에 실업이 만연하지 않더라도 이런 노동자들은 어디서든지 미국으로 갈 것이다. 그러나 그들은 아일랜드나 독일, 이탈리아, 슬라브 등 과거, 여러 나라에서 왔던 이민들처럼 바다를 건너는 것이 아니라 육지로 연결된 국경을 넘어서 올 것이다. 현대의 엘리스 섬은 선인장이 자라는 사막 한 가운데에 있다. 그리고 3등 객실은 때때로 두 개의 캘리포니아, 즉 멕시코의 바하 캘리포니아와 미국의 캘리포니아 사이에 파진 터널과 비교될 수 있다.

이민의 대륙

미국-멕시코 국경은, 이곳을 넘는 사람들이 이야기하듯이, 사실 국경이 아니라 하나의 찢겨진 상처이다. 이 상처가 아물 수가 있을까? 언젠가 다시 터지는 것은 아닐까? 히스파닉 노동자들은 이 멕시코-미국 국경을 건너면서 때때로 자문해보았을 것이다. "여기는 우리들 땅이 아니었던가? 혹시 그 고향으로 돌아가지 못하는 것은 아닌가? 어찌되었든, 여기는 영원히 우리의 땅이지 않은가?" 그들은 거기서 고향의 요리를 맛볼 수 있고, 그들의 언어를 들을 수 있고, 그들의 노래를 부르고, 그들의 성인에게 기도를 올릴 수 있다. 그곳을 뼛속 깊이, 히스파닉의 땅으로 언제나 생각할 수는 없는 것일까?

그러나, 이런 질문들에 답하기 전에, 스페인계 아메리카인들은 우선, 이 땅이 한때는 사람이 살지 않았던 텅 빈 대륙이었다는 사실을 기억해야만 한다. 모두는 어딘가에서 이리로 왔다. 최초의 아메리카인은 아시아에서 건너온 유목민이었다. 그뒤 스페인인이 '황금의 일곱 도시(Siete Ciudades de Oro)'를 찾으러 지금의 미국 남서부까지 왔었다. 그러나 그들은 거기에서 아무것도 발견하지 못한 채, 그곳에 자신들의 언어와 종교, 그리고 피를 남겼다. 스페인 제국은 북으로 멀리, 오리건까지 그 영토를 넓혔고, 로스 앤젤레스, 새크라멘토, 샌 프란시스코, 산타 바바라, 샌디에이고, 산 루이스 오비스포, 산 베르나르디노, 몬테레이, 산타 크루스와 같은 낭낭한 소리를 띤 이름의 도시로 그 해안지역을 영원히 채웠다. 독립과 함께 멕시코 공화국은 광대하고 인구가 희박한 영토를 물려받았다.

그러나 멕시코는 1848년 팽창하는 북아메리카 공화국과 '명백한 운명', 즉 대서양에서 태평양까지의 모든 지역을 자국의 영토로 삼으려고 했던 미국의 이데올로기에 의해서 그것을 빼앗겼다.

이렇게 해서, 히스파닉의 세계가 미국에 온 것이 아니라, 미국이 히스파닉 세계에 오게 된 것이다. 오늘날 히스파닉 세계가 미국으로 돌아가고, 미국에서 서반구 선조들로부터 물려받은 잊혀진 전통의 일부로 돌아가는 것은 하나의 균형 잡힌 행위, 심지어 시적인 표현을 통한 정의로운 행위일 것이다. 이민들은 남서부 지역뿐만 아니라, 서부 해안가 지역, 그리고 시카고와 같은 중서부 지역을 거쳐서 뉴욕이나 보스톤과 같은 동부 지역으로, 거기서 다시 멕시코 만의 텍사스에서 태평양의 캘리포니아까지, 마치 띠처럼 펼쳐 있는 지역으로 계속 유입하고 있다. 거기서 이민들은 이 땅에서 영구히 살고 있는 치카노(chicano, 멕시코계 미국인)들을 만나게 된다. 사실 그들은 그링고(gringo, 미국인)보다도 더 오래 전부터 여기에서 살고 있다. 이들 모두를 합쳐서 그들은 미국 내에 2,500만 히스파닉 인구를 구성한다. 그들의 대다수는 멕시코계이지만, 푸에르토 리코, 쿠바, 중남미 출신도 많이 있다. 이들은 미국에서 가장 인구증가율이 높은 소수민족 그룹이다.

로스 앤젤레스는 현재 멕시코 시티에 이어 세계 제2의 스페인어 인구를 가진 도시로, 그 수는 마드리드나 바르셀로나의 인구를 능가하고 있다. 남부 플로리다는 쿠바계가 과반수를 점하고 있는데, 그곳에서는 스페인어만 가지고도 생활할 수 있고, 또 성공할 수도 있다. 멕시코인의 동화가 가장 많이 이루어진 샌 안토니오는 150년에 걸쳐서 두 개의 국어를 사용하고 있다. 21세기 중반쯤에는 미국 전 인구의 거의 절반이 스페인어를 쓰게 될 것이다.

이 제3의 스페인계 사회, 즉 미국의 히스파닉 사회의 발전이 오로지 경제와 정치적 사건에 국한되는 것은 아니다. 이것은 무엇보다도 문화적인 사건이다. 히스파닉의 자극을 받았던 모든 문화가 미국에서 창조되었다. 여기 이 땅에서 개인적 이야기나 유년시절의 추억, 그리고 가족의 초상과 같은 자전적 요소를 강조하는 문학이 태어났다. 그런 문학은 멕시코계 미국인인 치카노나, 맨해튼에 사는 푸에르토 리코인, 마이애미에 망명한 2세로서 쿠바계 미국인이 된다는 것은 무엇을 의미하는가 하는 것과 같은 질문에 답하는 하나의 수단이었다. 다양한 작품들, 예를 들면, 루돌포 아나야의 「최후엔 나에게 축복을(*Bless Me, Ultima*)」, 론 아리아스의 「타마 순찰레로 가는 길(*The Road to Tamazunchale*)」, 에르네스토 갈라르사의 「빈민가 소년(*Barrio Boy*)」, 알레한드로 모랄레스의 「벽돌 쌓는 사람(*The Brick People*)」, 아르투로 이슬라스의 「비의 신(*Rain God*)」, 토마스 리베라의 「그리고 대지는 그들을 삼키지 않았다(*Y no se los tragó la tierra*)」, 롤란도 이노호사의 「계곡(*The Valley*)」, 혹은 여류 작가들 중에서는 산드라 시스네로스의 「크리크어로 외치는 여자(*Women Hollering Creek*)」, 돌로레스 프리다의 「아름다운 세뇨리타(*Beautiful Señoritas*)」, 후디스 오르티스 코퍼의 「태양의 후예(*The Line of the Sun*)」) 등 다채로운 소설들, 또는 알루리스타 리오스와 알베르토 리오스와 같은 시인들의 작품, 아니면 푸에르토 리코 섬에서 스페인어로 집필하겠다고 결심한 로사리오 페레나 루이스 라파엘 산체스의 단호한 태도가 곁들인 작품들을 떠올릴 수 있다.

이곳에서는 또한 미술이 탄생했다. 그 예술은 격렬하고도 어떤 때에는 화려한 방법으로 창조되어, 저 오래 된 알타미라 동굴에서 로스 앤젤레스 이스트 사이드의 낙서에 이르기까지 면면히 이어져 내려오고 있는 전통에 합류한다. 거기에는 기억화(記憶畫)와 다이나믹한 충돌의 그림, 예를 들면 자동차 사고를 다룬 카를로스 알마라스의 작품도 포함되어 있다. 그는 프랭크 로메로, 베토 데 라 로차, 힐베르토 루한과 함께 4인조 그룹, 소위 로스 쿠아트로(Los Cuatro)의 멤버였다. 이러한 화가들의 작품이 가진 미와 격렬함은 문화와 문화는 만나지 않으면 안 되는 것, 즉 상호간의 문화가 활성을 지니기 위해서 자기만족을 거부하고, 부당한 평가도 감수하지 않으면 안 된다는 사실을 보여주는 데에 기여했다. 한편 그 작품들은 존중될 만한 가치가 있는 정체성, 그리고 보이지 않으면 형태를 주고, 들을 수 없으면 음악적 비트를 주어야만 한다는 정체성을 주장한다. 그리고 또 하나의 문화, 즉 앵글로-아메리카의 주류 문화가 히스파닉 문화의 과거를 거부한다면, 라틴계 예술가는 자신들이 그 근원을 다시 만들지 않으면 안 된다. 예를 들면, 한 치카노가 마르틴 라미레스에 대해서 알지 못하고서 로스 앤젤레스에서 화가가 될 수 있을까? 1885년에 태어난 라미레스는 멕시코에서 온 철도 노동자로, 실어증에 걸렸다는 이유만으로 1960년에 타계할 때까지 30년간 캘리포니아의 정신병원에서 고뇌의 삶을 보내지 않으면 안 되었다. 그는 발광했던 것도 아니었고, 오직 말을 할

“플립 오버”, 카를로스 알마라스 작, 1983년.

“하이웨이 64”, 프랭크 로메로 작, 1988년.

수 없었을 뿐이었다. 그곳에서 그는 화가가 되었고, 30년간 그의 침묵의 세계를 계속 그렸던 것이다.

미국의 히스파닉 문화가 루한의 그림에서 보이듯이 그렇게 시각적으로, 루이스 발데스의 무대 연출에서처럼 드라마틱하게, 오스카르 이후엘로스와 그의 맘보 킹 밴드가 펼치는 강렬한 주문처럼, 그리고 도시의 비애와 거리에서 떠도는 유머를 살사(salsa) 음악에서 노래한 루벤 발데스의 그 생동하는 비트에서, 글로리아 에스테반과 그녀가 이끄는 밴드 '마이애미 사운드 머신'과 같은, 사람을 주눅들게 하는 그 힘찬 음악에서 표현되지 않으면 안 되었던 것도 그리 불가사의한 것은 아니다.

이런 부정과 긍정의 거대한 조류는 미국에서 태어난 히스파닉뿐만 아니라, 새로 들어오는 이민에게도 다음과 같은 것을 자문해보지 않을 수 없게끔 만든다. "우리는 미국 사회에 무엇을 가지고 왔는가? 우리들의 어떤 유산을 보존하고자 하는가? 우리는 이 나라에 무엇을 주고자 하는가?" 그에 대한 답은 이들 모두 —— 오래 전에 미국에 정착한 가족의 후손이든, 아니면 최근에 들어온 이민이든 —— 는 가치관이나 기억이나 전통을 전하고 있는 가족, 개인, 지역사회나 문화 관계의 네트워크를 포함한 광범위한 사회 그룹을 반영하고 있다는 사실에 의해서 결정되었다. 이 스펙트럼의 한 쪽 끝에는, 미국에서 성공한 30만 명의 히스파닉 기업가들이 있고, 또 다른 한 쪽 끝에는 단지 "멕시코 사람을 혐오한다"는 이유만으로 19살 먹은 앵글로 백인 청년에 의해서 사살된 두 명의 이민이 있다. 한 통계자료에 의하면, 히스파닉이 경영하는 사업체가 미국에서 창출하는 부는 연간 200억 달러를 넘는다고 한다. 그러나 이런 통계치도 이민온 사람들이 수많은 앵글로계 미국인들로부터 전쟁게임용 물감 총을 맞고 있다는 —— 마치 중세시대 유대인들이 그랬던 것처럼 —— 사실을 알면, 그리 자랑할 만한 것도 아니다. 만약 누군가가 멕시코의 전농촌사회가 '레메사(remesa)', 즉 미국에서 일하고 있는 멕시코의 계절 노동자로부터 오는 송금으로 유지되고, 그 액수가 연간 40억 달러에 이르며, 그것이 멕시코 제2의 외화 수입 (석유 다음으로)의 원천이라고 말한다면, 우리들은 또한, 수많은 계절 노동자가 그들이 야영하고 있는 근처 길에서 자동차에 의도적으로 치어서 죽어가고 있다는 사실도 기억해야 한다. 그리고 마지막으로, 대다수 멕시코 이민은 어찌되었든 간에, 멕시코로 다시 돌아갈 계절 노동자라는 것을 알고 있다면 우리들은 앵글로-아메리카와 이베로-아메리카 문화 사이에 뿌리깊게 존재하는 차이점 또한 깊이 인식해야만 할 것이다. 왜냐하면 이 두 문화는 그 모든 것에도 불구하고, 국경을 이동하면서 서로 대립하고, 영향을 주고, 또 계속 충돌할 것이기 때문이다.

타자와의 만남

이 두 문화는 어깨를 부비며 서로를 의문시하면서 공존한다. 그러나 사실, 이 두 문화는 서로간의 공통의 문제를 포함하고 있는데, 그것들은 아직은 드러나지 않은 새로운 세계의 맥락 속에서 상호협력과 이해를 필요로 하고 있다. 앵글로-아메리카인과 스페인계 아메리카인은 마약, 범죄, 환경, 도시의 무주택자와 같은 문제를 다루는 데에서 점점 더 인식을 같이 하고 있다. 그러나 이전에는 균질적인 사회였던 미국이 더없이 다양한 이민 그룹(새로운 히스파닉과 아시아계 이민)에 직면하고 있는 것처럼, 라틴 아메리카 또한 도시의 빈곤층의 운동에 의해서 종교, 군사, 정치분야에서 이전의 동질적 양상의 붕괴에 직면하고 있다.

앵글로-아메리카의 스페인계 아메리카인은 모든 방면에서 일어나고 있는 움직임 속에서, 그들 모두가 서로에게 무언가를 주면서 똑같이 공동의 문제에 참여하고 있다. 미국은 그들의 독자적인 문화 —— 영화, 음악, 책, 사상, 저널리즘, 정치 그리고 언어의 영향 —— 를 라틴 아메리카 나라들에 가져다 주었다. 그러나 라틴 아메리카인들은 그것에 대해서 두려워하지는 않는다. 왜냐하면 그들 자신, 그들 문화도 충분히 강하다고 느끼기 때문이다. 비록 '엔칠라다'는 그들에게 보다 상위의 결정적 음식이기는 하지만, 그들은 이 음식 또한 햄버거와 공존할 수 있다고 생각하고 있다. 우리가 알고 있듯이, 문화는 타자와의 접촉에 의해서 꽃피고, 고립될 때 사라진다.

그러나 스페인계 아메리카의 문화 또한 미국을 향해서 그들만의 선물을 갖다 주었다. 새로운 이민이나 이미 오래 전부터 미국에 뿌리를 내리고 사는 사람들에게 그것에 관하여 물어본다면, 그들은 종교 —— 가톨릭뿐만 아니라 깊은 종교관 같은 것, 즉 세계는 신성하다는 인식 —— 에 특별한 가치를 부여할 것이다. 그것은 아마도 아메리카-인디오 세계가 가지고 있었던 가장 오래되고 심원한 신념일 것이다. 그러나 그것은 아직도

"앵글로-아메리카와 스페인계 아메리카", 벽화, 호세 클레멘테 오로스코 작, 1932-34년("아메리카 문명의 서사시" 중에서).

지중해 문명과 남북 아메리카의 인디오 세계 사이의 만남의 소산인 관능적이고 손으로 만질 수 있는 종교를 말한다.

한편으로 히스파닉은 '존경'의 가치, 즉 노인에 대한 존경과 보살핌 —— 변화나 새로운 것에 대한 두려움 이상으로 경험과 지속성을 존중하는 것 —— 에 대해서도 언급하고 있다. 그 존경은 꼭 노령의 대상에만 국한되지 않는다. 그것은 기본적으로 히스파닉의 구전 문화를 언급하고 있는 것으로, 이 문화 속에서 기억력이 출중한 노인들은 옛이야기를 기억하고 있다. 아마도 스페인계 아메리카 세계에서는 한 노인 남자와 여자가 죽을 때마다 도서관 하나가 사라진다고 말할 수 있으리라.

이런 히스파닉 세계의 가치는 가족을 결속시키기 위해서 가난은 피하려고 하는, 설사 그 가난을 벗어나지는 못할지라도 고독한 가난은 피하고자 하는 가족의 역경, 싸움과 밀접하게 연결되어 있다. 가족은 따스함을 지키기 위한 벽난로처럼 생각된다. 그것은 거의 한 정당에 가깝고, 축소판 사회의 의회이며 고난의 시기의 방패이다. 그런데 언제 어렵지 않았던 시

기가 있었을까? 로마-이베리아 이후로 고대의 금욕주의 철학은 스페인계 아메리카인들의 마음 속에 깊이 뿌리박혀 있다.

스페인계 아메리카인은 그 밖의 무엇을 미국에 가져왔는가? 무엇을 계속 지니고자 하는가? 인터뷰를 해보면 그들은 그들의 언어인 스페인어를 지키고 싶다고 명확히 말한다. 그러나 그들 중에는 스페인어를 잊어버리고 주류의 언어인 영어를 씀으로써, 사회에 동화하라고 주장하는 사람도 있다. 또 한편에서는, 스페인어를 말하고 영어는 주류에 편입하기 위해서만 배워야 한다고 말하는 사람도 있다. 그러나 두 개 이상의 언어를 말하는 것은 어느 누구에게도 장애가 될 수 없다는 것을 이해하기 시작하는 사람들이 점점 증대한다. 텍사스에서 **"하나의 언어를 사용하자는 주의(主義)는 치유가능한 병"**이라는 스티커가 자동차에 붙어 있는 것을 볼 수 있다. 일언어주의(monolingualism)는 통합을 촉진시키고, 이언어주의(bilingualism)는 분열을 조장하는 것일까? 일언어주의는 불모이고, 이언어주의는 실리가 많은 것일까? 영어를 공용어로 정한 캘리포니아 주의 법은 영어는 더 이상 캘리포니아 주의 공용어가 아니라는 사실만을 유일하게 입증한다.

그렇다면 다언어주의(multilingualism)는 다문화 세계의 출현의 전조로서 나타나게 되는데, 그 좋은 모델이 바로 캘리포니아 주 로스 앤젤레스 시이다. 현대의 비잔틴이라고 불릴 수 있는 이 '천사의 도시(City of Angels)'는 좋든 싫든 간에 매일같이 스페인계 아메리카인뿐만 아니라 베트남인, 한국인, 중국인, 일본인의 언어, 음식, 관습을 받아들이고 있다. 이것은 경제적 상호 의존과 즉각적인 교류에 의지하고 있는 세계가 치르는 대가, 차라리 선물이다.

이리하여 거기에 사는 멕시코계, 쿠바계, 푸에르토 리코계 아메리카인이 가진 '동화냐, 아니냐'라는 문화적 딜레마는 갑작스럽게 보편화되고 있다. 개성을 지닌 채 미국 사회의 다양성에 공헌하느냐, 아니면 결국은 실제로는 존재하지도 않는 도가니(melting pot)라는 이름 밑에서 익명으로 사라지느냐? 거기에서 용해되느냐, 아니면 버티고 남느냐? 요약하자면 그 질문은 바로 살아남느냐, 죽느냐 하는 문제일 것이다. 타자와 함께 사느냐, 아니면 홀로 고립되어 사느냐? 문화적으로든 인간적으로든 간에 고립은 죽음을 의미한다. 그러나 만남은 탄생, 그리고 때때로 부활을 의미한다.

아시아와 라틴 아메리카의 관문인 캘리포니아, 그중에서도 태평양 연안부(cuenca del Pacífico)인 로스 앤젤레스는 다가오는 세기의 보편적인 물음을 제기한다. 우리들은 타자에 대해서 어떻게 대처해야만 할까? 프랑스의 북아프리카인, 독일의 터어키인, 체코슬로바키아의 베트남인, 영국의 파키스탄인, 이탈리아의 아프리카 흑인, 미국의 일본인, 한국인, 중국인, 라틴 아메리카인. 즉각 통신이 가능하고, 경제적인 상호의존관계가 높아지면서 얼마 전까지만 해도 고립되었던 이민 문제가 보편적이고 명확한, 21세기의 모든 것을 포괄하는 현실로 바뀌었다.

우리들 스페인계 아메리카인의 기원으로부터 나온, 우리의 역사가 거쳐온 문화적 논점, 다시 말해서 내가 이 책을 통해서 끝없이 제기했던 물음은 이제 우리 동시대인의 질문으로 바뀐다. 다가오는 세기에 근대성의 조건인 타자와의 만남이라는 중심 주제를 다루는 데에 있어서 스페인인, 스페인계 아메리카인, 미국의 히스파닉만큼 준비를 잘 갖춘 사람들이 또 있을까? 그들은 인디오이고, 흑인이고, 유럽인이다. 그리고 무엇보다도 그들은 혼혈인 메스티소이다. 한편으로 우리는 이베리아인이고, 그리스인이고, 로마인이며, 유럽인이고, 아랍인이고 집시이다. 다시 말해서 스페인계 신세계는 모든 다양한 문화가 만나는 중심이고, 배제가 아닌 통합의 중심지이다. 스페인계 아메리카인이 타자를 배제한다면, 그들은 스스로를 배신하는 것이고, 더욱더 빈곤해질 것이다. 만약 그들이 통합을 한다면 그들은 풍성해지고 스스로를 발견하게 될 것이다.

이런 확인은, 다시 한번 이 책의 논점을 구성하는 다음과 같은 질문을 제기시킨다. 우리들, 스페인어를 말하는 우리들, 아스테카인과 아프리카인, 무어인과 유대인의 획이 그어진 이 히스파닉 공동체의 구성원인 우리들은 도대체 누구인가? 아르헨티나의 작가 호르헤 루이스 보르헤스의 「알레프(*El Aleph*)」만큼 이 문제에 대해서 적절히 대답해주고, 또 문화의 동시성을 훌륭하게 보여준 이야기는 없으리라고 생각한다. 이 이야기 속에서 화자는 세계의 모든 장소가 찰나에, 즉 혼란 없이, 어느 각도에서 보아도 동시에 완벽하게 드러나는 존재로 보여질 수 있는 바로 그 시간과 공간에서 완벽한 순간을 발견하는 데에 이른다.

우리들은 지금 스페인계 아메리카의 '알레프' 세계에서 무엇을 보고 있는가? 그것은 아마도 인디오의 성스러움에 대한 인식, 공동체 사상, 생존에의 의지일 것이다. 그리고 우리는 스페인의 다원적 문화를 구성하는 지중해의 법과 철학의 유산, 그리고 기독교도, 유태인, 아랍인의 단면을 보게 될 것이다. 그 다음에 신세계의 스페인을 향한 도전, 즉 인디오, 유럽인, 아프리카 흑인의 공헌을 포함하여 다문화와 다인종으로 이루어진 융합적이고 바로크적인 전통의 지속성을 보게 될 것이다. 또 우리는 민주주의와 혁명을 이루려는 투쟁이 저 머나먼 중세 스페인의 도시나 유럽 계몽사상으로부터 내려오면서, 그것이 사파타의 마을들이나 볼리바르의 평원, 또는 투팍 아마루의 고지에서 우리의 개인적이고 공동체적인 경험과 만나는 것을 보게 된다.

그리하여 우리들은 단절 없는 하나의 창조의 과정 속에서, 과거가 어떻게 현재로 바뀌는지를 보게 된다. 인디오 세계는 오아하카의 인디오 마을에서 태어난 루피노 타마요의 회화 속에서 현재가 된다. 타마요의 현대 회화는 그 색채감이나 축복의 정신, 우주적 인식에서, 그리고 캔버스에 꿈을 담을 수 있는 이상적인 형식의 창조에 의해서 인디오 전통을 이어받은 예술이 되고 있다.

"동물들", 루피노 타마요 작, 1941년.

"두꺼비와 병", 프란시스코 톨레도 작, 1975년.

"밀림", 윌프레도 람 작, 1943년.

그보다는 젊은 세대의 화가인 프란시스코 톨레도 —— 그 또한 오아하카의 인디오 촌에서 태어났다 —— 도 고대 인디오 세계의 자연에 대한 외경심과 애착을 도시의 근대적 삶과 친근한 주제 안에서 물리적으로, 그리고 시각적으로 표현하고 있다. 비슷한 방법으로 쿠바의 윌프레도 람은 그의 아프리카 뿌리를 회화 속에서 개화시키고 있다. 멕시코 화가인 알베르토 히로네야는 스페인의 미술과 상업적 전통을 신랄한 형식을 통해서

“군사평의회 군인들의 초상화”, 페르난도 보테로 작, 1971년.

부활시켰다. 벨라스케스의 그림들을 현대적으로 재현한 그의 그림들의 틀은 통조림 깡통으로 만들어져 있다.

콜롬비아 화가 페르난도 보테로의 그림들에서 볼 수 있는 것처럼, 문화라는 것은 우리가 웃을 수 있는, 때로는 우리들 자신을 향하여 웃을 수 있는 표현 방식이다. 그것은 또한 베네수엘라의 화가 하코보 보르헤스가 출구 없는 무한한 기억의 터널로 우리를 이끄는 것처럼, 기억에 대한 표현이다. 그러나 문화라는 것은 어떠한 것보다도 멕시코 화가 프리다 카흘로의 그림에서 묘사된 것처럼 우리들의 육체, 즉 희생되고, 부정되며, 손발이 묶여 있고, 꿈꾸는 에로틱한 육체이다. 우리들의 육체는 멕시코의 호세 루이스 쿠에바스의 작품에서 보는 것처럼 비틀려 있고, 꿈꾸는 창조물이다. 실제 쿠에바스는 고야와 똑같이 상상의 거울을 유일한 진실로 나타내고 있다. 그가 묘사한 인물은 우리들의 악몽의 산물이지만, 그것은 우

“성 후안 1세의 밤”, 호세 루이스 쿠에바스 작, 1983년.

리들의 욕망의 형제자매도 될 수 있다.

이 아메리카 대륙의 쿠에바스와 스페인의 고야와의 합치는 또한 우리들이 타자를 받아들일 때 거기에서 우리들은 자신을 만나게 될 뿐만 아니라, 이제까지 낙관적이고 진보적인 근대세계가 회피해왔고, 그 망각의 대가를 치뤄왔던 주변의 심상까지도 우리들의 삶이나 우리들이 포용할 수 있다는 것을 환기시켜준다. 서구 중류사회의 전통적 가치관은 두 번에 걸친 세계대전과 전체주의를 경험하면서 산산히 부서졌다. 그러나 스페인과 스페인계 아메리카는 이런 점에서는 자기 자신을 결코 속이지는 않았다. 그들은 언제나 주변의 비극적인 것을 생생하게 체험해왔다. 행복과 역사는 거의 일치하지 않는다는 니체의 경고는 스페인과 스페인계 아메리카 세계가 육체적으로 경험한 일부분이다. 고야의 “검은 그림들”은 진보의 환상에 붙잡혀 삶의 비극적 의미를 잃게 될 때 지불해야만 하는 대가에 관한, 아마도 가장 영속적인 경고가 될 것이다. 다시 한번, 고야는 우리들에게 환상을 품지 말라고 호소한다. 우리들은 사회 속에 갇혀 있는 사람들이다. 빈곤은 사람을 더 선량하게 만드는 것이 아니라 더 냉혹하게 만든다. 자연은 우리의 소망에 귀를 기울이지 않으며, 죄없는 희생자들을 구하지도 않는다. 사투르누스(로마의 농업의 신으로 이 신은 원래 자기

"마녀들의 집회", 고야 작, 1819–23년경.

"자식을 먹어치우는 사투르누스", 고야 작, 1821–23년경.

자식들을 잡아먹은 그리스의 신 크로노스에 해당함/역주)처럼 역사는 자기의 자식들을 집어 삼킨다.

고야는 자기 자신만의 만족에 빠지는 것을 피하라고 경고한다. 스페인과 스페인계 아메리카의 예술은 우리들 인간이 또 다른 인간에게 저지르는 잔인함에 대한 끝없는 경고이다. 그러나 모든 비극적 예술처럼, 스페인과 스페인계 아메리카의 예술은 우선 우리의 행동이 어떤 결과를 미치는지 응시하고, 그 다음 시간의 흐름을 존중하라고 호소한다. 그럴 때 우리의 경험은 지식으로 바뀐다.

우리들은 타자를 포용하면서 인간으로서의 가능성을 확대시킬 수 있을 것이다. 인간과 문화는 고립되면 소멸하지만, 그것은 타인들과의 만남, 즉 다른 문화, 다른 신념을 가진 타인종 남녀와의 접촉 속에서 탄생하거나 다시 태어난다. 우리가 타인 속에서 인간성을 인식하지 못한다면, 우리들은 우리들 자신의 인간성도 결코 인식하지 못하게 될 것이다. 우리들은 때때로, 이와 같은 도전에 직면하는 데에는 확실히 실패했다고 말할 수 있다. 그러나 타인과 함께 있는 동안 우리들은 마침내, 다시 발굴된 정체성의 거울 속에서 우리들 자신의 온몸을 발견할 수 있었다. 이제 우리들은 이 거울의 상을 통해서 시인 파블로 네루다가 "나는 이 역사를 노래하기 위하여 여기에 있네"라고 외치고 있는 목소리를 들을 수 있는 것이다.

다시 발굴된 거울

콜럼버스의 아메리카 발견 500주년을 맞아, 우리들은 우리의 문화가 지닌 풍부함과 다양성, 그리고 그 연속성을 당당히 축하할 권리가 있다. 그러나 이 500주년은 한 번 왔다가 다시 가버릴 것이다. 그러면 대다수 라틴 아메리카인들은 물어볼 것이다. 우리의 예술가와 작가는 그렇게도 상상력이 풍부했는데, 정치가들은 왜 그렇지 못했는가?" 마약, 범죄, 통신, 교육, 그리고 환경 문제 —— 우리들이 유럽이나 북아메리카와 공유하는 —— 를 포함하여 라틴 아메리카에서 새로운 정치적 과제를 세우기 위해서는 그 상상력이 필요할 것이다. 그리고 국내의 농촌을 계속 희생시키면서 도시나 중공업을 우대하는 것이 아닌, 협동체제를 통해서 저변으로부터 민주주의 재생을 통한 농업의 새로운 과제가 등장하는 데에도 그런 상상력이 필요하다. 이런 과제는 사회 전체를 이끌어 갈 두 가지의 가치를 제기해준다. 무엇보다도 그것은 우리의 식량과 교육문제를 해결하는 일일 것이다. 만약 그것을 할 수 있다면, 우리들은 마침내 건전한 기반을 가진 근대적 테크놀로지의 국가로 변모할 수 있다. 그러나 대다수의 민중이 진보의 과정으로부터 소외되어, 제대로 먹지 못하고 문맹의 상태를 계속 유지한다면, 우리들은 진정한 근대성에 결코 도달하지 못할 것이다. 그러나 그것에 대해서는 낙관적으로 생각할 만한 충분한 이유가 있다. 위기 가운데서도 라틴 아메리카는 진전과 혁명, 선거와 대중운동을 통해서 창조적으로 변화하면서 움직이고 있다. 왜냐하면 그 주체인 국민들이 변화하고 있으며, 움직이고 있기 때문이다. 전문직에 종사하는 사람들, 지식인, 기술관료, 기업인들, 학생, 노동조합, 농업협동체, 여성단체, 종교단체, 지역위원회 등 사회의 모든 그룹이 국가, 군대, 교회, 심지어 전통적인 정당보다 앞서서, 눈깜짝할 사이에 역사의 진정한 주인공으로서 무대 전면에 나서고 있다. 문화를 지속시키는 시민사회가 주변부에서 중심부로, 그리고 하층부에서 상층부로, 정치, 경제적인 행위를 계속 강화시키게 될 때 스페인계 세계의 오래 된 수직적 중앙집권적 체제는 수평적 민주체제로 대체될 것이다.

이것은 멕시코의 사회비평가 카를로스 몬시바이스가 지칭한 대로, 영속적인 사회동원의 정치이다. 그것은 1985년 9월 멕시코 시티의 지진과 같은 사건에서 사회가 그 자신의 힘을 발휘하여 정부보다도 효율적으로 신속히 대처했을 때, 극적으로 나타났다. 그러나 그 정치는 아직도 지방조합이 정부 또는 경합하는 상거래의 상대와 함께 대부나 생산 조직을 교섭할 때 조용한 가운데 매일같이 일어난다. 그것은 또 업계나 노동자 단체가 그들 공통의 사회, 문화적 가치를 발견하고, 그것들을 통해서 논리적으로 민주적으로 행동할 때 일어난다. 그것은 소규모 원예농가나 촌의 재봉사가 융자를 받고 번영하여, 빌린 돈을 제때에 갚을 때 일어난다. 그것은 인디오의 권리옹호운동이나 농민들의 신용조합, 이익 단체, 협동생산연맹들이 대륙 여기저기에서 강력하고 풍부하게 조직되고 활동을 전개할 때 일어난다.

우리들은 위기 속에서 태어난 민중의 그 자발성이 점점 확대되리라고 믿고 있다. 그러나 우려되는 것은 시간이 충분하지 않다는 것이다. 즉 우리들은 부채나 인플레이션, 그리고 국민의 실망으로부터 헤어나오지 못하는 정부가 군이나 민중의 폭동에 의해서 전복되거나, 아니면 파시스트적 조직체나 잔인한 사상 그룹들에 의해서 지배되지 않을까 우려하고 있는 것이다.

비록 취약하지만, 진정한 현재의 민주적 정치제도는 기술관료정치의 합리성뿐만 아니라, 사회적 요청에 대해서 신속히 대응할 필요성이 요구된다. 라틴 아메리카의 민주 국가들은 이제까지 오로지 혁명에 의해서만 기대할 수 있었던 과제, 즉 민주주의와 사회정의를 수반한 경제발전을 달성하지 않으면 안 된다. 지금까지 그것을 이루지 못한 것이 바로 지난 500년간 우리가 겪었던 최대의 실패이다. 지금부터라도 그것을 실현할 기회를 가지는 것, 그것이 바로 우리들에게 남은 유일한 희망일 것이다.

참고 문헌

한 소설가가 자신의 문화에 대한 일대기를 쓸 수 있는 기회를 가진다는 것은 거의 드문 일이다. 그러나 텔레비전 시리즈 "묻혀진 거울(*The Buried Mirror*)"의 대본을 집필하고 영화화하면서 나는 그러한 기회를 가지게 되었다. 그렇지만 이 책은 시리즈물의 결과라기보다는 내가 지닌 문화에 대한 일대기, 즉 내가 이해한 바로 내 자신의 일대기이다. 이 책 속에는 무엇인가 특별한 것은 없다 : 누구나 알고 있듯이 하나의 문화는 그것을 소중히 하고, 풍요롭게 만들고, 지속시키고자 하는 모든 사람의 것이다. 그러나 참고 문헌을 위하여 나는 50여 년간 읽었던 책만을 언급할 수 있었다. 여기에 포함될 수 있는 문헌은 아마 끝도 없이 많을 것이다. 내가 여기에서 언급하려고 하는 자료들은 주제에 대한 학술적인 접근에서 나온 것이 아니라, 시리즈물과 책을 쓰면서 참고하고 기억나는 것들을 신중하게 정선한 것들이다. 그러나 「라틴 아메리카의 역사」의 실제적인 참고 문헌이라고 할 수 있는 전해져 내려오는 이야기, 신화, 가족의 연대기, 일상 생활의 유품, 친구와 스승들과의 대화 등은 이 목록에는 오르지 못했다.

일반사

스페인에 관한 역사서 가운데 가장 유용한 책 중의 하나는 Miguel Artola Gallego가 쓴 「*Historia de España*」(Madrid : Elliots, 1989)이다.

Leslie Bethell이 편집한 다섯 권의 「*The Cambridge History of Latin America*」(Cambridge, England : Cambridge University, 1984)는 라틴 아메리카에 대한 현재의 종합적인 견해를 아는 데에 가장 유용하다. 그러나 이 지역에 대한 연구서로서 내가 선호했던 책은 여전히 Bradford Burns의 「*Latin America*」(Englewood Cliffs, N.J. : Prentice-Hall, 1972)로서, 그것은 모든 관점이 포괄적이고 예리하며 설득력이 있다. 이 목록에 첨가할 수 있는 다른 책들로는 Lewis Hanke가 편집한 「*History of Latin America, Sources and Interpretations*」(Boston : Little, Brown, 1967)와 Hubert Herring의 「*A History of Latin America*」(New York : Knopf, 1968)가 있는데, 전자는 정복 시대로부터 현대까지 풍부한 원문 자료들을 수록했고, 후자는 특히 미국의 학생들이 아주 선호하는 책이다. 나는 이 책들과 함께 문화의 일반, 특별히 예술에 대해서 훌륭하게 요약한 Leopoldo Castedo의 「*A History of Latin American Art and Architecture*」(New York, 1969)와

Pedro Henriquez Ureña의 「*Historia de la cultura en la América Hispánica*」(México : FCE, 1947)를 참고로 했다.

흥미를 불러일으킬 만한 것으로서는 J. Vicens Vives가 편집한 「*Historia de España y América : social y económica*」(Madrid : Vives Bolsillo)가 있는데, 이 책은 주로 사회적, 경제적 요인에 초점을 맞추고 있다. 경제적인 요인에 대해서 더 알고자 한다면, J. Vicens Vives와 Jorge Nadal Oller가 함께 쓴 「*Manuel de historia económica de España*」(Barcelona : Editorial Vicens-Vives, 1967)를 참조하라.

해설적인 역사

모든 문화들은 자신의 역사, 심지어 국민적 특성에 관한 자신의 일련의 해석에 있어서 매우 다양한 양상을 보인다. 스페인과 스페인계 아메리카는 그 자신에 대한 심도 깊은 연구 성과를 만들어냈다. 해설적인 역사에 대해서 고려할 만한 두 작가로는 Américo Castro와 Claudio Sánchez Albornoz가 있다. 이 두 역사가 사이의 논쟁은 오래 되고 신랄했으며, 또한 풍부했다. Castro는 중세 스페인 역사의 3원적 문화의 역동성을 중시하면서 회교 문화와 유대 문화가 이 역사에 기여한 점을 강조했다. 반면 Sánchez Albornoz는 재정복(*la reconquista*)을 손실이라기보다는 한 단계 진보한 것으로 보면서 스페인의 기독교적 성격을 보다 강조했다.

스페인의 역사에 관한 20세기의 다른 해석으로서 특히 내가 도움을 받은 것은 Fernando Díaz Plaja의 「*Otra historia de España*」(Madrid : Espasa-Calpe, 1987) ; Ramón Menéndez Pidal의 「*Los españoles en la historia*」(Madrid : Espasa-Calpe, 1986) ; José Ortega y Gasset의 「*España invertebrada*」(Madrid : Espasa-Calpe, 1989) 등이다.

이베리아와 로마 지배의 스페인에 관련해서는 주로 로마와 그리스의 역사가들의 문헌에 의존했는데, Appianos, Dio Cassius, Sallust, Strabo와 같은 작가들은 많은 역사적 사실에 대한 정보를 제공해주었다. Allen Josephs의 「*The White Wall of Spain : The Mysteries of Andalusian Culture*」(Ames : Iowa State, 1983)는 특히 안달루시아의 기원과 그 문화를 추적하는 데에 매우 유용했고, Juan Maluquer de Motes의 「*Tartessos : la ciudad sin historia*」(Barcelona : Ediciones Destino, 1990)는 Tartessus의 불명확한 역사에 대한 훌륭한 설명을 제시해주었다. Maria Zambrano의 「*Andalucia, sueño y realidad*」(Granada : Ediciones Annel, 1984)의 "La cuestión del estoicismo español"은 아마도 스페인에서의 세네카의 영향에 대한 아주 훌륭한 분석일 것이다.

황소와 플라멩코

이 두 주제는 스페인의 기원과 밀접하게 관련되어 있으며, 이 주제에 대해서는 참고 문헌이 매우 풍부하다. 나는 개인적인 경험에서 우러나온 관점으로 이 주제에 대해서 언급했지만, 독자들에게는 José M. Cosio의 「*Los toros : tratado técnico e histórico*」(Madrid : Elliots, 1989)를 참고하라고 권하고 싶다. 총 아홉 권인 이 책은 황소와 투우에 대한 기념비적인 역사를 조사했다. José M. Caballero Bonald의 「*Luces y sombras del flamenco*」(Barcelona : Editorial Lumen, 1975)는 Colita가 찍은 사진이 수록된 훌륭한 책이다. 그리고 Felix Grande의 「*Memoria del flamenco*」(Madrid : Espasa-Calpe, 1987)는 플라멩코에 초점을 맞추고 있다. 스페인의 위대한 음악학자인 Adolfo Salazar가 「*La música en España*」(Madrid : Espasa-Calpe, 1953)에서 언급했듯이, 플라멩코는 위대한 스페인 음악사의 일부분이기도 하다. 이 책은 알타미라 동굴 시기부터 르네상스 시기까지의 스페인의 음악사를 탐구하고 있다.

고트 지배의 스페인

이 장에서 나는 서고트인과 성 이시도로의 문화적 얼굴에 초점을 두었다. Ernest Brehaut의 「*Encyclopedist of the Dark Ages, Isidore of Seville*」(New York : Columbia, 1912)을 참고하라. 특히 성 이시도로에 대한 훌륭한 연구서인 Jacques Fontaine의 「*Isidore de Seville et la culture classique dans L'Espagne wisigothique*」(Paris, 1959)를 참조하라.

이슬람과 유대의 스페인

내 경험에 비추어볼 때, 이슬람 지배의 스페인에서 유래한 가장 위대한 시집(또는 회상물)으로는 Ali ibn Ahmad Ibn-Hazm의 「*The Ring of the Dove : A Treatise on the Art and Practice of Arab Love*」(New York : AMS, repro. of 1953 ed.)가 있다. 이 책은 이후의 스페인 작가들에게 지대한 영향을 주었다. 고려해볼 만한 또 다른 시모음집으로는 Solomon Ibn Gabirol의 것이 있다. 내가 볼 때 그는 이슬람 지배하의 스페인에서 가장 위대한 유대인 문학자이다. 그의 저서 「*Fountain of Life*」(New York : Citadel, 1963)를 참조하라. 스페인의 아랍 철학에 대한 훌륭한 도입으로는 Andrés Martínez Lorca가 편집한 「*Ensayos sobre la filosofía de El Andalus*」(Barcelona : Anthropos, 1990)가 있다. 그것과 다른 관점의 책으로는 Ramón Menéndez Pidal의 「*España, eslabón entre la cristiandad y el islam*」(Madrid : Espasa-Calpe, 1968)을 읽어보라.

유대의 스페인에 대한 가장 완벽한 저작물로는 두 권으로 된 Yitzhak Baer의 「*History*

of the Jews in Christian Spain」(Philadelphia : Jewish Publication Society, 1966)이 있다. 좀더 실제적인 역사를 알려면 Julio Caro Baroja의 「*Los judíos en la España moderna y contemporánea*」(Madrid, 1962)를 보면 된다.

국토회복전쟁

국토회복전쟁(La Reconquista)은 711년에서 1492년 사이의 중세 스페인의 역사를 포용하고 있다. 그렇지만 이 시기는 유럽 맥락에서 볼 때도 중요한 부분이다. 봉건제도에 대한 단일 연구서로는 두 권으로 된 Marc Bloch의 「*Feudal Society*」(Chicago : University of Chicago, 1964)가 가장 뛰어날 것이다. Luis G. Valdeavellano의 「*Origenes de la burguesía en la España medieval*」(Madrid : Espasa-Calpe, 1959)은 재이주를 다루고 있다. José Ángel García de Cortazar와 Carmen Díez Herrera의 「*La formación de la sociedad hispano-cristiana del Cantábrico al Ebro en los siglos VIII a XI*」(Santander : Ediciones de Libería Estudio, 1982)는 도시와 사회의 형성에 대한 정보를 제공해준다. 정치조직의 탄생에 대하여 더 많은 자료를 얻으려면 Esteban Sarasa의 「*Las cortes de Aragón en la Edad Media*」(Zaragoza : Cuara Editorial, 1979)와 José M. Pérez Prendes의 「*Cortes de Castilla*」(Barcelona : Editorial Ariel, 1974)를 참조하면 된다. 마지막으로, José Antonio Maravall과 Julio González의 저서를 언급해야 하는데, 특히 스페인의 실재에 대한 전체 개념이 어떻게 탄생했는지 상세히 알려면, Julio González의 「*Reinado y diplomas de Fernando III*」(Córdoba : Monte de Piedad y Caja de Ahorros de Córdoba, 1980)를 참조하라. Gabriel Jackson은 이 시기를 다룬 가장 훌륭한 일반연구서, 「*Medeival Spain*」(London : Thames and Hudson, 1972)을 저술했다.

성 이시도로가 고트 시대를 대표하는 것처럼 국토회복전쟁 시대의 대표적인 인물은 페르난도 3세의 아들인 카스티야의 현왕 알폰소 10세이다. 그는 스페인사에서 세계사, 시에서 천문학에 이르기까지 유례 없는 저작물을 남겼다. 그의 저작 가운데 현재 시중에 나와 있는 작품집으로는 Antonio Ballestros가 편집한 「*Alfonso el sabio*」(Milan : Murcia, 1963), Francisco J. Díaz de Revenga가 편집한 「*Alfonso X el sabio*」(Madrid : Taurus, 1985), Antonio G. Solalinde가 편집한 「*Alfonso el sabio*」(Madrid : Espasa-Calpe, 1941) 등이 있다.

이 시기의 중요한 문학작품으로는 Rita Hamilton과 Janet Perry가 번역한 유명한 「*Song of the Cid*」(New York : Barnes & Noble, 1975)가 있다. 여기에 덧붙여 스페인 중세 문학 연구자라면 누구라도 다음과 같은 책들이 역사적으로 기여한 중요성을 탐구해보고자 할 것이다. Juan Ruiz의 「*El libro de buen amor*」(Princeton : Princeton University, 1972)와

Fernando de Rojas의 「*La Celestina*」(Berkeley : University of California, 1955)도 있다. 이 책들에 대한 주석을 알고자 한다면 역사와 문학비평의 고전서인 Stephen Gilman의 「*The Spain of Fernando de Rojas : The Intellectual and Social Landscape of "La Celestina"*」(Princeton : Princeton University, 1972)를 샅샅이 뒤져보라. 그리고 María Rosa Lida de Malkiel의 「*Dos obras maestras españolas : "El libro de buen amor" y "La Celestina"*」(Buenos Aires : Editorial Universitaria de Buenos Aires, 1971)도 참고하라.

인디오 문명

이 주제에 대한 광범위한 참고 문헌은 세 가지 범주——인디오 자신들 자체에 관한 것, 정복 후 인디오의 과거에 대하여 스페인인들이 편찬한 것, 현대의 저술가들이 쓴 것——로 구분할 수 있을 것이다. 톨테카, 아스테카, 케추아(Quechuas)처럼 문화를 분류하는 것은 또 다른 접근 방식을 제시한다. 그리고 지리적 경계를 토대로 연구를 진행시킬 수도 있을 것이다. 이 주제에 대한 포괄적인 이해를 위하여 나는 이 연구방법들을 두루 사용했다.

유카탄 반도에 문명을 형성한 마야인들은 신화와 창조, 예언에 대하여 두 권의 위대한 책을 남겼다. 하나는 Munro S. Edmonson이 번역한 「*Heaven Born Mérida and Its Destiny : The Book of Chilam Balam of Chumayel*」(Austin : University of Texas, 1986)이다. 2개 국어로 쓰인 이 책은 독자들에게 영어판뿐 아니라 마야어를 살펴볼 수 있는 기회를 줄 것이다. 다른 하나는 Dennis Tedlock이 번역한 「*Popol Vuh : The Definitive Edition of the Mayan Book of the Dawn of Life and the Glories of Gods and Kings*」(New York : Simon and Schuster, 1986)로 과테말라의 키체족들의 옛이야기가 들어 있다. Albertina E. Saravia가 1977년에 번역한 스페인어판(Guatemala : Turismus)은 마야인의 사본으로부터 옮겨온 그림들이 있다.

마야는 다음의 책들이 보여주듯이 일련의 다양한 연구의 주제가 되어왔다 : Michael D. Coe가 증보하고 편집한 「*The Maya*」(London : Thames and Hudson, 1987) ; Sylvanus G. Morley와 George W. Brainerd의 「*The Ancient Maya*」(Stanford, Calif. : Stanford University, *4th ed.* 1983) ; John L. Stephens의 「*Incidents of Travel in Yucatán*」(New York : Dover, reprint of 1843 ed. vols. 1 and 2) ; John E. S. Thompson의 「*The Rise and Fall of Maya Civilization*」(Norman : University of Oklahoma, 1954)

중앙 멕시코의 톨테카-아스테카의 전통은 인디오 자신들이 만든 사본이나 그림책부터 시작해서 참고 자료가 매우 풍부하다. 「*Codex Borbonicus*」(Graz : Akadem, 1974)는 그 원본이 파리의 국회도서관에 있고, 「*Codex Borgia*」(Graz : Akadem, 1976)의 원본은 바티칸 도서관에서 찾아볼 수 있다. 아스테카의 「*Codex Mendoza*」(Miller Graphics, 1978)는 옥스퍼드 대학교의 보들리안 도서관에 있고, 『*Codex Tonalamtl Aubin*』(Mexico : Librería Anticuaria G. M. Echaniz, 1938)은 파리의 국립도서관에 소장되어 있다.

인디오 역사를 기록한 스페인 기록자들에 기초한 연구작업을 하기에 알맞은 저서는 Fray Bernardino de Sahagún의 『*Conquest of New Spain, 1585 Revision : Reproductions of the Boston Public Library Manuscript and the Carlos María de Bustamente 1840 Edition*』(Salt Lake City : University of Utah, 1989)이 있다. 이 책은 정복 후 몇 년 안 되어 기억들이 생생한 때 인디오들이 사아군에게 말해준 것을 기록한 것이어서 아마도 메소아메리카의 톨테카, 아스테카의 과거를 알 수 있는 특별한 자료가 될 것이다.

또 다른 기록인 스페인 정복자와 잉카의 공주 사이에서 태어난 Garcilaso de la Vega의 『*Comentarios reales*』(San Juan : Editorial del Departamento de Instrucción Pública, 1967)는 정복뿐만 아니라 잉카의 역사도 기술하고 있다. 이 책은 메스티소에 의해서 기록된 첫번째 역사서이다.

정복 직후에 목격자의 보고나 회상에 근거하여 기록된 또 다른 스페인 연대기 중에는 Pedro Cieza de León의 『*El señorío los Incas*』(Madrid : Historia 16, 1985) ; Alfred M. Tozzer가 편집한 Diego de Landa의 『*Relación de las cosas de Yucatán*』(Cambridge, Mass : Peabody Museum, 1941) ; Bernardo de Lizana의 『*Historia de Yucatán*』(Mexico : Museo Nacional, 1893) ; Toribio de Benavente Motolina의 『*Historia de los indios de la Nueva España*』(Madrid : Historia 16, 1985) 등이 있다.

마지막으로, Miguel León-Portilla의 작업을 언급하지 않을 수 없는데, 그의 저술들은 『*Chilam Balam*』에서 발견된 운명에 대한 예언으로부터 톨테카-아스테카 세계에 대한 현대의 작품까지 망라하고 있다. 『*Cantos y crónicas del México antiguo*』(Madrid : Historia 16, 1986)에서 그는 아스테카 삶의 인간적인 면모에 대하여 아주 자세하고 참신한 시각을 보여주고 있다. 이 저자가 편집하고 번역한 흥미로운 저서로는 『*Native Mesoamerican Spirituality : Ancient Myths, Discourses, Stories, Doctrines, Hymns, Poems from the Aztec, Yucatec, Quiché-Maya, and Other Sacred Traditions*』(New York : Paulist, 1980)가 있다.

톨테카인과 아스테카인의 철학과 예술, 문학을 뛰어나게 다루고 있는 주목할 만한 몇몇 책이 있다. Justino Fernández의 『*Estética del arte mexicano*』(Mexico : Universidad Nacional Autónoma de México, Instituto de Investigaciones Estécticas, 1972)와 Ángel M. Garibay의 『*Historia de la literatura Nahuatl*』(Mexico : Porrua, 1953), 그리고 Laurette Sejournée의 『*Burning Water*』(London : Thames and Hudson, 1957) 등이다.

아스테카의 일반사를 알려면 C. A. Burland의 『*The Gods of Mexico*』(New York :

Capricorn, 1967)를 참조하는 것이 좋다. 이 책과 함께 Alfonso Caso의 「*The Aztecs: People of the Sun*」(Norman : University of Oklahoma, 1958) ; Nigel Davies의 「*The Aztecs: A History*」(London : Macmillan, 1973) ; Jacques Soustelle의 「*L'Univers des Azteques*」(Paris : Hermann, 1979) ; George C. Vaillant의 「*Aztecs of Mexico*」(London : Penguin, 1950)가 있다. 이것들은 개별적인 주제를 다룬 것 가운데 가장 완전한 저서들일 것이다.

잉카의 역사에 대한 자료로는 Louis Baudin의 「*A Socialist Empire: The Incas of Peru*」(Princeton, N. J. : Princeton University, 1961) ; Hiram Bingham의 「*Lost City of the Incas: The Story of Macchu Picchu and Its Rulers*」(New York : Athenaeum, 1963) ; Alden J. Mason의 「*The Ancient Civilizations of Peru*」(London : Penguin, 1950) ; Victor Von Hage의 「*Highways in the Sun*」(New York : Duell, Sloan, 1957) 등을 추천하고 싶다.

인디오 문명에 대한 포괄적 관점을 드러내는 것은 Friedrich Katz의 「*The Ancient American Civilizations*」(London : Weidenfeld and Nicolson, 1972)이 있지만, 고대 인디오 예술에 대한 유용한 정보들은 다음과 같은 책들에서 찾아볼 수 있다. Mary Ellen Miller의 「*The Art of Mesoamerica from Olmec to Aztec*」(London : Thames and Hudson, 1987) Salvador Toscano의 「*Arte precolombino de Mêxico y de las Américas*」(Mexico : UNAM, 1952)와 Paul Westheim의 「*Prehispanic Mexican Art*」(New York : Putnam, 1972)에는 아주 좋은 설명들이 곁들여 있다.

발견과 정복

15세기 말부터 18세기까지 스페인의 발견과 정복을 묘사한 것으로 주목받을 만한 책 중에는 Fray Bartolomé de Las Casas의 「*The Diario of Christopher Columbus's First Voyage to America, 1492-1493*」(Norman : University of Oklahoma, 1989)이 있고, 아메리카의 자연에 대한 상세한 묘사로는 예수회 수사인 José de Acosta의 「*The Natural and Moral History of the Indies*」(vols. 1 and 2, New York : B. Franklin, 1970)가 있다. 18세기 중반에 캘리포니아의 자연과 인간을 묘사한 또 다른 예수회 수사의 작품으로서 Miguel de Barco의 「*The Natural History of Baja California*」(Los Angeles : Dawson's Book Shop, 1980)도 있다. 아마존을 탐험한 스페인 원정대의 P. de Almesto, Gasper de Carvajal, 그리고 Alonso de Rojas의 「*La aventura del Amazonas*」(Madrid : Historia 16, 1986)와 Pedro Cieza de León의 「*Descubrimiento y conquista del Perú*」(Buenos Aires : Jam Kana, 1984) 등의 증언 기록도 있다.

Bernal Díaz del Castillo의 「*The Conquest of a New Spain*」(London : Folio Society,

1974)는 코르테스 원정대 병사들의 전대미문의 목격담을 보여주고, Ruy Díaz de Guzmán의 「*La Argentina*」(Madrid : Historia 16, 1986)는 라 플라타 강의 탐험과 식민에 대한 연대기로 이 책에서 처음으로 아르헨티나라는 말이 등장한다. 또한 Alvar Núñez Cabeza de Vaca의 「*Cabeza de Vaca's Adventures in the Unknown Interior of America*」(Albuquerque : University of New Mexico, 1983) ; Francisco Palou의 「*The Expedition into California of the Venerable Padre Fray Junipero Serra and His Companions in the Year 1769*」(San Francisco : Nueva California, 1934)에는 세라의 제자들의 전도활동에 대한 이야기가 들어있다. Antonio Pigafetta의 「*First Voyage Around the World*」(Manila : Filipiniana Book Guild, 1969)에는 마젤란과 함께 항해를 한 저자의 설명이 나와 있고, Jerónimo de Vivar의 「*Crónica de los reinos de Chile*」(Madrid : Historia 16, 1988)는 페드로 데 발디비아의 칠레 정복에 대한 책이다.

정복과 발견사업에 관하여 참조한 책이 몇 권 있다. 저명한 독일 역사가 Georg Friederici가 쓴 세 권짜리 「*El carácter del descubrimiento y de la conquista de América*」(Mexico : FCE, 1973)에는 유럽인들 —— 스페인, 포르투갈, 프랑스, 네덜란드, 독일, 그리고 러시아 사람들이 포함된 —— 이 아메리카 대륙에서 행한 발견과 정복의 모든 이야기가 들어있다. Antonello Gerbi의 「*The Dispute of the New World*」(Pittsburgh : University of Pittsburgh, 1973)는 논쟁의 역사에 대한 참고 문헌을 많이 싣고 있고, Edmundo O'Gorman은 「*The Invention of America*」(Bloomington : University of Indiana, 1958)에서 아메리카는 발견된 것이 아니고 신세계를 갈망한 유럽인에 의해서 "만들어진" 것이라고 명쾌히 밝히고 있다. Samuel E. Morison의 「*The European Discovery of America*」(New York : Oxford, 1971-74)와 Roland Sanders의 「*Lost Tribes and Promised Land*」(Boston : Little, Brown, 1978)는 인종차별주의자들이 발견과 식민화의 과정에 어떤 영향을 끼쳤는가하는 흥미진진한 견해를 담고 있다.

정복의 특성과 인디오들의 권리에 대한 기본적인 논쟁을 좀더 알고 싶은 독자는 Bartolomé de Las Casas의 「*Historia de las Indias*」(Hollywood, Fla. : Ediciones del Continente, 1985)와 Vasco de Quiroga의 「*Don Vasco de Quiroga y su "Información en Derecho"*」(Madrid : Porrua Turanzas, 1974)을 읽어보면 된다. 이 주제에 대한 좋은 자료로는 Henry Stevens가 편집한 「*New Laws of the Indies for the Good Treatment and Preservation of the Indians*」(London : Chiswick, 1893) ; Francisco Suárez의 「*Guerra, intervención, paz internacional*」(Madrid : Espasa-Calpe, 1956) ; Francisco de Vitoria의 「*Relecciones del estado, de los indios y del derecho de la guerra*」(Mexico : Porrua, 1974) 등이 있다.

아메리카를 향한 유럽의 반향——발견, 창작, 소망, 유토피아에 대한 꿈의 투사, 정치적 현실에 대한 경고 등——을 알아보려면 당시의 작품들을 살펴보면 된다. Niccolò Machiavelli의 「*The Prince*」(New York : Cambridge University, 1988) ; Michel de Montaigne의 「*Essays*」(New York : Penguin, 1959) ; Thomas More의 「*Utopia*」(New York : Cambridge University, 1989) ; William Shakespeare의 「*The Tempest*」(New York : Oxford, 1987) 등은 훌륭한 자료가 될 것이다. 참고해볼 만한 두 작품 가운데 자신의 이름을 딴 아메리카의 유토피아 이상을 다룬 Amerigo Vespucci의 「*Vespucci Reprints : Texts and Studies*」(Princeton : Princeton University, 1916) 속의 "Novus Mundus"와 Pedro Vaz de Caminha의 「*A carta de Pedro Vaz de Caminha*」(Potro Alegre : L & PM Editores, 1985)는 브라질의 발견자 Alvarez de Cabral에게 보내는 편지로서 그 나라의 출생증명서쯤으로 인식되고 있다.

정복의 배경이 되는 일반 사상에 대해서 심도 있게 연구하기를 원하는 독자는 Silvio Zavala의 「*Filosofía de conquista*」(Mexico : FCE, 1947)에서 그것을 발견할 수 있을 것이다. 마지막으로, 위에 언급한 증언담이나 회상과는 거리가 있지만 정복에 대하여 기술한 책들로는 다음의 것들이 유명하다.

Miguel Albornoz의 「*Hernando de Soto*」(New York : Franklin Watts, 1986)

Lewis Hanke의 「*The Spanish Struggle for Justice in the Conquest of America*」(Boston : Little, Brown, 1965)

John Hemming의 「*The Conquest of the Incas*」(London : Penguin, 1983)

F. A. Kirkpatrick의 「*The Spanish Conquistadores*」(London : Cresset, 1988)

Enrique Larreta의 「*Las dos fundaciones de Buenos Aires*」(Buenos Aires : Sopena, 1965)

José Luis Martínez의 「*Hernán Cortés*」(Mexico : FCE, 1990)

W. H. Prescott의 「*History of the Conquest of Mexico and History of the Conquest of Peru*」(New York : Random House, 1979)

스페인 왕조

합스부르크 시대(1492-1700)를 이해하려면 저명한 역사학자 John H. Elliot의 책이 유용할 것이다. 스페인 제국에 대한 그의 연구서는 합스부르크 왕조의 탄생과 죽음에 대한 뛰어난 해석을 하고 있다. 그 외에 이 시기와 관련하여 흔히 알려진 문헌으로는 Paul M. Kennedy의 「*The Rise and Fall of Great Powers : Economic Change Military Conflict from 1500 to 2000*」(New York : Random House, 1987)와 Oswald Spengler의 「*The De-*

cline of the West」(New York : Modern Library, 1967)가 있다. 또 다른 탁월한 연구서는 다음과 같다 :

Louis Bertrand의 「*Philippe II à l'Escorial*」(Paris : L'Artisan du Livre, 1929)

Fernand Braudel의 「*The Mediterranean and the Mediterranean World in the Age of Philip II*」(New York : Harper & Row, 1972-73)

Edward Grierson의 「*King of Two Worlds : Philip II of Spain*」(New York : Putnam, 1974)

John Lynch의 「*Spain Under the Hapsburgs*」(Oxford : Blackwell, 1981)

Geoffrey Parker의 「*Philip II*」(Boston : Little, Brown, 1978)

Fray José de Sigüenza의 「*La fundación del monasterio de El Escorial*」(Madrid : Turner, 1988)

스페인과 아메리카, 그리고 유럽과 신세계와의 관계에 의해서 영향을 받은 경제적 사건들에 대해서는 Rondo E. Cameron의 「*A Concise Economic History of the World : From Paleolithic Times to the Present*」(New York : Oxford, 1989)와 John M. Keynes의 「*A Treatise on Money*」(London : Macmillan, 1930)에서 잘 언급되어 있다. 참고 문헌에는 펠리페 2세의 통치기간 중 일어났던 대사건에 관한 연구서인 Garrett Mattingly의 「*The Defeat of the Spanish Armada*」(Boston : Houghton Mifflin, 1959)도 반드시 포함시켜야 할 것이다.

반종교개혁에 대한 흥미로운 자료로는 A. G. Dickens의 「*The Counter-Reformation*」(New York : Harcourt, Brace & World, 1969)이 있다. 스페인의 종교 재판에 대한 연구로 Henry Kamen의 「*Inquisition and Society in Spain in the Sixteenth and Seventeeth Centuries*」(London : Weidenfeld and Nicolson, 1985)보다 뛰어난 것은 없을 것이다. 카스티야의 도시공동체에 대해서는 José Antonio Maravall의 「*Las comunidades de Castilla*」(Madrid : Revista de Occidente, 1963)에서 아주 잘 기술되어 있다.

황금의 시대

문학과 예술에 있어서 스페인인이 남긴 업적은 무엇보다도 Calderón de la Barca, Lope de Vega, Góngora, Tirso de Molina, Quevedo, San Juan de la Cruz, Saint Teresa of Avila, Juan Luis Vives의 고전작품들에서 찾아볼 수 있을 것이다. 여기에 덧붙여 나는 이런 인물들과 작품들을 살펴볼 수 있는 몇몇 작품을 언급하고 싶다. 예술에서는 Jonathan Brown의 「*Velázquez, Painter and Courtier*」(New Haven : Yale, 1986), Michel

Foucault의 「*The Order of Things: An Archaeology of the Human Sciences*」(London: Tavistock, 1970)는 「돈 키호테」와 벨라스케스의 *Las Meninas*에 대하여 대담하고도 풍부한 해석을 가하고 있다. Juan Goytisolo는 스페인 현대 작가 가운데 가장 혁신적인 소설가로 La Celestina, Cervantes, Don Juan, Quevedo 등을 마치 현대의 살아있는 인물처럼 창조적인 관점 속에서 바라보고 있다. 그의 작품 「*L'Arbre de la Littérature*」(Paris: Fayard, 1990)을 참조하라. Goytisolo의 소설 「*Las virtudes del pájaro solitario*」(Barcelona: Seix Barral, 1988)는 San Juan de la Cruz의 시를 과거의 아랍의 성 개념과 현대의 우리의 성 개념에 비추어 3중의 관점에서 바라본 탁월한 연구서이다. Gregorio Marãón의 「*Don Juan*」(Madrid: Espasa-Calpe, 1940)은 또 다른 유용한 자료이다.

세르반테스의 유산은 Laurence Sterne의 「*Tristram Shandy*」와 Denis Diderot의 「*Jack the Fatalist and His Master*」에서부터 돈 키호테처럼 책을 읽으며 서서히 미쳐가는 19세기 소설 속의 여주인공(예를 들면 Jane Austen의 소설 「*Northanger Abbey*」의 여주인공 캐서린 모어랜드와 Gustave Flaubert의 소설 「*Madame Bovary*」의 엠마 보바리)에 이르기까지 찾아볼 수 있다. 하지만, 가장 흥미롭고 놀라운 현대 작품은 Jorge Luis Borges의 「*Ficciones*」(New York: Limited Editions Club, 1984) 속에 나오는 "Pierre Menard, Author of Don Quixote"라는 단편이다. 근대성에 역점을 둔 돈 키호테에 대한 연구에는 Mikhail Bakhtin의 「*Rabelais and His World*」(Cambridge: MIT, 1986); Milan Kundera의 「*The Art of the Novel*」(New York: Grove, 1988); Marthe Robert의 「*Sur le papier*」(Paris: Grasset, 1967)뿐만 아니라 Fyodor Dostoyevsky, Thomas Mann, José Ortega y Gasset, Viktor Shlovsky의 작품들도 포함된다.

Bartolomé Bennassar의 「*Un siècle d'or espagnol*」(Paris: R. Laffont, 1982); M. Defourneaux의 「*Daily Life in Spain in the Golden Age*」(Stanford, Calif.: Stanford University, 1971); Antonio Dominguez Ortiz의 「*The Golden Age of Spain*」(London: Weidenfeld and Nicolson, 1971)은 일반적 정보를 얻을 수 있는 좋은 출처들이다.

에라스무스와 그가 스페인에 끼친 영향력에 관한 가치 있는 정보는 많다. Marcel Bataillon의 기념비적인 저서와는 대조적으로 José Luis Abellán의 「*El erasmismo español*」(Madrid: Espasa-Calpe, 1976)은 이 주제에 대하여 스페인적인 친밀한 시각을 보여준다. John P. Dolan이 편집한 「*The Essential Erasmus*」(New York: Mentor, 1964); H. Huizonga의 「*Erasmus and the Age of the Reformation*」(New York: Harper, 1957); Erika Rummel이 편집한 「*The Erasmus Reader*」(Toronto: University of Toronto, 1990)는 모두 중요한 참고 자료들이다. 그리고 카를로스 1세와 가까웠던 두 명의 스페인인——에라스무스의 추종자들——의 저서에 접근하고자 한다면 Alfonso de Valdés의

「*Diálogo de Mercurio y Carón*」(Madrid : Espasa-Calpe, 1954)과 Juan de Valdés의 「*Diálogo de la doctrina cristiana*」(Mexico : UNAM, 1964)를 살펴보라.

식민지 시대

박멸과 너그러운 포용이라는 스페인의 신세계에서의 역할과 식민지 경험으로부터 라틴 아메리카가 발전했다는 견해 때문에 다음의 두 책은 특별히 언급할 가치가 있다. 첫번째로는 David A. Brading의 「*The First America : The Spanish Monarchy, Creole Patriots and the Liberal State, 1492-1867*」(Cambridge, England : Cambridge University, 1991)으로 작가의 접근방법이 광범위하다. 그러나 멕시코에 관한 한 영국 최고의 학자인 이 저자의 노작에는 상세한 기술이 없고 사상의 상호관계도 드러나지 않고 있다. 두번째는 정복의 합리성에 대한 논쟁의 연구서로는 가장 명확한 관점을 유지하고 있다. Anthony Pagden은 「*Spanish Imperialism and the Political Imagination*」(New Haven : Yale, 1990)에서 스페인계 아메리카의 운명은 스페인 제국이 보편적인 군주제에서 반동적인 제국으로 회귀하는 그 모순으로부터 출발한다는 입장을 견지하고 있다.

Stanley J.와 Barbara H. Stein 부처의 고전적 저서 「*The Colonial Heritage of Latin America : Essays on Economic Dependence in Perspective*」(New York : Oxford, 1970)는 라틴 아메리카인의 삶에서 나타나는 식민주의의 기원과 그 잔존을 기술하고 있다. 식민지 시기의 토지제도와 노동, 국가적 모습의 출현에 대한 정보는 다음의 책들에서 찾아볼 수 있다 :

François Chevalier의 「*Land and Society in Colonial Mexico*」(Ann Arbor : University of Michigan, 1959)

Charles Gibson의 「*Spain in America*」(New York : Harper Torchbooks, 1967)

Jonathan I. Israel의 「*Race, Class, and Politics in Colonial Mexico, 1610-1670*」(London : Oxford, 1975)

Peggy K. Liss의 「*Mexico Under Spain : Society and the Origins of Nationality, 1521-1556*」(Chicago : University of Chicago, 1975)

James Lockhart와 Stuart B. Schwarz의 「*Early Latin America : A History of Colonial Spanish America and Brazil*」(New York : Cambridge University, 1983)

Silvio Zavala의 「*La encomienda indiana*」(Mexico : Porrua, 1973) ; 「*New Viewpoints on the Spanish Colonization of America*」(Philadelphia : University of Pennsylvania, 1943)

부족한 부분은 다음의 책들을 참조하라. José Luciano Franco의 「*La diáspora africana en el Nuevo Mundo*」(Havana : Editorial de Ciencias Sociales, 1986) ; Esteban Montejo의 「*Biografía de un cimarrón*」(Havana : Editorial de Ciencias Sociales, 1986) ; Leslie B. Rout의 「*The African Experience in Spanish America, 1502 to the Present Day*」(New York : Cambridge University, 1976).

신세계에서 새로운 스페인계 문화의 재빠른 창조는 바로 그것을 만든 사람들에 의해서 축복받았다. Juana de la Cruz의 「*A Sor Juana Anthology*」(Cambridge, Mass. : Harvard University, 1988)는 식민지 스페인계 아메리카의 위대한 시인 가운데 한 사람의 작품집이다. Alonso de Ercilla의 「*La araucana*」(Santiago de Chile : Editorial Orbe, 1974)는 저자가 참여했던 칠레의 아라우코 인디오와의 전쟁을 이상화시킨 스페인 서사시이다. Sor Juana에 대한 탁월한 전기로서 멕시코의 대시인인 Octavio Paz의 「*Sor Juana Inés de la Cruz, or The Traps of Faith*」(Cambridge, Mass. : Belknap, 1988)는 누에바 에스파냐(신 스페인) 식민지인들의 다양한 삶을 보여준다. 식민지 시대의 페루의 탁월한 시인이었던 Juan del Valle y Caviedes의 전집 「*Obra completa*」(Caracas : Biblioteca Ayacucho, 1984)는 식민지의 생활의 풍자적인 면을 많이 가미하고 있다.

다음과 같은 풍자적 작품들은 이단심문이 횡행한 식민지 사회의 어두운 면을 묘사해주고 있다. Fernando Benítez의 「*Los demonios en el convento : sexo y religión en la Nueva España*」(Mexico : Ediciones Era, 1985)는 식민지 멕시코 사회의 성적, 지적 편견을 재치 넘치게 그리고 있다. Luis Caravajal El Mozo의 「*The Enlightened*」(Miami : Windward, 1967)는 멕시코에서 화형당한 스페인계 유대인들의 메모와 편지, 유서의 모음집으로 이와 비슷한 방향으로 쓰인 작품들의 모델이라고 할 수 있다. 중요한 책 두 권을 덧붙이면 Richard E. Greenleaf의 「*The Mexican Inquisition in the Sixteenth Century*」(Albuquerque : University of New Mexico, 1969)와 이 시대의 가장 주목할 만한 책이라고 사료되는 Felipe Guamán Poma de Ayala의 「*Nueva crónica y buen gobierno*」(Madrid : Historia 16, 1987)를 들 수 있다. 이 책은 정복이 끝난 지 60년 뒤에 나온 그림이 실려 있는 한 페루 인디오의 기록물이다.

당시의 삶의 질을 다룬 몇몇 책들이 있다. Arzans de Orsua y Vela의 「*Tales of Potosí*」(Providence, R. I. : Brown University, 1975)와 Irving Leonard의 「*Baroque Times in Old Mexico*」(Ann Arbor : University of Michigan, 1959)는 좋은 참고 자료들이다. 역사적 전망을 넓히려면 José Luis Romero의 「*Latinoamérica : las ciudades y las ideas*」(Mexico : Siglo Veintiuno Editores, 1976)를 읽는 것이 좋다. 이 책은 식민지 건설로부터 20세기에 이르기까지 라틴 아메리카의 도시 생활의 발전 과정을 추적하고 있다. 특별한 자료로서 David Sweet와 Gary B. Nash가 공동으로 쓴 「*Struggle and Survival in Colonial America*」

(Berkeley : University of California, 1981)는 식민지인들의 극도로 궁핍한 삶에 대한 기록물이다.

Irving Leonard가 「*Baroque Times*」에서 제안했듯이, 이 시기의 예술은 "바로크"라고 명명된 범주 안에 포함되었다. 그것은 스페인과 스페인계 아메리카가 함께 공유한 예술이었다. Guillermo Díaz Plaja의 「*El espíritu del barroco*」(Barcelona : Ediciones Críticas, 1983)와 P. Kleemen의 「*Baroque and Rococo in Latin America*」(New York : Macmillan, 1951)는 Gerard de Cortanze, Juan de Cortreras, Manuel Toussaint의 저서들과 함께 이 시기를 훌륭하게 망라하고 있다.

스페인의 계몽주의

합스부르크 왕조의 몰락과 부르봉 왕조의 부활에 대한 자료로는 Antonio Dominguez Ortiz의 「*Instituciones y sociedad en la España de los Austrias*」(Barcelona : Ariel, 1985)와 John Langdon Davies의 「*Carlos, The King Who Would Not Die*」(London : Jonathan Cape, 1962)에서 찾아볼 수 있다. 보다 일반적인 정보로서는 Gaspar Melchor de Jovellanos의 두 저서인 「*Diarios*」(Madrid : Alianza Editorial, 1967)와 「*Obras completas : edición crítica*」(Oviedo : Centro de Estudios del siglo XVIII)를 들 수 있다. 이것에 대한 보충 자료로서는 호베야노스에 대한 훌륭한 두 전기물, 즉 Fernández Álvarez의 「*Jovellanos : un hombre de nuestro tiempo*」(Madrid : Espasa-Calpe, 1988)와 Jávier Varela의 「*Jovellanos*」(Madrid : Alianza Universidad, 1988)가 있다. 스페인의 계몽주의에 대한 더 많은 정보를 알려면 이 주제에 관하여 영어로 쓰여진 훌륭한 연구서인 Richard Herr의 「*The Eighteenth-Century Revolution in Spain*」(Princeton : Princeton University, 1958)과 근대화와 유럽과의 연결이라는 상황 속에서 스페인의 위상에 관한 논쟁을 기술한 현대의 탁월한 철학자 Julián Marías의 「*La España posible en tiempos de Carlos III*」(Madrid : Planeta, 1988)를 참고할 수 있다.

Goya에 대한 작품을 통해서도 독자들은 이 시기에 접근할 수 있을 것이다. 스페인에 초점을 맞춘 Fernando Díaz-Plaja의 「*Las Españas de Goya*」(Barcelona : Planeta, 1989)가 있다. 스페인의 계몽주의와 직접 관련된 최근의 연구서로는 Alfonso E. Pérez Sánchez와 Eleanor A. Sayre의 「*Goya and the Spirit of Enlightenment*」(Boston : Little, Brown, 1989)가 있다. 이 위대한 예술가의 삶과 작업에 대한 연구로는 Pierre Gassier와 Juliet Wilson이 함께 저술한 「*The Life and Complete Work of Francisco Goya*」(New York : Reynal/Morrow, 1971)가 있다.

후기 식민지 시대

이 시기를 알 수 있는 최적의 연구서로는 독립 직전의 남아메리카인의 삶을 즐겁고도 자세히 기술한 필수적인 여행기인 Alfonso Carto de la Vandera Concolocorvo의 「*A Guide for Inexperienced Travelers between Buenos Aires and Lima*」(Bloomington : Indiana University, 1965)가 있다. 참조해볼 만한 다른 자료로는 José Carlos Chiaramonte의 「*La ilustración en el Río de la Plata*」(Buenos Aires : Punto Sur, 1989)와 Alexander Von Humboldt의 「*Political Essay on the Kingdom of New Spain*」(New York : AMS, reprint of 1811 ed.)이 있다. 후자의 책은 식민지 말기의 멕시코의 부에 대한 아주 광범위하고 영향력 있는 과학적 연구 작업이다.

다른 참고 자료로는 Peggy K. Liss의 「*Atlantic Empires : The Network of Trade and Revolution 1713-1826*」(Baltimore : Johns Hopkins, 1983)이 있다. 이 책은 대서양을 사이에 둔 양 대륙과 남북 아메리카 사이의 무역과 정치, 문화 관계를 다룬 탁월한 연구로, 상업의 모든 양상에 대한 진지한 시각으로 때때로 독립 전쟁에서 보였던 격렬한 사상적 자세의 근거를 설명하고 있다. 또 다른 좋은 자료로서 Giovanni Marchetti의 「*Cultura indígena e integración nacional : la "Historia Antigua de México" de F. J. Clavijero*」(Jalapa : Universidad Veracruzana, 1986)와 Magnus Morner의 「*The Expulsion of the Jesuits from Latin America*」(New York : Knopf, 1965)라는 두 책이 있다. Arthur P. Whitaker가 편집한 「*Latin America and the Enlightenment*」(Ithaca, N. Y. : Cornell University, 1958)로 위에 언급한 목록들을 마무리할 수 있을 것이다.

라틴 아메리카의 독립

독립운동을 위해서 힘차게 싸웠던 인물들을 통하여 독립 혁명을 바라보려는 경향은 낭만적이고 쉽게 이해될 수 있는 부분이다. 그와 같은 인물들의 리스트를 제시하기 전에 라틴 아메리카 독립 투쟁의 위대한 인물들, 위대한 주제, 그리고 사회의 흐름을 알 수 있는 John Lynch의 탁월한 저서 「*The Spanish American Revolutions, 1808-1826*」(New York : Norton, 1973)를 강조하지 않을 수 없다. 다음의 책들 또한 참고해볼 만하다.

Simón Bolívar의 「*Doctrina del Libertador*」(Caracas : Ayacucho, 1976)

Manuel Eduardo Columbres의 「*San Martín y Bolívar*」(Buenos Aires : Plus Ultra, 1979)

Jean Descola의 「*Les libertadors*」(Paris : Fayard, 1957)

Indalecio Lievano Aguirre의 「*Bolívar*」(Buenos Aires : Plus Ultra, 1979)

Samuel W. Medrano의 「*El libertador José de San Martín*」(Madrid : Espasa-Calpe,

1950)

José Antonio Páez의 「*Autobiografía del General José Antonio Páez*」(Caracas, 1973)

Rodolfo Puiggros의 「*De la colonia a la revolución*」(Buenos Aires : Ediciones Cepe, 1974)

Carlos Real de Azúa의 「*El patriciado uruguayo*」(Montevideo : Ediciones de la Banda Oriental, 1981)

이 시기를 잘 묘사한 문학 작품들은 Alejo Carpentier의 「*Explosion in a Cathedral*」(New York : Farrar, Straus & Giroux, 1989)로서, 이 소설 속에서 프랑스 혁명의 두 상징인 노예 해방령과 기요틴이 카리브 제도에 유입된다. 참조해볼 만한 사료로서 Arturo Uslar Pietri가 쓴 「*Las lanzas coloradas y cuentos selectos*」(Caracas : Biblioteca Ayacucho, 1979)와 Gabriel García Márquez의 「*The General in His Labyrinth*」(New York : Knopf, 1990)가 있다.

19세기의 스페인계 아메리카

이 시대에 관한 참고 문헌은 광범위하다. 그래서 나는 역사와 문화라는 두 개의 큰 범주로 그것들을 나누었다.

역사

다양한 주제에 대한 일반적인 관점을 살펴보려면 다음의 책들을 참조하기 바란다.

Miron Burgin의 「*The Economic Aspects of Argentine Federalism, 1820-1852*」(Cambridge, Mass. : Harvard University, 1946)

Robert N. Burr의 「*By Reason or Force : Chile and the Balancing of Power in South America, 1830-1855*」(Berkeley : University of California, 1965)

Pedro Calderón de la Barca와 E. Frances의 「*Life in Mexico During a Residence of Two Years in That Country*」(New York : AMS, reprint of 1913 ed.)

Egon Cesar Corti의 「*Maximilian and Charlotte of Mexico*」(New York : Knopf, 1928)

Ricardo Donoso의 「*Las ideas políticas en Chile*」(Buenos Aires : Editorial Universitaria de Buenos Aires, 1975)

José Manuel Estrada의 「*Lecciones sobre la república argentina*」(Buenos Aires : Librería de Colegio, 1898)

José Fuentes Mares의 「*Miramón, el hombre*」(Mexico : Joaquín Mortiz, 1974)

Frank C. Hanighen의 「*Santa Anna : The Napoleon of the West*」(New York : Coward McCann, 1934)

Joan Haslip의 「*The Crown of Mexico*」(New York : Holt, Rinehart & Winston, 1971)

Rafael F. Muñoz의 「*Santa Anna*」(Mexico : Botas, 1945)

Ernesto Quesada의 「*La época de Rosas*」(Buenos Aires : Instituto de Investigaciones Históricas, 1923)

Ralph Roeder의 「*Juárez and His Mexico : A Bibliographical History*」(New York : Viking, 1947)

여기에 덧붙여 이 시기를 다룬 사료 편찬서로서 멕시코에서 출판된 두 권의 특별한 책인 Daniel Cosío Villegas의 「*Historia moderna de México : la república restaurada*」(Mexico : El Colegio de México, 1958)와 Jesús Reyes Heroles의 「*El liberalismo mexicano*」(Mexico : Fondo de Cultura Económica, 1982)가 있다.

독립과 함께 스페인계 아메리카의 역사가들은 과거를 새롭게 전망할 수 있었다. Diego Barros Arana와 Bartolomé Mitre, 그리고 Benjamin Vicuna Mackenna와 같은 작가들은 여러 권으로 이루어진 방대한 작품들을 통하여 이 시기가 지니고 있었던 역사적 열망을 입증해주었다. 새로운 사고방식하에서 다양한 관점들을 구현해준 세 명의 멕시코 역사가들이 있다. Lucas Alamán의 「*Historia de México desde los primeros movimientos que prepararon su independencia en el año de 1808, hasta la época presente*」(Mexico : Instituto Cultural Helénico, 1985)는 보수적인 시각을 통해서 정복, 그리고 스페인과 정복과의 관계를 찬양하고 프로테스탄트 미국의 팽창주의의 지배를 비난했다. Lorenzo de Zavala의 「*Ensayo histórico de las revoluciones de México desde 1808 hasta 1830*」(Mexico : SRA, CEHAM, 1981)는 자유주의적 시각에 입각하여 진보를 찬양했고, 미국의 입장과의 일치를 주장했다. José María Mora의 「*México y sus revoluciones*」(Mexico : Instituto Cultural Helénico, 1986)는 중간의 입장에 서 있다. 학문에서의 엄밀한 방법을 견지하는 그의 태도는 행동하고 말하기 전에 사실에 대한 정확한 지식을 갖춘 뒤 그 지식을 평가하고, 그 후에 나라의 건설 과정에 필요한 모든 것을 적용시켜야 한다고 주장했다.

문화

Mariano Picón Salas의 「*A Cultural History of Spanish America*」(Berkeley : University of California, 1960)와 같은 정통 역사서, 그리고 Germán Arciniegas와 Pedro Henríquez Ureña가 쓴 저작들은 라틴 아메리카의 문화적 삶을 연구하는 데에 아주 유용하다. 19세

기 스페인계 아메리카의 문학 작품 가운데 걸작은 둘 다 아르헨티나에서 나왔다. 그것은 José Hernández의 시 「*The Gaucho Martín Fierro*」(Delmar : Scholar's Facsimiles and Reprints, 1974)와 Domingo F. Sarmiento의 에세이인 「*Life in the Argentine Republic in the Days of the Tyrants*」(New York : Gordon, 1968)로 이 책들에 관해서는 뛰어난 해석들이 많이 쏟아져나왔다. Sarmiento의 이 고전은 역사 연구의 중심적 위치를 차지할 뿐만 아니라 이 책과 함께 국가적이든 지방적이든 독재자에 관한 에세이나 소설 작품들에서 민족적이고 문화적인 자기 분석의 전통이 시작된다.

독립 초기에 스페인계 아메리카에 견고한 문화적 기반을 제공했던 베네수엘라의 위대한 인문주의자인 Andrés Bello를 시작으로 연구할 가치가 있는 작품이 몇 개 있다. 「*Obras*」(Havana : Casa de las Américas, 1976)의 저자인 Eugenio María de Hostos는 소설가, 사회학자, 법률가로서 푸에르토 리코의 근대 문화를 스페인계 아메리카 문화에 연결시킨 창시자이다. 19세기 에쿠아도르의 뛰어난 작가 Juan de Montalvo가 쓴 「*Siete tratados : réplica a un sofista seudocatálico*」(Madrid : Editorial Nacional, 1977)는 Montaigne의 냄새가 물씬 풍기는 에세이이다. 페루의 작가 Manuel González Prada는 「*Páginas libres / horas de lucha*」(Caracas : Ayacucho, 1976)에서 자신의 나라가 지닌 병폐에 대하여 호전적인 자세로 과격한 비판을 가했다. 그는 그 시대의 라틴 아메리카 문화에 대한 확고한 해석을 할 수 있게끔 발판을 만들었다. 또 하나의 극단으로서 José Enrique Rodó는 천박한 미국의 물질주의와 대비되는 라틴 아메리카의 정신을 찬양했다. 이러한 선명한 대조가 그의 저서 「*Ariel*」(Austin : University of Texas, 1988)의 예상치 못한 성공을 가져오게끔 한 이유가 되었다. 이제는 한물 간 수사학적 문구를 통해서 그는 남북 아메리카의 도시 생활의 미래에 대한 몇몇 진실한 통찰력을 전달하고 있다.

19세기 스페인계 아메리카에는 뛰어난 소설이 별로 없다. 정치적 혼란과 독재라는 압도적인 주제는 현대에 와서야 소설의 좋은 제재로 등장하여 독재자의 면모는 마침내 문학에서 취급될 수 있었다. 그런 작가와 작품들 가운데서 나는 Miguel Ángel Asturias의 「*The President*」(London : Gollancz, 1967)를 언급하고 싶다. 이 소설은 한 라틴 아메리카인에 의해서 독재자 대통령의 모습(여기에서는 과테말라의 독재자 Estrada Cabrera에 근거를 둠)이 제시된 최초의 작품이다. 그리고 위트가 넘치는 Alejo Carpentier의 「*Reasons of State*」(New York : Knopf, 1976)는 베네수엘라의 독재자 Guzmán Blanco를 모델로 하고 있다. 이 주제는 Gabriel García Márquez의 「*The Autumn of the Patriarch*」(New York : Harper & Row, 1975)에서 절정을 이룬다. 작가는 이 소설에서 볼리비아의 Melgarejo와 베네수엘라의 Gómez로부터 도미니카 공화국의 Trujillo와 스페인의 Salazar와 Franco에 이르는, 과거와 현재의 모든 독재자들의 공통된 면모를 한꺼번에 다루고 있다. 이 목록의 말미를 장식하는 소설이 둘 있는데, 그것은 파라과이의 독재자 Rodríguez de Francia의 모습을 아찔할 정도로 재현한 Augusto Roa Bastos의 「*I, the Supreme*」(New York : Knopf, 1986)과 독재자 소설의 원조격인 Ramón del Valle Inclán의 「*Tirano banderas* 」(Madrid : Espasa-Calpe, 1978)이다.

시 "*Martín Fierro*"는 토착적인 것, 다시 말해서 민중 문화와 그것의 지속성에 대하여 총체적인 질문을 던진다. 이것은 유럽의 모든 것을 "초논리적으로 모방"하자는 움직임과는 대조적인 것이었다. 이를 위해서는 Jorge Luis Borges의 「*El Martín Fierro*」(Madrid : Alianza, 1983)를 보라. 라틴 아메리카의 명민한 작가들은 두 극단의 대립을 양쪽의 패배로 간주하여, 라틴 아메리카의 아메리카적이고 유럽적인 두 문화를 혼합시킴으로써 그 창조적 융합을 이룰 수 있었다. 미국의 저명한 역사가인 Bradford Burns는 「*The Poverty of Progress : Latin America in the Nineteenth Century*」(Berkeley : University of California, 1980)에서 진보를 숭배하는 유럽의 모델과 선택적이고 토착적인 라틴 아메리카의 모델 사이의 충돌에 주목하면서 그 문화적 흐름을 능숙하게 분석했다. 또 다른 책인 「*Páginas escogidas* 」(Havana : Editorial de Ciencias Sociales, 1974)는 라틴 아메리카적이고 유럽적인 니카라구아의 위대한 시인 Rubén Darío의 선집이다. 쿠바의 애국자이자 지성인인 José Martí는 「*Páginas escogidas*」(Havana : Editorial de Ciencias Sociales, 1974)에서 라틴 아메리카를 위한 관대하고 민주적인 해결책을 제시하면서, 기초 생필품과 전통, 자원들을 중시했고, 민중을 강조했으며, 모든 사람을 포용하고자 했다.

멕시코 예술가인 José Guadalupe Posada는 대중 예술을 꿈과 죽음이라는 보편적인 영역으로 끌어올렸다. Julian Rothenstein이 편집한 「*Posada, Messenger of Mortality*」(London : Redstone, 1989)를 참조하라. Horacio Salas의 「*El tango*」(Buenos Aires : Planeta, 1986) 역시 대중문화를 다룬 책으로 언급할 만하다.

마지막으로 Claudio Véliz가 쓴 유명한 「*The Centralist Tradition of Latin America*」(Princeton, N. J. : Princeton University, 1980)는 라틴 아메리카에 한정되어 있기는 하지만, 19세기의 사상과 정치에 대한 뛰어난 분석을 하면서, 정복 이래 거의 요지부동인 라틴 아메리카의 중앙집권적 전통을 재삼 강조하고 있다.

멕시코 혁명

혁명의 사회적 구성요소와 계급간의 목표를 다룬 뛰어난 연구로서 John Mason Hart가 쓴 「*Revolutionary Mexico : The Coming and Process of the Mexican Revolution*」(Berkeley : University of California, 1987)은 미국과 멕시코 혁명 정부와의 관계에 대하여 심원한 논점을 제시해주고 있다. 국제적 역학관계를 다룬 또 다른 연구서로는 Friedrich

Katz의 「*The Secret War in Mexico : Europe, the United States, and the Mexican Revolution*」(Chicago : University of Chicago, 1981)가 있다. Andrés Molina Enríquez의 「*Los grandes problemas nacionales*」(Mexico : Ediciones Era, 1977)는 이런 문제점을 기술하고 해결책을 제시한 아주 영향력 있는 책이다.

Porfirio Díaz에 초점을 맞춘 연구로는 Francisco Bulnes의 「*El verdadero Díaz y la revolución*」(Mexico : Ediciones COMA, 1982)과 Díaz를 객관적으로 다룬 Daniel Cosío Villegas의 「*Historia moderna de México*」(Mexico : Editorial Hermes, 1955)가 있다. Díaz 체제의 사상적 기초에 대한 고전적 연구로는 Leopoldo Zea의 「*Positivism in Mexico*」(Austin : University of Texas, 1974)가 있다. Hector Aguilar Camín의 「*La frontera nómada : Sonora y la revolución mexicana*」(Mexico : Siglo XX Editores, 1977)와 John Kenneth Turner의 「*Barbarous Mexico*」(Austin : University of Texas, 1959)와 같은 책들도 있다. Zapatismo를 다룬 걸작으로는 John Womack의 「*Zapata and the Mexican Revolution*」(New York : Knopf, 1969)이 있으며, 또 다른 고전인 Jean Meyer의 「*La Christiade*」(Paris : Payot, 1975)는 혁명에 맞선 가톨릭 교회의 반란이라는, 오랫동안 간과되어온 주제를 다루고 있다. 마지막으로 Anita Brenner의 「*The Wind that Swept Mexico*」(Austin : University of Texas, 1971)에서는 혁명에 대한 내용과 곁들인 사진이 돋보인다.

멕시코 혁명에 참가했던 사람들의 회상록과 문학적 장르로 승화된 혁명 소설들이 많이 있다. 유명한 작품으로서는 Mariano Azuela의 「*Underdogs*」(New York : New American Library, 1963)이 있다. 후에 나온 Juan Rulfo의 「*Pedro Páramo : A Novel of Mexico*」(New York : Grove Weidenfeld, 1990)는 혁명이 태동하기 바로 이전의 사회와 분위기를 생생하게 묘사하고 있다. 철학자이자 교육자인 José Vasconcelos의 「*A Mexican Ulysses : An Autobiography*」(New York : Greenwood, 1963)는 허구와 실재 사이를 넘나드는 매혹적인 회상록이다. 마지막으로 혁명을 알 수 있는 문화적 산물로서 가장 시각적인 벽화는 여러 책들과 카탈로그 속에서 잘 구비되어 있다.

20세기

1898년의 미서전쟁과 그에 따른 제국의 상실은 스페인인으로 하여금 심원하고도 건전한 대응책을 강구하게끔 만들었다. 이제 스페인은 자신의 모습을 적나라하게 들여다볼 수 있었다. 이 운동은 Angel Ganivet가 「*Idearium español*」(Madrid : Espasa-Calpe, 1941)에서 주창했고, 철학자인 José Ortega y Gasset와 Miguel de Unamuno, 시인인 Antonio Machado, 극작가인 Ramón de Valle Inclán, 소설가 Pío Baroja가 그 뒤를 따랐다.

유명한 시인이자 극작가인 Federico García Lorca의 세대인, 소위 1927년 세대의 작품들은 스페인 내전에 의하여 극적으로 중단되었다. 전쟁과 이전의 사건들은 Gabriel Jackson의 「*The Spanish Civil War*」(Chicago : Quadrangle, 1972)와 Hugh Thomas의 「*The Spanish Civil War*」(New York : Harper, 1961)에 잘 묘사되어 있다. 20세기 스페인 역사에 대한 전체적인 조망은 Raymond Carr의 「*Modern Spain*」(New York : Oxford, 1980)에서 살펴볼 수 있다.

외국인의 시선으로서 스페인을 아름답게 묘사한 책으로는 아마도 Gerald Brenan의 「*The Spanish Labyrinth : An Account of the Social and Political Background of the Civil War*」(New York : Macmillan, 1943)일 것이다. 외국 작가들은 또한 이 전쟁을 통해서 상당량의 소설과 에세이를 남겼다. 그 가운데서 André Malraux의 「*Days of Hope*」(London : Routledge & Sons, 1938), George Orwell의 「*Homage to Catalonia*」(London : Secker & Warburg, 1986), Ernest Hemingway의 「*For Whom the Bell Tolls*」(New York : Scribner's, 1940) 등이 있다. 특기할 만한 작가 Ian Gibson이 쓴 「*Federico García Lorca : A Life*」(New York : Pantheon, 1989)는 로르카에 관한 가장 권위 있는 일대기이다.

현대 라틴 아메리카의 최상의 역사를 알려면 Tulio Halperin Donghi의 「*Histoire contemporaine de l'Amerique Latine*」(Paris : Payot, 1972)을 참조하라. 종속이론의 시각으로 분석한 경제적, 사회적 조건에 관해서 보다 상세한 정보를 얻고 싶으면 Celso Furtado의 「*Economic Development of Latin America : A Survey from Colonial Times to the Cuban Revolution*」(Cambridge, England : Cambridge University, 1970)과 Fernando Cardoso와 Enzo Faletto의 공저 「*Dependency and Development in Latin America*」(Berkeley : University of California, 1979)에 나타난 고전적 견해를 참조하라.

라틴 아메리카의 개별 국가들을 다루고 있는 영어로 쓰인 몇몇 흥미로운 책들로는 James R. Scobie의 「*Argentina : A City and a Nation* 」(New York : Oxford, 1971) ; Hugh Thomas의 「*Cuba, or the Pursuit of Freedom*」(London : Eyre, 1971) ; John V. Lombardi의 「*Venezuela : The Search for Order, the Dream of Progress*」(New York : Oxford, 1982) ; Brian Loveman의 「*Chile : The Legacy of Hispanic Capitalism*」(New York : Oxford, 1988) 등이 있다. 멕시코에 관한 유용한 출처 자료로서는 Howard F. Cline의 「*Mexico, Revolution to Evolution, 1940-1960*」(New York : Oxford, 1962) ; Pablo González Casanova의 「*Democracy in Mexico*」(New York : Oxford, 1970) ; Frank Brandenburg의 「*The Making of Modern Mexico*」(Englewood Cliffs, N. J. : Prentice Hall, 1964) ; Charles C. Cumberland의 「*Mexico : The Struggle for Modernity* 」(London : Oxford, 1968) 등이 있다.

미국과 라틴 아메리카의 관계에 대해서는 T. O. Allman의 「*Unmanifest Destiny*」(New

York : Dial, 1984)와 Abraham Lowenthal의 「*Partners in Conflict*」(Baltimore : Johns Hopkins University, 1987)를 추천하고 싶다. Richard Fagen의 「*Forging Peace : The Challenge of Central America*」(Oxford : Blackwell, 1987) ; Stephen Kinzer와 Stephen Schlesinger의 「*Bitter Fruit : The Untold Story of the American Coup in Guatemala*」(New York : Doubleday, 1982) ; Raymond Bonner의 「*Weakness and Deceit : U. S. Policy and El Salvador*」(New York : Times, 1984) ; Peter Davis의 「*Where Is Nicaragua?*」(New York : Simon & Schuster, 1987) ; Robert Pastor와 Jorge G. Castañeda의 「*Limits to Friendship : The United States and Mexico*」(New York : Knopf, 1988) ; 미국과 쿠바 관계를 설명한 Wayne Smith의 「*The Closest of Enemies*」(New York : Norton, 1987)가 있다. 라틴 아메리카의 지도자에 대한 일대기로서 미국인이 쓴 것 가운데 뛰어난 저서는 Tad Szulc의 「*Fidel : A Critical Portrait*」(New York : Morrow, 1986)와 Joseph Page의 「*Perón*」(New York : Random House, 1983)이 있다.

미국에 사는 스페인계 아메리카인의 삶에 대해서는 Edna Acosta-Belen과 Barbara Sjorstrom이 편집한 「*The Hispanic Experience in the United States*」(New York : Praeger, 1988)와 Juan Gomez-Quinones의 「*Chicano Politics : Reality and Promise 1940-1990*」(Albuquerque : University of New Mexico, 1990)가 있다. Jorge Bustamente와 Wayne Cornelius의 저서들은 국경 문제와 이민의 문제를 이해하는 데에 필수적이다. 20세기의 여러 사건들은 라틴 아메리카의 정체성과 자기 해석에 대해서 더 많은 논의가 지속되어야 할 필요성이 있음을 보여준다.

여기에 뛰어난 몇몇 에세이들이 있다. José Lezama Lima의 「*La expresión americana*」(Santiago de Chile : Editorial Universitaria, 1969) ; José Carlos Mariátegui의 「*Seven Interpretive Essays on Peruvian Reality*」(Austin : University of Texas, 1971) ; Ezequiel Martinez Estrada, 「*X-Ray of the Pampa*」(Austin : University of Texas, 1971) ; Alfonso Reyes의 「*Posición de América*」(Mexico : Editorial Nueva Imagen, 1982) ; Octavio Paz의 「*The Labyrinth of Solitude*」(New York : Grove, 1985).

라틴 아메리카인들은 20세기에 세계 문학의 대열에 합류했다. Pablo Neruda와 César Vallejo의 시, Isabel Allende, Jorge Luis Borges, Alejo Carpentier, Julio Cortázar, José Donoso, Gabriel García Márquez, J. C. Onetti, Mario Vargas Llosa의 소설 작품들은 라틴 아메리카 문학을 이해하기 위한 좋은 출발점이 될 것이다.

역자 후기

문화를 바라보는 시각이나 그것을 수용하는 시각에는 두 가지 입장이 있다. 즉 자기 문화는 언제나 최고라고 생각하여(대부분의 경우에 그것은 열등의식의 발로이지만) 남의 문화는 무조건 배척하거나 깔보는 '자민족중심주의(ethnocentrism)'와 문화적 열등감에 빠져 자기 나라의 문화는 무시한 채 맹목적으로 남의 문화를 동경하거나 모방하는 태도가 그것이다. 특히 한국인들처럼 단일성을 강조하거나 자랑하는 민족에게 이 이중적인 태도는 더욱더 선명하게 드러난다. 그러나 동서양의 경계는 물론이고 점차 국경조차 사라지는 소위 지구촌 시대에 살고 있는 지금 단일성을 강조하는 것은 바람직하지도 않거니와 때때로 위험스럽기까지 하다. 타문화나 타자에 대한 몰이해나 배타성이 단순한 무지에서 비롯된 것이라면 문제는 그리 심각하지 않을 수도 있다. 그러나 타문화에 대한 수용이 주체적 자세로부터 받아들여진 것이 아니고 타인의 강요된 입장, 다시 말해서 소위 선진국의 매체를 통해서 나온 일방적이고, 비체계적인 지식의 결과에서 유래한다면 사태는 더욱더 어렵게 된다. 그렇게 해서 굳어진 이미지를 다시 바꾸거나 고치기란 참으로 난감한 것이다. 이런 예는 아직도 제3세계라고 공공연히 불리고 있는 라틴 아메리카에 대해서도 예외가 아니다. 우리들이 이 대륙에 대해서 가지고 있는 이미지나 인상은 주로 빈곤, 실업, 정치적 불안, 외채, 게으름 등등 뒤틀리고 부정적인 것들이다. 그러나 라틴 아메리카는 그 정치적, 경제적 위기에도 불구하고 풍부하고 독창적인 문화를 만들어왔다. 여기에 소개하는 「라틴 아메리카의 역사」는 바로 이런 라틴 아메리카의 문화에 대한 훌륭한 개설서이자 라틴 아메리카에 대해서 우리가 가지고 있는 고정 관념을 수정하는 데에 훌륭한 길잡이가 될 것이라고 확신한다.

「라틴 아메리카의 역사」는 멕시코의 저명한 작가 카를로스 푸엔테스가 쓴 「*The Buried Mirror : Reflections on Spain and the New World*」(영어판, Houghton Miffin Company)를 완역한 것이다.(「묻혀진 거울」이라는 시적인 제목을 버리고 「라틴 아메리카의 역사」라는 과학적인 무미건조한 제목을 택한 것은 그러한 은유적인 제목이 우리나라의 독자들에게 이 책의 성격을 왜곡할 수도 있다는 우려에서였다. 나의 생각이 지나치다면, 저자와 독자들의 양해를 바랄 뿐이다.) 1992년 영국의 BBC 텔레비전 방송과 미국의 디스커버리 채널(Discovery Channel)은 콜럼버스의 신대륙

발견 500주년을 기념하여 똑같은 제목의 다섯 시간짜리 다큐멘터리를 공동으로 제작했다. 여기에서 푸엔테스는 이 프로그램의 대본을 썼고(물론 그는 이 프로그램의 호스트로 나온다) 뒤에 그 내용을 더욱더 진전시켰는데, 그것이 바로 우리가 읽게 되는「라틴 아메리카의 역사」이다. 콜럼버스의 신대륙 발견 500주년 기념에 맞춰 출간된 것을 보면 이 책은 당연히 라틴 아메리카에 초점이 맞추어져 있으리라고 생각되지만 다루어지는 내용은 방대하기 그지없다. 통시적으로 볼 때 이 책은 인류의 유년기인 알타미라의 동굴 벽화에서 로스 엔젤레스 뒷골목의 낙서 문화에 이르기까지, 스페인과 스페인계 아메리카를 망라하여 수만 년에 걸친 인류의 문명사를 담고 있다. 이 거대한 파노라마 속에서 스페인과 스페인계 아메리카의 영광과 오욕, 희망과 좌절의 역사가 펼쳐진다. 푸엔테스가 이야기하고자 하는 것은 라틴 아메리카를 이해하려면 그 라틴 아메리카를 탄생시킨 스페인을 이해해야 하고 또 그 스페인을 알려면 당연히 스페인의 실체를 이루는 그 문화의 핵을 알아야만 한다는 것이다. 다시 말해서, 지금의 라틴 아메리카 문화의 본령은 이미 스페인의 문화에 내재되어 있다고 보는 것이다. 유럽 역사에서 스페인만큼 이민족의 침략이나 지배 —— 선주민 이베리아인과 켈트족의 이주, 고대 페니키아와 그리스의 식민지, 카르타고의 속령, 장기간에 걸친 로마의 지배, 고트족 왕국, 무어인의 침략과 지배 등 —— 를 받은 민족도 드물다(물론 카를로스 1세〔신성 로마 제국 황제 카를 5세〕와 "무적함대"로 상징되는 펠리페 2세의 100여 년의 영광의 역사가 있었다). 또 동시에 스페인만큼 혼합적인 문화를 가진 나라도 별로 없다. 한마디로 스페인의 문화는 켈트-이베리아 문화, 가톨릭 문화, 이슬람(또는 유대) 문화로 대변되는 다양성과 포용의 문화이다. 그러나 그 문화는 이 책의 첫 장에 나오는 황소와 성모의 이미지가 잘 보여주듯이 잔인하고도 부드러운 이중성의 문화이다. 즉 대립되고 상반된 두 요소, 빛과 그림자, 정복과 복종, 환멸과 희망으로 변전되는 역설의 문화이고 역동의 문화이다. 이런 문화가 정복자들을 통해서 아메리카 대륙에 이식되었고 고대 인디오 문명과 조우하고 흑인 아프리카 문화와 융합하면서 이제까지 볼 수 없었던 다채롭고도 풍부한 문화를 꽃피우게 된다. 그러나 푸엔테스는 이런 풍부한 문화적 바탕이나 상상력이 정치나 경제에서는 왜 발휘되지 않았는지 개탄한다. 왜 스페인으로부터 민주주의를 발전시킬 수 있는 위대한 유산을 계승받았음에도 불구하고 정치적 경제적으로 후진성을 면하지 못했는지 묻고 있다. 이런 의미에서 보면「라틴 아메리카의 역사」는 한 라틴 아메리카 지식인이 바라본 라틴 아메리카의 문화에 대한 일대기이자 라틴 아메리카인의 아이덴티티에 관한 뼈아픈 자기 성찰의 기록이다. 이런 고통스런 작업을 위해서 푸엔테스는 죽은 자를 지하세계로 안내한다는 고대 인디오 신화 세계의 거울 —— 그 거울은 스페인계 아메리카의 찢겨진 영혼의 밤을 인도해줄 영혼의 빛이고 그들의 참 모습을 비추어줄 수 있는 성스러운 도구이다 —— 을 가지고 그 자신을 포함한 스페인계 아메리카인의 아이덴티티를 추구하여 나간다. 그 탐색의 이야기를 독자 여러분들은 이 책을 통해서 읽게 될 것이다.

이 책을 번역하면서 역자는 스페인어판 *El espejo enterrado*(Mexico : Fondo de Cultura Económica, 1992)를 동시에 사용하였다. 번역은 영어판(스페인판의 번역이 아니라 저자 자신이 직접 영어로 쓴 것임)에 입각했지만, 스페인어판에 더 자세하게 부연되어 있는 부분은 독자들을 배려하여 첨가하였다. 일역본 埋ぬられた鏡 : スペイン系アメリカの文化と歷史(古賀林幸 번역, 東京 : 中央公論社, 1995)으로부터는 용어에서 많은 도움을 받았다. 소설가답게 푸엔테스가 구사하는 문장은 대단히 문학적이고 어떤 때는 언어의 유희에 가까울 정도로 수사적이다. 번역하면서 많은 곤란을 겪었던 것을 고백한다. 또 이 책에 등장하는 저자의 방대한 지식이나 유모어 감각, 지적 성취도에 역자가 따라가지 못했던 점도 번역 기간 동안 줄곧 어려웠던 점이었다.

역자가 멕시코에서 유학하고 있던 동안 이 책을 까치글방에 추천해주고 역자가 번역하게끔 배려해준 서울대학교 국제 지역원의 이성형 교수에게 감사한다. 또 출판계의 어려운 사정에도 불구하고 이 책의 출판을 흔쾌히 결정한 박종만 사장에게도 고마움을 표시해야 마땅하다. 이 책의 번역을 도와준 몇몇 젊은 친구들이 있다. 여기에서 다 언급할 수는 없지만, 책의 1장부터 끝까지 워드 작업을 해준 조카 안한수 군, 그리고 여러 차례에 걸쳐서 원고를 읽고 교열을 해주었던 한국외국어대학교 사학과 대학원 출신의 최소영 양에게 깊은 감사를 전한다. 까치 편집부 서정미 씨의 꼼꼼한 교정에 대해서도 고마워해야 할 것이다.

지리했던 작업이 끝나고 이제 예쁘게 꾸며져 책으로 나온다고 하니 기쁘기 그지없다. 우선 젊은 학생들이 많이 읽어주었으면 한다. 그리고 라틴 아메리카의 역사나 문화에 대해서 호기심이나 관심이 있는 일반 독자들이 읽어주었으면 한다. 이 책을 통해서 문화의 다양성과 보편성을 발견하고 관용 정신을 배울 수만 있다면 역자로서는 더없이 기쁠 것이다.

1997년 8월 역자 씀

인명색인